D1720899

Basler Stadtbuch 1988

Herausgegeben von der Christoph Merian Stiftung
Redaktion: Dr. Cyrill Häring
Redaktionelle Mitarbeit und Administration: Sonja Müller
Christoph Merian Verlag, Basel

Basler Stadtbuch 1988

Ausgabe 1989   109. Jahr

Die in diesem Buch enthaltenen Beiträge decken
sich in ihrer Auffassung nicht immer mit den Ansichten
der Herausgeberin und der Redaktion.

© 1989 by Christoph Merian Stiftung

Gestaltung: Josef Hodel ASG, Basel
Lithos: Bader Repro AG, Münchenstein
        Sturm Photolitho AG, Muttenz
Satz und Druck: Werner Druck AG, Basel
Einband: Buchbinderei Flügel, Basel

ISBN 3 856 16 036 1

Vorwort zum 109. Basler Stadtbuch

Das Jahr 1988 wird in der Basler Geschichtsschreibung keinen besonderen Platz einnehmen – eine Aussage, die wohl allgemein so nicht gelten kann. Woran misst sich objektiv das ‹Besondere›? Das Jahr 1988 hat keine herausragenden Einzelereignisse gebracht, jedoch wurden wichtige Entwicklungen abgeschlossen, weitergeführt oder nahmen in diesem Jahr ihren Anfang. Zwei erwähnenswerte ‹Abschlüsse›: die Sanierung des St. Alban-Tals und der Verzicht auf das Kernkraftwerk Kaiseraugst. Die ‹neu› gewählte Regierung führt ihr vor vier Jahren erworbenes Mandat weiter, die Auseinandersetzungen um die Räumung der ‹Alten Stadtgärtnerei› haben Schlaglichter auf die politische Verfassung unseres Kantons geworfen: ‹Blätterrauschen oder Sturmzeichen›, fragt sich der Autor des entsprechenden Artikels zum Auftakt des Stadtbuches.

Die Themen lassen sich auch unter dem Begriffspaar ‹Enge – Weite› beurteilen. Wir leben am Rand, auf eng begrenztem Territorium – und haben ein paar Schritte vor der Haustür über die Grenze die ‹Weite› vor uns (die Fixierung auf die EG 1992 engt den Blick da und dort zu fest ein). Die Grenzen zum Kanton Basel-Landschaft wurden durch Ereignisse wie die Einführung der Wohnsitzpflicht für Beamte nicht eben durchlässiger. Die nachbar- und partnerschaftliche Beziehung hat noch nicht die wünschbare Dynamik und Entkrampfung, ja Lockerheit gefunden.

Das Stadtbuch versucht dieses Jahr – erstmals bewusst –, Weite zu suchen, den Bezug Basel zum Ausland und umgekehrt zu zeigen, sei es durch kulturelle Beziehungen, über Entwicklungshilfe oder technisch-wirtschaftliche Mittel: Ein- und Ausstrahlung, welche die Beengung lindern mag. Verdrossenheit, ein Stichwort, das da und dort auftauchte. Ihr entgegenzuwirken, dafür gibt es viele Versuche – gelungene und andere. Ein Beispiel: innert zwei Jahren war die 1986 zum Jubiläum der Christoph Merian Stiftung aufgelegte Basler Geschichte ausverkauft, eine zweite Auflage wurde 1988 notwendig: das Interesse an Basel und seiner Geschichte ist in hohem Masse vorhanden. Die Aufgabe des Basler Regio Forums, Wege für eine verantwortliche Gestaltung der Zukunft aufzuzeigen, wurde intensiv bearbeitet; auf die Veröffentlichung der Ergebnisse im Jahr 1989 darf man gespannt sein. Die Initiative für die ‹Calatrava-Wettsteinbrücke› ging wie ein äusserst positiver Ruck durch die Basler Bevölkerung, ein Aufatmen aus der Beengung – und schon mehren sich die Anzeichen, dass da und dort ‹Erstickungsprozesse› in Gang gesetzt werden.

Zum Abschluss eine persönliche Bemerkung: Einen ganz herzlichen Dank möchte ich an Dr. Rudolf Suter richten, der die letzten zehn Ausgaben des Basler Stadtbuches redigiert hat. Er hat für die Weiterführung der Redaktion mit einem bestens eingespielten Team, dem Gestalter, dem Drucker, dem Buchbinder und vielen Helferinnen und Helfern, eine solide Grundlage gelegt. Die Realisierung des Stadtbuches ist eine höchst komplexe Angelegenheit; Ziel des diesjährigen Stadtbuches war es, in gleicher Qualität zu erscheinen wie die vorhergehenden Ausgaben. Das vorliegende Stadtbuch weist keine grossen Veränderungen auf; diese erfolgen allenfalls dann, wenn das Handwerk der Herausgabe von der neuen Redaktion voll beherrscht wird. In diesem Sinne gehen wir mit Freude an die nächste Ausgabe. *Cyrill Häring*

Inhalt

Arnold Schneider

Blätterrauschen oder Sturmzeichen?

Grossrats- und Regierungsratswahlen 1988

Aristoteles, der berühmte Schüler Platons und der Lehrer Alexanders des Grossen, hat den Begriff geprägt, der Mensch sei ein ‹zoon politikon›, sei ein politisches Geschöpf. Die Frage, ob der griechische Philosoph heute zu einer ähnlichen Formulierung käme, wollen wir offenlassen. Die Vorstände aller Parteien strengen sich im Vorfeld von Wahlen an, das in den Herzen der Bürgerinnen und Bürger mottende politische Feuerlein zum Lodern zu bringen. Gewiegte Parteistrategen legen ihr Werbekonzept so an, dass sie Stände- und Nationalratswahlen zusammen mit den Grossrats- und Regierungsratswahlen in einem Paket schnüren. Bekanntlich finden die eidgenössischen Wahlen in unserem Kanton drei bis sechs Monate vor den kantonalen statt. Die Erfahrung hat gezeigt, dass die Nationalratswahlen ein ausgezeichnetes Barometer darstellen. Die Resultate der Grossratswahlen hängen eng mit den Ergebnissen der eidgenössischen Wahlen zusammen.

Die Nationalratswahlen 1987 bieten vom Resultat her nur gerade Konstanz. Die Bürgerlichen und die Sozialdemokraten behalten je zwei Mandate, die POB und der Landesring je einen Sitz. Unangefochten wird Carl Miville (SP) als Ständerat bestätigt. Fünf Punkte sind anzumerken:

1. Gegenüber 1983 ist die Stimmbeteiligung leicht zurückgegangen.

2. Neben den traditionellen Parteien sind neue Gruppen auf den Plan getreten: die Volksaktion gegen zuviele Ausländer und Asylanten (VA); die Grünen; die Grüne Partei (GP); die Grünen Alternativen (GAB); die Grüne Mitte; der Blaue Planet; die Sozialliberale Partei europäischer Föderalisten.

3. Der Block der ‹Bürgerlichen›, Freisinnige (FDP), Liberale (LDP) und Christlichdemokraten (CVP), hat leicht an Wählerstimmen gewonnen.

4. Der Block der ‹Linken›, Sozialdemokraten (SP), Partei der Arbeit (PdA) und die Progressive Organisation Basel (POB), hat massive Verluste erlitten.

5. Die Liberalen gewinnen ihren Nationalratssitz zurück (Prof. Martin H. Burckhardt, Architekt); die CVP verliert ihr Mandat (Dr. Hugo Wick, Arzt).

Die Punkte 2 und 5 sind zu kommentieren.

Zu 2. Es fällt auf, welchen Symbolwert das Wort ‹Grün› erlangt hat. Immer mehr Basler fragen sich, ob sie für den Wohlstand des zu Ende gehenden Jahrhunderts nicht einen zu hohen Preis gezahlt haben. Bürgerin und Bürger wollen Klarheit gewinnen und überlegen, ob sie nicht im Einklang mit der Natur glücklicher leben können. Der Stadtmensch – das wird immer deutlicher – braucht die freie Natur, um einen Ausgleich zur Arbeit zu finden. Der Ruf nach Baumschutz und das Verlangen, Grünflächen in der Stadt zu erhalten und wenn möglich auszudehnen, sind Anzeichen dafür, dass der Mensch die Zeichen erkannt hat. Das Ereignis ‹Schweizerhalle› vom November 1986 hat die Situation in und um Basel akzentuiert.

Es sticht in die Augen, dass nicht nur die Partei der Nationalen Aktion (NA) zugenommen hat, sondern dass sogar eine neue Gruppierung auf Anhieb so stark geworden ist wie die Vereinigung Evangelischer Wähler (VEW) und doppelt so stark wie die Partei der Arbeit, nämlich die Volksaktion gegen zuviele Ausländer und Asylanten. Humanität und Humanismus verpflichten. Jeder von uns muss mit der Frage fertig werden, ob ‹das Boot voll ist›.

Zu 5. Zwar hat der Bürgerblock insgesamt Wählerstimmen gewonnen; innerhalb des Bündnisses aber haben die CVP marginal verloren, die Liberalen deutlich zugenommen. Letztere haben die Stimmen von der FDP bezogen. In Zahlen: LDP 43 000, FDP 39 000, CVP 35 000. Der verdiente Arzt Dr. Hugo Wick ist abgewählt worden, der Newcomer Prof. Martin H. Burckhardt zieht in Bern ein.

Im Rückblick darf festgehalten werden: der Werbeaufwand der Liberalen hat die in Basel üblichen Grenzen gesprengt. Die Wahlstrategen haben die ihnen zugestandenen Mittel gezielt für Zeitungsinserate eingesetzt. Parallel zur Quantität der Mittel ging aber auch die Qualität der politischen Argumente einher.

Wenden wir uns vorerst den Grossratswahlen zu! Was vor vier Jahren über die Tätigkeit des Parlamentes ausgeführt worden ist, könnte wiederholt werden. Der Aussenstehende gewinnt

Stimmenanteile und Mandate der Parteien bei den Grossratswahlen 1976 bis 1988								
	1988		1984		1980		1976	
	Anteil in %	Mandate	Anteil in %	Mandate	Anteil in %	Mandate	Anteil in %	Mandate
FDP	13,3	19	14,9	21	15,2	22	12,7	18
LDP	10,8	15	10,1	15	13,7	18	14,8	19
CVP	10,9	15	11,9	15	13,1	18	12,6	16
(‹Bürger-liche›)	35,0	49	36,9	51	42,0	58	40,1	53
SP	18,8	27	19,9	28	26,5	37	28,6	39
DSP	8,1	9	8,2	11	–	–	–	–
PdA	2,2	2	2,6	3	4,4	6	5,3	8
POB	7,8	12	8,9	15	9,1	13	5,5	7
(‹Linke›)	36,9	50	39,6	57	40,0	56	39,4	54
VEW	5	7	8,3	10	7,0	7	5,9	6
LdU	6,2	8	5,4	5	5,2	5	6,7	8
(‹Unge-bundene›)	11,2	15	13,7	15	12,2	12	12,6	14
NA	8	10	5,7	7	3,8	4	6,8	9

(Die komplizierten Verhältnisse in Riehen und Bettingen erlauben zwar die Zuteilung der Mandate, nicht aber Genauigkeit bei der Ausrechnung der Anteile. Die Zahlen der vorliegenden Tabelle stimmen nicht immer mit den Zahlen im Statistischen Jahrbuch überein.)

aus den Zeitungsberichten über die Ratssitzungen den Eindruck, dass grosse Figuren fehlen, dass bedeutende Vorlagen zerredet werden, dass Kleinkariertheit bei vielen Voten mit Händen zu greifen ist und dass zum Teil wichtige Beschlüsse mit knappem Mehr oder gar mit Zufalls-Mehr zustande kommen. Die Ergebnisse der Wahlen von 1988 – das sei vorweggenommen – werden die Situation verschärfen. Neu ziehen 37 Ratsmitglieder ins Parlament ein. Ausgangspunkt der Betrachtungen sind die eingestreuten Tabellen. Einen ersten, wenn auch unvollständigen Überblick gewinnt der Leser aus der Übersicht ‹Stimmenanteile und Mandate 1976–1988›. Vergleichen wir die Jahre 1980 und 1988 miteinander, so steht fest: der Wähleranteil der ‹Bürgerlichen› hat um 7%, derjenige der ‹Linken› um 3,1%, jener der ‹Ungebundenen› um 1% abgenommen; mit anderen Worten: von insgesamt 130 Sitzen konnten die drei Gruppierungen vor acht Jahren 126 Mandate für sich buchen, 1988 noch deren 114, d.h. die ‹Bürgerlichen› verloren innerhalb von acht Jahren neun Mandate, die ‹Linken› sechs; die Gruppe der ‹Ungebundenen› hat sich gehalten, ja leicht verbessert. Die Polarisierung Bürgerlich–Linke besteht weiterhin im gleichen Verhältnis.

Einblick in die kleinen, im ganzen nicht ungefährlichen Verschiebungen gibt uns die nachstehende Übersicht, wobei die freien Listen auf die verschiedenen Gruppierungen verteilt worden sind.

In Grossratssitze umgerechnet, heisst das: Die ‹Bürgerlichen› verlieren zwei, die ‹Linken› sieben Mandate; die ‹Ungebundenen› bewahren ihren Besitzstand; die ‹Ausländerkritischen› gewinnen vier und die Grünen fünf Sitze.

Volksrechte haben ihren Preis. Kommentarlos seien aus dem Kantonsblatt aufgelistet:
Basels 1. Fasnachts-Partei; Rentner in den Grossen Rat; Freies Kleinbasel; Homosexuelle Liste Basel; Eidgenössische Demokratische Union;

Parteistärken bei den Grossratswahlen 1984 und 1988, bei den Nationalratswahlen 1987, in %			
	GR 88	NR 87	GR 84
‹Bürgerliche› FDP, LDP, CVP	34,99	33,43	36,91
‹Linke› SP, DSP, PdA, POB	36,94	37,26	40,54
‹Ungebundene› VEW, LdU	11,23	13,94	12,62
‹Ausländerkritische› NA, VA	10,07	11,39	5,92
‹Grüne› u.a.	6,77	3,98	4,01

Wir Hausfrauen; Frauenliste der Basler Frauenvereinigung für Frieden und Fortschritt; Blauer Planet.

Diesen Splittergruppen ist kein Mandat zugefallen.

Zu kommentieren ist die Welle der ‹Grünen›; der Vielfalt ist kein Ende. Wir stossen auf folgende Schattierungen: Grüne Mitte, Die Grünen Basel-Stadt, Grüne und Alternative Basel, Die Super-Grünen; schliesslich hat sich auch die POB dem Trend angepasst und erscheint auf den Wahllisten mit der Bezeichnung POB/POCH–Grüne.

Dem Aussenstehenden fällt es schwer, die verschiedenen Nuancen Grün auseinanderzuhalten. Die laufende Legislaturperiode wird aufzeigen, ob es sich um eine heterogene Gruppierung handelt oder ob es zu einer gewissen Geschlossenheit im Auftreten kommt. Der Sprecher einer Untergruppe erklärte nach den Wahlen: «Als erstes wollen wir uns in einer Art Klausur mit der grünen Zukunftsperspektive auseinandersetzen; wir wollen Grundsätze diskutieren und nicht in Details ertrinken.» So weit, so gut!

Das Auf und Ab in der Wählergunst spiegelt die Tabelle wider ‹Sitzverteilung bei den Wahlen

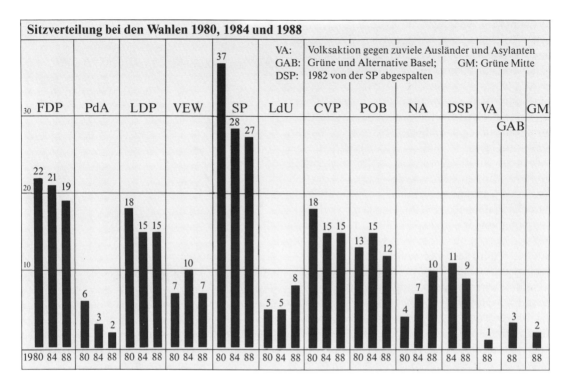

Sitzverteilung bei den Wahlen 1980, 1984 und 1988

					VA:	Volksaktion gegen zuviele Ausländer und Asylanten				
				37	GAB:	Grüne und Alternative Basel;		GM: Grüne Mitte		
					DSP:	1982 von der SP abgespalten				

30 FDP	PdA	LDP	VEW	SP	LdU	CVP	POB	NA	DSP VA	GM

| 1980 84 88 | 80 84 88 | 80 84 88 | 80 84 88 | 80 84 88 | 80 84 88 | 80 84 88 | 80 84 88 | 80 84 88 | 84 88 | 88 | 88 | 88 |

1980, 1984 und 1988›. Die Übersicht bedarf keines Kommentars.

Gehen wir davon aus, dass die verschiedenen Parteien in wichtigen Sachfragen eine gewisse Geschlossenheit an den Tag legen, so stehen sich die ‹Bürgerlichen› und die ‹Linken› beinahe gleich stark gegenüber. Vom Mandats-Kuchen schneiden sie sich 72% ab; für die übrigen Gruppierungen bleiben also 28%. Die beiden Hauptblöcke stellen die sieben Regierungsräte. Im Klartext bedeutet das: sind die Regierungsparteien einig, so bringen sie im Parlament ihre Vorlagen problemlos durch; sind sie sich aber nicht einig – wie oft geschieht das – so ist der eine oder andere Block auf die alles entscheidende Unterstützung der übrigen Gruppierungen angewiesen. Weil deren Spektrum so vielfarbig ist, müssen von Fall zu Fall Bündnisse

eingegangen und Konzessionen gemacht werden. Das Parlament wäre gegenüber der Exekutive am kürzeren Hebelarm, wäre der Regierungsrat ein homogenes Gremium.

Wenden wir uns den Regierungsratswahlen zu! Für den Gang der Schweizergeschichte ist es unerheblich, ob in Basel ein Regierungsrat schon im ersten Wahlgang in die Exekutive gewählt wird. Eine kantonale Regierung kann sich durch Effizienz und gestaltenden Willen auszeichnen, auch wenn das eine oder andere Mitglied die Wahlhürde erst im zweiten Anlauf genommen hat. Neuportierte Regierungsratsanwärter müssen sich in der Regel (1972 bis 1984) im zweiten Wahlgang durchsetzen; in den schönen alten Zeiten (1953 bis 1966) sind die Kandidaten schon im ersten Wahlgang zum Ziel gekommen.

In Erinnerung gerufen sei die Wahlschlacht von 1984. Von den Bisherigen wurden Kurt Jenny und Eugen Keller im ersten Wahlgang, Karl Schnyder und Peter Facklam im zweiten gewählt, ebenso die neuen Hans-Rudolf Striebel, Mathias Feldges und Remo Gysin. Was selten vorkommt: Hans-Rudolf Schmid, der Sanitätsdirektor, wurde abgewählt.

Das Regierungs-Team 1984 setzte sich zusammen aus vier Bürgerlichen, zwei Sozialdemokraten und einem Vertreter der DSP. Die Ergebnisse der Nationalratswahlen 1987 zeigen auf, dass die Wähler Mutter (SP) und Tochter (DSP) nahe zueinander bringen. Der harte Kern der SP hat sich aber damit nicht abgefunden, dass sich die DSP selbständig gemacht hat. Bei den Regierungsratswahlen 1988 erhoben die Sozialdemokraten Anspruch auf einen dritten Sitz; sie portierten eine Frau, eine profilierte Grossrätin. So musste es zu einer harten Auseinandersetzung kommen. Gefährdet war der Sitz eines bürgerlichen Regierungsrates. Die Ausgangslage wurde zusätzlich kompliziert: die beiden Sozialdemokraten haben in der Legislaturperiode 1984–88 ihren eigenen Stil entwickelt und – was während der letzten dreissig Jahre verpönt war – gewisse Fehden und Meinungsverschiedenheiten in der Öffentlichkeit ausgefochten. Brave bürgerliche Parteistrategen hofften, Wählerinnen und Wähler würden darauf negativ reagieren. Sie haben die Rechnung ohne den Wirt gemacht.

Die Parteien erhoben auf den Schild:
die *Bisherigen* Kurt Jenny und Hans-Rudolf Striebel (FDP), Peter Facklam (LDP), Eugen Keller (CVP); Mathias Feldges und Remo Gysin (SP); Karl Schnyder (DSP);
als *Neue* rechneten sich Chancen aus: Beatrice Alder (SP), Buchhändlerin; Verena Labhardt (POB), Lehrerin; Benjamin Degen (PdA); Eric Weber (Volksaktion gegen zuviele Ausländer und Asylanten in unserer Heimat).

Die Ergebnisse des ersten Wahlganges vom 15./17. Januar 1988 seien tabellarisch dargestellt:

Regierungsratswahlen 1988, 1. Wahlgang (Absolutes Mehr: 27 167 Stimmen)	Gewählt Stimmen	Nicht gewählt Stimmen
Dr. Kurt Jenny	30 663	
Dr. Mathias Feldges	29 394	
Eugen Keller	29 051	
Karl Schnyder	28 714	
Dr. Remo Gysin	28 068	
Dr. Peter Facklam	27 562	
Prof. Dr. H.R. Striebel		24 950
Beatrice Alder		22 700
Verena Labhardt		13 742
Benjamin Degen		7 592
Eric Weber		4 131

Weiter kandidierten und erhielten Stimmen die Herren: Peter Spiess 1 722, Felix Brenner 1 457, Giovanni Saraceno 1 110. Vereinzelte 3 692.

Dass Kurt Jenny so gut abschneiden würde, war zu erwarten. Es ist das vierte Mal, dass der Finanzdirektor das Feld souverän anführt. Karl Schnyders vierter Rang verwundert die Kenner der Materie nicht. Das Volk hat ein feines Gespür für mutige Männer, die Konzilianz und Härte zu paaren verstehen. Mit etwelchem Staunen hingegen wurden die Resultate, welche Mathias Feldges und Remo Gysin erzielt hatten, zur Kenntnis genommen.

Es ist hier der Ort, vom Riss in der baselstädtischen Regierung zu sprechen. Ein Stadtkanton ohne Hinterland hat seine besonderen Probleme. Rascher als in anderen Städten machen sich extreme Tendenzen bemerkbar.

Die Sozialdemokraten haben leidvolle Jahre hinter sich. Bis zum Jahre 1950 stellen sie die

Mehrheit in der Regierung und während der drei folgenden Jahrzehnte eine schlagkräftige Dreier-Mannschaft. Seit Beginn der 80er Jahre hängt der Haussegen schief. Hansruedi Schmid tritt aus der SP aus; Karl Schnyder wird Mitbegründer der DSP; Edmund Wyss wird vom harten Kern der SP als lau eingestuft. Die Abspaltung des gewerkschaftlichen Flügels und die Konkurrenzierung durch die POB/POCH zwingen die Sozialdemokraten zur Konzentration. Intellektuelle geben immer stärker den Ton an und leiten einen eigentlichen Prozess der Ideologisierung ein. Auf diesem Hintergrund ist die Haltung der beiden SP-Regierungsräte Feldges und Gysin zu verstehen. Offenkundig weichen die beiden vom Kollegialitätsprinzip ab. Rechtsgerichtete Politiker werfen vor allem Remo Gysin vor, er zeige eine Abneigung gegen eine leistungsfähige Privatwirtschaft und er ziehe im Sektor Spitäler die Dienstleistung unangemessen der Forschung vor; er lege ein missionarisches Sendungsbewusstsein an den Tag. Der mildere Mathias Feldges folgt im Schlagschatten. Die Wahlen in den Regierungsrat von 1988 zeigen klar auf, dass über die Parteigrenzen hinweg der neue Regierungsstil der Sozialdemokraten honoriert worden ist.

Vier Wochen Zeit blieb den Verantwortlichen, um über die Bücher zu gehen, vor allem um über das Abschneiden im ersten Wahlgang zu sinnieren und um daraus für den zweiten Wahlgang die nötigen Schlüsse zu ziehen. Alle hielten sich den alten Grundsatz vor Augen: streiche die Vorzüge des eigenen Kandidaten heraus und versuche, die Schwachstellen des Gegners zu plakatieren. Bis zum ersten Wahlgang waren die Auseinandersetzungen fair, vor dem zweiten kam es zu einigen Tiefschlägen.

Diskussionsthema Nr. 1 blieb: warum musste der bisherige Erziehungsdirektor nochmals ins Rennen steigen? Viele Wählerinnen und Wähler, und zwar aus allen Kreisen, haben es Hans-Rudolf Striebel übelgenommen, dass er am Tage der Katastrophe von Schweizerhalle die Kinder zum Schulbesuch gerufen hatte. In der Folge wollten die meisten Eltern die Beweggründe nicht zur Kenntnis nehmen. Der frühere Physikprofessor wurde zu einer Art Buhmann stilisiert, der für alle Schattenseiten der Technik geradezustehen hatte. Dazu gesellte sich eine Schar Kulturbeflissener, die dem Erziehungsdirektor zwar Geschäftigkeit, nicht aber Verständnis für kulturelle Dinge attestierten. Eine dritte Gruppe warf Hans-Rudolf Striebel vor – eine gängige Matrize – er entwickle keine tragenden Ideen, sondern verliere sich in Details.

In vielen Podiumsgesprächen standen sich Beatrice Alder und Hans-Rudolf Striebel gegenüber; der Schlagabtausch zwischen beiden war korrekt. Der aufmerksame Zuhörer gewann den Eindruck, dass der Bisherige einen grösseren Erfahrungsschatz in Sach- und Verwaltungsfragen vorweisen konnte.

Am 12./14.2.1988 kam es zum zweiten Wahlgang. Die Stimmbeteiligung betrug rund 43%, wenig mehr als vier Wochen zuvor. Hans-Rudolf Striebel wurde wiedergewählt mit 30 336 Stimmen; Beatrice Alder kam auf die beachtliche Zahl von 26 375 Stimmen und darf für sich in Anspruch nehmen: ich habe fair gekämpft, ich habe würdig verloren. Wann, so fragen sich viele, kommt der Tag, wo eine Frau in den Regierungsrat einzieht? Die Parteien sind gut beraten, wenn sie für die nächsten Wahlen bereits jetzt nach tüchtigen Kandidatinnen Umschau halten.

In Basel ist unterdessen der politische Alltag wieder eingekehrt. Im Grossen Rat ist es zu den ersten Scharmützeln gekommen. Die Exekutive hat sich noch nicht zur tragfähigen Geschlossenheit durchgerungen. Vielleicht sucht der eine oder andere Parlamentarier und Regierungsrat im Rathaus den Spruch: Salus publica suprema lex – das Gemeinwohl ist das oberste Gesetz.

Hans J. Briner

Kaiseraugst – ein regionales Problem

Rückblick und Ausblick

Komisch, dass es gerade Kaiseraugst sein musste – warum nicht ein anderer, ähnlich gelagerter Ort, etwa Meilen, Oerlikon, Graben oder Verbois? Komisch auch, dass es gerade Nationalrat Dr. Christoph Blocher mit seiner so telegenen Pfeife war, der gewissermassen symbolhaft das beginnende ‹Ende Feuer› für Kaiseraugst vor den Medien blasen musste.

Nun eben, so komisch ist es auch wieder nicht – denn Kaiseraugst dürfte wohl als einer der klassischen Fälle für eine politische und faktische Fehleinschätzung der Lage, mit klarem regionalem Akzent, in die eidgenössische Geschichte eingehen. Solche Fehleinschätzungen wird es in der Zukunft vielleicht noch einige geben, da die Entwicklungsabläufe immer komplexer werden und unsere eidgenössische Politik eben noch weitgehend auf den Grundlagen des 19. Jahrhunderts basiert. Unsere Eidgenossenschaft sollte deshalb zur Überprüfung ihrer Strukturen für das 21. Jahrhundert an diesem Fall Kaiseraugst exerzieren und wenn immer möglich die ‹richtigen› Lehren ziehen. In der Folge möchte ich versuchen, dies anregungsweise zu tun, nachdem ich schon im Jahr 1966 als erster Mandatsträger eines Parlaments im Grossen Rat des Kantons Basel-Stadt mittels Interpellationen versuchte, ‹Kaiseraugst› politisch in die Diskussion zu bringen.

Plastische, persönlich gefärbte Rückblende

Wer erinnert sich wohl noch, wie das ‹Projekt Kaiseraugst› entstanden ist? Wer kennt noch die Gegend des Asphofs, wie sie sich östlich von Kaiseraugst in der damals noch unberührten Ebene des Hochrheins zeigte, wo ‹lediglich› die grosse Wohnüberbauung R-1000 in Planung begriffen war. Prädestiniert war offensichtlich zu Beginn der sechziger Jahre dieses Gebiet für neue moderne Entwicklungen, deshalb hat man dieses Terrain erworben und bald schon in der Euphorie der Hochkonjunktur als den richtigen Ort für ein thermisches Kraftwerk bestimmt. Zu dieser Zeit hat ‹man› – allerdings nur zögernd, wegen der schon damals sich abzeichnenden Umweltproblematik – solche thermischen Kraftwerke und Raffinerien an Orten geplant, wo man diese moralisch vertretbar zu realisieren hoffte (wie zum Beispiel im Wallis oder in Cressier). Kaiseraugst und sein thermisches Kraftwerk war dann aber rasch überholt. Wen wundert es, dass die sehr *eng miteinander verflochtenen Kreise* (CH-Energiewirtschaft, Motor Columbus, AG-Regierungsräte etc.), die zuerst das Terrain des Asphofs erworben und dann die Vorschläge für das thermische Kraftwerk unterbreitet hatten, sich nun konzentriert auf die Realisierung eines mit Wasserkühlung versehenen Kernkraftwerks in Kaiseraugst stürzten. Hier an diesem unglücklichsten aller möglichen Standorte begann, lange bevor die grosse politische Auseinandersetzung auf der Strasse, in den Parlamenten, bei den Parteien und schliesslich an der Urne einsetzte, die *eigentliche Fehlsteuerung*. Der unüberlegte Wechsel von einem thermischen zu einem atomaren Kraftwerk am sel-

15

ben Ort wurde so zum Zankapfel mit staatspolitischem Tiefgang, den er nie hätte werden dürfen.

Wir, die Regio Basiliensis, durften bereits im Jahr 1966 zusammen mit dem nachmaligen Wirtschaftsminister des Landes Baden-Württemberg, Dr. Rudolf Eberle, ein zweitägiges Kolloquium über Problematik und Tragweite der Errichtung von Atomkraftwerken in der Regio durchführen. Dabei kam man zum Schluss, dass nur mittels einer alle Partner am Hochrhein – diesseits und jenseits des Rheins – *umfassenden Raumplanungskonferenz* eine sinnvolle Koordination beim Bau von Atomkraftwerken herbeigeführt werden könne. Bereits damals, also vor mehr als 20 Jahren, wurde vor der Zersplitterung und dem Eigennutz gewarnt. Insbesondere mit dem Hinweis auf die Immissionsprobleme ist mit Nachdruck auf die Schwierigkeiten hingewiesen worden, die sich beim Bau solcher Werke in komplexen Agglomerationsräumen wie der Basler Region ergeben.

Die Vertreter lokaler und regionaler Behörden waren in diesem Punkt allerdings geteilter Meinung; doch stand auch damals das Problem der Gefährdung von Mensch und Natur durch solche Atomkraftwerke im Vordergrund. Im Frühjahr 1972 haben wir als erste in der ‹Regio-Gazette 2› umfassend über die Situation im Bereich der Schaffung von Atomkraftwerken in unserer Grenzregion berichtet, mit einer grafischen *Zusammenstellung des damaligen Ist-Zustands* an realisierten, geplanten oder in Planung begriffenen Atomkraftwerken (siehe Grafik 1). Schon damals haben wir in einem Editorial die Meinung vertreten, dass «die Zeit nun kommen wird, wo Entscheide fallen müssen zwischen Wohlstands- und Wohlfahrtsmaximierung und wo unter Umständen die seit Beginn der Industrierevolution durch keine der grossen politischen Ideologien in Frage gestellte Gläubigkeit an quantitatives Wachstum ersetzt werden muss durch neue Wertvorstellungen, die sich in mehr qualitativem Wachstum auswirken!» Was dies aber bedeutet im Sinne von konkreten Massnahmen und deren Auswirkungen, konnte damals noch nicht beschrieben werden und war der konstruktiven Phantasie jedes einzelnen überlassen.

Die seinerzeit im Umkreis von 50 km um Basel aufzählbaren zwölf Reaktoren mit den Standorten: Wyhl (2), Fessenheim (4), Kaiseraugst (1), Schwörstadt (2), Leibstadt (1), Beznau (2), mit insgesamt 11 000 Megawatt, haben wahrscheinlich mitgeholfen, jenen Schock in der Bevölkerung auszulösen, der dann zu den bekannten politischen Aktionen diesseits und jenseits der Grenzen geführt hat und fast vorprogrammiert ‹anti-nationale Energieübungen› nach sich ziehen musste. So war es begreiflich, dass nach 1970, als die Infragestellung des ‹unendlichen› quantitativen Wachstums durch die ‹*Nullwachstums-Ethik*› begann, ‹Kaiseraugst› zu einem Symbol nicht nur für die Realisierung oder Nichtrealisierung eines Kernkraftwerks in schwieriger Lage, sondern zu einem Exerzitium für gesellschaftliche Veränderungen schlechthin wurde. Gleichzeitig haben die ‹gescheiten› Franzosen in aller Stille ihre zwei Reaktoren in Fessenheim gebaut; aber auch auf schweizerischer Seite wurde der Bau von Leibstadt ebenfalls in aller Stille seriös vorangetrieben. Der Standort Schwörstadt blieb weiter ein Projekt auf dem Papier. In Wyhl entzündete sich dann das Feuer. Wir von der Regio Basiliensis haben versucht, in dieser Zeit einfach objektive regionale Informationen zu liefern, ohne uns gross an diesen ideologischen, gesellschaftspolitischen Auseinandersetzungen zu beteiligen. Wir haben immer wieder auf die mehr psychologischen und atmosphärischen Aspekte hingewiesen und Szenarien entwickelt, die es den verantwortlichen Politikern eigentlich erlaubt hätten, bereits damals hellhörig zu werden. Persönlich

Grafik 1: Gebaute, in Bau befindliche und geplante Atomkraftwerke um 1970 im Raume Basel.

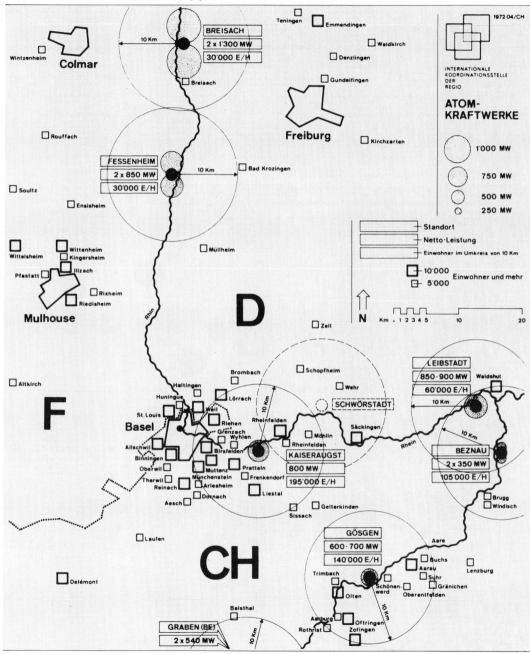

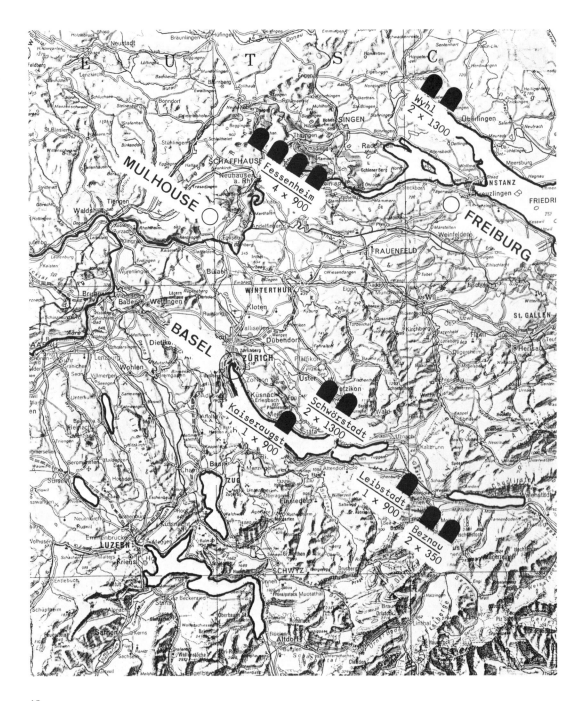

durfte ich in dieser Zeit die Unterlagen vorbereiten, die dann zu Beginn der achtziger Jahre an den Hearings mit den eingesetzten Kommissionen der eidgenössischen Räte von der Regio vorgetragen wurden. Daraus nachfolgend einige Repetitionen.

Keine Nation hätte jemals in einem ihrer Binnengebiete eine solche einmalige Konzentration von Kernkraftwerken geplant, wie dies im deutsch-französisch-schweizerischen Regio-Grenzraum der Fall war (siehe Grafik 2: Vergleich Zürich – Basel). Bei der Konzentration in der Regio handelt es sich um einen *dramatischen Grenzeffekt* und das Resultat wohl bewusst unkoordinierter Planung auf nationalen Ebenen. Die Folge war eine politisch hochexplosive Situation, welche dringend nach den längst fälligen koordinativen Massnahmen über die Landesgrenzen hinaus und nach politischen Lösungen rief.

Mit Blick über die Grenzen stellten sich im Raum der Regio immer wieder die selben drei Fragen, die immer gleich unbefriedigend beantwortet wurden: 1. Welche Anordnung von zusätzlichen Kraftwerken und welche Kühlsysteme verursachen – unabhängig von Landesgrenzen – für die regionale Bevölkerung und das ökologische Gleichgewicht dieses Raumes die geringsten Beeinträchtigungen? 2. Wo liegen die zulässigen Ausbaugrenzen, und wie können die noch nutzbaren Potentiale (Wasser und Luft) gerecht unter den drei nationalen Regionalpartnern aufgeteilt werden? 3. Welches Mass an Umweltbelastung kann der Region im Interesse der nationalen Energieversorgung zugemutet werden?

Da gerade diese Fragen nie eindeutig beantwortet werden konnten und die ‹Innerschweizer›

Entscheidungsträger aus ‹Kaiseraugst› ein politisches Exerzitium mit staatspolitischen Komponenten machten, haben wir in Berücksichtigung der *regionalen Gegebenheiten die drei Forderungen* gestellt:

1. Gemeinsame Feststellung von Belastungsgrenzen für Klima und Gewässer als Basis für gemeinsam festgelegte Ausbaugrenzen in Berücksichtigung nationaler Interessen an der Energieproduktion und regionaler Interessen an einer intakten Umwelt.

2. Paritätische Aufteilung der hydrologischen, kühltechnischen und klimatischen Potentiale unter den Partnern (kein ‹first come, first served›).

3. Harmonisierte Sicherheits- und Haftungsvorkehren.

Angesichts der Vielzahl ungeklärter Fragen und der Tatsache, dass die Nordwestschweizer Bevölkerung auf ein freundnachbarliches Klima in ihrem gemeinsamen Lebensraum zwischen Jura, Vogesen und Schwarzwald angewiesen ist, sollten die grenzüberschreitenden Aspekte beim Verfahren für weitere Kraftwerke am Ober- und Hochrhein gebührend berücksichtigt werden.

Das waren die damaligen und seither immer wieder erhobenen Forderungen aus regionaler Sicht – auch aus logischer Berücksichtigung unterschiedlicher Auffassungen über das Wechselverhältnis von Ökologie und Ökonomie einer Grenzregion.

Auch darf nicht ausser acht gelassen werden, dass das Hochrheintal aus einem engen Kanal von drei bis vier Kilometer Breite besteht. Da der Rhein ein guter Vorfluter ist, das Rheintal verkehrsmässig gut erschlossen und mit Industrie besiedelt, die Strom braucht, wird dieser Raum offensichtlich für alle drei Staaten aus ihrer jeweils eigenen Sicht für die Plazierung von Kernkraftwerken attraktiv. Aber es ist eben immer der gleiche Raum. Fluss und Gelände drohen zum Diener dreier Herren zu werden.

Gemeinsame regionale Regelungen

Es entspricht einer langen Tradition in unserem Grenzraum, für Vorkehren, die den gesamten Raum betreffen, gemeinsame zwischenstaatliche Regelungen zu treffen. So beispielsweise in der Regio für die Linienführung der Eisenbahnen, wo im Kanton Basel-Stadt die drei Bahnhöfe der deutschen, französischen und schweizerischen Staatsbahnen liegen. Dies gilt auch für die Strassen, für den Luftverkehr, wo bekanntlich der schweizerische nationale Flughafen auf französischem Territorium liegt, sowie für die Ausnützung der Wasserkraft des Rheins, welche zwischenstaatlich geregelt ist: Zwischen dem Bodensee und Basel wird das hydraulische Potential genau paritätisch auf Deutschland und die Schweiz aufgeteilt.

Wir waren immer der Auffassung, dass auch Kühlkapazitäten nicht anders behandelt werden können, wenn das gute Einvernehmen über die regionalen Landesgrenzen auch in Zukunft gewahrt werden soll. Entsprechende Vereinbarungen für den Kernkraftwerkausbau fehlten leider stets, und dies ist nicht zuletzt einer der bedeutenden psychologischen Hintergründe des ‹Falls Kaiseraugst›. Leider haben die ‹Innerschweiz› und auch unser schweizerischer Bundesrat mit seiner eidgenössischen Verwaltung immer mehr oder weniger negativ auf diese Forderungen reagiert. Die Feststellung des Bundesrats, dass kein Land freiwillig einen Kernkraftwerkstandort aufgebe, drohte in der Tat die Grenzregion Basel zum *Prügelknaben dreier nationaler Energiepolitiken* zu machen, von denen jede die nationalen Belange mit dem Rücken zur Grenze über die regionalen Interessen stellt.

Die Regio Basiliensis hat sich immer schon Rechenschaft darüber gegeben, dass die Frage der Opportunität eines Kernkraftwerks in Kaiseraugst nicht nur rein abstrakter Natur ist, sondern dass im Gegenteil diesbezüglich bereits

Ausgaben und Investitionen getätigt worden sind. Ob hier der Betrag von 1,33 Milliarden Franken, der von der Kaiseraugst AG am 31.12.1987 für Ausgaben ausgewiesen wird, die richtige Verhandlungsgrundlage für die Entschädigungsfrage ist, möchten wir allerdings bezweifeln.

Wie soll es weitergehen?

An sich ist mit jahrelanger Verspätung endlich eben durch diese Vorstösse im Frühjahr 1988 mindestens ein richtiger Entscheid getroffen worden: auf Kaiseraugst zu verzichten. Ob und in welcher Form diese Frage ‹Verzicht Kaiseraugst› ganz generell mit dem Verzicht auf den Bau neuer Kernkraftwerke in der Schweiz zusammenhängt, ist kein regionales Problem. Doch auch hier ist klar, dass neue Formen der politischen Innovation für die Entscheidungsfindung gesucht werden müssen. Mit den etwas überholten traditionellen Politformen unserer Eidgenossenschaft, die aus dem 19. Jahrhundert stammen, ist hier nicht mehr Staat zu machen.

Gerne führe ich an dieser Stelle das Beispiel aus unserer unmittelbaren deutschen Nachbarschaft an, nämlich die flexible Haltung von Ministerpräsident Lothar Späth als Verantwortlichem für die Energiepolitik des Landes Baden-Württemberg, der – noch einige Zeit vor Christoph Blochers Medienauftritt – verschiedentlich ausdrücklich gesagt hat: «Ich will raus aus der Kernenergie…» Wenn eine solche Politfigur, wie es nun einmal Ministerpräsident Späth ist, dies sagt, dann ist es für unsere schweizerischen Politiker doch kaum möglich festzuhalten an einem ‹Raus aus Kaiseraugst, rein in XY›. Wenn Lothar Späth mit seiner ‹High-Tech-Super-Know-how-Strategie› auch für seine kleinen und mittleren Betriebe keine grosse Zukunft mehr in der Atomenergie sieht, wie soll dann in

der Schweiz trotz Kaiseraugst weiter flott auf Kernenergie gesetzt werden können?

Viele – so auch Späth – sind der Auffassung, dass man bis zum Jahr 2000 auf dem Sektor der alternativen Energien ein ganzes Stück weiter ist und dass Energiesparen doch noch zu einem grossen Renner und Geschäft werden kann. Wenn keine allzu starken Wettbewerbsverzerrungen zu befürchten sind, dann dürfte auch eine Energiebesteuerung eine gewisse Teillösung bringen. Jede Region, auch die unsere, wird sich die Konsequenzen ganz genau überlegen müs-

sen. Ob zum Beispiel unsere Chemie – von der wir zur Hälfte leben und damit voll abhängig sind – hier in der Region selbst mitmacht, ist offensichtlich noch offen. Es könnte sein, dass gerade solche ‹Psycho-Situationen› wie um Kaiseraugst, verbunden mit Verbotsgesetzgebung im Bio- und Gentechnologiebereich, zu ernst zu nehmenden Verlagerungsübungen führen. Vielleicht werden ab 1992, wenn die von der EG geplante ‹Stromverbundssystematik› zu funktionieren beginnt, die nicht von lokalen oder regionalen Sentimentalitäts-/Opportunitätsüberlegungen geprägt sein wird, die Regionalaspekte ebenfalls überspielt. Der ganze Komplex der Solarenergie und die Benützung von Wasserstoff sowie die Frage der Supraleitungen sind auch nicht von unserer Region abhängig – vielleicht selbst nicht einmal von den Dispositionen in unserer Eidgenossenschaft. Hier müssen und können wir auch mit gutem Gewissen – nach Regio-Tradition – auf eine internationale Kooperation hinarbeiten und erneut darauf hinweisen, dass eine Isolierung gegenüber der EG auch in unserem Grenzraum einige bedeutende Nachteile bringen wird. Wenn in den 1990er Jahren nicht eine flexible schweizerische Haltung gegenüber der EG möglich sein wird, dürfte es auch auf dem Gebiet des Ersatzes von Kernenergie, und damit Ersatz für den ‹Fall Kaiseraugst›, Probleme geben.

Die nächste, Nach-Kaiseraugst-Phase

Wie auch immer sich der Fall Kaiseraugst auf eidgenössischer Ebene schliesslich abwickelt und wie und in welcher Form die Schweiz ihren Weg zur Lösung der Atomenergiefrage findet, es lässt sich erahnen, dass die Schweiz hier *keinen ‹Sonderfall›* anstreben kann. Was sich zum Teil schon seit ein paar Jahren in den USA abzeichnet, wo ganze Projekte stillgelegt werden und man Verluste in jeweils Milliardenhöhe (Dollar) zähneknirschend aus sogenannt logischen Überlegungen hinnimmt, scheint nun auch für die Schweiz zu gelten. Es wäre nur gut, wenn bei der sich anbahnenden Änderung der schweizerischen Energiepolitik die flexibleren Kräfte Oberhand bekämen, um eine logische Lösung auch für den Kleinstaat Schweiz zu finden. Persönlich bin ich der Auffassung, dass wir den richtigen Weg finden werden. Dass aber die stark traditionsgebundene, unflexible ‹Nationalpolitik› mit einer etwas falsch verstandenen ‹Landesverteidigungsoptik› hier Bremswirkungen erzeugt, ist auch klar. In unserer Region haben zuerst die Bevölkerung, dann die Parlamente und nicht zuletzt auch die Regierungen unserer Kantone – manchmal gezwungenermassen – mitgeholfen, dieses Terrain vorzubereiten, wo auch staatspolitisch bessere Szenarien und Modelle entwickelt und eben bestimmt vertreten werden können. Ich bin der Auffassung, dass für die Zukunft hier noch weit mehr getan werden muss – und auch der Region noch einiges einfallen darf. Noch immer ist die Struktur in den eidgenössischen Parlamenten etwas zu verkrampft. Es wäre vielleicht gut, wenn der Bundesrat, der in seiner heutigen guten Zusammensetzung etwas flexibler ist als das Parlament, ähnlich wie bei der 10. AHV-Revision die Initiative ergreifen würde, um sinnvolle Pluralkombinationen zu finden. Kein grosses Gezeter um: Wer soll das bezahlen? Wenn wir annehmen, dass schon beim Energiesparen sicher ein Viertel an ‹Potenz› gewonnen werden kann, dass ferner über den uns wahrscheinlich bis im Jahr 2000 ‹aufgezwungenen› europäischen Stromverbund eine neue Situation entstehen wird, dann haben wir doch ein grosses Feld vor uns, wo nicht zuletzt auf unseren wichtigen kantonalen und regionalen Ebenen sinnvolle ‹Mittel-Plurallösungen› gefunden werden können. Hier steht auch für mich die Hoffnung auf einen recht *kreativen Einsatz unserer jüngeren Generation* im Vordergrund. Sie wird mit Bestimmtheit nicht diese Verkrampfung auf eine einzig mögliche Lösung weiterführen, sondern auch staatspolitisch neue Formen des Zusammenwirkens finden. Wir brauchen eine saubere, sichere Lösung für das 21. Jahrhundert. Hier im Energiesektor, und dies ist nicht zuletzt das Verdienst des regionalen Falls ‹Kaiseraugst› – genau 700 Jahre nach dem Rütlischwur –, kann im Sinne einer neuen, viel komplexeren, aber vielleicht gerade deswegen umso wertvolleren Eidgenossenschaft der Moderne diese Lösung in Zukunft sinnvoll getestet werden.

Rudolf Suter

Die Sanierung des St. Alban-Tals im Rückblick

Vorbemerkung

Der vorliegende Beitrag stützt sich zur Hauptsache auf den von der Christoph Merian Stiftung (CMS) Anfang September 1988 herausgegebenen Bericht*. Dieser wurde den Behördemitgliedern und der Presse überreicht. Danach, am 24. September 1988, war die Öffentlichkeit zur Besichtigung des Quartiers eingeladen, zur ‹Dalbeloch-Visite›, die auf grosses Interesse stossen sollte.

Die Partien über die ältere Geschichte des St. Alban-Tals und die Vorgeschichte seiner Sanierung halten wir eher kurz, weil darüber schon häufig und zum Teil ausführlich geschrieben wurde, u.a. in den Basler Stadtbüchern 1975 bis 1985.

Zur älteren Geschichte des St. Alban-Tals

Das St. Alban-Tal liegt vor dem Ostabhang des Münsterhügels auf ebenem Schwemmland der Birs. Im Jahre 1083 gründete dort der Basler Bischof Burkhard von Fenis ein dem Märtyrer Albanus, Christus und der Muttergottes geweihtes Kloster und unterstellte es 1095 der Kluniazenserregel.

Beim Erdbeben von 1356 wurden die meisten Gebäulichkeiten zerstört. Die Stadt half beim Wiederaufbau und bezog das Klosterareal in die nach Osten erweiterte Stadtbefestigung ein. Mit und nach der Klostergründung liessen sich im St. Alban-Tal Handwerker, Dienstleute und

Alfred Müller/Rudolf Suter, Sanierung St. Alban-Tal 1975–1987, Schlussbericht. Basel 1988.

Händler nieder. Das Bedürfnis nach einer möglichst ungestörten Versorgung des von der Stadt selbst weitgehend unabhängigen Klosters und die Absicht, das bis zur Birs reichende Klosterterritorium planmässig zu kolonisieren, veranlasste das Priorat in der Mitte des 12. Jahrhunderts, mit einem Kanal Wasser aus einem westlichen Seitenarm der Birs ins St. Alban-Tal zu leiten. Beim Eintritt ins Gewerbeareal teilte sich der ‹Teich› von Anbeginn in einen oberen und einen unteren Arm.

Mit dem Teichwasser wurden Mühlen, Stampfen und Hammerwerke, alle generell als ‹Mühlen› bezeichnet, betrieben, die das Kloster den Gewerbetreibenden in Pacht überliess. Diese schlossen sich zu einer Lehensgemeinschaft zusammen, bewirtschafteten auch das ihnen vom Kloster überlassene Land und besorgten seit 1336 den Unterhalt des ganzen Kanals von der Birs bis zum Rhein. Ihre Teichgenossenschaft existiert noch heute, unter dem Namen ‹Korporation für die Nutzung des St. Alban-Teichs›.

Bereits 1284 gab es im Klosterbezirk zwölf wassergetriebene Werke, je sechs an jedem Teicharm und zu je drei Paaren hintereinander angeordnet. Die Funktionen der einzelnen Werke wechselten oft; ausserdem hatten einzelne von ihnen nicht bloss ein, sondern zwei oder drei unterschlächtige Wasserräder – im Jahre 1823 waren es beispielsweise ihrer 33. – Der Teich diente bis 1820 auch der Flösserei.

Mitte des 15. Jahrhunderts hielt die Papierfabrikation, die ja Wasser und Wasserkraft in grossem Ausmass erheischte, Einzug. Sie hatte in Basel Fuss gefasst während des grossen Kirchenkonzils (1431–1448), das stets eine grosse Menge Papier brauchte. – Der erste Fabrikant war Heinrich Halbysen (um 1390–1451); ihm folgten die Familien Gallician, Dürring, später Heusler, Oser und Thurneysen und zuletzt Stoecklin, mit der die Papierherstellung im St. Alban-Tal nach einem halben Jahrtausend 1954 aufhörte.

Im 18. und im 19. Jahrhundert wurden im St. Alban-Tal auch Seidenbandfabrikation und Indiennefärberei betrieben, was den Übergang vom Gewerbe zur Industrie bedeutete und zahlreiche Um-, An- und Neubauten nötig machte.

Zerfall des Quartiers und Sanierungsabsichten

Mit dem Aufkommen der Elektrizität waren die Betriebe nicht mehr standortgebunden und suchten wegen des stets wachsenden Raumbedarfs anderswo Unterkunft. Damit begannen die bauliche Vernachlässigung und der allmähliche Zerfall des Quartiers, auch wenn da und dort noch neue Bauten errichtet, alte umgebaut und die Wasserläufe zum Teil für die (freilich nicht sehr ergiebige) Gewinnung von elektrischem Strom benützt wurden.

Bemühungen, aus heimatschützerischen Gründen die historische Substanz und die so schön ablesbare geschichtliche Kontinuität im ‹Dalbeloch› zu retten, setzten verhältnismässig spät ein und zeitigten nur spärliche Erfolge. Immerhin wurden 1937 der Letziturm von 1676 und ein kleines Stück Stadtmauer vom Staat restauriert. Im übrigen wurde eher an grosse Neuüberbauungen gedacht. Nach dem Zweiten Weltkrieg erwarb die Einwohnergemeinde der Stadt Basel nach und nach eine grössere Anzahl von Liegenschaften, in der Absicht, wertvolle Baudenkmäler wieder instandzusetzen sowie neuen Wohn- und Gewerberaum zu schaffen.

Endlich schrieb das Baudepartement 1962/63 einen Wettbewerb für eine generelle Planung aus, die sowohl Nutzung von Altbauten als auch Errichtung von Neubauten umfassen sollte. Mit dem ersten Preis wurde 1964 das Projekt von Ernst Egeler ausgezeichnet, auf dessen Grundlage dann 1968 ein Überbauungsplan mit neuen Bau- und Strassenlinien samt speziellen Bauvorschriften in Kraft gesetzt wurde. – Wegen der allgemeinen, starken Baukonjunktur unterblieb indes vorerst eine Detailplanung. Einzig die Häuser St. Alban-Rheinweg 76 und 80 wurden 1974 gemäss den neuen Bauvorschriften von der National-Versicherungs-Gesellschaft durch Neubauten ersetzt. Bereits damals aber erwies sich der ‹Egeler-Plan› als fragwürdig, haftete ihm doch, nach den gewandelten Auffassungen, zuviel ‹Heimatstilhaftes› an und sollte doch wohl allzuviel wertvolle alte Bausubstanz geopfert werden. Inzwischen war zudem die Notwendigkeit erkannt worden, nicht nur einzelne Häuser, sondern überdies ganze Ensembles zu schützen, wie dies z.B. Denkmalpfleger Fritz Lauber stets wieder mit Nachdruck forderte.

St. Alban-Tal 37, Gallicianmühle, Nordfassade, vor der Renovation 1978. ▽

Neue Impulse durch die Christoph Merian Stiftung

Da die Verwahrlosung unaufhaltsam weiter um sich griff, begann sich die Christoph Merian Stiftung (CMS) auf Initiative ihres Direktors, Dr. Hans Meier, um das Quartier zu kümmern. Auslösende Faktoren waren hierbei das von der Stiftung Basler Papiermühle an die CMS herangetragene Ersuchen, die Gallicianmühle zu einem Papiermuseum auszubauen, und die Notwendigkeit, für die obdachlos gewordene Jugendherberge ein neues Domizil zu schaffen. – 1974 ermächtigte der Regierungsrat die CMS dazu, im gesamten St. Alban-Tal «auf eigene Kosten und Gefahr zu planen und Realisierungsvorschläge zu unterbreiten».

Die nun folgende Zeit diente der intensiven Vorbereitung des Unternehmens, des wohl grössten in der bisherigen Geschichte der CMS: Der Liegenschaftsbesitz der Einwohnergemeinde im St. Alban-Tal wurde durch das Hochbauamt inventarisiert; das Geographische Institut der Universität erstellte eine humangeographische Aufnahme; Ursula Reinhardt verfasste einen Kunstführer; Baurechte als Rechts- und Eigentumsgrundlage wurden zwischen der Einwohnergemeinde als Baurechtsgeberin und der CMS als Baurechtsnehmerin abgeschlossen; die nach der noch gültigen Planung von 1968 zum Abbruch bestimmten Bauten wurden gründlich auf ihren Zustand und ihre Wiederverwendbarkeit untersucht; Raumprogramme für neue Nutzungen wurden mit dem Altbaubestand verglichen bzw. in Übereinstimmung gebracht usw.

Planung und Procedere

Nachdem 1975 die Baurechtsverträge über 1,379 Hektaren und die Sanierungsziele der CMS durch den Grossen Rat gemäss Ratschlag Nr. 7184 und durch den Weitern Bürgerrat (jetzt Bürgergemeinderat) gutgeheissen worden waren, konnte die eigentliche Planung in Angriff genommen werden. Der Planungsbeginn fiel zeitlich ungefähr zusammen mit dem ‹Europäischen Jahr für Denkmalpflege und Heimatschutz 1975›. Dieses fand in Basel seinen Höhepunkt mit dem ersten, glanzvollen ‹Dalbelochfescht›.

Die ganze Planung zeichnete sich von Anfang an durch grosse Flexibilität aus; so wurde nie ein Gesamtprojekt erstellt, an dem dann starr hätte festgehalten werden müssen. Die Grösse und die Ungewöhnlichkeit der Quartiersanierung verlangten ein unkonventionelles Vorgehen. Die mit der kurz zuvor begonnenen Revision des Basler Zonenplanes im Jahr 1977 erfolgte Einweisung des Quartiers in die Planungs- und später in die Stadt- und Dorfbild-Schutzzone, die Inkraftsetzung eines neuen Denkmalschutzgesetzes 1980 sowie ein generelles Umdenken liessen ohnehin die Ziele des noch gültigen Planes von 1968 sukzessive hinfällig werden. Wenn jetzt z.B. für einen Altbau, der nach dem Plan von 1968 zum Abbruch bestimmt war, eine sinnvolle Nutzung gefunden wurde, so konnte er stehen bleiben. Oder wenn die speziellen Bauvorschriften für sämtliche Neubauten Satteldächer vorsahen, so wurden nun auch Flachdächer möglich. Flexibilität zeigte sich ferner darin, dass einzelne fertig ausgearbeitete Projekte, wenn sie nicht befriedigten, fallengelassen wurden, oder darin, dass die CMS stets das Gespräch mit der nun viel stärker als früher interessierten Öffentlichkeit suchte, etwa über die Vereinigung ‹Pro Dalbeloch› oder über die eigens zusammengerufene ‹Dalbelochrunde›.

Eine wichtige Voraussetzung für das Gelingen des Ganzen war der inzwischen allgemein stark gewachsene Respekt vor der historischen Substanz; die durch das Nebeneinander von Architektur aus mehreren Jahrhunderten ablesbare historische Kontinuität musste in jedem Fall sichtbar bleiben, durfte und sollte aber durch-

St. Alban-Tal (Dalbeloch)   Objekte der Sanierung 1975–1987:

1 St. Alban-Tor
2 Letzimauer
3 Kopfbau St. Alban-Rheinweg 52 und 54 (teilweise Neubau)
4 Museum für Gegenwartskunst, St. Alban-Rheinweg 58/60

5 Gewerbe- und Wohnhaus, St. Alban-Rheinweg 62
6 Atelierhaus, St. Alban-Rheinweg 64
7 Restaurant zum Goldenen Sternen, St. Alban-Rheinweg 70
8 Kopfbau St. Alban-Rheinweg 94 und 96 (Neubau)
9 Gallicianmühle (Papiermuseum), St. Alban-Tal 37

10 Stegreifmühle (wiederaufgebaut; Café Papiermühle), St. Alban-Tal 35
11 Rychmühle, St. Alban-Tal 41
12 Münsterbauhütte, St. Alban-Tal 43 (Mitbaurechtsnehmerin: Stiftung Münsterbauhütte)
13 Arbeiterwohnhaus, St. Alban-Tal 42
14 Wohn- und Atelierhaus, St. Alban-Kirchrain 6
15 Jugendherberge, St. Alban-Kirchrain 10
16 Gewerbehaus (mit IAAB: Internationale Austausch-Ateliers Basel), St. Alban-Tal 40 A.

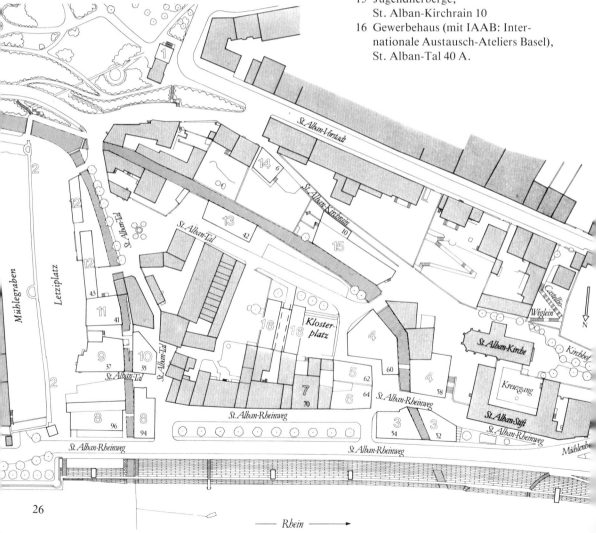

aus ergänzt bzw. fortgeführt werden durch Neubauten in der Ausdrucksweise unserer Zeit. Überdies galt es, Vielfalt und Durchmischung der Funktionen zu bewahren, ja zu fördern. Über allem musste für jedes Objekt eine zeitgemässe Nutzung gefunden und durften auch wirtschaftliche Aspekte nicht ausser acht gelassen werden; der Aufwand für die gesamte Revitalisation sollte ein tragbares Mass nicht überschreiten. Dieses Ziel wurde denn auch tatsächlich erreicht; zudem wurden die ursprünglich veranschlagten Kosten trotz Bauteuerung nicht über-, sondern sogar leicht unterschritten!

Schon während einer intensiven ersten Planungsphase, an der zehn Architekturbüros beteiligt waren, wurde mit der Realisierung bereits vorher klar formulierter Bauaufgaben begonnen, so der Sanierung der unter Schutz stehenden Baudenkmäler, dem Bau des Museums für Gegenwartskunst, dem Umbau der Roten Fabrik zur Jugendherberge und dem ersten Teil der Teichsanierung.

Neue Erkenntnisse hatten unterdessen zu einer Reduktion der früher angestrebten Bebauungsdichte geführt, und die speziellen Bauvorschriften von 1968 kamen in Wegfall. Aufgrund solcher veränderter Randbedingungen wurden neue, simultane Projektaufträge für die Kopfbauten Ost und West an acht Architekturbüros vergeben, aus denen dann die endgültigen Projekte hervorgingen.

Leitung und Koordination von Planung und Ausführung aller Vorhaben war Sache der CMS. Dass das ganze und anspruchsvolle Unternehmen technisch und terminlich einwandfrei durchgeführt werden konnte, ist im wesentlichen das Verdienst von Alfred Müller, dem Bauverwalter der CMS.

Nachstehend werden die verschiedenen von der Sanierung betroffenen bzw. die neu entstandenen Bauwerke in chronologischer Abfolge einzeln vorgestellt.

Finanzieller Gesamtaufwand für die St. Alban-Tal-Sanierung

Die Sanierung des St. Alban-Tals kostete insgesamt Fr. 41 512 028.– (ursprünglicher Voranschlag: Fr. 42 000 000.–).

Dieser Betrag wurde gedeckt durch:

Anlage-Konto der CMS	Fr. 12 180 193.–
Landerwerbs- und Baufonds der CMS	Fr. 1 849 000.–
CMS-Reinertragsanteil der Einwohnergemeinde der Stadt Basel	Fr. 14 905 260.–
CMS-Reinertragsanteil der Bürgergemeinde der Stadt Basel	Fr. 1 524 377.–
Subventionen des Bundes	Fr. 1 231 612.–
Schenkung Maja Sacher und Kinder	Fr. 5 653 150.–
Dalbelochfescht 1975	Fr. 307 686.–
Diverse (Staat, Denkmalschutz, Evangelisch-reformierte Kirche u.a.)	Fr. 3 860 750.–
	Fr. 41 512 028.–

St. Alban-Tor und Wehrmauer

Das St. Alban-Tor, 1374 als Teil der nach dem Erdbeben von 1356 erweiterten Stadtbefestigung errichtet, 1869 vom Abbruch bedroht, 1871/73 im Stil der Zeit umgebaut und mit einem neugotischen Annexbau versehen, war seit langem in sehr schlechtem Zustand. Das Hochbauamt arbeitete zusammen mit Fritz Lauber schon 1944 eine Studie aus, die die Zurückrestaurierung des Baus auf den Zustand von 1870 vorsah. – Im Denkmaljahr 1975 wurde die Tor-Restaurierung zum Basler Pilotprojekt erklärt, das mit der Hilfe der CMS realisiert werden konnte. Diese deckte die nach Abzug des ‹Dalbelochfescht›-Erlöses (300 000 Franken) und der Bundessubvention verbleibenden Kosten aus dem CMS-Reinertragsanteil der Einwohnergemeinde – die Restauration kam auf nahezu eine Million Franken zu stehen. Die Bauarbeiten, die im Mai 1976 begonnen hatten, konnten bereits ein Jahr darauf abgeschlossen werden.

Von der gegen Ende des 14. Jahrhunderts vom Tor an den Teich hinuntergezogenen, bis zum Rhein reichenden Wehrmauer wurde ein grosser Teil im 19. Jahrhundert abgebrochen. Stehen blieb das Mauerstück zwischen dem Letziturm und der Teichgabelung am Fuss der Torböschung. Es handelte sich um die letzte grössere spätmittelalterliche Stadtbefestigungspartie, die in unsere Zeit herübergerettet wurde. Die ganze Anlage war zwar 1945 unter Denkmal-

schutz gestellt, aber seither nur dürftig unterhalten worden. 1978–1980 konnte unter der Leitung des Hochbauamts und auf Kosten der CMS der ganze Komplex restauriert und mit der Rekonstruktion eines bis auf die Grundmauern abgebrochenen Viereckturms ergänzt werden. – Die von der CMS aus dem Reinertragsanteil der Einwohnergemeinde bezahlten Kosten beliefen sich auf rund 3 Millionen Franken, abzüglich der Bundessubvention von knapp einem Achtel.

Goldener Sternen (St. Alban-Rheinweg 70)

An der Stelle des einstigen Quartierrestaurants ‹zur Letzistube› wurde 1973/75 der uralte Gasthof ‹zum Goldenen Sternen› aus der Aeschenvorstadt durch einen Privatmann wieder aufgebaut, unter Verwendung der historisch wertvol-

△ St. Alban-Tor, Westfassade, 1988.

△ Stadtmauer mit Wehrgang, Ansicht von Nordwest, 1988.

28

len Bauteile. Der Weitere Bürgerrat (jetzt Bürgergemeinderat) ermächtigte 1979 die CMS im Hinblick auf ihr Gesamtengagement im ‹Dalbeloch›, den Goldenen Sternen für 2,5 Millionen Franken zu erwerben. Er ist damit im jetzigen Zeitpunkt die einzige Liegenschaft, die im St. Alban-Tal vollständig der CMS gehört; sonst ist sie dort ja nur Baueigentümerin, während die Einwohnergemeinde Landeigentümerin bleibt. – Unter-, Erd- und erstes Obergeschoss dienen dem Gastwirtschaftsbetrieb, indes im zweiten Obergeschoss und in den beiden Dachgeschossen insgesamt 17 Einzimmerwohnungen untergebracht sind.

Museum für Gegenwartskunst, Ansicht von Nordost, 1988. ▽

Museum für Gegenwartskunst
(St. Alban-Rheinweg 58 und 60)

Das Museum für Gegenwartskunst verdankt seine Entstehung primär dem italienischen Grafen Giuseppe Panza di Biumo, der der Stadt Basel wichtige Bestände seiner modernen Kunstsammlung leihweise überlassen wollte, falls geeignete Räume zur Verfügung stünden, und dem Angebot der Basler Mäzenatin Maja Sacher und ihrer Kinder, die für die Errichtung eines zweckmässigen Baus notwendigen Mittel der CMS zur Verfügung zu stellen. Der entsprechende Schenkungsvertrag wurde 1975 unterzeichnet, nachdem Raum- und Standortfragen abgeklärt worden waren. Die Liegenschaften St. Alban-Rheinweg 58 und 60 hatten sich als

geeignet erwiesen und wurden der CMS von der Einwohnergemeinde im unentgeltlichen Baurecht überlassen.

An der Stelle von St. Alban-Rheinweg 58 hatte früher am linken Teichufer ein Mühlenwerk gestanden, das, nach vielen Umbauten, 1890 von den Architekten Eduard Vischer und Eduard Fueter für die Papierfabrik Stoecklin durch das heutige Gebäude, ein leise barock angehauchtes Bauwerk, ersetzt wurde. Dieses Fabrikgebäude, das 1897 noch ein massiges Mansardendach bekommen hatte, konnte für die Zwecke des Museums verwendet und somit erhalten werden.

Wo heute der neu erbaute Teil des Museums steht, auf dem rechten Teichufer also, lagen einst zwei Mühlen hintereinander, von denen die vordere schon im 19. Jahrhundert abgebrochen wurde, die hintere bis 1883 als Kornmühle diente und als Gebäude immer noch existierte. Dieses musste nun allerdings durch einen Neubau mit grösserer Grundfläche ersetzt werden.

Die mit dem Museumsbau betrauten Architekten Katharina und Wilfrid Steib lösten meisterhaft die Aufgabe, Alt- und Neubau ineinander zu integrieren und zudem beim Neubau eine Lösung zu finden, die modernste Formensprache mit der organisch gewachsenen historischen Umgebung verbindet. Die innere Gestaltung steht der äusseren in nichts nach.

Die Bauarbeiten, die im Frühjahr 1978 begonnen hatten, kamen Ende 1979 zum Abschluss. Die festliche Einweihung erfolgte am 9. Februar 1980. – Die Baukosten, zur Hauptsache durch die Schenkung der Familie Sacher bestritten, betrugen gegen 6 Millionen Franken.

Jugendherberge (St. Alban-Kirchrain 10)

Die Mitte des 19. Jahrhunderts erbaute sogenannte Rote Fabrik war von Anfang an zur Aufnahme einer neuen Jugendherberge bestimmt. Im September 1977 wurde vereinbart: Die Bürgergemeinde als Baurechtsnehmerin wird Ei-

▽ Jugendherberge, Ansicht von Westen, 1988.

gentümerin des Gebäudes, bezahlt aus ihrem CMS-Reinertragsanteil einen Teil der Baukosten und figuriert als Bauherrin; die Einwohnergemeinde bezahlt den (grösseren) Rest der Baukosten; Planung und Bauleitung liegen bei der CMS als Bautreuhänderin.

Das von den Architekten Löw & Dörr erarbeitete Projekt wurde 1978 vom Grossen Rat und vom Bürgerrat gutgeheissen und alsbald realisiert. Am 15. April 1980 konnte die neue Jugendherberge, als eine der schönsten des Landes, feierlich eröffnet werden. – Weiterhin galt es ausserdem als Pionierleistung, dass ein Fabrikbau aus dem 19. Jahrhundert erhalten und einer sinnvollen, zeitgemässen Nutzung zugeführt wurde.

Die Umbaukosten beliefen sich auf gut 4,5 Millionen Franken; zwei Drittel entfielen auf die Einwohnergemeinde, ein Drittel auf die Bürgergemeinde. Die Kosten für die Innenausstattung (Mobiliar usw.) wurden vom Verein für Jugendherbergen Basel übernommen.

Gallicianmühle (St. Alban-Tal 37)

Die Gallicianmühle ist der geschichtlich und kunsthistorisch wertvollste Wohn- und Gewerbekomplex des ganzen St. Alban-Tals. Sie tritt klar dreiteilig in Erscheinung. Der mittlere, dominante Baukörper geht zur Hauptsache auf das 15. Jahrhundert zurück. Die Gallicianmühle überliefert auf einzigartige Weise die Anlage einer alten Papiermühle. Sie war demnach geradezu prädestiniert zur Aufnahme des Museums für Papier, Schrift und Druck und zur Einrichtung einer wieder funktionierenden Papiermühle alten Stils.

Die CMS übernahm die Liegenschaft 1975 im Baurecht und liess sie durch das Hochbauamt, mit Architekt Kurt Nussbaumer als Bauführer, für die neu-alte Zweckbestimmung herrichten. Die Bauarbeiten begannen im Frühjahr 1978; im Sommer 1980 konnte mit der Papierfabrikation begonnen werden. Am 19. September 1980 wurde das Museum eröffnet.

Die Bau- und Einrichtungskosten beliefen sich auf gut 4,7 Millionen Franken, wovon der Hauptteil durch den CMS-Reinertragsanteil der Einwohnergemeinde und knapp ein Zehntel durch eine Bundessubvention gedeckt wurden.

Stegreifmühle (St. Alban-Tal 35)

Die Stegreifmühle, der Mühlenpaarpartner der Gallicianmühle, war vom 12. bis gegen Ende des 15. Jahrhunderts Korn-, danach bis 1925(!) Papiermühle. 1945 unter Denkmalschutz gestellt, brannte sie 1963 vollständig nieder.

Das Ziel des Wiederaufbaus war, das alte Erscheinungsbild wiederherzustellen, damit wenigstens eines der einstigen sechs Mühlenpaare

▽ Gallicianmühle, Ansicht von Südwest, 1988.

vollständig sichtbar blieb. Das Innere freilich wurde neuen Nutzungen angepasst: Das Erdgeschoss birgt den Zugang zum benachbarten Papiermuseum und das ‹Café Papiermühle›; in den oberen Geschossen liegen Wohnungen, deren Zinsertrag der Papiermühle zur Bestreitung von Betriebs- und Unterhaltskosten zufliessen. Die Pläne erstellte das Hochbauamt, und die Bauführung besorgte auch hier Architekt Kurt Nussbaumer. Die Bauarbeiten dauerten von 1980 bis 1982. – Der gesamte Wiederaufbau kostete fast 2,8 Millionen Franken.

Atelierhaus, Werkstatt- und Wohnhaus (St. Alban-Rheinweg 62 und 64)

Im Gegensatz zum Bebauungsplan von 1968 stand die Erhaltung der beiden wohlproportionierten Häuser aus dem 19. Jahrhundert von Anfang der Planung an fest. Nr. 62 blieb wie zuvor Wohn- und Werkstatthaus und wurde lediglich aussen und innen gründlich überholt. Nr. 64, ein Werkstattgebäude aus den 1880er Jahren, eignete sich ausgezeichnet zur Aufnahme von zehn Künstlerateliers.

Beide Bauvorhaben wurden 1982/83 unter der Leitung von Architekt Peter Burckhardt realisiert, mit einem Kostenaufwand von knapp 1,8 Millionen Franken, bestritten von der CMS aus ihrem Landerwerbs- und Baufonds und einer kleinen kantonalen Subvention sowie einem zinslosen Darlehen der Franz Schaufenbühl-Stiftung.

Wohn- und Atelierhaus (St. Alban-Kirchrain 6)

Das unscheinbare, doch hübsche Haus wurde 1842 von Johann Jakob Stehlin d.Ä. als Magazingebäude errichtet. Die CMS übernahm es von der Einwohnergemeinde im Baurecht und beauftragte den Architekten Lorenz Egeler mit dem Umbau.

Es umfasst nun den als Magazin dienenden Keller mit schönem Tonnengewölbe, einen Tanz- und Gymnastiksaal im Erdgeschoss sowie – mit sichtbar belassenem Gebälk – eine Wohnung im ersten Stock und ein Atelier im Dachgeschoss. Der 1983 geplante und auch abgeschlossene Umbau kostete gut 750 000 Franken und wurde dem Anlagekonto und dem Landerwerbs- und Baufonds der CMS belastet, mit Ausnahme einer kleinen kantonalen Subvention.

Rychmühle (St. Alban-Tal 41)

Die Rychmühle war in frühesten Zeiten ebenfalls Kornmühle, diente aber seit 1448 unter Heinrich Halbysen und später Michael Gallician der Papierherstellung; ihre heutige Gestalt samt der reichen Innenausstattung geht weitgehend auf einen Umbau in der zweiten Hälfte des 17. Jahrhunderts zurück. – Der hohe Denkmal-

▽ Rychmühle, Nordwestfassade, 1988.

wert des Hauses rechtfertigte eine genaue Bauuntersuchung und die gründliche Sanierung vollauf, mit deren Planung 1982 die Architekten Müller & Sarasin beauftragt wurden. 1985 war das Gebäude wieder instandgesetzt und dient nun zur Hauptsache Wohnzwecken.

Die Kosten von fast 2 Millionen Franken wurden durch das Anlagekonto und den Landerwerbs- und Baufonds der CMS, den CMS-Reinertragsanteil der Einwohnergemeinde und eine kantonale Subvention bestritten.

Münsterbauhütte (St. Alban-Tal 43)

Bei dem an die Rychmühle im Süden gegen 1807 angebauten Flügel handelt es sich um das wohl älteste Basler Industriegebäude. Seine industriegeschichtliche Bedeutung rechtfertigte die

Erhaltung. Eine sinnvolle neue Nutzung fand es dadurch, dass in ihm auf Anregung des damaligen Münsterbaumeisters Andreas Theodor Beck die schon lang ersehnte Münsterbauhütte untergebracht wurde.

Den grosses Fingerspitzengefühl erheischenden Umbau leitete Architekt Walter Müller 1984/85. 1986 konnte die Bauhütte ihren Betrieb eröffnen. – Die Stiftung Basler Münsterbauhütte und die CMS teilen sich als Stockwerkeigentümerinnen in den Besitz und figurieren der Einwohnergemeinde gegenüber als Baurechtsnehmer.

Die Kosten betrugen gegen 2 Millionen Franken, an denen die CMS (mit Anlagekonto und Reinertragsanteil der Einwohnergemeinde), die Evangelisch-reformierte Kirche, der Kanton (mit einer Subvention) und die ‹Freunde der Basler Münsterbauhütte› partizipierten.

Kopfbauten Ost (St. Alban-Rheinweg 94 und 96)

Die beiden Kopfbauten Ost stehen an der Stelle des einstigen rheinnächsten Mühlenpaares am hinteren (östlichen) Teicharm. Die an den Staat

△ Münsterbauhütte, Westseite, 1988.

gegangenen einstigen Mühlengebäude samt ihren Annexbauten wurden 1960 und 1964 abgebrochen, obschon sie städtebaulich von eminenter Wichtigkeit waren, bildeten sie doch den markanten östlichen Abschluss der Gewerbesiedlung im St. Alban-Tal. Daher stand schon zu Beginn der Gesamtsanierung fest, dass an diesem Ort wieder Gebäude errichtet werden sollten, freilich in anderer, den neuen Nutzungen (Wohnen und etwas Gewerbe und Kunstgewerbe) angemessener Form und in der architektonischen Sprache unseres Jahrhunderts. Die Aufgabe war schwer, und es bedurfte mehrerer Planungsrunden, ehe das – teilweise umstrittene – Projekt der Architekten Diener & Diener von den Fachinstanzen und den Experten zur Ausführung empfohlen und 1984 bis 1986 realisiert wurde.

Die Baukosten betrugen nahezu 6 Millionen Franken und wurden dem Anlagekonto der CMS belastet.

Kopfbauten West (St. Alban-Rheinweg 52 und 54)

Die beiden Kopfbauten West übernehmen städtebaulich die Nachfolge des einstigen vordersten Mühlenpaares am westlichen Teicharm. 1892/93 errichtete der Baumeister Robert Tschaggeny für das Gewürz-, Senf- und Fleischhackunternehmen Rensch-Miville statt der verwinkelten linksufrigen Mühle einen dreigeschossigen Neubau, der später auch ‹Direktionsvilla› genannt wurde. Ihn beschloss man seiner architektonischen Qualitäten halber stehenzulassen. Die rechtsufrige Mühle, ein hoher Riegelgeschossbau, war bereits 1967 abgebrochen worden.

Die umgebaute ‹Direktionsvilla› und der Neubau sollten wegen ihrer ausgezeichneten Lage künftig nicht mehr dem Gewerbe, sondern dem Wohnen dienen. Die grösste, aber von Architekt Rolf Keller gut gemeisterte Schwierigkeit be-

▽ Arbeiterwohnhaus, Ansicht von Nordwest, 1988.

stand darin, Alt- und Neubau so aufeinander abzustimmen, dass beide westlichen Kopfbauten städtebaulich die Erinnerung an das einstige Mühlenpaar wachhielten.

Der Umbau und der Neubau erfolgten nach längerer, 1983 abgeschlossener Planungszeit in den Jahren 1984 und 1985. Die Baukosten für beide Objekte betrugen zusammen 3,5 Millionen Franken, die zur Hauptsache durch den Landerwerbs- und Baufonds der CMS gedeckt wurden.

Arbeiterwohnhaus (St. Alban-Tal 42)

Das 1850 erstellte Gebäude stellte einen besonderen, seltenen Typus mit gemischten Nutzungsarten – Wohnen und Papiertrocknen – dar und wurde daher als erhaltenswert taxiert. Die

CMS überliess es im Unterbaurecht einer Stockwerkeigentümer-Gemeinschaft. Deren Mitglied Architekt Michael Alder führte 1986/87 die Erneuerung und die für neuzeitliche Familienwohnungen notwendigen Umbauten durch.

Gewerbehaus (St. Alban-Tal 40 A)

Das zweitraktige, 1986/87 ebenfalls durch Michael Alder errichtete Haus mit Werkstätten und Künstlerateliers ist der einzige Neubau im Innenbereich auf dem Areal des einstigen Klostergartens und trägt vorzüglich zur Gliederung der Fläche zwischen Goldenem Sternen und Arbeiterwohnhaus bei. Es ist überdies gekennzeichnet durch eine einfache und klare Formensprache. – Die Ateliers dienen dem von der CMS ins Leben gerufenen internationalen Künstleraustausch.

Die Erstellungskosten beliefen sich auf gut 1,5 Millionen Franken, wovon zwei Drittel auf das Anlagekonto der CMS und ein Drittel auf den CMS-Reinertragsanteil der Einwohnergemeinde entfielen.

Wasserläufe, Plätze und Umgebung

Die Sanierung des St. Alban-Tals beschränkte sich nicht nur auf die bisher beschriebenen Hochbauten, sie umfasste auch die jeweilige nähere und weitere Umgebung der einzelnen Objekte.

So wurden in zwei Etappen, 1979 und 1984, beide *Teicharme* überholt und vor allem im Bereich der Gallicianmühle (Installierung des Wasserrads für den Papiermühlebetrieb!) und des Museums für Gegenwartskunst gründlich erneuert. – Die Kosten von fast einer Million Franken wurden dem CMS-Reinertragsanteil der Einwohnergemeinde belastet.

Im Zusammenhang mit der von privater Seite besorgten Restaurierung des St. Alban-Stifts, der ehemaligen Klostergebäulichkeiten also, wurde durch die CMS die Verbindung zwischen

△ St. Alban-Teich, offene Wasserführung zum Rhein, unterer Teicharm, 1988.

der Kirche und dem früheren Kloster durch verschiedene bauliche Massnahmen wieder sichtbar gemacht und der arg verwahrloste *Gottesacker* einer kräftigen Säuberung unterzogen.

1980 liess die CMS zwecks Belebung des Zugangs vom Rhein her eine *Anlegestelle* für die Rheinschiffahrt installieren.

Ausserdem wurden die diversen *Freiflächen* und *Plätze* zum Teil neu gestaltet, zum Teil gesäubert, zum Teil mit neuen Belägen versehen. Hier bliebe freilich noch verschiedenes zu tun. Mancherorts könnte man sich altstadtgemässe Pflästerungen und vermehrte Vegetation vorstellen. Vor allem aber ist ein besonderes, auch anderswo auftretendes Problem noch nicht befriedigend gelöst, nämlich das des allzu zahlreich parkierten Blechs, welches schönste Gebäudepartien und Durchblicke gröblich verschandelt.

Im ganzen jedoch ist das ‹Jahrhundertwerk› der CMS, die in der Schweiz bisher grösste Quartierinstandsetzung und -revitalisierung samt Durchmischung der verschiedensten Funktionen, glücklich vollendet worden, und zwar in der Rekordzeit von nur zwölf Jahren. Hiefür gebührt der Christoph Merian Stiftung, aber auch den Hand bietenden Behörden, der rückhaltlose Dank der ‹lieben Vaterstadt Basel›.

Zeittabelle zur Sanierungsgeschichte

1964
‹Egeler-Plan› zur Sanierung des St. Alban-Tals.

1971
CMS anerbietet sich, die Sanierung zu übernehmen.

1974
Regierungsrat ermächtigt CMS zur Planung.

1975
Abschluss der notwendigen Baurechtsverträge.
Europäisches Jahr für Denkmalpflege und Heimatschutz; erstes Dalbelochfescht.
Pläne des Hochbauamts für Tor, Gallician- und Stegreifmühle liegen vor.

1976
Erste Planungsetappe: Planungsstudie über das ganze Gebiet.

1977
Zweite Planungsetappe: Planung von Einzelbauten.
Restauration des St. Alban-Tors abgeschlossen.

1979
Erste Etappe der Teichsanierung.
CMS erwirbt den Goldenen Sternen.
Bau des Museums für Gegenwartskunst vollendet.

1980
Museum für Gegenwartskunst wird eingeweiht.
Gallicianmühle als Papiermuseum eingeweiht.
Wehrmauer und -graben sind restauriert.
Eröffnung der Jugendherberge.

Schiffanlegestelle am St. Alban-Rheinweg wird installiert.

1981
Gottesacker-Instandstellung abgeschlossen.
Vereinigung ‹Pro Dalbeloch› gegründet.

1982
Stegreifmühle ist wieder aufgebaut.

1983
Häuser St. Alban-Rheinweg 62 und 64 instandgesetzt.
Umbau Magazingebäude St. Alban-Kirchrain 6 abgeschlossen.
Zweites Dalbelochfescht in memoriam Klostergründung 1083.

1984
Zweite Etappe der Teichsanierung abgeschlossen.

1985
Restaurierung der Rychmühle abgeschlossen.
Münsterbauhütte installiert.
Kopfbau West ist vollendet.

1986
Kopfbau Ost ist vollendet.
Letziplatz ist fertiggestellt.

1987
Arbeiterwohnhaus umgebaut.
Gewerbehaus gebaut.

1988
‹Dalbeloch-Visite›. Der neue Platz hinter dem Goldenen Sternen und dem Museum für Gegenwartskunst erhält seinen Namen: Klosterplatz.

Bernhard Christ

Die Zonenplanrevision 1984/1988

Mit der Verabschiedung des Schlussberichtes seiner Zonenplankommission beendigte der Grosse Rat in der April-Sitzung 1988 eine der grössten Arbeiten, welche Regierung, Verwaltung und Parlament in den letzten Jahren beschäftigten. Aus der Revision des seit seiner Entstehung schon vielfach veränderten Zonenplanes von 1939 ist der Zonenplan von 1986/88 hervorgegangen. Gewiss wird auch er in Zukunft nicht unberührt bleiben; aber eine wesentliche Etappe in der Raumplanung Basels ist er zweifellos.

Der Zonenplan ist nach heutiger Terminologie ein Nutzungsplan. Er ist somit weder die planmässige Erfassung des Bestehenden, noch ein Entwurf, wie die Stadt aussehen soll, sondern er definiert die zulässigen und möglichen Bebauungen und damit die Nutzung des Bodens, insoweit sie durch die äussere Gestalt der Bauten und die freizuhaltenden Teile bestimmt wird. Der Inhalt der auf dem Plan mit verschiedenen Farben, Schraffuren und anderen Signaturen bezeichneten Nutzungszonen wird im Anhang des Hochbautengesetzes umschrieben. Im übrigen lenken und beschränken die Bauvorschriften des Hochbautengesetzes das Bauen[1].

Das war das System des Zonenplanes von 1939, und das ist auch dasjenige des neuen Zonenplanes. Waren allerdings im vorherigen Nutzungszonenrecht alle Zonen Bauzonen, somit Zonen, in denen durch Abbruch bestehender Überbauungen der Raum für neue geschaffen werden konnte, so kennt der neue Plan nun zusätzlich die Schutzzone und die Schonzone: Zonen, in denen die zulässige Überbauung nicht abstrakt durch das im Gesetz gewährte Nutzungsmass,

sondern konkret durch die bestehende Überbauung definiert wird, insofern sie am Schutzzweck teilnimmt. Damit ist das grosse Thema dieser Zonenplanrevision angeschlagen: Es ging im wesentlichen darum, durch das Ausscheiden von Strassenzügen und Gebäudegruppen, welche erhalten bleiben sollten (Schutzzonen), durch Massnahmen für die Bewahrung eines spezifischen Strassen- oder Quartiercharakters (Schonzonen), durch Milderung des Erneuerungsdruckes auf die Strassenzüge der Aussenquartiere (Abzonungen) das Stadtbild gegenüber dem in den letzten Jahrzehnten allzu starken baulichen Umsatz in seiner Identität zu sichern.

Der Zonenplan, den der Grosse Rat 1939 nach zügiger Behandlung verabschiedete – man erledigte damals dergleichen Vorhaben noch speditiv und unbekümmert –, war, um es etwas überspitzt zu sagen, das Produkt des ‹roten Basels› und der Wirtschaftskrise. Obwohl der Zonenplan keineswegs ein Diktat der sozialdemokratischen Regierungsmehrheit und der im Parlament dominierenden Sozialdemokratie war, spiegelt er doch die damaligen politischen Verhältnisse: Er brachte mit der Verfeinerung des zonenrechtlichen Instrumentariums eine grössere Regelungsdichte; die enorme Ausweitung der Bebauungsmöglichkeiten zielte auf raschen, billigen Wohnungsbau. Mitschwingen mochte auch das mehr ideologisch begründete Bestreben, die bestehende, auch die historische, alte Stadt als Ausdruck einer alten, überholten Gesellschaft durch eine ‹zeitgemässe›, der Modernität verpflichtete Siedlungsform zu ersetzen. Dazu erhoffte man sich – im Sinne keynesianischer Krisenbekämpfung – eine Belebung der Bauwirtschaft. Das war mit der Grund, warum diese Zonenplanrevision auch im bürgerlichen Lager dankbare Befürworter fand.

Zumal die wirtschaftspolitische Hoffnung sollte sich in den Jahrzehnten nach dem 2. Weltkrieg über alles Erwarten erfüllen. Diese Entwicklung (sie umfassend zu würdigen und kritisch zu beleuchten, ist hier nicht der Platz) hat das Stadtbild völlig umgestaltet und im gewachsenen Baubestand grosse Veränderungen hinterlassen. Es gab Zerstörungen als Folge bewusster, ja vom Stimmvolk abgesegneter Planungen, vor allem im Dienste der verkehrstechnischen Erschliessung der Stadt (Talentlastungsstrasse, Aeschenvorstadt). Es gab neben diesen schweren Verstümmelungen die zahllosen mittleren Wunden und kleinen Kratzer und Schürfer, Folgen einer hektischen und, vorab in den sechziger Jahren, oft chaotischen baulichen Entwicklung. Der Zonenplan von 1939 hatte sie ermöglicht, ja begünstigt[2].

Die Besinnung setzte Ende der sechziger Jahre ein. Der von der Regierung vorgelegte Entwurf für ein Denkmalschutzgesetz ging im Grossen Rat in eine längere, aber fruchtbare Beratung. Aufgrund eines Zwischenberichtes wurden 1977 in den Anhang des Hochbautengesetzes neue Bestimmungen über die Schutz- und Schonzonen aufgenommen und gleichzeitig alle bisher der sogenannten Altstadtzone zugehörigen Gebiete vorläufig der Schutzzone zugewiesen. Damit war die Aufgabe gestellt, zunächst in der bisherigen Altstadtzone die ‹Feineinstellung› zwischen Schutz- und Schonzonen vorzunehmen, sodann im ganzen Kantonsgebiet schützenswerte und zu schonende Strassenzüge und Gebäudegruppen für diese neuen Zonen auszuscheiden. Die Verwaltung war mit diesem Auftrag befasst, als – ihn ergänzend und überschneidend – eine Mehrzahl von Vorstössen im Parlament, sei es in genereller Weise, sei es mit

Blickrichtung auf Einzelprobleme, zonenplanerische Massnahmen anregten. Insbesondere verlangte ein Anzug Carl Miville (1977), der von einer Mehrheit der Grossratsmitglieder mitunterzeichnet war, Abzonungen für weitere Gebiete der äusseren Stadt[3]. Die Vorstösse stammten aus allen politischen Lagern. Bemerkenswert ist aus heutiger Sicht, dass dieser Themenbereich nicht mit dem Mittel der Volksinitiative aufgegriffen oder unterstützt wurde, sondern das Parlament ganz eindeutig die politischen Anstösse setzte, und zwar in einer Artikulierung, die es der Regierung möglich machte, sie in die nachherige Zonenplanrevision umzusetzen, dass also hier das Parlament seine Suprematie ausübte[4].

Zunächst war die Stunde der Verwaltung. Der Vorsteher des Baudepartementes setzte eine Arbeitsgruppe ein. Sie stand unter der kundigen Führung des Präsidenten der Heimatschutzkommission (heute ‹Stadtbildkommission›), Dr. René Nertz. Die Weiterbearbeitung übernahm das Amt für Kantons- und Stadtplanung. Das Instrument der sogenannten Planungszonen bot Gewähr, dass während der Planung ihre Ziele nicht durch Abbrüche und Neubauten nach noch bestehendem Zonenrecht vereitelt wurden. Solche Planungszonen können für fünf Jahre verfügt und einmal um drei Jahre verlängert werden[5]. 1977 begannen die Vorarbeiten. 1979 verfügte die Regierung die Planungszonen und legte die projektierten Änderungen öffentlich auf. Anhand einer Flut von eingegangenen Einsprachen und Vorschlägen wurde der Entwurf in zeitraubender sorgfältiger Kleinarbeit überarbeitet. Im Juli 1984 stellte die Regierung ihren ersten Ratschlag (Nr. 7819) dem Grossen Rat zu. Er enthielt neben dem revidierten Zonenplan der inneren Stadt wichtige Anträge für Änderungen der Bestimmungen des Anhangs zum Hochbautengesetz, um diese mit dem Bundesraumplanungsrecht in Übereinstimmung zu bringen, vor allem aber eine Neufassung des § 3a über die Stadtbildschonzone. Bei der Eintretensdebatte im Oktober 1984 hingen schwere Gewitterwolken über der Vorlage. Von bürgerlicher Seite wurden die vorgeschlagenen Zonenänderungen als sehr weitgehend bezeichnet: Die finanziellen Konsequenzen, die sich aus Abzonungsentschädigungen ergeben würden, seien nicht abgeklärt. Von der anderen Seite wurde Widerstand angesagt gegen die von der Regierung vorgeschlagene Änderung des Schonzonenparagraphen. Überdies brauche es wesentlich mehr Schutz- und Schonmassnahmen. Der Ratschlag wurde einer 24gliedrigen Grossratskommission unter dem Präsidium von Dr. Bernhard Christ (damals auch Präsident des Rates) zugewiesen.

Als erstes befasste sich die Kommission mit der Änderung der Gesetzesbestimmung, namentlich des umstrittenen Schonzonenparagraphen. Es gelang ihr, für diesen eine neue Formulierung zu finden, die zwar die bisherige Definition mit der Anknüpfung bei Kubus und Massstäblichkeit beibehielt, aber die Möglichkeiten der Abweichung von diesen Massgaben genauer, und damit für den betroffenen Eigentümer brauchbarer, umschrieb[6]. Diese Konsenslösung fand dann auch im Rat einhellige Zustimmung. Erst im April 1986 reichte die Regierung dem Grossen Rat den umfangreichen Ratschlag über die äussere Stadt (Nr. 7907) nach. Sie hatte ihn (wenn diese Ausdruckweise erlaubt ist) vorher noch einige Monate besorgt in den Händen gewogen: ob man wohl nicht zu weit gegangen sei mit den Abzonungsvorschlägen? Welches die finanziellen Folgen allfälliger Abzonungsentschädigungen sein möchten?

Zu diesen beiden Hauptgewichten kam hinzu der Ratschlag für Riehen und Bettingen, ein Bericht und Ratschlag zum Initiativbegehren betreffend Einweisung des Areals St. Alban-Anlage/Malzgasse/St. Alban-Vorstadt in die Grünzone, ein Bericht und Ratschlag betreffend Zonenänderung an der Oberen Rebgasse, später noch Ratschläge betreffend Schweizer Mustermesse (Areal nördlich des Messeplatzes) und betreffend die Gestaltung des Areals Breitezentrum[7].

Die Kommission hatte eine Arbeit zu bewältigen, welche die Möglichkeiten eines Milizparlamentes beinahe überstieg. Sie war überdies im Hinblick auf den Ablauf der Planungszonen (im Juli 1987) unter stärkstem Zeitdruck. Ihre Arbeitsweise war die folgende: Alle betroffenen Grundeigentümer hatten das Recht, gegen die beabsichtigten Zonenänderungen Einsprache zu erheben. Diese Einsprachen vermitteln im Raumplanungsverfahren zwar nicht den Anspruch, die Änderung zu verhindern, sondern sie sind bloss ein qualifiziertes Mittel, Bedenken, Einwände und Verbesserungsvorschläge den entscheidenden Behörden zur Kenntnis zu bringen. Die Behörden sind verpflichtet, diese Einwendungen zu prüfen und ihren Entscheid erst nach dieser Prüfung zu fällen. Insoweit solche Einsprachen nicht bereits durch den Regierungsrat zur Zufriedenheit der Betroffenen erledigt werden konnten, mussten sie dem Grossen Rat zur Behandlung überwiesen werden. Die Vorberatung und Antragstellung lag bei der Zonenplankommission. Diese liess wiederum alle Einsprachen (es waren ihrer fast tausend) durch eine siebenköpfige Subkommission unter dem Präsidium des nachmaligen Grossratspräsidenten Dr. Walter Zähner vorbearbeiten.

Bei der Behandlung eines Teilgebietes rapportierte die Subkommission zunächst über die Einsprachen. Die Kommission nahm dazu Stellung; das konnte dazu führen, dass aufgrund einer Einsprache eine im Ratschlag beantragte Schutz- oder Schonzone unterblieb oder dass anstelle einer Schutzzone bloss eine Schonzone oder nur eine Abzonung verfügt wurde. Nach der Behandlung der Einsprachen beriet die

Kommission die Anträge aus ihrer eigenen Mitte. Diese Anträge gingen nahezu ausnahmslos in Richtung von mehr Schützen und Schonen. Natürlich wurden nicht alle gutgeheissen, aber doch ein wesentlicher Teil davon. Es lässt sich also sagen, die Kommission habe im Ratschlag der Regierung beantragte Schutzmassnahmen in der Regel nur fallengelassen aufgrund von konkreten Einsprachen, die sie aus besonderen Gründen für überzeugend hielt. Angeregt durch eigene Anträge beschloss sie beinahe durchwegs Zonenänderungen, die zusätzliche Schutzmassnahmen bringen. Sie war aber dabei (von Einzelfällen und nicht ganz ausgegorenen Ausnahmen abgesehen) eher behutsam. Dies erwies sich dann an den Einsprachen, die bei der sogenannten zweiten Planauflage eingingen: Erstaunlicherweise waren diese zusätzlichen Einsprachen, die sich gegen die von der Kommission beschlossenen Änderungen richteten, nicht sehr zahlreich. Als Beispiel für eine solche behutsame Ergänzung sei die zusätzliche Schutzzone an der Langen Gasse genannt: die sehr hohe Qualität der vordersten Häuser gegen die Hardstrasse zu drängte diese Massnahme auf. Als Beispiel für eine kühne, entsprechend auch bis ins Plenum des Rates heiss umstrittene Zoneneinweisung: die St. Alban-Anlage zwischen Hardstrasse und Avia-Garage. Hier ging es darum, eine Serie der bekanntlich besonders abbruchgefährdeten grossen Historismus-Villen in ihrem städtebaulichen Zusammenhang zu sichern. Die Kommission kam zur Schutzzone statt zur im Ratschlag beantragten Schonzone, weil es hier nicht so sehr um die Bewahrung bloss eines Strassencharakters ging, sondern um eine Reihe qualitätsvoller Einzelobjekte. Schliesslich sei als Beispiel für einen problematischen Entscheid die Laufenstrasse im Gundeldingerquartier genannt. Dass sie in die Schonzone kam, nur weil sie eine ‹Wohnstrasse› ist, lässt sich nicht leicht sachlich begründen.

In dieser Weise befasste sich die Kommission zuallererst mit Bettingen, weil diese Gemeinde wegen der Gestaltung ihres Dorfkerns dringend auf die Verabschiedung der Revision angewiesen war. Hierauf ging es an die innere Stadt. Lange und kontrovers befasste sich die Kommission beispielsweise mit dem Gaba-Areal (beim St. Johanns-Tor), dem Haus Steinenvorstadt 56 (bei der Steinenmühle), dem Eckhaus Steinenvorstadt/Kohlenberg. Anhand dieser engagiert, aber mit gegenseitigem Respekt geführten Diskussionen entwickelte die Kommission unbe-

wusst Richtlinien, wie die Schutzzonen und die Schonzonen zu legen seien, Richtlinien, die sie nachher in ihren weiteren Beratungen leiteten und es ihr ermöglichten, in anderen kontroversen Fällen rasch zu tragfähigen Entscheiden vorzudringen.

Als nächstes kam Riehen dran: Hier gaben die Gebiete, für welche des Grundwasserschutzes wegen die Gewerbeerleichterungen (blaue Schraffur) aufgehoben wurden und für welche teilweise Ersatz zu finden war, viel zu reden. Vom Herbst 1986 an konnte die Kommission den umfangreichen Ratschlag für die äussere Stadt in Angriff nehmen. Sie behandelte ihn in drei Teilen: Grossbasel West, Grossbasel Ost und Kleinbasel. Hier war sie nun in besonderem Mass mit dem Problem des Quantitativen konfrontiert: Der Umfang der von der Revision betroffenen Strassen und Strassenabschnitte, ihre Vielfalt und die verschiedenen Grade der Konservierung ihres ursprünglichen städtebaulichen Zustandes fand eine direkte Entsprechung in der Unzahl von Einsprachen und der ebenfalls nicht geringen Zahl von Anträgen aus der Mitte der Kommission. All das speditiv und doch ohne Abstriche an der erforderlichen Gründlichkeit zu behandeln und schliesslich zu

entscheiden, war eine anspruchsvolle Arbeit, die im Rückblick wohl nur aus folgenden fünf Gründen nicht scheiterte: Zunächst war der wegen des Ablaufens der Planungszonen grosse Zeitdruck kein Schaden, weil das Fehlen von Terminen in der Verwaltung leicht zu Perfektionismus, in Grossratskommissionen zu politischer Umstandskrämerei führt. Sodann war die politische Konstellation so, dass die bürgerliche Seite und die politische Mitte, wenn sie auch keine Übertreibungen der Schutztendenz wollten, die Revision als solche für erforderlich ansahen und nicht scheitern lassen wollten. Die Linke hinwiederum, die (im Gegensatz zu ihrer Tendenz in den fünfziger und sechziger Jahren) jetzt für möglichst viel Schutz der bestehenden Bebauung und Hemmung des baulichen Umsatzes eintrat, musste sich zum Kompromiss verstehen, um nicht das zu gefährden, was der Ratschlag brachte. So traf man sich immer wieder auf der Linie des von Regierungsrat Eugen Keller mit Überzeugung vertretenen regierungsrätlichen Entwurfs. Der dritte Grund war der für die Schonzonenbestimmung erreichte Kompromiss: Er schuf in der Kommission das Bewusstsein, dass es möglich sei, auch in hart umstrittenen Fragen Lösungen zu finden. Ferner wurde die Kommission wesentlich motiviert durch die gute Aufnahme, die ihre Arbeit beim Plenum des Rates von Anfang bis zum Ende fand: Sämtliche acht Berichte der Kommission

◁◁◁
Lange Gasse 37 – Hardstrasse 4. Beispiel eines massvollen und kaum bestrittenen Kommissionsvorschlags: Lange Gasse 37 – Hardstrasse 4 (zusätzliche Schutzzone).
◁◁
St. Alban-Anlage 62/64. Umstritten war die Einweisung dieses Teils der St. Alban-Anlage in die Schutzzone. Es ging um die Sicherung einer Reihe von besonders gefährdeten Villen des Historismus.
◁
Laufenstrasse. Problematische Schonzone für die Laufenstrasse: Die Wohnstrasse hat mit dem zu schützenden Charakter einer Überbauung im Grunde nichts zu tun. Diese Strasse war bereits zonengemäss überbaut.

wurden nach kurzer Beratung meist einhellig angenommen[8]. Schliesslich standen der Kommission von seiten der Verwaltung und der Projektgruppe hervorragend kooperationswillige und qualifizierte Helfer und Gesprächspartner zur Verfügung: Dr. René Nertz von der Stadtbildkommission, Stadtplanchef Fritz Peter, die Herren Rolf Baumann und Alfred Stohler vom Amt für Kantons- und Stadtplanung, Dr. Alexander Ruch, Chef der Rechtsabteilung des Baudepartements, für Rechtsfragen, Frau Dr. Uta Feldges von der Basler Denkmalpflege und der Kommissionssekretär lic.iur. Jean-Pierre Menge. Immer wieder trafen sich Kommissionspräsident Bernhard Christ und Subkommissionspräsident Walter Zähner mit den genannten Herren aus dem Baudepartement, um Verfahrensfragen und Spezialprobleme zu klären und die weitere Kommissionsberatung zu planen.

Es zeigte sich, dass die Frage, was im Rahmen dieser Revision zu schützen, was durch Schonzone, durch Abzonung dem baulichen Erneuerungsdruck zu entziehen sei, die Arbeit der Kommission und ihrer Subkommission weitgehend beherrschte. Somit wurde diese Zwecksetzung – der Schutz des Stadtbildes in seiner überkommenen baulichen Gestalt –, die freilich schon im Ratschlag sehr stark angelegt war, in der Kommissionsberatung nicht durch andere Ziele verdrängt, sondern eher noch ausgeprägter zum Hauptthema. Auch die beantragten Schonzonen, die ja keinen absoluten Schutz bringen, sondern nur den Charakter eines Strassenbildes schützen, ja sogar die Abzonungen in Nummernzonen wurden vielfach unter

Kanton Basel-Stadt

Zonenplan

1:12 500 / 1:6000   Ausgabe August 1988

Grossratsbeschlüsse

13. März 1986	Bettingen
22. Oktober 1986	innere Stadt
26. März 1987	Riehen
22. Oktober 1987	äussere Stadt / Grossbasel-West
17. Dezember 1987	äussere Stadt / Grossbasel-Ost
20. April 1988	äussere Stadt / Kleinbasel

besondere Beschlussdaten:

Grossbasel-Ost / SNCF-Areal	26. Juni 1987
Bettingen / Chrischonaraïn	27. Oktober 1987 (Regierungsratsbeschluss)
Grossbasel-Ost / Breite-Zentrum	20. April 1988

Bemerkungen

1. Rechtsverbindlich sind der Zonenplan 1:1000 und für die Waldgrenzen die Grundbuchpläne 1:500 (§ 3 Forstgesetz). Vorbehalten bleibt Art. 1 FPolV.

2. Die für verschiedene Gebiete erlassenen speziellen Bauvorschriften (SBV) gemäss § 8 Hochbautengesetz (HBG) und die ergänzenden Vorschriften (EV) gemäss § 4 Abs. 2 HBG und § 27 Anhang HBG sind im vorliegenden Plan nicht dargestellt. Der Übersichtsplan «Spezielle Bauvorschriften 1:12 500 / 1:6000 zeigt die Lage der betroffenen Gebiete.

3. Auskünfte erteilt das Amt für Kantons- und Stadtplanung, Büro E 09, Rittergasse 4, 4001 Basel (Telefon 061 / 21 92 42 / 41), jeweils Montag bis Freitag von 9.30 bis 11.30 Uhr, anhand des Zonenplanes 1:1000 und anhand der speziellen Bauvorschriften.

4. In der inneren Stadt sowie in den Zonen 4, 5a, 5 und 6 bestehen generell Erleichterungen für das Gewerbe gemäss § 24 Anhang HBG.

5. Die Blatteinteilung des Zonenplanes 1:1000 ist im vorliegenden Plan dargestellt und entsprechend numeriert.

Zonen (§ 1 Anhang HBG)

	Zone 2a
	Zone 2
	Zone 3
	Zone 4
	Zone 5a
	Zone 5
	Zone 6
	Stadt- und Dorfbild-Schonzone
	Stadt- und Dorfbild-Schutzzone
	Zone für öffentliche Bauten und Anlagen (öBA)
	Zone 7 Industrie
	Grünzone
	keiner Zone zugewiesen
	Bahnareal
	Gewässer
	Wald

Spezielle Bestimmungen (Anhang HBG)

	Vorschriften für Gebäudegruppen und -abstände (§§ 16 und 20 Anhang HBG)
	Gewerbeerleichterung (§ 24 Anhang HBG) (Bemerkung 4)
	Erleichterungen für Industriebauten möglich (§ 25 Anhang HBG)
	Schonung des Baumbestandes (§ 26 Anhang HBG)
	ergänzende Vorschriften möglich (§ 27 Anhang HBG) (Bemerkung 2)

N

0	500	1000	1500 m

Reproduziert mit Bewilligung des Vermessungsamtes Basel-Stadt vom 21. 6. 1988. Alle Rechte vorbehalten
Litho und Druck: Repro Glaser + Wenkopf AG, Basel
Aerni-Leuch AG, Liebefeld-Bern

**Baudepartement Kanton Basel-Stadt
Amt für Kantons- und Stadtplanung**

innere Stadt 1:6000

Die vier ‹Väter› der Zonenplanrevision 1984/1988: Dr. René Nertz, Dr. Bernhard Christ, Fritz Peter, Dr. Walter Zähner (v.l.n.r.).

dem Aspekt diskutiert, inwieweit sie dazu beitragen, den bestehenden Überbauungen den Weiterbestand zu ermöglichen. Insofern demnach mit dem revidierten Zonenplan wertvolle Überbauungen – zumal diejenigen des noch bis vor kurzem als wertlos geächteten Historismus – in Schutzzonen gelegt wurden und insofern auch mit den weniger eingreifenden Mitteln der Schonzone oder einer Abzonung bestehende Bausubstanz bewahrt werden soll, wird die Revision in beachtlichem Masse das bringen, was man von ihr erwartete.

In Schutz- oder Schonzonen sind nun einige der stillen Strassen des äusseren St. Albanquartiers mit ihren nobel zurückhaltenden Einfamilienhäusern, das sorgfältig gestaltete Paulusquartier mit dem Formenreichtum seiner aneinandergebauten Doppelhäuser, Teile des Matthäusquartiers und jenes ‹untere Kleinbasel› mit seiner zugleich grossstädtischen wie heimeligen Atmosphäre. Auch was seinerzeit die ‹Spekulation› schuf (sollten wir nicht rückblickend eher von ‹Unternehmertum› sprechen?), geniesst nun zum Teil diesen Schutz: die Mietshäuser im Gundeldingerquartier, an verschiedenen Stellen der Stadt die ‹Baumgartner-Häuser›, die auf

Antrag der Kommission konsequent in Schonzonen gelegt wurden, Genossenschaftssiedlungen der Zwischenkriegsjahre im Hirzbrunnen, in den Schorenmatten, in Riehen. Wir erwähnen diese im Einzelnen nicht sehr spektakulären Bauwerke, weil sie schliesslich die Hauptnutzniesser der Zonenplanrevision sind, denn das architektonisch wertvollere aus früheren Zeiten, in der Innerstadt, in den Dorfkernen von Riehen und Bettingen, war schon bisher zum grössten Teil unter Schutz.

Dies alles macht die Identität der Stadt aus: sie braucht alles Gewachsene dafür, und das Hervorragende erhält seinen Wert erst in diesem Umfeld. Die Sicherung dieser Überbauungen ist ein wesentlicher Beitrag zur Bewahrung des Stadtbildes, nicht so sehr verstanden als äusseres Stadtbild, als Silhouette, als durchgeformte Gesamtgestalt der Stadt, sondern als ‹inneres Stadtbild›, das in den Strassenzügen und in den Plätzen durch den Bewohner, für den die Gestalt seines Quartieres stabiler bleibt, auch erlebt werden kann.

Die Zonenplanrevision konnte diese Zielsetzung nicht abschliessend realisieren: Bei weitem nicht alles, was vom denkmalpflegerischen Standpunkt aus unter Schutz gehört, ist gesichert[9]. Es war politisch Rücksicht zu nehmen auf die Bedenken weiter Kreise, die befürchteten, allzu einschneidende Schutzmassnahmen könnten der wirtschaftlichen und bevölkerungspolitischen Entwicklung des Kantones gefährlich sein. Dennoch bringt der revidierte Zonenplan, aufs Ganze gesehen, die Rückkehr der Nutzungsplanung zum historischen, menschlichen Mass. Etwas überspitzt könnte man sagen, dass er das Stadtbild nicht mehr ausschliesslich als einen abstrakten Entwurf neuer, planmässiger Überbauungen gemäss einer nach Nutzungen gestaffelten Ordnung definiert. Neu ist, dass nun das Bestehende, Gewachsene zu einem guten Teil zum Massstab des Stadtbildes wird. Wenn sich in Zukunft auch Neubauten – die entgegen vielfach geäusserten Befürchtungen weiterhin möglich sein werden und auch sein müssen – an dieser Identität orientieren, das Bestehende fortsetzen, ergänzen und verbessern, dann hätte diese Revision des Zonenplanes noch mehr gebracht, als sie ankündigte.

Anmerkungen:

1 Carl Fingerhuth, in: ‹Das Politische System Basel-Stadt›. Basel 1984, S. 421 ff. – Leo Schürmann, Bau- und Planungsrecht. Bern 1981, S. 124 ff.
2 Vgl. etwa Boerlin/Wackernagel/Zahn/Christ, Denkmalschutzrecht im Kanton Basel-Stadt. Jahresbericht der Freiwilligen Basler Denkmalpflege 1972/1973. Basel 1974, S. 23 ff.
3 Anzug Carl Miville und Konsorten betreffend Revision des Zonenplanes im Sinne der Abzonung weiterer Gebiete unserer Stadt vom 10. März 1977. Dieser und eine stattliche Reihe weiterer Anzüge sind im Ratschlag Nr. 7907 (vgl. hienach Anmerkung 7) abgedruckt und behandelt.
4 Vgl. Gerhard Schmid, in: ‹Das Politische System Basel-Stadt›. Basel 1984, S. 260.
5 Hochbautengesetz § 11b (seit 1979).
6 Die Motive der Kommission mit einer eingehenden Kommentierung des neuen § 3a Anhang HBG finden sich im ersten Zwischenbericht Nr. 7878 (zugestellt 20.9.1985). Sie sind überdies abgedruckt im Jahresbericht der Freiwilligen Basler Denkmalpflege 1984/87. Basel 1988, S. 54 ff.
7 Die Ratschläge (Titel gekürzt): Bericht des Regierungsrats zum Initiativbegehren Areal St. Alban-Anlage etc. und Ratschlag betreffend Änderung der Zoneneinteilung im Gebiet St. Alban-Anlage (Nr. 7821, zugestellt 8.6.1984); Ratschlag betreffend Änderungen des HBG, Revision des Zonenplanes für das Gebiet der inneren Stadt (Nr. 7819, zugestellt 13.7.1984); Ratschlag betreffend Zonenplanrevision Riehen und Bettingen (Nr. 7850, zugestellt 15.3.1985); Bericht und Ratschlag betreffend Obere Rebgasse (Nr. 7888, zugestellt 8.11.1985); Ratschlag Zonenplanrevision äussere Stadt (Nr. 7907, zugestellt 25.4.1986); Ratschlag betreffend Schweizer Mustermesse (Nr. 7975, zugestellt 14.5.1987); Ratschlag betreffend die Gestaltung des Areals Breitezentrum (Nr. 7977, zugestellt 3.6.1987).
8 Die Kommissionsberichte: 1. Zwischenbericht zu den Änderungen des HBG und zur Initiative St. Alban-Anlage (Nr. 7878, zugestellt 20.9.1985); 2. Zwischenbericht, Zonenplan Bettingen (Nr. 7898, zugestellt 14.2.1986); 3. Zwischenbericht, Zonenplan innere Stadt (Nr. 7943, zugestellt 26.9.1986); 4. Zwischenbericht, Zonenplan Riehen (Nr. 7959, zugestellt 12.2.1987); 5. Zwischenbericht, Zonenplan Grossbasel West (Nr. 8005, zugestellt 30.9.1987); 6. Zwischenbericht, Zonenplan Grossbasel Ost (Nr. 8018, zugestellt 19.11.1987); Bericht Breitezentrum (Nr. 8042, zugestellt 17.3.1988); Schlussbericht Zonenplan Kleinbasel (Nr. 8043, zugestellt 24.3.1988).
9 Der Fülle von schützenswerten Bauten – vor allem auch solchen, die schon abgebrochen sind – wird man sich beim Studieren des Inventars der neueren Architektur bewusst: INSA, Inventar der neueren Schweizer Architektur, 1850–1920; Othmar Birkner/Hanspeter Rebsamen, ‹Basel› (von der CMS ermöglichter Separatdruck aus Bd. 2 der Gesamtreihe, Hg. Gesellschaft für Schweizerische Kunstgeschichte, Bern 1986).

Keine ‹Sänften› für die ‹Grauen Panther›

‹Sänften› nennt sie der Volksmund, ‹Gelenktriebwagen mit Niederflurmittel› der Techniker. Gemeint sind damit Trammotorwagen, in die man dank dem im Mittelteil abgesenkten Boden sehr leicht ein- und aussteigen kann, selbst dann, wenn man an Krücken geht oder an den Rollstuhl gebunden ist. Die ‹Grauen Panther›, ein Verein von rund 200 Senioren und Gehbehinderten, verlangten, dass von 28 Gelenktrams, die die BVB im März 1988 neu bestellen wollten, mindestens neun mit den sogenannten ‹Sänften› ausgestattet würden. Das Anliegen stiess jedoch auf taube Ohren, und die ‹Grauen Panther› ergriffen daraufhin das Referendum gegen den vom Grossen Rat beschlossenen Tramkredit. Die Abstimmung ergab ein Ja für die Anschaffung von ‹sänftenlosen› Gelenktrams. Die Basler können aber dennoch in ‹Sänften› tramfahren: Die BLT hat 18 Stück dieses Typs von Gelenktriebwagen bestellt und setzt sie auf der Linie 10 (Rodersdorf-Basel-Dornach) ein. *Barbara und Kurt Wyss*

Der niedere Boden des Mittelteils ermöglicht fast stufenloses Ein- und Aussteigen. ▽

Blick in die ‹Sänfte›. Den Rest des Traminnern erreicht man über eine Treppe. ▽

Francis Rossé

Die Alte Stadtgärtnerei –
ein städtischer Lebensraum?

1988 wurde an der Ausstellung des Staatlichen Kunstkredits eine Projektidee vorgestellt, die die Rekonstruktion zweier Glashäuser auf dem Areal der Alten Stadtgärtnerei beinhaltet. Zu diesem Zeitpunkt ist das Areal zwischen Elsässerstrasse und Rhein von einem gelben Bretterverschlag umgeben, ein Areal, das bei den Baslerinnen und Baslern – und nicht nur bei ihnen – viel zu diskutieren gibt. Mitten in der Stadt wird um die Gestaltung und die Nutzung eines Lebensraumes gerungen. Diese Auseinandersetzungen sind Ausdruck der engen Beziehungen zwischen dem Menschen und seiner vielfältigen Umwelt, einem Beziehungsmuster, welches stets neu geprägt wird und die *humangeographische Forschung* immer wieder aktualisiert. Am Beispiel der Alten Stadtgärtnerei wird augenfällig, wie die Bevölkerung, und zwar in zum Teil ungewohnt neuartiger Gruppierung, in diese Dynamik einbezogen ist.

Kulturelle Aktivitäten

Die Stadtgärtnerei hat das Gelände im St. Johann 1985 definitiv verlassen, und kulturelle Zwischennutzungen beginnen sich auf dem brachliegenden Gelände zu entfalten. Im Juni 1986 findet eine Kunstausstellung statt, im nächsten Jahr spielt das OD-Theater Calderons ‹Das Leben ist ein Traum›. Diese kulturellen Aktivitäten erreichen nach einiger Zeit eine Vielfalt, die dem Gelände einen neuartigen Freiraumcharakter verleiht, etwas, das Basel in einer solchen Form noch nie erlebt hat. Spontanes, ungezwungenes Leben wird zum Leitmotiv

dieses Freiraumes. An der Mauer neben dem Eingangstor steht zu lesen:
«Dieser Park ist offen für alle Menschen. Dieser Park lebt – und verändert sich täglich. Dieser Park ist für dich – komm und schau ihn dir an.» Künstler arbeiten auf dem Gelände, in einem Glashaus wird Boccia gespielt, ein Schwimmbecken wird gebaut, an der WunderBar kann man sich nach der Disco im Werkstattgebäude einen Drink servieren lassen, kurzum, vielfältige Aktivitäten fast rund um die Uhr.

Ein neuer Park?

Kann man diesen Freiraum als städtischen Park bezeichnen? Um diese Frage zu beantworten, muss man sich vergegenwärtigen, dass die Auffassung, was ein Park zu sein hat, stark zeitgebunden ist. (Genau gleich wie die Auffassung über Architektur einem Wandel unterworfen ist.) Ein kurzer Blick auf die *Entwicklung von Parktypen* verdeutlicht dies.
Zu Beginn dieses Jahrhunderts wurden in den Städten Volksparks errichtet. In Basel kann die Schützenmatte zu diesem Typ gezählt werden. Dieser Park sollte den reinen Flanierpark ablösen. Man wollte eine Anlage schaffen, die benutzbar ist für die verschiedenen Aktivitäten der Bevölkerung, mit einem Rasen, der für Spiel und Sport betreten werden darf. In der Mitte der sechziger Jahre kam der Freizeitpark in Mode. Teile der Grün 80 sind diesem Stil zuzuordnen. Zehn Jahre später wurden Ökoparks mit Biotopen eingerichtet, die bewusst verwildert und natürlich gestaltet wurden. Von allen Parktypen

werden einzelne Elemente auch in der heutigen Planung verwendet.

Bei der Alten Stadtgärtnerei scheint der Typ des Ökoparks mit kulturellen Aktivitäten überlagert zu werden. Kultur und Ökologie werden zu Merkmalen eines neuen Parktyps.

Das Ziel bei der Gestaltung der Alten Stadtgärtnerei besteht nicht darin, einen Park nach starren Planvorlagen möglichst rasch zu realisieren. Vielmehr möchte man eine Anlage, die sich ständig weiterentwickelt. An der wöchentlichen Vollversammlung auf dem Areal wird über das Vorgehen diskutiert. Damit soll erreicht werden, dass alle Benutzer die Möglichkeit haben, auf die Gestaltung Einfluss zu nehmen. Die Alte Stadtgärtnerei soll ein Park werden, der nach den Ideen seiner Benutzer und durch diese gestaltet wird.

Park mit Gebäuden

Ein zusätzliches Merkmal dieses neuen Parks ist das Nebeneinander von Freiflächen und Gebäuden. Bei der Nutzung ist dieses Nebeneinander eher als Miteinander zu bezeichnen, und die konventionelle Grünflächendefinition gerät endgültig ins Wanken. Kulturelle Aktivitäten finden in den Werkstattgebäuden, neben den Pflanzbeeten im Freien oder in den Glashäusern statt, ganz nach Lust der Benutzer und Laune des Wetters.

Die Vielfalt kleiner Gebäude, die auf dem Areal vorhanden sind, kommt dieser Idee sehr zugute. Die unterschiedlichen Aktivitäten können sich so in den einzelnen Gebäuden entfalten. Die Gebäude sind jedoch für Jazz- und Rockkonzerte wegen der fehlenden Schallisolation nur bedingt geeignet.

Neu ist die Idee von Gebäuden in einem Park jedoch nicht. Erinnert sei an die Musikpavillons, wie sie in der Elisabethenanlage oder auf der Claramatte anzutreffen sind. Auf der Rosentalanlage übt der Feldmusik-Verein sogar in der ehemaligen Abdankungskapelle des Theodor-Friedhofs. Auch hier wird ein Gebäude weiterverwendet, das ursprünglich einem ganz anderen Zweck diente.

Planungsgeschichte

Die spontane Nutzung der Alten Stadtgärtnerei ist zeitlich ein kleiner Teil einer langen Planungsgeschichte für das ganze Areal von Stadtgärtnerei und Schlachthof. Ein Überbauungsplan, der aus einem Architekturwettbewerb aus dem Jahr 1969 hervorgeht, erfährt im Lauf der Jahre verschiedene Veränderungen und Verzögerungen. Der Grosse Rat beschliesst 1980, eine randliche Wohnüberbauung im Norden und einen Grünpark auf dem übrigen Areal zu realisieren. Damit ist die ursprünglich geplante Wohnüberbauung stark redimensioniert worden. Dies ist unter anderem eine Folge der 1977 eingereichten und nach diesem Grossrats-

Die ‹Alte Stadtgärtnerei› – ein Park, der sich ständig verändert. ▽

entscheid zurückgezogenen Initiative ‹Für mehr Freifläche auf dem alten Schlachthofareal›.

Die Verzögerungen sind darauf zurückzuführen, dass es relativ schwierig ist, die verschiedenen Bauträger bei der Bauplanung des grossen Wohnblocks zu koordinieren. Mitten in der Planung wirkt zudem 1973 die Ölkrise hemmend auf das Engagement der Bauträger. Zu den Bauträgern gehört die Versicherungsgesellschaft Patria, der Wohnbau-Genossenschaftsverband Nordwest und die AG zur Förderung des sozialen Wohnungsbaus.

Neu hinzugekommen ist bei der Planung das Alters- und Pflegeheim Johanniter. Der Wohnblock am Nordende geht jedoch in seiner Grundstruktur nach wie vor auf das für die Realisierung ausgewählte Projekt von 1969 zurück. Im Juli 1988 kann das Restaurant mit Rheinterrasse seinen Betrieb aufnehmen. Dem Restaurant ist auch ein Saal angegliedert, der bereits 1955 vom Quartierverein, unterstützt durch 18 weitere Vereine, gefordert wurde.

Bei der Parkgestaltung finden ebenfalls Veränderungen statt. Zum einen werden zahlreiche Bauten aus dem Bauprojekt gestrichen, wodurch sich der Raum für den Park im zentralen Bereich vergrössert. Anderseits werden bestehende Gebäude, die ursprünglich dem Abbruch geweiht waren, in das Nutzungskonzept integriert (Badhaus und Werkstattgebäude). Auf Drängen der Naturschützer wird die am Elsässerrheinweg entdeckte Erdbockkäfer-Population in die Projektierung einbezogen, indem auf die Terrainabsenkung in diesem Bereich verzichtet wird.

Der Kanton als Grundeigentümer

Das Areal des ehemaligen Schlachthofs und der Stadtgärtnerei ist im Besitz des Kantons Basel-Stadt. Nutzung und Planung sind somit Bestandteile einer komplexen staatlichen Organisation, verschiedene Departemente, der Grosse

Rat und die Regierung wirken mit. Fast notgedrungen resultiert daraus eine Planung mit Kurskorrekturen und entsprechenden Verzögerungen. Eine Zwischennutzung auf einem solchen Areal erscheint somit sinnvoll. Handelt es sich bei den Zwischennutzern nicht um staatliche Stellen, so können kulturelle und soziale Gruppierungen berücksichtigt werden. Diese Entwicklung hat bei der Alten Stadtgärtnerei etwa in dieser Form stattgefunden, ebenso beim Kasernenareal, wo auch eine staatliche Institution aus dem Stadtzentrum verlagert wurde.

Die privaten Grundeigentümer würden in den meisten Fällen nach finanziell interessanteren Zwischennutzern Umschau halten oder den Bauprozess viel stärker forcieren und auf Zwischennutzung ganz verzichten. Der Staat hingegen erweitert das Spektrum der ‹Planungsbeteiligten›, indem die Zwischennutzer auch mitzureden beginnen (um ihre Aktivitäten längerfristig zu schützen). Dieser Prozess soll jedoch nicht negativ gewertet werden. Gerade das Beispiel der Kaserne zeigt, dass die Stadt Basel dadurch eine wichtige Einrichtung erhalten hat. Häufig finden dort Veranstaltungen statt, die auf grosse Beachtung stossen.

Mangel an Grünflächen

Der geplante Park soll dem St. Johannquartier zu mehr öffentlichen Grünflächen verhelfen. Die Voltamatte und der Kannenfeldpark liegen ziemlich am Rande dieses dichtbesiedelten Quartiers, das unter Verkehr, Industrie und Gewerbe zu leiden hat. Im mittleren Bereich fehlen grössere Grünanlagen weitgehend.

Die zentrale Lage am Rhein begünstigt eine der Allgemeinheit dienende Öffnung des Schlachthof- und des Stadtgärtnereiareals. Die Planer sehen das vom Zivilschutz belegte Schlachthofareal als erste und die ehemalige Stadtgärtnerei als zweite Etappe bei der Realisierung des Grünparks vor. Die Schwierigkeiten bei der Suche nach einem Ersatzareal für den Zivilschutz machen diese Planung allerdings zunichte. Nach wie vor übt der Zivilschutz auf dem Schlachthofareal. Entgegen dem ursprünglichen Plan wird die ehemalige Stadtgärtnerei zur ersten Etappe bei der Grünparkgestaltung erklärt.

Initiative ‹Kultur und Naturpark im St. Johann›

Die ‹Stadtgärtner›, wie sich die Aktivisten auf dem Areal der ehemaligen Stadtgärtnerei mittlerweile bezeichnen, sehen durch das Parkprojekt ihr Eldorado in Gefahr. Mit einer Initiative sollen ihre Aktivitäten geschützt werden. Die Initiative ‹Kultur- und Naturpark im St. Johann› wird am 31. August 1987 eingereicht. Mit einer Kulturwoche versuchen die Stadtgärtner breite Bevölkerungskreise auf ihr Anliegen aufmerksam zu machen. Auf dem Programm stehen Konzerte, Filmvorführungen, Dichterlesungen sowie, gemäss Prospekt, ‹Schweine, Hühner und Unvorhergesehenes›.

Die Teilnahme der Bevölkerung bei der Meinungsbildung vor der Abstimmung ist sehr gross. Dies erstaunt nicht, da räumliche Veränderungen von der Bevölkerung intensiv wahrgenommen werden, handle es sich dabei um ein Kunstwerk, eine Autobahn oder einen Park. Parks sind zudem die traditionellen Orte, wo Freizeit verbracht wird. Wir leben in einer Zeit, in der die Bevölkerung über zunehmende Freizeit verfügt, wodurch die Ausgestaltung eines Parks grössere Bedeutung bekommt. Die engagierte Mitsprache der Bevölkerung im Vorfeld der Abstimmung wird somit verständlich.

Hinzu kommt, dass die Stadtgärtner mit ihrer Parkidee *neue Wertmassstäbe* vertreten. Dies muss besonders im Bereich der öffentlichen Parks zu Kontroversen führen. Ein Park ist allgemein zugänglich, und das Verhalten der Bevölkerung richtet sich, da Parkverordnungen weitgehend abgeschafft wurden, nach eingespielten Konventionen. Man kann dies relativ leicht selbst feststellen, wenn man in den Parks die verschiedenen Bevölkerungsgruppen beobachtet, die miteinander kaum in Kontakt treten (Mütter mit Kleinkindern, ältere Leute, Ausländer usw.). Wird nun dieses eingeübte Ordnungssystem in Frage gestellt, wie dies die Stadtgärtner mit ihrer Parkidee anstreben, so kann sich daraus eine starke Verunsicherung ergeben. Aus dem Nebeneinander von Bevölkerungsgruppen im traditionellen Park soll ein bewusstes Miteinander in der Alten Stadtgärtnerei werden.

Die *Vielfalt der Bevölkerung* widerspiegelt sich offensichtlich auch in den unterschiedlichen Vorstellungen, wie ein Park aussehen soll und wie er benutzt werden kann. Einen Park, in dem sich alle Leute wohlfühlen, wird es wohl nie geben. Der Abstimmungskampf zeigt dies mit aller Deutlichkeit.

Am 8. Mai 1988 kommt die Initiative zur Abstimmung und wird entgegen den meisten Prognosen mit nur 56 Prozent abgelehnt. In den Abstimmungslokalen des St. Johannquartiers liegt der Nein-Stimmen-Anteil unter dem Kantonsdurchschnitt.

Räumung

Am 21. Juni 1988 wird das Areal von der Polizei geräumt. Bald danach beginnen die Baufirmen mit dem Abbruch der Glashäuser; Glashäuser, die in der Zwischenzeit Symbolcharakter erhalten haben.

Städtische Vielfalt

Es bleibt die Frage, ob das Experiment ‹Alte Stadtgärtnerei› in einem Zusammenhang mit dem städtischen Lebensraum steht. Insgesamt ist hervorzuheben, dass die Funktionen, die eine Stadt erfüllt, sehr verschiedenartig sind: diese Vielfalt, die zum Wesen einer Stadt entscheidend beiträgt, sichert auch ein reiches Angebot

△ Die Glashäuser werden zum Symbol eines Experiments.

△ Klassische Konzertmatinee mit der Basler Sinfonietta im Glashaus während der Kulturwoche.

an Dienstleistungen und Lebensgütern. Wir schätzen diese Vielfalt, die beim Einkaufsangebot vom neuesten Computermodell bis zur Blechtrompete auf dem Flohmarkt reicht. Zu dieser Einkaufsvielfalt gehören aber auch die unterschiedlichsten Menschen. Diese Menschen haben verschiedene Vorstellungen, wie ihr Lebensraum aussehen soll, in dem sie sich wohl fühlen. Wenn sich trotz Widerstandes eine Alte Stadtgärtnerei entwickelt, so ist dies ein Zeichen dafür, dass sich eine Gruppe von Menschen dieses Stück Stadtlandschaft – ähnlich wie etwa bei einem Cliquenkeller – zu ihrem Lebensraum gemacht hat. Wir möchten nicht leichtfertig über diese Leute und ihr Experiment hinwegurteilen, denn die Stadt braucht eine Vielfalt an Lebensräumen und Menschen. Sollte uns diese Tatsache eigentlich nicht immer wieder zum aufbauenden Gespräch verpflichten? Warum nicht Glasnost auch in Basel?

Chronologie

1969: Der Schlachthof verlässt das Areal an der Elsässerstrasse, und der Zivilschutz zieht ein.

1969: Ausschreibung des Architekturwettbewerbs zur Gesamtüberbauung des Schlachthof- und des Stadtgärtnereiareals (400 Wohnungen).

9. Nov. 1972: Der Grosse Rat genehmigt einen Überbauungsplan gemäss dem erstprämiierten Projekt des Architekturbüros Vischer und Weber.

1974/76: Vorprojektstudien.

1977: Die Initiative ‹Für mehr Freifläche auf dem alten Schlachthofareal› wird lanciert, mit dem Ziel, auf dem Areal einen Grünpark zu errichten.

10. April 1980: Der Grosse Rat genehmigt einen Kompromiss für die Überbauung auf dem Schlachthofareal (130 statt 400 Wohnungen). Die Initiative für mehr Freifläche wird zurückgezogen.

1985: Die Stadtgärtnerei wird nach Brüglingen verlegt.

1986: Die ersten Wohnungen werden in der Schlachthofüberbauung bezogen.

9.–27. Juni 1986: Ausstellung ‹kunst raum musik› auf dem Areal der Alten Stadtgärtnerei.

1. Sept. 1986: Vereinbarung mit dem Verein ‹Interessengemeinschaft Alte Stadtgärtnerei› (IGAS) zur befristeten Nutzung des Areals.

April/Mai 1987: Das OD-Theater spielt Calderons ‹Das Leben ist ein Traum› in einem Glashaus der Alten Stadtgärtnerei.

31. Aug. 1987: Die Initiative ‹Kultur und Naturpark im St. Johann› wird eingereicht.

21. Okt. 1987: Der Grosse Rat beschliesst, die Initiative ‹Kultur- und Naturpark im St. Johann› ohne Gegenvorschlag zur Abstimmung zu bringen.

18.–24. April 1988: Kulturwoche in der Alten Stadtgärtnerei.

8. Mai 1988: Die Initiative ‹Kultur- und Naturpark im St. Johann› wird von den Basler Stimmbürger/-innen mit 56 Prozent abgelehnt.

20. Mai 1988: Mehrstündige Grossratsdebatte über die Alte Stadtgärtnerei und die Situation nach der Abstimmung. Anlass dazu ist der Anzug J. Vitelli.

21. Juni 1988: Räumung des Areals der Alten Stadtgärtnerei am frühen Morgen. Ausschreitungen in der Nacht, Tränengaseinsatz der Polizei.

22. Juni 1988: Friedliche Vollversammlung der ‹Stadtgärtner› im Garten der Universität.

Autopendler – Luftverschmutzer

38 000 Autofahrer kommen jeden Morgen in die Stadt und kehren abends wieder zurück ins Grüne. Dabei sollen täglich 137 000 Kilometer zurückgelegt und etwa 14 000 Liter Treibstoff verbraucht werden. Die Schadstoffmengen, die dabei freiwerden, überschreiten an den Ausfallstrassen beinahe ausnahmslos die Grenzwerte: für die Mitglieder der Umweltschutzorganisation ‹Greenpeace› ein Grund, aktiv zu werden. Am 10. März 1988 verteilten sie in Basel (und in fünf andern Schweizer Städten) eine ‹Stauzeitung›, in der auf die verheerenden Auswirkungen des motorisierten Pendelns hingewiesen und an die Vernunft jedes einzelnen Autofahrers appelliert wurde. *Barbara und Kurt Wyss*

△ «Es reicht», findet ‹Greenpeace› und verteilt an alle Autopendler die ‹Stauzeitung›.

Da stehen, stocken und stauen sie – wie jeden Morgen. Hier zum Beispiel an der St. Jakobs-Strasse. ▽

Willi Schneider

Das Ja zur Schulreform ist kein Zufall

Was ist in die Stimmbürgerinnen und Stimmbürger gefahren, dass sie der Schulreformvorlage vom 4. Dezember 1988 zustimmten, obgleich ihnen eine gut organisierte und werbetechnisch professionell betreute Gegnerschaft das Gruseln beizubringen versucht hatte? Die Reform, so hiess es, sei keine Reform, sondern eine Revolution, auf jeden Fall ein pädagogisches Grossrisiko. Sie führe zurück zur Dorfschule, ersetze klare Strukturen durch ein Chaos der Lernprozesse in wechselnden Gruppen, institutionelle Vielfalt durch den Eintopf und gehobenes Niveau durch Nivellierung. Kurz vor dem Ende des Abstimmungskampfes wurde die geplante Orientierungsschule noch mit dem ‹Schulvogt› gleichgesetzt. Ein ‹Arbeiterkomitee› fand die Reform unsozial, weil Arbeiterkinder nicht in Privatschulen ausweichen könnten, und zu guter Letzt empfahl eine Gruppe das Nein zur Schulreform, «da bibelorientierte Christen an einen Gott der Ordnung und der Autorität glauben».

Den Bedenken der Gegner, die schon vor den Sommerferien reformkritische Broschüren verteilt und öffentliche Veranstaltungen durchgeführt hatten, standen die Hoffnungen der Befürworter auf eine bessere Schule entgegen, die allerdings erst als Programm existiert. Da die Menschen im allgemeinen am Alten hängen und sich mit den Mängeln der Schule gerne versöhnen, sobald sie sie überstanden haben, und sich überdies im Abstimmungsverhalten nur sehr selten eine Aufbruchstimmung bekundet, erwarteten viele Prognostiker einen wenn auch knappen, so doch negativen Ausgang der Reformabstimmung.

Hinterher ist es nun leicht, Erklärungen dafür zu finden, warum der Volksentscheid bei einer für Basler Verhältnisse hohen Stimmbeteiligung von 50,5% mit einem Ja-Stimmenanteil von 54,2% überraschend deutlich ausgefallen ist.

Der Reformentscheid ist weder zufällig noch entspricht er einer spontanen Laune. Die ihm zugrundeliegende Kontroverse, ob es vernünftig und notwendig sei, die Schüler schon im Alter von zehn Jahren in drei nach Leistungsanforderungen unterschiedliche Schultypen aufzuteilen, lässt sich bis ins 19. Jahrhundert zurückverfolgen. Schon 1896 beklagte sich ein Anzugsteller im Grossen Rat, dass das Schulgesetz von 1880 nicht mehr zeitgemäss sei und die Eltern zwinge, «sich allzu früh über den zukünftigen Beruf ihrer Kinder zu entschliessen».

Gefordert wurde deshalb die Erweiterung der Primarschule auf 6 Jahre. Die Lehrerschaft lehnte indessen diesen Vorschlag ab, worauf der Anzugsteller, Sekundarlehrer *Fautin,* seinen Vorstoss zurückzog.

Das System hatte aber nicht lange Ruhe. Im ersten und im zweiten Jahrzehnt unseres Jahrhunderts traten verschiedene Lehrergruppen mit Reformvorschlägen an die Öffentlichkeit, die allesamt von der unbefriedigenden Mittelschulstruktur ausgingen. Diese Anregungen wurden im Entwurf zu einem neuen Schulgesetz vom 9. November 1922 zusammengefasst. Erziehungsdirektor Fritz Hauser sah vor, die Gymnasien um zwei Jahre zu verkürzen und ihnen eine Sekundarschule als Unterbau zu geben, in die die Mehrzahl der Schüler aus der Primarschule eintreten sollte. Für die schwächeren Schüler war eine Fortsetzung der Primarschule vorgesehen. Man hätte dieses System, wenn man den Anschluss an die Primarschule betrachtet, als ein zweigliedriges bezeichnen können.

Doch daraus wurde nichts. In sechsjährigem Ringen wurde das Hausersche Gesetz zum heute geltenden Schulgesetz vom 4. April 1929 umgearbeitet. Die Gymnasien liessen sich nicht verkürzen und die Frühselektion blieb erhalten. Als einziges, mageres Entgegenkommen an die früheren Reformgedanken handelten sich die Reformer den §154 des Schulgesetzes ein, der da heute noch lautet:

«Der Regierungsrat wird beauftragt, spätestens bis Ende April 1936 aufgrund der gemachten Erfahrungen dem Grossen Rate über die Frage der Organisation der Realschule und der zur Maturität führenden Schulen Bericht und Antrag vorzulegen.»

Dieser Bericht ist nicht erstattet worden, weil in den dreissiger Jahren andere Probleme die Bildungsfragen etwas in den Hintergrund drängten.

Die nächste Reformwoge brandete 1947 an die Felsen des Systems. Eine Lehrergruppe regte einen Schulversuch an, welcher eine sechsjährige Primarschule, gefolgt von einem sechs- oder sechseinhalbjährigen Gymnasium und einer dreijährigen Abschlussstufe mit interner Differenzierung der Lerninhalte, hätte erproben sollen. Die Schulsynode behandelte diesen Vorschlag an einer ausserordentlichen Vollversammlung, lehnte ihn jedoch ab.

In den fünfziger Jahren führte man die Koedukation an den Primarschulen ein und beschäftigte sich mit der höheren Mädchenbildung, liess aber die Strukturen ansonsten unbehelligt. Ganz anders kam es in den sechziger Jahren. Eine Grossratskommission ging auf dem Hintergrund eines umfassenden nationalen Kadermangels in akademischen Berufen auf Fragen der Basler Gymnasien ein und nahm mit Er-

schütterung davon Kenntnis, dass an den Gymnasien nach zwei Jahren 40% der Eingetretenen, an den Realschulen sogar 50% gescheitert waren. Sie fand zwar diese Zahlen hoch, kam aber gleichwohl zum Ergebnis:

«Die Frühauslese ermöglicht darum weit eher ein reibungsloses Einschleusen der Kinder in den ihnen am besten zusagenden Bildungsgang.» (Bericht Nr. 5838, 1962)

Diese hochgemute Behauptung wurde im Verlaufe der sechziger Jahre zunehmend angezweifelt. Soziologen wiesen nach, dass die Frühselektion durchaus dazu beitrug, die Bildungschancen von Kindern aus Kreisen, denen das Gymnasium keine Selbstverständlichkeit war, zu vermindern.

Psychologen untersuchten den Voraussagewert der Zuweisungskriterien und kamen zum Ergebnis, dass es im Grund kein Verfahren gebe, das längerfristige Bildungsprognosen mit ausreichender Treffsicherheit zulasse. Klüger sei es deshalb, das Schulsystem flexibler zu gestalten. Schliesslich war es in der Person von *Georg Peter Landmann* ein Basler Pädagoge, der in einer vielbeachteten Broschüre diagnostizierte: ‹Unsere Gymnasien sind krank›. Zur Gesundung empfahl er die innere Differenzierung der gymnasialen Lehrgänge nach der unterschiedlichen Leistungsfähigkeit der Schüler. Der Bericht zum Reformprojekt ‹Neue Schule›, von einer Arbeitsgruppe des Erziehungsdepartements 1968 bis 1970 entworfen, fasste Diagnose und Therapie des Schulsystems wie folgt zusammen:

«Unser Schulsystem differenziert zu früh, zu grob und zu folgenschwer. Die Differenzierung findet zu ausgeprägt im Typenangebot des Schulsystems und zu wenig ausgeprägt in den Unterrichtsprogrammen der einzelnen Fächer statt. Als Grundgedanke der Schulreform schält sich demnach die Notwendigkeit heraus, die Verteilung der Schüler auf verschiedene Schultypen aufzuschieben und zugleich gemilderte, besser fundierte und subtilere Formen der Differenzierung zu finden.»

Wenn auch der Pilot-Versuch, der diese Gedanken in eine neue Praxis umsetzen sollte, im November 1973 in der Volksabstimmung mit 60% Nein scheiterte, so blieb das gedankliche Fundament doch wirksam. Nach der Verwerfung wurden unverzüglich Anzüge eingereicht, die dann einige Jahre später zu Berichten führten, welche wiederum die Grundlage ausgiebiger Diskussionen über allfällige Reformschritte waren. So kam es 1978 im Anschluss an eine Grossratsdebatte zur Gründung der ‹Arbeitsgruppe Schulreform›, die sich im Auftrag des Erziehungsdepartementes über die altbekannten Probleme beugte, einen Bericht erarbeitete und zwei Reformmodelle skizzierte, eines mit einer dreijährigen, das andere mit einer zweijährigen Orientierungsstufe im Anschluss an die Primarschule. Die Diskussion wurde noch zusätzlich dadurch belebt, dass zwei Volksinitiativen die Thematik des Entscheidungsaufschubes aufgriffen. In der Lehrerschaft schieden sich die Geister. Die Vernehmlassungsfrage, ob grundsätzlich eine Reform des Basler Schulwesens im Sinne eines späteren Entscheides für die Wahl der weiterführenden Schule wünschbar sei, wurde 1980 deutlich bejaht: 1021 Synodenmitglieder sprachen sich dafür und nur 107 dagegen aus. Unter den verschiedenen Varianten fand die dreijährige Orientierungsstufe mit 563 Ja gegen 362 Nein am meisten Zuspruch, wobei sich aber vier Kollegien oberer Schulen an der Abstimmung nicht beteiligten, weil ihnen die Fragestellung zuwider war.

Diese Meinungsäusserungen bildeten immerhin die Arbeitsgrundlage der Grossratskommission, die 1983 mit der Absicht antrat, die abwartende Haltung der Regierung durch gesetzgeberische Aktivität zu überwinden. Nach viereinhalbjährigem Ringen mit sich selber und der sperrigen Materie war es so weit: das neue Schulmodell, die Schlussfolgerung, die 19 Politikerinnen und Politiker aus der Basler Schulgeschichte und Schulerfahrung zogen, wurde der Öffentlichkeit übergeben. Der gruppendynamische Konsens begann zwar im Ratsplenum zu bröckeln, überstand aber den Entscheidungsprozess des Parlamentes erstaunlich gut und blieb auch in der nachfolgenden öffentlichen Auseinandersetzung zu einem guten Teil ausserhalb der Links-Rechts-Polarität.

Der Volksentscheid vom 4. Dezember 1988 ist keine Revolution. Er ist gewachsen auf dem Boden von Auseinandersetzungen, die zumindest ein Jahrhundert vor uns begannen. Er beendet das betriebsame Hin und Her der Reformaufbrüche und -abbrüche, das insbesondere die letzten Jahrzehnte der Basler Schulgeschichte geprägt hat. Ein Nein hätte unweigerlich zur Frage geführt, welcher Reformersatz nun dem kränkelnden System zu verschreiben sei, und man wäre in die lärmige Phase der unverbindlichen Anregungen zurückgefallen.

Nun ist die Frage der äusseren Reform entschieden. Lehren und Lernen erhalten im Verlaufe des nächsten Jahrzehnts neue institutionelle Vorgaben. In ihnen muss und wird der Prozess der inneren Reform wachsen, den es braucht, wenn das neue Schulsystem die Hoffnungen, die es verkörpert, auch erfüllen soll.

Elmar Osswald

Lehrerfortbildung im Langschuljahr

Ausgangslage

Im September 1985 wurde durch eine eidgenössische Volksabstimmung der Schuljahrbeginn einheitlich auf den Herbst verlegt. Die Kantone, in denen das Schuljahr bisher im Frühling begann, kamen überein, die Umstellung im Jahre 1989 zu vollziehen und das Schuljahr 1988/89, als letztes im Frühjahr beginnendes, bis zu den Sommerferien 1989 dauern zu lassen. So entstand das sogenannte Langschuljahr. Zwölf Wochen sollte es länger dauern, eine günstige Gelegenheit, mehr Zeit für gleichbleibenden Schulstoff zu bekommen. Die Chance, einmal längst fällige Möglichkeiten für die Fortbildung *aller* Lehrkräfte zu erhalten, wurde erkannt und genutzt.

Im Kanton Basel-Stadt fand in dieser Angelegenheit im Herbst 1985 ein erster Kontakt zwischen dem Vorsteher des Erziehungsdepartementes, Prof. Dr. Hans-Rudolf Striebel, und dem Vorsteher des ULEF (Institut für Unterrichtsfragen und Lehrerfortbildung), Elmar Osswald, statt. Daraus resultierte nachstehender Auftrag:

«Es ist bis März 1986 ein Konzept für die Lehrerfortbildung im Langschuljahr zu erarbeiten, das die folgenden Auflagen berücksichtigt:

1. *Dauer:* 14 Tage vor den Sommerferien 1989 oder drei Wochen, wovon zwei vor und eine während den Sommerferien 1989.

2. *Angebot:* Ein allgemeines und ein arbeitsplatzbezogenes Angebot vorsehen.

3. *Eckdaten,* die für alle verbindlich sind, festlegen.

4. *Organisationsabläufe* beschreiben.

5. Mit den *Nachbarkantonen* zusammenarbeiten.»

Das erste Konzept lag Ende Januar 1986 vor. Es wurde in Gesprächen mit dem Schulsynodevorstand und den Schulleiterinnen und Schulleitern dauernd verbessert und im März 1986 im Basler Schulblatt publiziert. Das Konzept stiess bei der Lehrerschaft auf Zustimmung und wurde vom Erziehungsrat im Mai 1986 genehmigt. Damit schien der Weg frei für die Realisierung.

Das Vorhaben, das immerhin die dreiwöchige Fortbildung von ca. 1 800 Lehrkräften des Kantons Basel-Stadt vorsah, wurde in den Ratschlag und Entwurf über die Genehmigung des Beitritts zum Konkordat über die Schulkoordination (Nr. 7925) eingearbeitet.

Im Dezember 1986 wies der Grosse Rat die Schuljahr-Umstellungsvorlagen mit 47 gegen 40 Stimmen an die Regierung zurück. Dabei war nicht der Grundsatz umstritten; es waren die Kosten der Lehrerfortbildung (ca. 1,7 Mio. Franken) und die Frage, ob das Langschuljahr 1988/89 für Schulabgänger nicht früher enden solle, die zu kritischen Bemerkungen Anlass gaben. Ein bereinigter Ratschlag (Nr. 7963), u.a. über die Gewährung zusätzlicher Kredite für die Lehrerfortbildung im Langschuljahr, wurde dann im April 1987 vom Grossen Rat ohne finanzielle Abstriche genehmigt und nach Ablauf der Referendumsfrist in Kraft gesetzt.

Somit waren im Juni 1987 sämtliche Hindernisse weggeräumt und der Weg frei für die Realisierung. Schon im Mai 1986 hatte der Erziehungsrat beschlossen, einen Leitenden Ausschuss für

57

die Planung der Lehrerfortbildung im Lang-schuljahr einzusetzen. Er bestand aus
– dem Vorsteher des ULEF, dem der Vorsitz des Gremiums übertragen wurde,
– drei Schulleitern (Hans Gygli, Rektor Gymnasium Bäumlihof; Markus Müller, Rektor Realschule Basel; Samuel Wehrli, Rektor Primarschule Kleinbasel),
– einer Vertreterin und zwei Vertretern der Schulsynode (Gisella Chiavi, Kindergarten; Paul Schorno, Sekundarschule Kleinbasel; Kurt Steiger, Primarschule Grossbasel West).
Dieser Ausschuss bereinigte das Konzept und erliess als erste Massnahmen noch im Jahre 1986 die Richtlinien für die verschiedenen Fortbildungswochen.

Das Konzept

Wie immer, wenn etwas Neues, noch nie Dagewesenes gemacht werden muss, stehen am Anfang viele Fragen. Wie aktiviert man rund 1 800 Menschen für eine Pflichtaufgabe, die zwei oder drei Wochen dauern wird? Sollen wirklich zwei oder drei Wochen hintereinander – vor und während den Sommerferien 1989, am Schluss des Langschuljahres – für die Fortbildung der Lehrerschaft eingesetzt werden? Würden dannzumal genügend Kursleiterinnen und Kursleiter zur Verfügung stehen, oder könnte der Bedarf gar nicht gedeckt werden? Wäre es nicht sinnvoller, die Lehrerfortbildung vor dem letzten Quartal des Schuljahres (April–Juni 1989) durchzuführen, damit die Lehrerschaft neue Unterrichtsmethoden wie Projektunterricht rechtzeitig lernen und in besagtem Quartal dann mit den Schülern anwenden könnte?
Die vielen Fragen und mannigfaltigen Antworten verdichteten sich schliesslich zu acht handlungsleitenden Ideen, die ihrem Wesen nach alle folgenden Massnahmen durchwirkten und entsprechend beeinflussten:

• *Chance:* Die Lehrerfortbildung (LFB) während des Langschuljahres ist eine einzigartige Gelegenheit, die Lehrerschaft mit neueren Methoden (besonders der Erwachsenenbildung) vertraut zu machen.
• *Verantwortung:* Die Verantwortung für die persönliche Fortbildung liegt beim einzelnen Lehrer. Die Verantwortung für die Arbeitsplatzbezogene Lehrerfortbildung liegt beim Rektor und dem Kollegium der betreffenden Schule.
• *Arbeitsplatzbezug:* Die Arbeitsplatzbezogene Lehrerfortbildung (ALFB) bildet das Kernelement, weil sie am ehesten garantiert, dass Fortbildung im Schulalltag wirksam werden kann.
• *Variantenwahl:* Zur Absolvierung der ALFB sollen drei Varianten möglich sein: Themenvariante, Projektvariante, Animatoren- oder Kursleiter/-innen-Variante.
• *Autonomiebezug:* Fortbildung soll auch ohne Auflagen, in freier Verantwortung betrieben werden können.
• *Bezug zur Region:* Fortbildung soll das Kennenlernen von Kolleginnen und Kollegen anderer Schulen und Regionen ermöglichen.
• *Zeitliche Staffelung:* Eine gestaffelte, dezentralisierte und über eine längere Zeitspanne angelegte Fortbildung ist aus organisations-ökonomischen Gründen einer konzentrierten und zentralisierten Form vorzuziehen.
• *Kosten:* Die Kosten sollen vertretbar sein.

Gemäss diesen handlungsleitenden Ideen nahm das Fortbildungskonzept wie folgt Gestalt an:

1. Woche, Frühjahr 1988, im Anschluss an die regulären Frühjahrsferien:
ALFB (Arbeitsplatzbezogene Lehrerfortbildung), Betonung des Wir-Aspekts, mit dem Ziel, die Zusammenarbeit und die Arbeitsresultate der Lehrkräfte an ihrem Arbeitsplatz zu verbessern.
Folgende Rahmenbedingungen mussten beachtet werden:

- gemeinsam ein Ziel erreichen wollen
- Teilziele setzen
- in der Zeitachse planen
- im Rahmen einer bestimmten Schulkultur handeln
- ohne oder gegen das Kollegium geht nichts (Synergie)
- die Stärken der Beteiligten als Ressourcen nützen (Synergie)
- die Dienststellen des Erziehungsdepartementes einbeziehen (Synergie).

2. Woche, Herbst 1988, im Anschluss an die regulären Herbstferien:
PWW (fachbezogene Pflichtwahlwoche), Betonung des Es-Aspekts, mit dem Ziel, die fachliche Kompetenz der Lehrkräfte zu verbessern.

3. Woche, Frühjahr 1989, im Anschluss an die regulären Frühjahrsferien:
FWW (Freiwahlwoche), Betonung des Ich-Aspekts, mit dem Ziel, die Autonomie der Lehrkräfte herauszufordern.

Der Erziehungsrat erklärte die Arbeitsplatzbezogene Lehrerfortbildung und die fachbezogene Pflichtwahlwoche als obligatorisch für alle festangestellten Lehrkräfte mit Vollpensum.
Die Art der Absolvierung der Freiwahlwoche überliess er gemäss dem Autonomie-Gedanken dem Entscheid des einzelnen Lehrers und der einzelnen Lehrerin.
Weil die Arbeitsplatzbezogene Lehrerfortbildung neu war, musste sie entsprechend sorgfältig vorbereitet werden. Dies geschah im Jahre 1987 in Vorbereitungsgruppen der einzelnen Schulen, denen dafür sowohl Zeit als auch Geldmittel zur Verfügung standen.
Die Animatoren- bzw. Kursleiter/-innen-Variante der Arbeitsplatzbezogenen Lehrerfortbildung wurde von Lehrer/-innen-Gruppen der Kindergärten, der Realschule, der Diplommit-

telschule und des Gymnasiums Bäumlihof gewählt.
Diese Gruppen absolvieren eine den Rahmen der normalen Lehrerfortbildung im Langschuljahr sprengende zehnwöchige Ausbildung mit folgender Zielsetzung:

- Ausgebildete Kursleiter/-innen sollen Menschen in Schulen helfen, die dort anstehenden Probleme zu lösen. Sie sind Sachverständige für menschliche Beziehungen.
- Sie können Gruppen verschiedener Grösse und Zusammensetzung *anleiten* zu
  - offener Kommunikation
  - Zielklarheit, Zielvereinbarung, Synergie
  - Konfliktlösung
  - Problemlösung
  - gemeinsamen Entscheidungsprozessen nach bestimmten Regeln
  - Rückblick (Feedback) und Ausblick.
- Sie sind fähig, *projektartig zu arbeiten* und zu leiten.
- Sie sind in der Regel Angehörige der Schule.

Mit einigem Interesse darf abgewartet werden, wie es diesen schulorientierten Gruppen gelingen wird, diese Zielsetzungen an ihren Arbeitsplätzen in die Realität umzusetzen.

Erfahrungen, Einsichten, Aussichten

Zum Zeitpunkt dieser Berichtsverfassung (August 1988) sind lediglich die Vorbereitungsarbeiten 1987 sowie die Arbeitsplatzbezogene Lehrerfortbildung absolviert. Die Angebote der Pflichtwahlwoche und der Freiwahlwoche liegen zwar vor, die Absolvierung dieser Wochen ist aber ausstehend. Die Rückmeldungen zur Arbeitsplatzbezogenen Lehrerfortbildung wurden zwar eingeholt, müssen aber noch ausgewertet werden. Deshalb kann nur von vorläufigen Erfahrungen, Einsichten und Aussichten berichtet werden.

Der Leitende Ausschuss vertrat die Auffassung, dass insbesondere die Woche der Arbeitsplatzbezogenen Lehrerfortbildung (ALFB) gründlich vorbereitet werden muss, wenn sie erfolgreich durchgeführt werden soll. Er erliess deshalb Richtlinien für das Vorbereitungsjahr 1987. Es wurden drei Vorbereitungsvarianten festgelegt, die es sowohl traditionellem Gedankengut als auch innovativen Ideen verpflichteten Lehrkräften erlaubten, ihre Vorbereitungsarbeit massgerecht durchzuführen.

Die *Themenvariante* wurde von den meisten Kollegien der Schulen bevorzugt. Dies äusserte sich in den Lehrerinnen und Lehrern vertrauten Formulierungen wie ‹Museumspädagogik›, ‹Unterrichtspraxis in Computerkunde›, ‹Geographie Basel und Region›, ‹Umwelt-Problem der Vernetzung› usw. Es war die traditionelle Variante, die, gerade weil sie in aller Sorgfalt und Breite ermöglicht wurde, den innovativen Varianten ‹Projektarbeit› und ‹Animatoren- bzw. Kursleiter/-innen-Ausbildung› nicht im Wege stand.

Die *Projektvariante* sah vor, dass die in einige Lehrpläne von Basler Schulen neu eingefügte Methodenkonzeption Projektunterricht von den Vorbereitungsteams so gelernt werden sollte, dass sie diese während der ALFB an ihre Kolleginnen und Kollegen hätten weitervermitteln können. Diese Variante wurde von niemandem gewählt.

Die *Animatoren- oder Kursleiter/-innen-Variante* schliesslich sah vor, dass die Vorbereitungsgruppen im Vorbereitungsjahr lernen sollten, eine Organisations-Diagnose der eigenen Schule sowohl vorzunehmen als auch durchzuführen. Es zeigte sich aber sehr schnell, dass die Organisationsentwicklungsmethode, wie sie in der Industrie und auch in der staatlichen Verwaltung, etwa in Spitälern, zur Anwendung

kommt, zum gegebenen Zeitpunkt für Schulen noch nicht reif war.

Diese Vorbereitungs-Gruppen, bestehend aus ungefähr 45 Lehrerinnen und Lehrern der Kindergärten, der Realschule Basel, der Diplommittelschule und des Gymnasiums Bäumlihof, absolvierten deshalb im Vorbereitungsjahr den ersten Teil ihrer Kursleiter/-innen-Ausbildung, die aus einem je fünftägigen Seminar ‹Methoden-Konzeption Projektunterricht› und ‹Kommunikation und Menschenkenntnis› bestand. Die zehnwöchige Ausbildung, die zur Hälfte während der Ferien absolviert werden muss, soll im Jahre 1989 abgeschlossen werden und den einzelnen Schulen und ihren Schulleitungen Kader an die Hand geben, die ihnen beim Lösen der mannigfaltigen Probleme behilflich sind. Die bis jetzt vorliegenden Rückmeldungen sind sehr ermutigend und bestätigen die Annahme, dass moderne Führungs- und Organisationsmethoden, wie sie etwa in der Erwachsenenbildung und in der Personal- und Organisationsentwicklung gut geführter Unternehmen zur Anwendung kommen, einem grossen Bedürfnis entsprechen. Nicht unerwähnt bleibe, dass sich die Vorsteherin der Kindergärten und die Schulleiter der Realschule Basel, der Diplommittelschule Basel und des Gymnasiums Bäumlihof an dieser Ausbildung beteiligen.

Das Humanistische Gymnasium wählte zur Vorbereitung seiner ALFB-Woche eine spezielle Form der Animatoren-Variante. Dieses Kollegium bereitete im Vorbereitungsjahr zusammen mit der Schulleitung während fünf Tagen das ‹OE-Projekt HG› vor. Die Arbeit stand unter der kundigen externen Leitung von Prof. Dr. W. Schley, Hamburg und diente sowohl der Standortbestimmung als auch der Zukunftsgestaltung dieser Schule.

All diese Vorbereitungsarbeit verlief erfolgreich. Sie hätte ohne wichtige flankierende Massnahmen so nicht realisiert werden können:

- Der Vorsteher des Erziehungsdepartements bewilligte auf Antrag des Leitenden Ausschusses Zeitgefässe zur Vorbereitung, die den sonst üblichen Rahmen sprengten.

So konnten die Schulleitungen zur Vorbereitung von ALFB- und PWW-Projekten nötige Freistellungen im Rahmen von sechs Arbeitstagen pro Projekt bewilligen.

Bei Schulentwicklungsprojekten, wie etwa jenen des Humanistischen Gymnasiums, der Kursleiter/-innenausbildung, der Inspektorin für Textilarbeit und Werken (Liselotte Weller), wo die teilnehmenden Lehrer/-innen neue Qualifikationen erwerben, die dannzumal der eigenen Schule wieder zugute kommen werden, durften die Schulleitungen nötige Freistellungen im Rahmen von zehn Tagen/Person vornehmen.

- Die einzelnen Vorbereitungsteams hatten den Schulleitungen und diese dem Leitenden Ausschuss während des Vorbereitungsjahres 1987 viermal den Stand der Planung mitzuteilen. Diese Massnahme wurde anfänglich als Schikane, dann aber als hilfreich empfunden, führte sie doch dazu, dass zu Beginn der ALFB (ausser in einem einzigen Schulhaus) sämtliche Planungsarbeiten abgeschlossen waren, d.h.

- die Themen waren ausformuliert
- die Ziele gesetzt
- die Leitung der einzelnen Gruppen geklärt und vertraglich geregelt
- die Referentinnen und Referenten vertraglich verpflichtet
- die Örtlichkeit der Durchführung rekognosziert
- der Zeitplan erstellt.

Dies alles haben die Schulleitungen mit ihren Vorbereitungsgruppen selbst in die Wege geleitet. Lediglich die Verträge mussten zentral vom Vorsitzenden des Leitenden Ausschusses unterzeichnet werden. Durch diese geschickte Mischung zwischen formaler Zurückhaltung *und* aktiver Unterstützung mit Geld und Zeitgefässen durch den Leitenden Ausschuss entstand jene spürbare Motivation in den Lehrerkollegien. Die Befriedigung, für die eigene Schule etwas Sinnvolles geleistet zu haben, kam in manchem Votum zum Ausdruck.

Arbeitsplatzbezogene Lehrerfortbildung (ALFB)

Diese erste Fortbildungswoche fand vom 18. bis zum 22. April 1988 statt. Die meisten Kollegien absolvierten sie an ihrem Arbeitsplatz, d.h. in ihren Schulen und Schulhäusern. Das bis jetzt vorliegende Feedback zeigt deutlich, dass diese Fortbildungsart einem grossen Bedürfnis entspricht. Weil die einzelnen Schulleitungen die Bedürfnisse von Teilgruppen in der Regel geschickt in ein Gesamtkonzept zu integrieren vermochten, gab es vielerorts zufriedene Gesichter und sehr wenig Enttäuschung. Ohne der vollständigen Auswertung vorgreifen zu wollen, wäre doch denkbar, dass diese Art Fortbildung in Zukunft zum eigentlichen Pflichtpensum eines jeden Lehrerkollegiums werden könnte.

In einer Zeit, in der sich sowohl die Ideale der Gesellschaft als auch die Jugend und der Sozialkontakt der Geschlechter wandeln, könnte es für Schulen und Schulhäuser lebensnotwendig werden, jährlich im Rahmen des Lehrerkollegiums sowohl Zeit als auch Geld zur Verfügung zu haben, um an jenen Fragestellungen und Problemen zu arbeiten, die die Arbeitszufriedenheit von Schulleiterinnen und Schulleitern, Lehrerinnen und Lehrern direkt berühren.

Pflichtwahlwoche, fachbezogen (PWW)

Das grosse Angebot, das im Fortbildungsprogramm im Januar 1987 publiziert wurde, umfasst 270 Kurse, die meistens in der Woche vom 17. bis zum 22. Oktober 1988 zur Durchführung gelangen. Die den ganzen traditionellen Rahmen abdeckenden Veranstaltungen weisen Schwergewichte in den Bereichen ‹Sprachkurse›, ‹Umwelterziehung›, ‹Ausdruck und Gestaltung› sowie ‹Schule und Arbeitswelt› auf. Von den 270 Kursen können 127 durchgeführt werden. Viele Kurse umfassen 15 Teilnehmer/-innen, und nur wenige Lehrerinnen und Lehrer absolvieren ihre Pflichtfortbildung ausserhalb dieses Angebots. Die Programmgestaltung oblag gemäss Richtlinien Pflichtwahlwoche dem Institut für Unterrichtsfragen und Lehrerfortbildung (ULEF), das im Herbst 1987 die Lehrerschaft, mögliche Kursleiter/-innen, die Schulleiter/-innen, die Konferenzpräsidenten und -präsidentinnen sowie private Institutionen und andere Fortbildungsträger zur Eingabe von Vorschlägen aufforderte. Dadurch kamen viele Kurse zustande, die dem Bedürfnis der Beteiligten zu entsprechen vermochten.

Es liegt in der Natur der Sache, dass diese Kurse häufig nicht in Basel, sondern, z.B. bei Sprachkursen, im betreffenden Land stattfinden. Da für Teilnehmer/-innen-Spesen nur beschränkt Geldmittel zur Verfügung stehen, sind deshalb einige dieser Kurse mit Kosten verbunden, die die Teilnehmer/-innen zu erbringen haben. Über den Erfolg dieser Kurse kann erst berichtet werden, wenn die Rückmeldungen vorliegen und ausgewertet sind.

Freiwahlwoche, autonome Fortbildung (FWW)

Die dritte Fortbildungswoche soll im Frühjahr in der Zeit vom 28. März bis zum 15. April 1989 durchgeführt werden. Das Angebot, erschienen in der Fortbildungsbroschüre vom August 1988, umfasst 90 Kurse mit Schwergewicht im Bereiche der Persönlichkeitsbildung.

In der FWW geniessen die Lehrerinnen und Lehrer grosse Freiheit. Zwar gehört diese Woche zur obligatorischen Lehrerfortbildung im Langschuljahr, doch ist der Besuch der FWW-Kurse freiwillig für jene, die ihre Fortbildung lieber individuell gestalten wollen. Damit soll der handlungsleitenden Idee ‹Autonomie› Genüge getan werden, vertrauend darauf, dass der grosse Teil der Basler Lehrer/-innenschaft ihrer Verpflichtung nachkommen wird.

Schluss

Das ganze dreijährige Fortbildungsunternehmen stand unter dem Slogan ‹Gemeinsam statt einsam›. Damit sollte nicht nur auf ein spezielles Berufsproblem der Lehrerinnen und Lehrer aufmerksam gemacht werden. Es sollte auch zum Ausdruck kommen, dass in dieser Zeit des Umbruchs die bröckelnde Autorität der Lehrerpersönlichkeit ersetzt werden muss durch eine Autorität, die ihr Selbstverständnis aus dem gemeinsamen Engagement der in einer Schule arbeitenden Menschen bezieht. Denn viele Probleme, die sich heute Lehrerinnen und Lehrern am Arbeitsplatz stellen, können nur noch gemeinsam gelöst werden. Es braucht also den Schulterschluss der in einer Schule arbeitenden Menschen, wenn die Schule selbst mehr Profil gewinnen, eine gelebte Schulkultur und eine formulierte Schulphilosophie entwickeln soll.

So gesehen erhält dieser Slogan eine Bedeutung, die weit über die Pflichtfortbildung im Langschuljahr hinausreicht. Es ist zu hoffen, dass dies nicht nur von den Behörden, sondern auch von den Lehrerinnen und Lehrern erkannt und in die Tat umgesetzt wird.

Peter Blome

Antikenmuseum Basel und Sammlung Ludwig

Zur Wiedereröffnung am 3. Mai 1988

Am 3. Mai 1988 wurde das 1961 gegründete und 1966 erstmals eröffnete Antikenmuseum als ‹Antikenmuseum Basel und Sammlung Ludwig› wiedereröffnet. Anlass für die Erweiterung war die im Jahre 1978 vom Ehepaar Irene und Peter Ludwig-Mohnhaupt der Stadt Basel angebotene Sammlung von damals 200 Kunstwerken. Am 18. März 1981 konnte die Schenkungsurkunde unterzeichnet werden. Nach Prüfung verschiedener Varianten entschied sich der Grosse Rat für den Einbezug der Liegenschaft St. Albangraben 7, besser bekannt als ‹Dompropstei›. Das alte Museum wurde 1984 geschlossen. In der Zeit bis zur Wiedereröffnung wurden die beiden von Melchior Berri entworfenen Häuser St. Albangraben 5 und 7 unter- und oberirdisch miteinander verbunden, nach Plänen der Architekten Max Alioth und Urs Remund. Für das federführende Hochbauamt zeichnete Hans-Rudolf Holliger verantwortlich. Nach Beendigung der Bauarbeiten wurde das erweiterte Sammlungsgut nach einem neuen Konzept aufgestellt. Die Ausstellungsfläche vergrösserte sich von 1200 m² im Jahre 1966 auf 3000 m², die Anzahl der ausgestellten Objekte erhöhte sich von 650 auf rund 2000. *

* Vgl. den Bericht von Ernst Berger zur Eröffnung des erweiterten Antikenmuseums in der Zeitschrift ‹Antike Kunst›, 31. Jahrgang 1988, Heft 1, S. 29–44.

Abb. 1

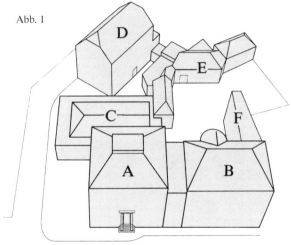

A/B Häuser St. Albangraben 5 und 7: Griechische und italische Vasen, Kleinkunst und Münzen
C Oberlichtsaal und Kunstlichtsaal: Griechische und römische Skulpturen
D Didaktische Abteilung und Werkstudio, Vortragssaal im Dachstock
E Verwaltung und Werkstätten
F Café

Der abgebildete Übersichtsplan (Abb. 1) zeigt den Baubestand des erweiterten Antikenmuseums und Sammlung Ludwig. Von den Häusern A und B wird ausführlich die Rede sein; dazu kommt der 1966 nach Plänen von Hans Luder erstellte Anbau C mit Oberlicht- und Kunstlichtsaal. Im Annex F befinden sich das Museumscafé und die Wohnung des Hauswarts, in E die Verwaltung und das im Zuge der Neustrukturierung ebenfalls stark erweiterte Restaurierungsatelier. Ein besonderes Wort zu Bau D: auch diese am Luftgässlein 5 gelegene Liegenschaft, bis 1970 als Pfandleihanstalt benutzt, wurde saniert und steht jetzt als didaktisches Zentrum für Schulen, Freizeitaktionen und Vorträge zur Verfügung. Im grossen Werkraum des Erdgeschosses kann mit Ton, Metall, Farbe und beliebigen anderen Materialien handwerklich gearbeitet werden. Im ersten und zweiten Stock wird in drei Ausstellungsräumen Wissenswertes zur Herstellung griechischer Keramik, griechischer Bronzegegenstände und über antike Baukunst vermittelt. Im Dachstock schliesslich können Vorträge unter Einsatz verschiedener audiovisueller Mittel gehalten werden.

In Form eines Rundganges versuche ich im folgenden, den Leser mit dem neuen Konzept des Museums bekannt zu machen und die Schwerpunkte der Sammlung zu charakterisieren. Wir beginnen im Oberlichtsaal C (Abb. 2), der zur Wiedereröffnung eine kleine, aber signifikante bauliche Modifikation erfuhr: ein hochrechteckiger Mauerdurchbruch erlaubt nun das Betreten des Hofes; vom Hof her ergeben sich umgekehrt reizvolle Einblicke in die Ausstellung.

Neu sind im Oberlichtsaal – wie auch im ganzen übrigen Museum – die an den Wänden angebrachten grossen Schrifttafeln, auf denen die Werke des jeweiligen Raumes erläutert werden. Gerade am Beispiel dieser Tafeln manifestiert sich ein tiefgreifender Wandel in der Präsentation des Ausstellungsgutes, hat man sich doch im alten Museum mit einer äusserst sparsamen Beschriftung begnügt und das Herstellen von thematischen Zusammenhängen dem gebildeten Besucher überlassen. Eine solch vornehme didaktische Zurückhaltung wäre heute nicht mehr möglich. Um aber dem einzelnen Kunstwerk seine Aura zu belassen, ist alle zusätzliche Information getrennt von den Objekten an den Wänden angebracht. Die Aura des originalen Kunstwerkes – man kann sie nach wie vor nirgends besser empfinden als im Oberlichtsaal mit seinen idealen Lichtverhältnissen.

Namhaften Zuwachs erfuhr die Plastik archaischer Zeit: drei Köpfe belegen nun auch in Basel die beiden Haupttypen der archaischen Skulptur, nämlich die Jünglings- und die Mädchenstatue. Wer sich indessen schon im Oberlichtsaal eine breitere Vorstellung von archaischer griechischer Kunst verschaffen möchte, wendet sich zu den ausgewählten Werken in den beiden ersten Hängevitrinen. Dort steht auch eines un-

Abb. 2. Blick in den Oberlichtsaal. ▽

2

serer kostbarsten Objekte, ein tönernes Gefäss in Gestalt einer hockenden Gorgo aus dem 7. Jahrhundert v. Chr. Wenn der Begriff ‹dämonisch› irgendwo mit Recht verwendet werden darf, dann angesichts dieses Ungeheuers, das in der Verbindung menschlicher und tierischer Züge bedrängende und gegensätzliche Spannungen drastisch vor Augen führt.

Wer Kontraste liebt, wendet sich von den dämonischen Mischwesen archaischer Zeit zu den benachbarten Grablekythen der klassischen Epoche, auf denen beidseits der gemalten Grabstelen Verstorbene und Hinterbliebene zu stiller Zwiesprache zusammenkommen. So kann sich der Besucher der einzigartigen Gruppe originaler klassischer Grabmonumente nähern, unter denen die attischen Stelen und Marmorlekythen des späten 5. und des 4. Jahrhunderts v. Chr. dominieren. Aber auch die ionische Kunst ist hervorragend vertreten, vor allem durch die grosse Stele eines sitzenden Arztes.

△
Abb. 3. Blick in den Kunstlichtsaal. Nische mit den hellenistischen Grabstelen; im Vordergrund hellenistische Plastik (ein Frauenkopf), links dahinter eine Dreifussbasis.

Die Aufstellung vermag ein Stück weit eine antike Gräberstrasse erfahrbar machen; jedes einzelne Werk aber erschliesst den Zugang zu einer Vorstellungswelt, in der Tod und Abschied in still gelösten Bildern fortwährender Begegnung bewältigt werden. Wie sich dieses die ganze griechische Klassik bestimmende Prinzip der wechselseitigen Verbundenheit aller Einzelteile in der Grossplastik zeigt, kann der Besucher an Heroen- und Götterstatuen des Oberlichtsaales ablesen, vor allem natürlich an den Werken Polyklets, dessen Diadumenos in einer römischen Kopie gegenwärtig ist.

Bekanntlich verdanken wir unsere Kenntnis der klassischen und hellenistischen Plastik weitgehend den römischen Kopisten. Bei der Neukonzeption der Abteilung Skulptur hat nun die Entflechtung von Originalen und Kopien eine wesentliche Rolle gespielt. Von einigen Ausnahmen wie dem Diadumenos des Polyklet abgesehen, werden die römischen Kopien heute im Kunstlichtsaal des Museums ausgestellt, zusammen mit Bildwerken hellenistischer Zeit (Abb. 3). Zur Gliederung des Kunstlichtsaales werden Elemente aus Lochblech verwendet, die den Raum unterteilen, ohne ihn aber über Gebühr zu verstellen, ja die gerasterte Transparenz der Lochblechwände erzeugt eine optisch reizvolle räumliche Durchlässigkeit. In den einzelnen Kompartimenten wird das Ausstellungsgut nach Themen geordnet. So kann man sich zum Beispiel in eine Gruppe hellenistischer Grabstelen aus Kleinasien vertiefen, das Problem der

Darstellung greiser Priesterinnen studieren, die Göttin Artemis, ihren Bruder Apoll oder Athena kennenlernen, antike Vatergottheiten würdigen und sich in die Welt der Aphrodite, der Musen und des Dionysos versetzen lassen. Zur Grossplastik treten jeweils kleinformatige Statuetten und Reliefs aus Stein, Ton oder Bronze. Und hier erweisen sich die Lochblechwände abermals als glückliche Lösung, können doch diese Werke der Kleinkunst mühelos an ihnen befestigt werden. Die ganze Ambiance des Kunstlichtsaales steht so in einem durchaus ge-

Abb. 4. Kunstlichtsaal. Blick vom Eingang auf die Bestandteile und die Rekonstruktion der hellenistischen Achill-Penthesilea-Gruppe. ▽

4

wollten Kontrast zum Oberlichtsaal; geht es dort um das möglichst ungestörte Erfassen und – warum auch nicht – Geniessen des originalen Kunstwerkes, so soll dem Besucher des Kunstlichtsaales umgekehrt die Vielfalt der Vergleichsbeispiele und der kulturhistorischen Bezüge vor Augen geführt werden.

Das trifft auch ganz besonders für den Blickfang des Kunstlichtsaales zu, nämlich für die monumentale Gruppe von Achill und Penthesilea (Abb. 4). Um ca. 170 v. Chr. geschaffen, wurde die Gruppe in römischer Zeit häufig kopiert – bisher sind acht sehr fragmentarisch erhaltene Kopien bekannt geworden. In jahrelangen Rekonstruktionsversuchen mit Gipsabgüssen dieser Kopienfragmente ist es Ernst Berger gelungen, das ursprüngliche Aussehen der Gruppe weitgehend zurückzugewinnen. Und damit auch der Museumsbesucher vom Einzelnen zum Ganzen findet, haben wir uns nicht gescheut, die über zwei Meter hohe Gipsrekonstruktion neben bzw. hinter den antiken Köpfen und Torsen aufzustellen. Eine solche Kombination von antikem Original aus Marmor und moderner Rekonstruktion aus Gips (oder anderen Materialien, wie Polyester) wäre bei der Museumsgründung vor dreissig Jahren kaum denkbar gewesen. Zum einen manifestiert sich in diesem Wandel eine allgemeine Neubewertung des Abgusses – exemplarisch hiefür ist die allenthalben zu beobachtende Renaissance der Abguss-Sammlungen –, zum andern aber erklärt sich der Mut, die rekonstruierte Achill-Penthesilea-Gruppe aufzustellen, aus dem wachsenden Anspruch des Publikums auf didaktisch möglichst umfassende Dokumentation. Diesem Bedürfnis werden im Kunstlichtsaal ausserdem auch die an den Stützpfeilern angebrachten Schrifttafeln gerecht.

In einem kleinen, für die Wiedereröffnung speziell hergerichteten Nebenraum des Kunstlichtsaales finden kostbare Leihgaben von Werken der byzantinischen Zeit Platz. Für die Datierung der byzantinischen Kunst besonders wichtig sind die ausgestellten Siegelabdrücke, aber der Besucher wird sich noch mehr an der bunten Keramik, dem tönernen Kirchenmodell oder an den Bronzegegenständen mit christlicher, aber auch paganer Ikonographie erfreuen. Innehalten wird man auch vor dem grossen Silberkreuz mit der eindrücklichen griechischen Inschrift.

Völliges räumliches Neuland betritt der Besucher, wenn er den Kunstlichtsaal verlässt und den unterirdischen Verbindungstrakt zwischen den Häusern A und B betritt (Abb. 5). Bei den Aushubarbeiten stiess man auf zwei römische Keller aus den beiden ersten Jahrhunderten n. Chr. Sie wurden konserviert und sind in den Rundgang einbezogen; grosse Übersichtstafeln geben weitere Auskunft über die römischen Siedlungsphasen unserer Stadt.

Den vom Kunstlichtsaal kommenden Besucher nehmen zuerst die in neun Wandvitrinen ausgestellten antiken Gläser gefangen, Leihgaben, die einen ausgezeichneten Überblick über das antike Glashandwerk gestatten. Die Zeitspanne der Exponate ist sehr gross: vom frühesten Glas ägyptischer und mykenischer Provenienz führt der Weg über phönizische, griechische und römische Gläser bis ins Mittelalter (vgl. den Beitrag von Hans Christoph Ackermann über Basel als [temporäre] Metropole des Glases in diesem Band des Stadtbuches). Betont sei, wie sehr die kostbaren Gläser unser Museum bereichern. Abgesehen vom hohen wissenschaftlichen Rang fasziniert vor allem die Farbigkeit der bald stark leuchtenden, bald durchsichtig schimmernden Gläser. Gerade in einem Antikenmuseum sind farbige Objekte besonders willkommen, denn – vergessen wir es nicht – von der ursprünglichen Farbigkeit der Skulptur ist so gut wie nichts erhalten, und Fresken aus griechischer Zeit sind fast ganz verloren.

△
Abb. 5. Unterirdischer Durchgang zwischen den Häusern A und B. Blick auf die mittelalterliche Stadtmauer.

In die übrigen Vitrinen des Durchgangstraktes teilen sich Kleinbronzen und Terrakotten, wobei die Werke aus Ton zahlenmässig weit überwiegen. Einzigartig ist die Sammlung unteritalischer, zur Hauptsache tarentinischer Terrakotten des 6. bis 1. Jahrhunderts v. Chr. An den zwei dominierenden Darstellungstypen – der stehenden weiblichen und der gelagerten männlichen Figur – kann man die Geschichte der unteritalisch-griechischen Koroplastik lückenlos verfolgen. Besonders die entspannt auf ihren Klinen liegenden Männer mit ihrem reichen Kopfschmuck aus Blüten, Kränzen und Bändern, Spendeschalen und Trinkbecher in den Händen, vermitteln viel von der gelösten Stimmung, in der man sich in Tarent und anderswo

Lebende und Verstorbene im Bannkreis des Dionysos vorgestellt hat. Von wieder anderem Reiz sind die vielen Mädchenstatuetten vor allem hellenistischer Zeit aus Tanagra, die selbstvergessen in ihre Mäntel wie in Schutzhüllen gewickelt sind oder die ungemein anmutig zum Knöchelspiel niederknien.Dass das Leben aber nicht allein vom Schönen und Formvollendeten bestimmt ist, zeigen bronzene und tönerne Statuetten von Krüppeln, Zwergen und dicken Frauen vor allem alexandrinischer Herkunft. Hier wird mit oft schneidender Schärfe die Kehrseite des Normativen geschildert, die Häss-

6

Abb. 6. Blick in den Gewölbekeller der Dompropstei mit den Monumenten der römischen Grabkunst.

lichkeit von Randfiguren einer grossstädtischen hellenistischen Metropole.

Am unteren Ende des Durchgangstraktes fällt der Blick auf eine unverputzte Mauer aus Bruchsteinen: es ist ein Teil der inneren Stadtmauer aus dem frühen 13. Jahrhundert (Abb. 5). Vor ihr steht der Giebel eines römischen Grabbaus aus dem 3. nachchristlichen Jahrhundert. Im Giebelfeld tragen Eroten die Porträtbüste des jungverstorbenen Knaben in eine bessere Welt. Römische Porträts stehen auch vor der rechten unteren Längswand des Durchgangs; es sind Bildnisse von Angehörigen des iulisch-claudischen Kaiserhauses. Ihre geglätteten, jugendlichen Gesichter mit dem nach klassischem Vorbild kunstvoll gelockten Haar heben sich

markant ab vom gegenüber aufgestellten Bildnis eines Mannes, der geistig noch in der späten Republik wurzelt; davon zeugt die betont sorgenvolle Mimik des tiefgefurchten Altersgesichtes.

Über eine schmale Brücke, die einen der beiden römischen Keller überquert, gelangt man jetzt in den grossen Kellerraum des Hauses B, in dem den Wänden entlang die Monumente der römischen Grabkunst aufgestellt sind (Abb. 6). Auch hier ist gegenüber den Gründerjahren ein grosser Zuwachs zu verzeichnen. Standen im alten Museum nur zwei stadtrömische Sarkophage –

der Medea- und der Meleagersarkophag –, so kann man die Stufen der römischen Sarkophagplastik jetzt an fünf Beispielen studieren. Am Anfang steht ein Girlandensarkophag, der in den Girlandenbögen kleine mythologische Szenen aus der Troja-Sage aufweist. Zusammen mit dem erwähnten Kindersarkophag mit der Heimtragung des toten Meleager gehört er ins mittlere 2. Jahrhundert n. Chr. Eine gewaltige Steigerung an bildhauerischer Virtuosität, Dramatik des Erzählens und künstlerischer Ausdruckskraft zeigt dann der weitberühmte, um 200 n. Chr. entstandene Sarkophag mit den Morden der Zauberin Medea an ihrer Nebenbuhlerin und an den eigenen Kindern. In solchen Werken gewinnt die römische Kunst einen durchaus eigenständigen schöpferischen Rang. Stilistisch bescheidener, aber in der Verbindung von römischen Porträtköpfen und mythologischen Figuren ebenfalls durch und durch eigenständig römisch ist der um 270 n. Chr. zu datierende Kindersarkophag mit der Jagd Meleagers in Begleitung der Atalante: die als Kinder wiedergegebenen Heroen der griechischen Vorzeit tragen die Züge der Verstorbenen. Deutlicher kann man nicht zum Ausdruck bringen, dass die alten griechischen Mythen in Rom einem sepulkralen Umgestaltungsprozess unterworfen wurden mit dem Ziel, den durchaus bürgerlichen

Lebensweg verstorbener Zeitgenossen heroisch zu überhöhen. Abgeschlossen wird die Sarkophaggalerie mit einem monumentalen, leider teilweise zerstörten Kasten des späten 3. Jahrhunderts n. Chr., auf dem die Porträts der Verstorbenen von allegorischen und symbolischen Bildern umgeben sind. Zwischen die Sarkophage eingestreut sind zahlreiche Porträtköpfe auf schmalen Basaltkonsolen; sie stammen in der Regel ebenfalls aus Grabbauten und erlauben eine recht kontinuierliche Übersicht über die römischen Privatbildnisse der Kaiserzeit.

Immer noch im Bereich der römerzeitlichen Grabkunst sind wir im anschliessenden kleinen Raum (Abb. 7). Eine Gruppe von neun Grabstelen aus der kleinasiatischen Landschaft Phrygien ist hier vereint, Werke des 3. Jahrhunderts n. Chr., die auf den ersten Blick freilich vollkommen spätantik aussehen. Die Inschriften lassen aber an der eben genannten Datierung keinen Zweifel – der ‹byzantinische› Eindruck erklärt sich aus der provinziellen Herkunft. Die Stelen tragen schlichte Bilder der in strenger Vorderansicht dargestellten Verstorbenen, denen zeichenhaft die wichtigen Dinge ihres Le-

Abb. 7. Raum mit den spätrömischen Grabstelen aus Phrygien und dem Porträtkopf eines Tetrarchen. ▽

bens beigegeben sind, den Männern etwa Schreibtafeln und Geldbeutel, den Frauen Spinnwerkzeuge, Wollkorb und Kamm.

Man sollte diesen Raum nicht verlassen ohne einen langen und intensiven Blick auf den in einer halbrunden Nische aufgestellten überlebensgrossen Porträtkopf eines Herrschers der Jahre um 300 n. Chr. Eine namentliche Verbindung mit einem der vier Tetrarchen ist schwierig; eindeutiger ist jedoch die Botschaft, die aus den kräftigen, bei aller Blockhaftigkeit des Hauptes aber dennoch zart modellierten Zügen abgeleitet werden will: dass da einer oberste herrscherliche Verantwortung übernommen hat, frei von den quälenden Sorgen um das im mittleren und späteren 3. Jahrhundert n. Chr. zeitweise stark gefährdete Römische Reich. Die souverän zur Schau getragene Sicherheit schafft Abstand zum Betrachter, vermittelt zugleich aber Vertrauen in die Kompetenz des Dargestellten.

Vom Stelenraum führt eine steinerne Treppe hinauf ins Foyer der Dompropstei, wo der ermüdete Besucher linkerhand den Eingang zum schmalen, ‹pompejianisch› ausgemalten Museumscafé findet – auch dies gegenüber früher eine wichtige Neuerung. Ebenfalls ans Foyer grenzen die beiden Räume, die seit der Wiedereröffnung ausschliesslich für Wechselausstellungen reserviert sind. Dafür war im alten Museum kein Platz – eine schmerzliche Lücke, die nun geschlossen werden konnte. Vom Foyer führt eine breite Treppe ins erste Obergeschoss; es ist jedoch ratsam, zunächst über die gläserne Verbindungsbrücke der Häuser A und B in die Eingangshalle des Museums zurückzukehren und von dort über das alte Treppenhaus in den zweiten Stock des Hauses A hochzusteigen. Man hat so die Möglichkeit, die Exponate der Häuser A und B in einer sinnvollen Abfolge zu besichtigen, nämlich die geometrische und archaische griechische Keramik sowie die etruski-

sche Sammlung im zweiten, die rotfigurigen attischen und die unteritalischen Vasen im ersten Stockwerk.

Im Foyer des zweiten Stockes des Hauses A, wo dieser Rundgang beginnen sollte, empfangen den Besucher die beiden frührachaischen Reliefamphoren, welche früher im Kunstlichtsaal standen. Wer streng chronologisch vorgehen möchte, muss zunächst das Zimmer linkerhand betreten; dort sind zur Hauptsache einige wenige bronzezeitliche Werke vereint, die kykladischen Idole des 3. und die minoisch-mykenischen Gefässe des 2. Jahrhunderts v. Chr., ferner altorientalische und zyprische Gegenstände. Die ägäische Bronzezeit – in der Gunst des Publikums wie der Forschung seit langem hoch eingestuft – ist auch im neuen Museum durchaus untervertreten. Man sollte sich noch stärker bewusst werden, dass die Einwohner von Mykene, Sparta, Pylos oder Theben griechisch sprachen und dass dort die Helden wohnten, die der späteren griechischen Literatur und Kunst über Jahrhunderte ihren Stoff lieferten.

Wieder durchs Foyer zurück und dann ins erste Zimmer rechts führt der Weg zu den Werken der geometrischen Epoche der griechischen Kunst. Man kann sich der Klarheit der ebenso exakt getöpferten wie bemalten Gefässe und dem Schwung der bronzenen Pferdestatuetten nicht entziehen; in den folgenden Sälen ist zu beobachten, wie die Handwerker der archaischen Zeit um ein immer differenzierteres Menschen- und Götterbild ringen und wie es dann im 6. Jahrhundert v. Chr. vor allem in Athen immer häufiger zur Wiedergabe vielfiguriger mythologischer Szenen kommt. Dies erlaubt, im grösseren letzten Zimmer des Hauses A die attisch schwarzfigurige Keramik hauptsächlich nach Themen zu gruppieren.

Über drei Stufen gelangt man in den Zwischentrakt, in dem besonders kostbare Werke in Einzelvitrinen präsentiert werden. Ein korinthi-

△
Abb. 8. Die neuen Vitrinen im Haus B.

scher Krater und zwei attische Amphoren gehören in die Abfolge des angetretenen Rundganges, der sich nun ins Haus B fortsetzt. Ausgestellt sind zunächst auch hier schwarzfigurige Gefässe aus Athen, ziemlich anders ist hingegen ihre Präsentation in den für das Haus B eigens entworfenen Vitrinen (Abb. 8). Sie sind gegenüber den schlichten, aber zur Ausstellung antiker Exponate ausserordentlich geeigneten alten Vitrinen des Hauses A in ihrem Design sehr viel aufwendiger und besitzen ein ästhetisches Eigengewicht, das zu den ausgestellten Kunstwerken in einer gewissen Konkurrenz steht. Anders ist auch die Beleuchtung. Im Hause A ist die Lichtquelle in der Vitrinendecke eingebaut, im Hause B sorgt indirektes Deckenlicht für die Aufhellung der Räume, während sparsam eingesetzte Halogenspots auf dem Glasdach der Vitrinen einzelne besonders wichtige Werke anstrahlen. Zum Ausstattungsluxus gehören schliesslich auch die Teppiche, auf denen, von den Wänden weggerückt, die Vitrinen stehen. Mit alledem soll nicht nur die neue Etappe im Ausbau des Museums markiert werden – der gesteigerte Aufwand entspricht auch, besonders im ersten Stockwerk, den baulichen Verhältnissen der Dompropstei. Ihre Säle, Foyers und

Treppenhäuser sind nämlich gegenüber dem streng klassizistischen Haus A unverkennbar grosszügiger angelegt und, etwa durch Stuckdecken, kostbarer ausgestattet.

Hier ist der Ort, kurz an den wohl berühmtesten Bewohner der Dompropstei zu erinnern, an Johann Jakob Bachofen, umso mehr als auf dem vorgeschlagenen Rundgang an der Nahtstelle zwischen der archaisch-griechischen und der etruskischen Kunst das Zimmer erreicht ist, in dem eine Schrifttafel auf Bachofen (und eine daneben auf Melchior Berri) aufmerksam macht. Und was mehr ist: in einer Vitrine werden ausschliesslich Objekte gezeigt, die Bachofen selbst gesammelt hat und die ihm für seine Forschungen zur Gräbersymbolik der Alten und zum Mutterrecht wichtig waren. Nicht nur Lokalhistoriker darf es freudig oder andächtig stimmen, dass Bachofens Sammlung ins Haus seines Wirkens zurückgekehrt ist, 100 Jahre nach dem Tod des Gelehrten.

In den ans Bachofenzimmer anschliessenden Räumen ist, wie angedeutet, die etruskische Kunst ausgestellt. Der Grundstock der Sammlung bestand schon in den Gründerjahren; durch einige wichtige Neuerwerbungen bereichert, darf auch die etruskische Abteilung europäischen Rang beanspruchen. Vor allem die frühen Epochen, die Villanovakultur des frühen

1. Jahrtausends und die etruskisch-archaische Periode des 7. und 6. Jahrhunderts v. Chr. sind durch vorzügliche Werke vertreten. Man kann deshalb auch die Entstehung der im engeren Sinn etruskischen Kultur im späten 8. und 7. Jahrhundert v. Chr. exemplarisch verfolgen. Die in Mittelitalien vollzogene Aneignung orientalischer und griechischer Vorbilder, durch importierte Kunstwerke oder wandernde Handwerker vermittelt, verändert sukzessive das Gesicht der lokalen Villanovakultur, ohne dass dabei eine früher so oft postulierte Einwanderung fremder Volksgruppen stattgefunden hätte. Die etruskische Kunst ist ein besonders typisches Beispiel für die verändernde Kraft, die von technologisch und künstlerisch höher stehenden Artefakten und Bildern fremder Kulturen ausgeht. Im Ergebnis freilich ist die etruskische Kunst genausowenig wie die römische eine banale Imitation der griechischen, vielmehr erwächst aus der Adaption des Fremden eine eigenständige und überaus ausdrucksstarke Formensprache. Man kann sie im Museum an Werken aller Epochen und Kunstgattungen wahrnehmen, etwa an den Kriegerstatuetten des 6. und 5. Jahrhunderts v. Chr., an den auch farbig noch gut erhaltenen Stirnziegeln, an den Tänzerinnen und Satyrn, aber auch auf Spiegeln, Vasenbildern und Urnen.

Einen letzten Höhepunkt der zweiten Etage bildet die im Foyer des Hauses B hinter einer Glaswand ausgestellte Waffensammlung. Sie ist bis auf wenige Ausnahmen dem Museum als Leihgabe anvertraut. Im mittleren Kompartiment wurde versucht, durch die Anordnung der Rüstungsteile das kriegerische Erscheinungsbild dreier apulischer Ritter des 4. Jahrhunderts v. Chr. zu evozieren. Zu den Beinschienen, Panzern und Helmen treten die Pferdestirnplatten und andere Elemente des Saumzeuges. In den beiden seitlichen Kompartimenten vervollständigen weitere Rüstungsteile, vor allem Helme, aber auch Lanzenspitzen und ein grosser Rundschild samt Schildband, das Spektrum grossgriechischer, etruskischer und apulischer Waffen des 6. bis 4. Jahrhunderts v. Chr.

In den Gräbern, aus denen die meisten dieser Waffen stammen, wurden auch grosse Tongefässe aufgestellt. Wer den unmittelbaren Zusammenhang zwischen den apulischen Rüstungen und den Grabvasen herstellen möchte, geht auf direktem Weg ins Foyer des ersten Stockes der Dompropstei und erkennt schon im Hinabsteigen die prachtvolle Sammlung der auf einem niedrigen Podest stehenden apulischen Gefässe (Abb. 9). Wer indessen die rotfigurige Keramik griechischer und unteritalischer Provenienz in ihrer chronologischen Abfolge erfassen möchte, begibt sich zunächst vom Waffenfoyer auf der gleichen Etage ins Foyer des Hauses A und von dort einen Stock tiefer. Im Zimmer rechts beginnend, entfaltet sich nun die rotfigurige attische Vasenmalerei in all ihren subtilen Nuancen. Der hohe Standard des Töpferhandwerkes, die Präzision der Zeichnung und der Reichtum der Motive machen den Rundgang zum Erlebnis – die rotfigurige Vasenmalerei Athens als Herzstück des Museums, des alten wie des neuen.

In den Räumen des Hauses A ist die spätarchaische und frühklassische Phase zu sehen. Wie in der zweiten Etage bei den schwarzfigurigen attischen Gefässen richtet sich die Gruppierung der Exponate auch hier nicht nach einem einzigen Gesichtspunkt, sondern passt sich flexibel den Gegebenheiten an. So findet man Vitrinen, in denen Malerpersönlichkeiten wie der Berliner Maler oder der Kleophradesmaler vorgestellt werden, und andere mit hauptsächlich thematischen Schwerpunkten. In solchen Vitrinen lässt sich mit Gewinn verfolgen, wie verschiedene Maler denselben Vorwurf meistern, etwa den Löwenkampf des Herakles, die Weinkelter der Satyrn, auch immer wieder den ausgelassenen Tanz der Mänaden, oder Zecher, die sich zu Flötenklängen auf Klinen versammeln. In dieser heiter gestimmten dionysischen Welt fehlen auch ernstere Töne nicht, etwa Sagenbilder mit dem Kampf zwischen Achill und Hektor über einem geschächteten Widder, den Kämpfen der Griechen gegen die Amazonen oder der Götter gegen die Giganten.

Auch auf der ersten Etage ist der Durchgangstrakt zwischen den Häusern A und B mit Einzelvitrinen bestückt, in denen drei attische und zwei apulische Vasen ersten Ranges herausgehoben werden. In den Sälen des Hauses B wird die Reihe frühklassischer und dann vor allem hochklassischer Gefässe weitergeführt (Abb. 8). Wieder wird durch die Anordnung eindrücklich sichtbar, was die Athener in der Zeit nach 480 v. Chr. bewegt hat: die wie selten zuvor intensiv erlebte Zeitgeschichte mit der grossen, aber siegreich bestandenen Gefahr der Perserkriege. Diese Erfahrungen wurden auch immer wieder mythisch gespiegelt in Bildern, die Boreas – hilfreicher Nordwind und ‹Schwiegersohn› Athens zugleich – zeigen oder Theseus, der in der Schlacht von Marathon plötzlich unter den Vorkämpfern erschienen sein soll. Eine andere Vitrine ist mit ‹Die Zeit der klassischen Tragödie› überschrieben. Was gemeint ist, zeigen Bilder mit der schicksalsschwangeren Stimmung vor der Schlachtung des greisen Pelias oder, ergreifender noch, die Lekythos mit dem einsam knienden Aias, der vor dem Selbstmord mit erhobenen Armen ein letztes Mal die Götter anruft. Auch in der Zeit der hohen Klassik werden Frauen im dionysischen Rausch dargestellt; neben der ekstatischen Stimmung ist aber auch ihr zerstörerisches Wesen gezeigt, wie sie zum Beispiel den Sänger Orpheus zerreissen, dessen Haupt dann, immer noch singend, einem besseren Ufer der Ägäis zutreibt.

Kurz nach der Mitte des 5. Jahrhunderts v. Chr. wandern attische Vasenmaler nach Unteritalien aus und begründen dort eine eigenständige Tradition, die sich durchs ganze 4. Jahrhundert fortsetzt. So ist es nur logisch, die frühesten in Apulien von eingewanderten Griechen getöpferten und bemalten Gefässe zusammen mit den in Athen selbst entstandenen auszustellen. Wie sich dann in den folgenden Malergenerationen Stil und Inhalt der apulischen Keramik verändern, das kann man nun eben an den schon kurz erwähnten Gefässen auf dem Podest im Foyer der Dompropstei nachvollziehen (Abb. 9). Entsprechend der Verwendung als Grabbeigaben rücken Bilder heroisierter Verstorbener oft in den Mittelpunkt. Doch bleiben auch mythologische Darstellungen beliebt, recht komplizierte dazu, die zeigen, auf welch hohem Niveau man sich in Grossgriechenland auch mit der mutterländischen Literatur beschäftigt hat. Im kleinen Raum zwischen Foyer und Durchgangstrakt sind weitere apulische Gefässe zu sehen, zusammen mit einer bedeutenden Kollektion tarentinischer Stirnziegel spätarchaischer und klassischer Zeit.

Wer im Foyer vor dem Tisch der apulischen Grabvasen steht, wird bald einmal vom schimmernden Goldglanz in den Raum zur Linken gelockt. In einer grossen Wandvitrine prangen griechische, etruskische und römische Schmuckstücke aus Gold, meist kleinformatige, aber höchst raffinierte Preziosen, oft in Techniken ausgeführt, die wie die Granulation bis heute kaum wieder erreicht wurden. Eine Rarität besonderer Art stellen auch die Fragmente eines hellenistischen Bettes dar, von dem unter anderem ein keulenförmiges Bein aus Silber ausgestellt ist.

Mit dem Wort Silber ist bereits das Stichwort gegeben für die Mehrzahl der Kunstwerke im kleinen, getäferten Kabinett nebenan. Dort bergen zwei Pultvitrinen ungefähr 600 sizilische und unteritalische Münzen klassischer Zeit. Mit dieser Sammlung von einzigartigem Wert ist das neue Museum um eine weitere Attraktion rei-

9

Abb. 9. Vorraum des ersten Obergeschosses des Hauses B. Blick vom hofseitigen Treppenhaus auf eine Gruppe apulischer Grabvasen aus dem 4. Jh. v. Chr.

cher, denn bisher war die Numismatik nicht vertreten. Man muss sich Zeit nehmen, um in die Welt der Stempelschneider griechischer Münzen einzudringen; man wird dann mit Staunen wahrnehmen, welch ungeheure Vielfalt an Motiven auf den kleinen Münzflächen Platz findet und mit welcher künstlerischen Kraft die Bilder wirken.

Wenn der Besucher, von Eindrücken gesättigt, dem Ausgang zugeht, wird er nochmals über die Glasbrücke schreiten und dort den Blickkontakt mit der Aussenwelt wieder finden, wie um-

gekehrt der Passant durch das bei Tage weit geöffnete Tor und durch ein Schaufenster aus Glas einen ersten Kontakt mit dem Museum aufnehmen kann (Abb. 10). Dieses optische Scharnier von Aussen- und Innenwelt, Stadt und Museum, mag ein Symbol sein für die festgegründete wechselseitige Verbundenheit, in der sich Öffentlichkeit und antike Kunst in Basel begegnen.

△
Abb. 10. Blick in die ehemalige Durchfahrt zwischen den Häusern A und B. Im Hintergrund: die neue Verbindungsbrücke zwischen den Häusern A und B; hinter der Brücke: das Eisentor zum Hof.

Hans Christoph Ackermann

Basel 1988 –
Weltzentrum der Glasforschung

Eine Reihe von Ausstellungsvorhaben und von Veranstaltungen liessen Basel im Jahr 1988 zum eigentlichen Weltzentrum der Glasforschung werden. Ausgangspunkt war die Ausstellung ‹Phönix aus Sand und Asche – Glas des Mittelalters›, welche vom 26. August bis Ende November im Historischen Museum in der Barfüsserkirche gezeigt wurde. Diese sicherlich einmalige Ausstellung war der Grund dafür, dass der alle drei Jahre stattfindende Kongress der Internationalen Vereinigung für die Geschichte des Glases, der 1988 eigentlich für Rom geplant war, erstmals in der Schweiz und eben in Basel abgehalten wurde. Ebenso hat das British Museum eine internationale Fachtagung zu den emailbemalten Gläsern des 13./14. Jahrhunderts von London nach Basel verlegt, da sämtliche relevanten Gläser dieser Gruppe an der Basler Ausstellung versammelt waren. Die Vorstufe zum Glas des Mittelalters, dasjenige der Antike, kommt im neu eröffneten ‹Antikenmuseum und Sammlung Ludwig› durch die langfristige Leihgabe einer hochbedeutenden Privatsammlung erstmals zu voller Geltung. Die direkte Fortsetzung des mittelalterlichen Glases konnte das Historische Museum dank der grosszügigen Bereitwilligkeit einiger privater Sammler der Region Basel anhand von hervorragenden venezianischen Gläsern des 16. und 17. Jahrhunderts im Haus zum Kirschgarten vorführen. Im folgenden sei kurz auf die einzelnen Veranstaltungen eingegangen.

Phönix aus Sand und Asche

(Barfüsserkirche 26.8.–28.11.1988)

Erstmals haben das Rheinische Landesmuseum in Bonn und das Historische Museum Basel gemeinsam eine Ausstellung realisiert, die sowohl von ihrem Volumen wie von ihrem Anspruch her die Möglichkeiten jedes der beiden Museen gesprengt hätte. Der Anstoss zu dieser Ausstellung ging von den beiden Autoren des Katalogs, den Kunsthistorikern Ingeborg Krueger, Bonn, und Erwin Baumgartner, Basel, aus. Dies erklärt auch teilweise die Standortwahl. Erste Gespräche fanden bereits 1984 statt; seit 1985 wurden konkrete Vorkehrungen im Hinblick auf die Durchführung des Unternehmens getroffen. Die Realisierung auf Basler Seite wurde durch die grosszügige Unterstützung der Leonardo-Stiftung, Basel, ermöglicht, welche mit einem zweijährigen Stipendium die Arbeit von Herrn Baumgartner finanzierte.

Das Thema ‹Glas des Mittelalters›, von karolingischer Zeit bis zur Renaissance, entspricht dem neu erwachten Interesse am Mittelalter im allgemeinen und an Mittelalterarchäologie im besonderen. Die letzten Jahrzehnte mit ihrer seit dem zweiten Weltkrieg vervielfachten Tätigkeit auf dem Gebiet der Stadtkernarchäologie brachten auch auf dem Gebiet der Hohlglasforschung neue Ergebnisse, die das bisherige Bild vom ‹Glas im Mittelalter› vollständig revolutionierten. Dieses Bild basierte hauptsächlich auf dem grundlegenden, 1933 erschienenen Werk

‹Die deutschen Gläser des Mittelalters› des Bonner Gelehrten Franz Rademacher. Er vertrat die Ansicht, dass die Hohlglasproduktion im hohen Mittelalter quasi völlig ausgesetzt habe, mit Ausnahme primitiver beutelförmiger Flaschen. Nach seiner Meinung setzt erst im 14. Jahrhundert eine Aufwärtsbewegung in der Glasproduktion ein, um gegen das Ende des Mittelalters immer reichere und verfeinerte Formen anzunehmen. Heute wissen wir, dass die Entwicklung ganz anders verlaufen ist. Dieses neue Bild des mittelalterlichen Glases vorzuführen war der Zweck der Ausstellung ‹Phönix aus Sand und Asche›.

Die Ausstellung konnte in einer lückenlosen Abfolge Gläser von karolingischer Zeit bis ans Ende des Mittelalters zeigen, d.h. vom 8. bis zum frühen 16. Jahrhundert. Es handelte sich dabei hauptsächlich um Gläser, die im deutschen Sprachraum verwendet worden sind. Insgesamt waren gegen 600 Katalognummern zu verzeichnen; hinzu kamen noch rund 2500 Fragmente aus einer Grabung in Freiburg im Breisgau. Rund 150 Leihgeber hatten zum Gelingen der Ausstellung beigetragen.

Es seien im folgenden anhand einiger ausgewählter Beispiele die Hauptgruppen der in der Ausstellung vertretenen Gläser, in chronologischer Abfolge, vorgestellt.

Da im christianisierten Mitteleuropa die Sitte der Grabbeigaben etwa im 8. Jahrhundert aussetzte, ist aus jener Zeit auch nur wenig intaktes Glas aus unseren Gegenden erhalten. Zahlreiche Glasscherben von Handels- und Wohnplätzen (Pfalzen und Burgen), die sich nach Form, Material und Technik mit besser erhaltenen schwedischen Grabfunden vergleichen lassen, beweisen jedoch die Präsenz ähnlicher Gefässe in Mitteleuropa vom 9. bis zum 11. Jahrhundert. Es ist aus stratigraphischen Gründen sogar möglich, dass die Produktion in Mitteleuropa stattfand und das schwedische Material

Exportware darstellte. Neben den als Trinkgefässe besonders häufigen Trichterbechern gab es noch andere Becherformen sowie Schalen und Flaschen. Auffällig sind die verschiedenen bunten Glasfarben und die teilweise aufwendigen Verzierungstechniken, die in der späteren mittelalterlichen Glasproduktion keine Verwendung mehr fanden. Dazu gehört auch der Reticella-Dekor, wie er auf dem abgebildeten Becher aus Birka angewandt wurde. Es handelt sich dabei um aufgeschmolzene Glasstäbe, die mit andersfarbigen feinen Glasfäden spiralig umwunden sind. Diese Technik, die bereits in römischer Zeit bekannt war, lebte vom späteren 7. bis zum 10. Jahrhundert wieder auf, um dann im 11. Jahrhundert definitiv zu verschwinden. Der hier abgebildete Becher mit Reticella- und Fadendekor stammt aus dem Skelettgrab einer Frau der Wikinger-Handelssiedlung Birka auf einer Insel im Mälarsee in Schweden. Die Farbe der Fadenauflagen und der Reticella-Stäbe ist

Becher mit Reticella-Verzierung, H. 10,3 cm. 9./10. Jh. Stockholm, Statens Historiska Museum. ▽

Gelb, während der Lippenrand in leuchtendem Blau abgesetzt ist. Mit einer Höhe von 10,3 cm handelt es sich um einen handlichen Trinkbecher aus dem 9. oder 10. Jahrhundert.

Im 12. und 13. Jahrhundert ist neben einer Gruppe von Flaschen und Bechern mit ziemlich dicken Fadenauflagen in Schlaufen- und Zickzackform eine der Hauptgruppen mittelalterlicher Glaskunst anzusiedeln: die sogenannten Hedwigsgläser. Diese von zahlreichen noch ungelösten Rätseln umgebenen Gläser gehören zu den ganz grossen Kostbarkeiten des mittelalterlichen Kunsthandwerks. Heute sind weltweit noch vierzehn Hedwigsgläser bekannt, von denen sieben in den beiden Ausstellungen in Bonn und Basel gezeigt werden konnten. Es handelt sich dabei um dickwandige, geblasene Becher aus fast farblosem Glas, die mit stark stilisierten Tieren (Löwe, Greif oder Adler) und Ornamenten in Hochschnitt-Technik verziert sind. Drei dieser Gläser werden mit der hl. Hedwig (1174–1243), der Patronin von Schlesien und Polen, in direkte Verbindung gebracht. In einem ihrer Becher soll sich ein Verwandlungswunder von Wasser zu Wein vollzogen haben, nachdem ihr Gemahl der heiligen Frau Vorhaltungen wegen ihres zu enthaltsamen Lebenswandels gemacht hatte. Über die genaue Entstehungszeit und den Herstellungsort dieser mysteriösen Gläser herrscht momentan noch Unklarheit. Es werden als Herkunft Ägypten, Byzanz und neuerdings eventuell doch Europa in Vorschlag gebracht. Erhalten haben sich die Hedwigsbecher hauptsächlich als Reliquienbehältnisse, wie etwa das hier abgebildete Exemplar aus dem Trésor d'Oignies aux Sœurs de Notre Dame in Namur, wo es seit dem ersten Drittel des 13. Jahrhunderts nachzuweisen ist.

Hedwigsbecher, als Reliquien-Ostensorium gefasst. H. des Bechers 8,5 cm. 12. Jh. Le Trésor d'Oignies aux Sœurs de Notre Dame, Namur. ▷

Im Laufe des 13. Jahrhunderts müssen im norddeutschen und englischen Raum Gläser entstanden sein, die infolge eines hohen Bleigehalts in der Glasmasse von ungewöhnlicher Leuchtkraft ihrer Farben sind. Diese erst in den letzten Jahren gemachten Funde stellen ein absolutes Novum in unserer Kenntnis des mittelalterlichen Glases dar. Bisher waren aus jener Zeit keine bleihaltigen Gläser bekannt. Neben der Erhöhung der Leuchtkraft setzt der Bleigehalt auch den Schmelzpunkt des Glases erheblich herab, was die Verarbeitung erleichtert. Gläser dieser Gruppe konnten erstmals an der Ausstellung ‹Phönix aus Sand und Asche› gezeigt werden. Ein Beispiel aus dem späten 13. Jahrhundert ist das abgebildete, besonders gut erhaltene smaragdgrüne Stengelglas mit feinen, gekniffenen

Stengelglas mit gekniffenen Stegen aus Bleiglas, H. 13,5 cm. 13. Jh. Braunschweigisches Landesmuseum. ▽

Stegen und aufgesetzten Beerennuppen, das vor 1278 in den Braunschweiger Boden kam. Die hohe Stengelform dieses Glases stellt übrigens ebenfalls eine bisher kaum bekannte ‹Neuheit› dar. Im Gegensatz zur früheren Lehrmeinung vom plumpen Glas jener Zeit sind in den neueren Grabungen nicht nur in Norddeutschland, sondern vor allem in der Gegend zwischen Metz und den Argonnen hauchzarte, hohe Stengelgläser zutage gekommen, die ein ganz neues Licht auf die Tafelfreuden des 13. und 14. Jahrhunderts werfen.

Einen weiteren Höhepunkt der Ausstellung bildeten die etwa gleichzeitigen emailbemalten Gläser, bekannt unter den Namen ‹syrofränkische Gläser› oder auch ‹Aldrevandin-Gruppe›. Der erste Name weist auf die frühere Herkunftsannahme – Syrien – hin, der zweite hängt mit einem der wichtigsten Objekte dieser Gruppe, dem vom Künstler Aldrevandin signierten Becher im British Museum in London zusammen. Die heute durch zahlreiche Fragment-Funde ermöglichte Verbreitungskarte hat ihren eindeutigen Schwerpunkt im süddeutsch-schweizerischen Raum. Möglicherweise gibt dies auch einen Hinweis auf den Entstehungsort. Der Aldrevandin-Becher weist übrigens schwäbische Wappen in seinem Dekor auf. Von den zahlreichen Fragmenten heben sich ganze drei heute noch intakt erhaltene Becher ab. Alle drei dienten vermutlich als Reliquien-Behältnisse und haben deshalb die Zeitläufte unbeschadet überdauert. Sie befinden sich heute in Chur, Frankfurt am Main und London und konnten an der Ausstellung erstmals zusammen bewundert werden. Die emailbemalten Becher sind vom Dekor her in drei Gruppen einzuteilen: die einen sind mit Büsten von Heiligen unter Arkaden verziert, weitere mit Tieren und Fabelwesen und die dritte Gruppe mit Wappen vornehmer Familien. Hier sei aber nicht ein Becher dieser Gruppe vorgestellt, sondern die Fragmente einer fla-

und Schlaufenfaden in verschiedenen Farben werden nun ebenso verwendet wie die spätere Leitform des Becherdekors, die Nuppen. Dank der neuen archäologischen Funde kann nun eine eindeutige Entwicklung des Nuppendekors festgelegt werden, die manchen früheren Forscher erstaunen würde: Am Anfang stehen feine, oft völlig farblose Nuppenbecher mit ganz kleinen Nuppen, die später gröberen Formen in Kombination mit reichem anderem Dekor und verschiedenen Glasfarben weichen. Hier sei als letzte Abbildung zu dieser Ausstellung eines der prachtvollsten Nuppengläser der Spätzeit vorgestellt, der sogenannte ‹Stockar-Meiel› aus dem Besitz des Historischen Museums Basel. Es handelt sich dabei um eines der wenigen, durch eine eingeritzte Inschrift, genau zu datierenden

△ Emailbemalte, hochstielige Schale, ⌀ 11,8 cm. 13./14. Jh. Historisches Museum Basel.

Stangenglas mit Nuppen, H. 19,5 cm. Um 1519. Historisches Museum Basel. ▽

chen Schale, die sich mindestens seit dem 18. Jahrhundert in den Basler Sammlungen nachweisen lässt und seit ihrer Restaurierung eine Zierde der Glassammlung im Historischen Museum bildet. Früher in einem Gipsbett eingelagert, konnte die ursprüngliche Form nicht erkannt werden. Nach dem Fund eines ähnlichen Stücks in Prag, welches auf einem hohen Stengelfuss steht, wurden die Basler Fragmente losgelöst, gereinigt und genau untersucht: an einem der Fragmente konnte effektiv der Ansatz zu einem Stengelfuss gefunden werden, so dass wir uns heute ein genaues Bild vom ursprünglichen Aussehen des Glases machen können. Die Darstellung mit einem thronenden Christus im Schaleninnern ist ungewöhnlich, wie auch die Verzierung mit aufgelegten Goldornamenten.

Neben den bisher aufgeführten Gläsern beginnen im 13. Jahrhundert auch Becher und andere Gefässe mit feinem aufgelegtem Dekor: Faden

Gläser. Am oberen Rand hat sich der Schaffhauser Bürger Hans Stockar mit dem Kreuz der Ritter des Heiligen Grabes verewigt. Dies erinnert an seine Pilgerreise ins Heilige Land von 1519, auf welcher er zum Ritter des Heiligen Grabes geschlagen wurde.

Neben den Stengelgläsern, den Gläsern mit Faden- und Nuppendekor, entwickeln sich im Laufe des 14. und 15. Jahrhunderts noch zahlreiche weitere Spielarten von Form und Dekor. Gegen das Ende des Mittelalters werden diese immer phantasievoller, ja gar abstrus, so dass eine Abwendung von dieser Kunst unter dem Einfluss der Renaissance nur natürlich war. Dies konnte umso leichter geschehen, als nun das alles beherrschende Zentrum der Glaskunst, Venedig, seinen Siegeszug durch ganz Europa antrat.

Die Ausstellung wurde begleitet von einem reichen Rahmenprogramm mit Führungen, Vorträgen, praktischen Restaurierungs- und Glasbläservorführungen, Kinderaktivitäten und einem Videofilm über die Herstellung von Kopien mittelalterlicher Gläser. Ein Bücherstand vermittelte neue und antiquarische Bücher zum Thema Glas und bot auch entsprechende Objekte zum Kauf an.

Venezianische Glaskunst

Mit dieser kleinen, aber exquisiten Sonderschau im sogenannten ‹Griechischen Saal› des Hauses zum Kirschgarten erwies das Historische Museum Basel dem Glaszentrum der Neuzeit, Venedig, seine Reverenz. Diese Ausstellung, die rund 50 Gläser aus Privatbesitz der Region vereinigte, wurde durch das grosszügige Entgegenkommen der jeweiligen Besitzer erst ermöglicht. Die neu gewonnene Feinheit der Formen, der Reichtum des Dekors und die virtuose Beherrschung der Glastechniken lassen auf einen Blick klar werden, weshalb Venedig nun in Europa,

△ Fuss-Pokal mit Dekor von ‹filigrana a retorti›, H. 18,5 cm. Venedig, 2. Hälfte 16. Jh. Privatbesitz.

was das Glas betrifft, das Sagen hatte. Ein einziges Abbildungsbeispiel möge dies hier exemplifizieren. Es handelt sich dabei um einen Pokal mit hochgezogenem Fuss, Hohlnodus zwischen Ringen und einer kompliziert geformten Kuppa, die zunächst in sechs Wellen aufgezogen ist und dann in eine sechspassige Kelchform ausmündet. Sie ist dekoriert mit einem feinen Netz von sogenannter ‹filigrana a retorti›. Dabei wurden zu Beginn der Formgebung dem ‹Külbel› einfache oder verschlungene weisse Glasfäden aufgelegt, die im Verlauf der weiteren Verarbeitung den spitzenartigen, zarten Dekor ergeben.

Glas der Antike

(Antikenmuseum)

Seit seiner Wiedereröffnung am 3. Mai 1988 kann das Antikenmuseum Basel und Sammlung Ludwig, dank einem langfristigen privaten Depositum, einen vollwertigen Querschnitt durch die Glasproduktion der Antike – vom 14. Jahrhundert v. Chr. (Ägypten, Mykene) – bis zu Produkten aus dem östlichen Mittelmeer des 12. Jahrhunderts n. Chr. geben. Die rund 150 Exponate beinhalten nicht nur Hohlglas, sondern auch Schmuckformen aus Glas.

Internationale Glaskongresse

Aus Anlass der Ausstellung ‹Phönix aus Sand und Asche› sind in Basel zwei internationale Kongresse über entsprechende Themen abgehalten worden. Am 26. und 27. August trafen sich 28 Spezialisten aus aller Welt in der Barfüsserkirche zu einem Symposium über die emailbemalten Gläser und die sogenannten Hedwigsbecher. Die Vorträge und Diskussionsbeiträge sollen vom British Museum, London, in einer eigenen Publikation veröffentlicht werden.
Vom 29. August bis zum 3. September fand im Kollegiengebäude der Universität der 11. Kongress der internationalen Vereinigung für die Geschichte des Glases statt. Diese seit 33 Jahren regelmässig alle drei Jahre abgehaltenen Kongresse wurden bisher noch nie in der Schweiz durchgeführt. Auch für 1988 war der Kongress eigentlich für Rom geplant, wurde dann aber vom Vorstand der Vereinigung, angesichts der Bedeutung der Ausstellung ‹Phönix aus Sand und Asche›, nach Basel verlegt.

Die Durchführung in Basel wurde ermöglicht durch Beiträge des Fonds ‹Basel 1996› (einer Initiative der Basler Wirtschaft aus Anlass des 100-Jahr-Jubiläums der Christoph Merian Stiftung) und der F. Hoffmann-La Roche & Co AG, Basel. Beiträge an die Verköstigung der Teilnehmer leisteten ferner die Regierungen der Kantone Basel-Stadt und Basel-Landschaft sowie die Firma F. Hoffmann-La Roche & Co AG. Ihnen allen gilt der verbindlichste Dank aller Kongress-Teilnehmer. Der Kongress wurde von rund 250 Teilnehmern aus 29 Ländern besucht. Es wurden über 70 Vorträge zu Themen aus der Geschichte des Glases gehalten, deren Publikation von der Vereinigung vorbereitet wird. Daneben standen Besuche in der Glasausstellung in der Barfüsserkirche, im Antikenmuseum und die Eröffnung der Ausstellung ‹Venezianische Glaskunst› im Haus zum Kirschgarten auf dem Programm. Eine einwöchige Post-congress-Tour führte gut 30 Teilnehmer anschliessend durch alle Landesteile der Schweiz zu Glassammlungen in privater und öffentlicher Hand.

Zwei Länder,
eine Briefmarke

Wenn zwei Länder – nämlich Frankreich und die Schweiz – zum ersten Mal gemeinsam eine Briefmarke herausgeben und wenn diese Briefmarke zudem von einem so bekannten und beliebten Künstler wie Jean Tinguely stammt, ist das dort wie hier eine kleine Feier wert. Sie fand statt am Ausgabetag, dem 25. November 1988,

guely «eine Darstellung einer Vielfalt von Bewegungen bei der Suche nach dem Zufall».

Dass man ausgerechnet Basel als Schauplatz für die denkwürdige Briefmarken-Première auserkor, hat mehrere gute Gründe: erstens die enge Zusammenarbeit zwischen Basel und Frankreich, vor allem im Verkehrsbereich, dann Basels philatelistischer Weltruf dank dem ‹Baslerdyybli› und schliesslich die enge Beziehung Tinguelys zu Basel.   *Barbara und Kurt Wyss*

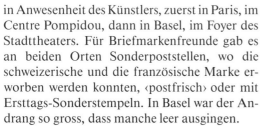

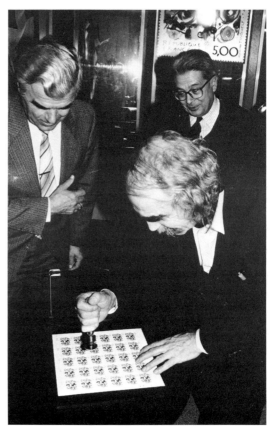

in Anwesenheit des Künstlers, zuerst in Paris, im Centre Pompidou, dann in Basel, im Foyer des Stadttheaters. Für Briefmarkenfreunde gab es an beiden Orten Sonderpoststellen, wo die schweizerische und die französische Marke erworben werden konnten, ‹postfrisch› oder mit Ersttags-Sonderstempeln. In Basel war der Andrang so gross, dass manche leer ausgingen.

Die grossformatige Briefmarke, die in der Schweiz 90 Rappen, in Frankreich 5 Francs wert ist, wurde nach einem ‹Métamécanique› benannten Entwurf ausgeführt und ist laut Tin-

Christian Müller

Die Basler Holbein-Ausstellung 1988

Zeichnungen Hans Holbeins des Jüngeren
aus der Sammlung I.M. Königin Elizabeth II. in Windsor Castle
und aus der Öffentlichen Kunstsammlung Basel

Eine Holbein-Ausstellung in Basel – bedarf sie eines besonderen Anlasses? Den 400. Geburtstag des Künstlers feierte das Basler Museum 1897 mit einer Ausstellung und zeigte seine Werke soweit möglich im Original und in Reproduktionen. 1960 gab das 500jährige Bestehen der Basler Universität, zu deren Besitz die Bestände der Öffentlichen Kunstsammlung gehören, Gelegenheit zu einer grossen Holbein-Ausstellung. Sie versuchte auch, ein Ersatz zu sein für die 1943 gewünschte, während des zweiten Weltkrieges jedoch nur mit Reproduktionen mögliche Präsentation der Werke Holbeins anlässlich seines 400. Todesjahres. Nachdem auch Mitte der 50er Jahre ein Ausstellungsvorhaben mit der National Gallery in London nicht verwirklicht werden konnte, da die Ausleihe zahlreicher Gemälde nicht möglich schien, gab das Universitätsjubiläum den Anstoss zu einer Ausstellung, die sich auf Holbeins Schaffenszeit in Basel konzentrierte, aber auch die Tätigkeit der ‹Malerfamilie Holbein›, von Ambrosius, Hans dem Älteren und Sigmund Holbein, miteinbezog.

Der Holbein-Ausstellung von 1988 (12. Juni–4. September 1988) fehlte zwar dieser feierliche Rahmen. Doch die Möglichkeit, 50 Zeichnungen Hans Holbeins aus dem Besitz der Königin des Vereinigten Königreichs, Elizabeth II., in Basel zeigen zu können, war schon ein aussergewöhnliches, sicher nicht wiederholbares Ereignis, das Motivation und Berechtigung zu einer

umfassenden Ausstellung bot. Eine Ausleihe dieser Zeichnungen wurde bei den früheren Ausstellungsplänen für nicht realisierbar gehalten und gar nicht erwogen; doch nun schien ein Leihgesuch erfolgversprechender. Nach Abschluss einer umfassenden Restaurierung der insgesamt 80 Zeichnungen der Royal Library gingen diese auf Reisen. Zunächst waren 70 von ihnen 1978 in der Queens Gallery im Buckingham-Palast zu sehen. Nun folgten weitere Ausstellungen im Ausland: 1982/83 im Paul Getty Museum in Malibu, Kalifornien, 1983 in der Pierpont Morgan Library in New York (je 70 Zeichnungen) und 1987 im Museum of Fine Arts in Houston (50 Zeichnungen). 1988 kamen sie erstmals auf den europäischen Kontinent und wurden in der Hamburger Kunsthalle ausgestellt. Der grosszügigen Bereitschaft der Königin ist es zu verdanken, dass die Zeichnungen von Hamburg zu einer weiteren Station nach Basel reisen konnten. Für das Kunstmuseum Basel ergab sich damit die Möglichkeit zur bisher grössten Ausstellung des zeichnerischen Werkes Hans Holbeins d.J., denn ausser den 50 Zeichnungen aus Windsor sollte eine Auswahl aus dem rund 200 Blätter zählenden Basler Holbein-Bestand gezeigt werden. Druckgraphische Werke und die Gemälde des Künstlers, mit der seit 1960 erstmals wieder sichtbaren, restaurierten Abendmahl-Tafel, liessen das Unternehmen zu einer umfassenden, wesentliche Teile des künstlerischen Schaffens repräsentierenden Ausstellung werden. Weitere Ausleihen von Zeichnungen aus dem In- und Ausland waren wegen des engen Zeitrahmens nicht zu verwirklichen. So schien es sinnvoller, die über 200 Holbein zugeschriebenen Basler Zeichnungen zu sichten und eine breite Auswahl davon, begleitet von einem wissenschaftlichen Katalog, zu präsentieren.

Doch wissenschaftliche Kataloge allein garantieren noch keinen Ausstellungserfolg, wie er im allgemeinen von den grossen Museen erwartet wird. Das Mass ist heute nicht nur die Qualität der Ausstellung und der ausgestellten Werke, sondern mit zunehmender Tendenz auch die Besucherzahl. Ausstellungen von Zeichnungen des 16. Jahrhunderts sind in den Besucherstatistiken kaum in den obersten Rängen zu finden. Diese Zeichnungen sind selten spektakulär oder nur schön, gelten eher als schwer verständlich, als ein Gebiet von Spezialisten. Tatsächlich fordern sie vom Betrachter eine intensive Beschäftigung. Auch der Name Holbein garantiert in Basel nicht unbedingt einen grossen Ausstellungserfolg, denn hier sind seine Gemälde und Zeichnungen immer gegenwärtig. Schon seit den Anfängen der Öffentlichen Kunstsammlung und dem Ankauf des Amerbach-Kabinetts 1661 sind in Basel Werke Holbeins öffentlich zugänglich gewesen. Im frühen 18. Jahrhundert wurden zahlreiche Zeichnungen auf Karton aufgezogen und gerahmt im Haus ‹Zur Mücke› ausgestellt. Im Museum an der Augustinergasse waren neben den Gemälden Holbeins auch immer Zeichnungen zu sehen, im Kunstmuseum ist dafür sogar ein Raum reserviert, wo wechselnd stets eine Auswahl gezeigt wird.

Als besonders anziehend erwiesen sich die Windsor-Zeichnungen. Die zeitweise Zusammenführung beider Sammlungen weckte und verstärkte das Interesse an den Werken Holbeins, schuf einen geschlossenen Erlebnisraum,

und nicht zuletzt gab sie Impulse zu Fragestellungen, die erst aus der unmittelbaren Nähe der originalen Werke resultieren. Die Ausstellung vermochte insgesamt 98 000 Besucher anzuziehen. Für eine Ausstellung, in der hauptsächlich Zeichnungen gezeigt werden, ist dies ein aussergewöhnlicher Erfolg.

Die Ausstellung wurde in den Räumen der Altmeisterabteilung eingerichtet und gliederte sich in vier Abteilungen. Die Gemälde Hans Holbeins fanden in dem bei der Erbauung des Museums ursprünglich für sie vorgesehenen Holbeinsaal Platz. Dieser in der Achse gelegene Raum verband die Zeichnungen aus Windsor in den ersten drei zur Dufourstrasse hin gelegenen Räumen mit den Basler Zeichnungen in den gegenüberliegenden. Dass die Zeichnungen aus Windsor, von den Basler Zeichnungen getrennt, gleich am Beginn der Ausstellung zu sehen waren, entsprach dem Wunsch der Leihgeber, die den Hauptakzent der Ausstellung setzen wollten. Diese völlige Trennung erschien zunächst nicht ganz zufriedenstellend, denn es gibt mehrere Blätter aus dem Basler Bestand, die aus der Zeit von Holbeins Tätigkeit in England stammen und in unmittelbarer Beziehung zu den Porträtzeichnungen aus Windsor stehen, z.B. die Basler Zeichnung mit Lady Guildford, deren Pendant mit ihrem Ehemann, Sir Henry Guildford, zu den Windsor-Blättern gehört. Der Entwurf für das Gruppenbildnis mit der Familie des Thomas More hätte die dazugehörigen Porträtstudien sinnvoll ergänzt. Im Basler Teil hätten dann allerdings Zeichnungen gefehlt, die dort wichtige Akzente setzten. Diese Zeichnungen hatte Holbein wahrscheinlich selbst 1528 von London nach Basel mitgebracht. Beide Sammlungen haben ihre eigene Geschichte, die nicht zuletzt auch in der unterschiedlichen Erhaltung der Blätter zum Ausdruck kommt – und warum sollte dies nicht auch wirklich spürbar bleiben?

Nach dem Tode Holbeins 1543 muss Heinrich VIII. sich um die Porträtzeichnungen bemüht haben, die Holbein in seiner Werkstatt hinterliess. Ausser der künstlerischen Wertschätzung dürfte sein Interesse an den Personen die Hauptrolle gespielt haben. Sie gehörten zu einer sich abgrenzenden gesellschaftlichen Schicht, die sich um den König scharte und durch verwandtschaftliche Beziehungen, gemeinsame Interessen und ihre Tätigkeit am Hofe in engem Kontakt stand. Holbein bewahrte diese Blätter wahrscheinlich selbst auf, denn unter den Windsor-Zeichnungen befinden sich auch solche, die von seinem ersten Englandaufenthalt stammen, etwa die Gruppe mit den Porträtstudien für das Familienbildnis des Sir Thomas More, die um 1527 entstanden sind, zu einer Zeit, als Holbein noch nicht Hofmaler Heinrichs VIII. war.

Mit Ausnahme der Miniatur, auf der die Königin von Saba König Salomo huldigt (Kat. Windsor, Nr. 24), sind die meisten Zeichnungen aus Windsor vorbereitende Studien für Porträts und dazu bestimmt, als Gemälde ausgeführt zu werden. Im Ausstellungskatalog, den die Kuratorin aus Windsor, Jane Roberts, verfasst hat, sind die noch nachweisbaren Gemälde neben den Zeichnungen wiedergegeben. Holbein zeichnete die Personen, die er häufig nicht näher kannte, in kurzer Zeit. Um Christina von Dänemark zu porträtieren, hatte er z.B. weniger als drei Stunden zur Verfügung. Anschliessend führte er dann das Porträt in seiner Werkstatt aus. Diese Zeichnungen waren mehr als nur Erinnerungsstütze. Bearbeitungsspuren deuten darauf hin, dass Holbein sie unmittelbar verwertete und sie häufig im Maßstab 1:1 durch eine Pause auf den vorbereiteten Malgrund übertrug. Während des ersten Englandaufenthaltes, zwischen 1526 und 1528, dürfte er kaum eine Werkstatt betrieben haben, in der Mitarbeiter tätig sein konnten. In seiner Monographie

△
Abb. 1. John More der Jüngere. Schwarze und farbige Kreiden. Royal Library Windsor Castle.

von 1985 hat John Rowlands jedoch eine Reihe von Porträts der Werkstatt oder sogar Nachfolgern zugewiesen; es ist also anzunehmen, dass Holbein während seines zweiten Englandaufenthaltes Mitarbeiter hatte, die nach seinen Zeichnungen Poträts anfertigten und möglicherweise auch noch nach seinem Tode 1543 weiterarbeiteten. Schon bei der Übertragung dürften die Porträtzeichnungen erste Einbussen erlitten haben. Auch das häufige Ummontieren der Zeichnungen, die im Laufe der Zeit immer wieder beschnitten worden sind, hat dazu geführt, dass die Oberfläche der Blätter zum Teil sehr stark berieben wurde und die sehr feine und plastische Kreidemodellierung an Wirkung ver-

Abb. 2. James Butler, 9th Earl of Wiltshire and Ormond. Schwarze und farbige Kreiden, Pinsel und Feder, aquarelliert, auf rosa getöntem Papier. Royal Library Windsor Castle.

Abb. 3. Sir John Godsalve. Schwarze und farbige Kreiden, Pinsel und Feder, aquarelliert, auf rosa getöntem Papier. Royal Library Windsor Castle.

lor. Im ersten Raum des Windsor-Teiles befanden sich die Zeichnungen aus dem ersten Englandaufenthalt, die Holbein vorwiegend mit schwarzer und farbiger Kreide auf naturbelassenem Papier anfertigte. Die Zeichnung mit John More, dem Sohn von Thomas More (Kat. Windsor, Nr. 4), zeigt sehr gut, wie Holbein die Figur auf der Zeichenfläche arrangierte, sie durch die Motive der weit ausladenden Ärmel in der Fläche fixierte (Abb. 1). Grosse Präzision und kleinteilige Modellierung des Gesichtes kontrastieren mit dem abbreviaturhaft gezeichneten Gewand und der Kopfbedeckung. Hier setzt Holbein grosszügige Schraffuren, skizziert in sicherem, bisweilen spröde wirkendem Strich ein-

zelne Falten und Konturen, deutet die Hände des lesenden jungen Mannes in ganz wenigen Strichen an. Holbein vermeidet durchgehende, in einem Zug gezeichnete Linien, die von ihrer Gegenstandsbezogenheit abweichen und sich kalligraphisch verselbständigen könnten. Während des zweiten Englandaufenthaltes, von 1532 an, verwendete Holbein farbiges, zumeist rosa getöntes Papier. Auch bei diesen im Format nun etwas kleineren Studien zeichnete er zunächst mit schwarzen und farbigen Kreiden, griff jedoch häufiger zusätzlich zu Feder und Pinsel, um einige Konturen hervorzuheben, die Gesichtszüge dadurch zu präzisieren, das Haar, Augenbrauen, Nase und Mund detaillierter mit dünner Feder herauszuarbeiten. Statt der mit Feder oder Kreide notierten und in die Zeichnung geschriebenen Farbangaben trug er mit Pinsel bisweilen die Farbe partiell direkt auf. Die Zeichnungen mit James Butler (Kat. Windsor, Nr. 32) oder mit John Godsalve (Kat. Windsor, Nr. 38) machen besonders deutlich, dass Holbein sich darin schon einem Gemälde weiter annähert als in den Kreidezeichnungen des ersten Englandaufenthaltes (Abb. 2, 3). Auch das rosa getönte Papier weist in diese Richtung. Es gibt einen Mittelwert für die Farbe des Inkarnates, von dem Holbein beim Ausmodellieren mit farbiger Kreide ausgehen konnte. Die innerhalb von zwölf Jahren und unter verschiedensten Umständen entstandenen Zeichnungen des zweiten Englandaufenthaltes lassen natürlich keine Einheitlichkeit in der Ausführung erkennen. Nicht nur die jeweils zur Verfügung stehende Zeit, auch der Wunsch des Auftraggebers kann letztlich die Gestalt der Porträtstudie beeinflusst haben. Vielleicht erwartete John Godsalve von Holbein eine so weit ausgeführte Studie, die er sich möglicherweise noch einmal vorlegen liess, um sie zu begutachten. Die Zeichnung einer unbekannten Dame (Kat. Windsor, Nr. 42) deutet dagegen auf ein schnelleres Arbeiten hin (Abb. 4). Hier konzentrierte sich Holbein auf das Wichtigste, zeichnete Stoffmuster nur so weit als unbedingt nötig und notierte knappe Farbangaben. Umfangreicher mit der Feder ausgearbeitet ist die Studie von William Parr (Kat. Windsor, Nr. 33, Abb. 5). Für Holbein erscheint die summarische Zeichenweise – der eckig und spröde wirkende Strich, mit dem er das Gewand skizziert – charakteristisch. Dennoch wirkt der am Hals umgeschlagene Pelzkragen in seiner räumlichen und stofflichen Erscheinung völlig überzeugend. Diese sehr qualitätvolle und sichere Federzeichnung, die für Eigenhändigkeit spricht, findet sich allerdings nicht in allen Zeichnungen

Abb. 4.
Unbekannte Dame.
Schwarze und farbige Kreiden und Feder, auf rosa getöntem Papier.
Royal Library Windsor Castle. ▷

Abb. 5.
William Parr,
1st Marquis of Northampton.
Schwarze und farbige Kreiden und Feder, auf rosa getöntem Papier.
Royal Library Windsor Castle. ▽

der Windsor-Gruppe. Stammen diese unterschiedlich weit ausgeführten Überarbeitungen mit Feder oder Pinsel wirklich in allen Fällen von Holbein selbst? Paul Ganz vertrat in seinem kritischen Katalog von 1937 die Meinung, dass alle Zeichnungen ursprünglich reine Kreidezeichnungen gewesen seien. Er sah in sämtlichen Feder- und Pinselteilen Eingriffe von späterer Hand. Auch Karl Theodor Parker, der 1945 einen Katalog der Holbein-Zeichnungen in Windsor verfasste, war dieser Frage in seinen einzelnen Katalogbeiträgen nachgegangen. Sie kann auch heute noch nicht als geklärt angesehen werden. Doch die Ausstellung liess deutlich werden, dass die unsensibel, unsicher und verzeichnet wirkenden Konturen bei einer Reihe von Zeichnungen, etwa bei John Fischer (Kat. Windsor, Nr. 10), bei Elizabeth, Lady Hoby (Kat. Windsor, Nr. 30), und bei Elizabeth, Lady Rich (Kat. Windsor, Nr. 37), mit grosser Wahrscheinlichkeit Eingriffe von anderer Hand sind. Aber auch die Kreidezeichnungen des ersten Aufenthaltes – und das wird besonders bei einem Vergleich mit den Blättern des Basler Kupferstichkabinetts deutlich – sind möglicherweise an den Konturen verstärkt und mit Kreide überarbeitet worden. Ähnliches findet sich bei den Kreidezeichnungen des zweiten Aufenthaltes, etwa im Gewand von Thomas, 2nd Baron Vaux (Kat. Windsor, Nr. 15), bei Elizabeth, Lady Vaux (Kat. Windsor, Nr. 16), oder bei Queen Jane Seymour (Kat. Windsor, Nr. 26). Der extreme Standpunkt, den Paul Ganz 1937 vertrat, wird sich sicher so nicht halten lassen. Die Beobachtungen von Parker scheinen dagegen eher zuzutreffen, wenn auch noch nicht kritisch genug zu sein. Hinweise darauf, dass Holbein seine Porträtzeichnungen vielleicht selbst mit der Feder konturiert hat, könnten Zeichnungen geben, die aus anderen Sammlungen stammen und sich nie im Besitz des englischen Königshauses befunden haben. Ein frühes Beispiel ist die Studie für die Solothurner Madonna von etwa 1522 im Louvre, in Paris (Abb. 6). Auch in dieser Zeichnung, einer Silberstiftzeichnung auf rosa grundiertem Papier, ist die Mundlinie zwischen den Lippen, sind Wimpern und Augenbrauen, einzelne Haarsträhnen und die Kontur des Gesichtes mit der Feder hervorgehoben, die verschattete Partie des Haares auf der linken Seite mit dem Pinsel laviert, die Wangen mit Rötelstift akzentuiert. Diese Striche zeigen denselben Duktus wie die Silberstiftzeichnung. Sie sind so sensibel gezeichnet, dass die Eigenhändigkeit dieser Federüberarbeitung einleuchtend scheint. Eine gute Vorstellung von der Qualität solcher von Holbein selbst stammenden Federkonturierungen gibt auch die Tierstudie einer Fledermaus in Basel (Kat. Basel, Nr. 44). Hier sind es fast zittrig wirkende, in der

Abb. 6. Bildnis einer jungen Frau. Silberstift, Feder, Pinsel und Rötel, auf rosa grundiertem Papier. Louvre, Paris. ▽

90

Breite variierende Striche, die häufig unterbrochen sind. In den Porträtstudien dienen diese Federstriche einerseits zur Präzisierung, andererseits zur Verstärkung der räumlichen Wirkung der anatomischen Einzelheiten. Sie betonen auch intensive Schattenzonen zwischen den Lippen und über den Augenlidern.

Die Unmittelbarkeit, mit der die Dargestellten auf den Betrachter wirken, resultiert aus der Schlichtheit und Sachlichkeit der Zeichnungen. Doch wird dieser Eindruck – im Unterschied zu den ausgeführten Gemälden – noch gesteigert durch die Isolierung der Personen aus einem konkreten Kontext, in dem sie in den Gemälden häufig erscheinen. Auf den Zeichnungen werfen sie keine Schatten, treten allein in Beziehung zur Zeichenfläche, in der sie arrangiert werden. In den Gemälden kommen bisweilen rahmende Architekturmotive hinzu, und es wird die Aufmerksamkeit des Betrachters nicht nur auf das Gesicht gelenkt, sondern ebenso auf die Hände, auf Kleidung, Schmuck und Attribute. Am wenigsten vermag sich der Betrachter der Wirkung der Frontalbildnisse zu entziehen. Bei George Brooke (Kat. Windsor, Nr. 48) trägt die natürlich bedingte ungleiche Stellung der Augen zweifellos zur lebendigen Erscheinung des Dargestellten bei, ebenso die asymmetrische Drapierung des Gewandes am Halsausschnitt und die unkonventionelle Kleidung (Abb. 7). Auch hier bleibt unbekannt, ob Holbein diese Form des Bildnisses bestimmte oder ob sie dem Wunsch des Dargestellten entsprach. Doch trotz der Lebendigkeit bleibt er für uns merkwürdig distanziert, scheint er, wie dies auch in anderen Zeichnungen zu beobachten ist, an uns vorbeizuschauen und vom Betrachter keine Kenntnis zu nehmen. Jede spontane Gefühlsäusserung ist in den Zeichnungen aus dem zweiten Aufenthalt vermieden. Die Gesichter sind nicht allein das Ergebnis detaillierter Beobachtungen, der Schilderung physiognomischer Ein-

△

Abb. 7. George Brooke, 9th Baron Cobham. Schwarze und farbige Kreiden und Feder, auf rosa getöntem Papier. Royal Library Windsor Castle.

zelheiten, sondern ein Derivat aus einer Fülle unterschiedlicher, wechselnder Wahrnehmungen, die Holbein in kurzer Zeit zu einem Bild der Person arrangierte. Die Eigengesetzlichkeit des Bildes wird am deutlichsten in den Dreiviertelbildnissen spürbar, in der Art, wie Augen, Nase und Mund mit leichten Verschiebungen in der Fläche komponiert sind. Der Eindruck von Nähe und Distanz wird vor allem dann bemerkbar, wenn der Blick an uns vorbei oder unbestimmt auf uns gerichtet ist. Die Personen entziehen sich damit auch einer unmittelbaren Deutbarkeit in moralisierendem und psychologisierendem Sinn. Auch das Individuelle, scheinbar objektiv Erfasste wird so nicht objektivierbar. Holbeins Bildnisse schaffen darin einen Ausgleich zwischen einem möglicherweise gegen die höfische Etikette verstossenden Verhalten, das die Person im Kreis einer konkurrierenden höfischen Gesellschaft gefährden könnte, und dem Wunsch nach individueller Zurschaustellung und nach Repräsentation.

Die Zeichnungen des Basler Kupferstichkabinetts vermittelten in einer Auswahl das breite Spektrum von Holbeins Schaffen. Das Interesse des jungen Künstlers am Physiognomischen und an der Gebärdensprache zeigen schon die kleinformatigen Randillustrationen zum ‹Lob der Torheit› von 1515, die bisweilen die Grenze zur Karikatur erreichen. Dies ist auch spürbar in der Kopie nach einem Kupferstich Lucas van Leydens, dem Ecce homo, einer der frühesten Zeichnungen Holbeins, die sich erhalten hat. Von überraschender Sicherheit sind die beiden Silberstiftzeichnungen für das Doppelbildnis des Basler Bürgermeisters Jakob Meyer zum Hasen und seiner Frau Dorothea Kannengiesser von 1516. Doch waren es nicht in erster Linie Porträts, die den begabten Maler zunächst beschäftigten. Die Gruppe der Hell-Dunkel-Zeichnungen im ersten Raum macht deutlich, dass er auch bildhaft ausgeführte kleine Andachtsblättchen schuf und möglicherweise damit Abnehmer suchte. Vielleicht sind diese Zeichnungen, die, mit Ausnahme der Hl. Familie (Kat. Basel, Nr. 24), weder Monogramm noch Datum tragen, aber auch in seiner Werkstatt verblieben, so dass Amerbach sie zusammen mit anderen Entwürfen, die zum Werkstattmaterial Holbeins gehörten, an sich bringen konnte.

Gerade Meister geworden, stellten sich ihm in Basel andere Aufgaben. Zu Beginn der 1520er Jahre entstanden die Aufsehen erregenden Fassadenmalereien am Haus zum Tanz mit gemalten Scheinarchitekturen, und 1521/22 führte er die Wandmalereien im neu erbauten Grossratssaal aus, sicher damals der bedeutendste Auftrag, den die Stadt zu vergeben hatte. Diesen Entwürfen gegenüber waren im selben Raum der Ausstellung grossformatige Scheibenrisse, Entwürfe für Glasgemälde, zu sehen. In beiden Gattungen verwendete Holbein die für Basel damals noch neuen antikisierenden Architekturmotive in sehr freier Form. Bewusst gegen perspektivische Gesetzmässigkeiten verstossend, fügte er sie zu Kulissen, welche die dargestellten Heiligenfiguren auf diesen Rissen hervorheben und zugleich das Bildfeld architektonisch rahmen. Doch eine Reihe von Scheibenrissen, die bisher Holbein zugeschrieben waren, konnten nun erstmals seiner Werkstatt oder sogar Nachfolgern zugewiesen werden. Die Zahl der eigenhändigen Risse verminderte sich zwar, doch wurde dadurch stärker bewusst, wie Holbein zeichnete und worin Eigenart und Qualität seiner Zeichnungen liegen.

Bei der Bearbeitung der Basler Zeichnungen, die im Rahmen eines Forschungsprojektes des Schweizerischen Nationalfonds erfolgte, ist jedenfalls deutlich geworden, dass Holbein Mitarbeiter in seiner Werkstatt beschäftigte und dass sein Werkstattmaterial vermutlich auch während seiner Abwesenheiten von Basel nicht ungenutzt ruhte, sondern weiterverwendet wurde. Darauf deuten z.B. Kopien und Abklatsche der Scheibenrisse zur Passion Christi (Kat. Basel, Nrn. 49–58). Diese Abklatsche sind Gegendrucke, die nach Anfeuchten des Papieres von den Zeichnungen abgenommen worden sind. Die Originale, die dadurch an Substanz verloren, wurden dann von anderer Hand wieder aufgefrischt. Häufig waren es Scheibenrisse, die kopiert oder im Sinne des Meisters neu geschaffen wurden. Diese schon in seiner Werkstatt beginnende Auseinandersetzung mit dem Vorbild Holbein lässt sich besonders für die Gattung des

Scheibenrisses während des ganzen 16. Jahrhunderts in Basel belegen.

Die Basler Sammlung enthält Porträtzeichnungen aus allen Schaffensperioden Holbeins; in der Ausstellung waren sie auf einen Raum konzentriert. Die frühesten, die er in farbigen Kreiden ausführte, sind die Zeichnungen der beiden Stifterfiguren des Jean de Berry und der Jeanne de Boulogne (Kat. Basel, Nr. 46a, b). Die Studien zur Darmstädter Madonna (Kat. Basel, Nrn. 59–61) und das Bildnis eines Mannes mit rotem Barett (Kat. Basel, Nr. 48) gehören zeitlich eng zusammen, führen jedoch verschiedene zeichnerische Möglichkeiten vor Augen, die aus den unterschiedlichen künstlerischen Aufgabenstellungen resultieren: von der Studie zur bildmässig ausgeführten Porträtzeichnung. Besonderes Interesse weckten natürlich der Entwurf für das Familienbildnis des Thomas More (Kat. Basel, Nr. 65), zu dem nun erstmals die

Einzelstudien aus Windsor zu sehen waren (Abb. 8), und die sich ebenfalls zum unmittelbaren Vergleich anbietenden Porträtzeichnungen der Lady Guildford und des Sir Nicholas Carew (Kat. Basel, Nr. 66 und 67). Sie sind im Unterschied zu den Zeichnungen aus Windsor kaum beschnitten und präsentieren sich nahezu unberührt in ihrer ursprünglichen Grösse (Abb. 9, 10).

Die Folge der Basler Frauentrachten (Kat. Basel, Nrn. 38–43) und die beiden Tierstudien einer Fledermaus und eines Lammes (Kat. Basel, Nr. 44 und 45) sind vielleicht nicht mehr als Entwurfszeichnungen anzusprechen. Es sind Blätter, die Holbein, ähnlich wie Dürer mit seinen Nürnbergerinnen, als fertige, abgeschlossene Zeichnungen veräussert haben dürfte. Die Tierstudien könnten für ein naturkundliches Werk bestimmt gewesen sein. Auch wenn es vermutlich zahlreiche Zeichnungen dieser Art ge-

Abb. 8.
Entwurf für das Familienbild des Sir Thomas More.
Feder und Pinsel (schwarz).
Kupferstichkabinett Basel.
◁

Abb. 9.
Lady Mary Guildford.
Schwarze und farbige
Kreiden.
Kupferstichkabinett
Basel. ▷

Abb. 10.
Sir Nicholas Carew.
Schwarze und farbige
Kreiden.
Kupferstichkabinett
Basel. ▷▷

geben hat, so lassen sie doch eine neue Dimension im Schaffen Holbeins erkennen. Sie könnten auch darauf hinweisen, dass Holbein mit diesen Arbeiten auf die sich bereits ankündigende Reformation reagierte, neue Abnehmer anzusprechen suchte. Im selben Raum war die Scheibenrissfolge zur Passion Christi zu sehen. Auch sie könnte schon unter dem Eindruck der beginnenden Reformation entstanden sein. Sind jemals Scheiben nach diesen Entwürfen ausgeführt worden? Wurde die Folge überhaupt jemals abgeschlossen oder blieb sie, als Holbein 1526 Basel verliess, um nach England zu gehen, unvollendet zurück?

Der letzte Raum der Ausstellung zeigte noch einmal Entwürfe für grossformatige Malereien, für die Orgelflügel des Basler Münsters und die Südwand des Basler Grossratssaales, die Holbein 1530/31 ausmalte. Das Porträt eines Edelknaben mit einem Maki, das auch auf einem der Ausstellungsplakate zu sehen war, bildete einen farblichen Akzent und leitete zugleich über zu einer Gruppe von Zeichnungen aus dem sogenannten Englischen Skizzenbuch. Dieser kleine Klebeband, der auf unbekanntem Weg nach Basel gelangte, enthielt Zeichnungen aus Holbeins zweitem Englandaufenthalt, in erster Linie Entwürfe für Goldschmiedearbeiten. Unter diesen Zeichnungen, die noch einer genauen Untersuchung bedürfen, befinden sich auch die einzigartigen Proportionsstudien (Kat. Basel, Nr. 77 und 78). Diesen Blättern steht die Zeichnung eines weiblichen Aktes, die Steinwerferin, nahe (Kat. Basel, Nr. 79). Sie ist, wie die späten Porträtzeichnungen aus Windsor, auf getöntes Papier gezeichnet, dessen rötliche Färbung dem Blatt seinen besonderen Reiz verleiht.

Zur Ausstellung erschienen zwei Kataloge:
Holbein. Zeichnungen vom Hofe Heinrichs VIII.: Fünfzig Zeichnungen aus der Sammlung Ihrer Majestät Queen Elizabeth II., Windsor Castle. Katalog von Jane Roberts. Johnson Reprint Corporation, New York, 1988.
Hans Holbein d.J.: Zeichnungen aus dem Kupferstichkabinett der Öffentlichen Kunstsammlung Basel. Katalog von Christian Müller. Kunstmuseum Basel, 1988.

Peter Berkes

Die Fertigstellung der Restaurierung des Gemäldes ‹Das Abendmahl› von Hans Holbein d.J.

Als ein Teil der Ausstellung ‹Zeichnungen Hans Holbeins d.J.› im Kunstmuseum Basel wurden auch die Gemälde von Hans Holbein d.J. aus eigenen Beständen gezeigt. Aufgabe der Restauratoren war es, den Zustand aller dafür vorgesehenen Werke zu überprüfen und wo notwendig Konservierungs- und Restaurierungsarbeiten vorzunehmen. Das Augenmerk richtete sich besonders auf ein Gemälde, das schon seit 1960 nicht mehr gezeigt worden war: ‹Das Abendmahl› (Abb. 1). Dieses Hans Holbein d.J. zugeschriebene Werk sollte bei dieser Gelegenheit wieder der Öffentlichkeit präsentiert werden.

Zur Geschichte des Gemäldes

Entstanden ist ‹Das Abendmahl› um 1524 in Basel. Fünf Jahre später (1529) muss der als Folge der Reformation um sich greifende Bildersturm dem Gemälde, welches sich wahrscheinlich in einem öffentlich zugänglichen Gebäude befand, irreparable Schäden zugefügt haben. Noch heute zeugen Unebenheiten und tiefe Kerben auf der Bildvorderseite von diesen Misshandlungen (Abb. 2). Später gelangte die Tafel in die Sammlung des Basilius Amerbach, der sie 1586 in seinem Inventar aufführt. 1661 kam sie als Bestandteil der Amerbach-Sammlung in den Besitz der Stadt Basel und wurde der Öffentlichkeit zugänglich gemacht. Seitdem – wohl gehütet – ist das Gemälde bis zum heutigen Tag der Nachwelt erhalten geblieben.

Abb. 1. ‹Das Abendmahl›. Gefirnisste Tempera auf Lindenholz; 115,5×97,5 cm. Aufnahme nach der Restaurierung von 1988.

Zur Restaurierungsgeschichte des Gemäldes

Ein erster restauratorischer Eingriff wurde vorgenommen, um die der Tafel beim Bildersturm zugefügten Schäden soweit wie möglich zu reparieren. Dazu vermerkt Amerbach in seinem Inventar: «ein nachtmal uf holtz mit olfarb H Holbeins / ist zerhöwen und wieder zusammen

95

geleimt, aber unfletig». Diese kurze Notiz könnte die älteste Restaurierungsdokumentation zu einem Gemälde der Öffentlichen Kunstsammlung Basel überhaupt sein.

Die nächste schriftliche Information, die uns zur Restaurierungsgeschichte des Abendmahls vorliegt, ist ein ausführlicher Bericht aus dem Jahr 1866 von Andreas Eigner, Restaurator, Kunstmaler, Museumskonservator und dann Direktor der Augsburger Sammlung. Eigner bestätigt durchaus die ‹unflätige› Art der früheren Restaurierung und überschreibt seinen Bericht dann auch ‹Technische Aufgabe zur Beseitigung dieser Übel und künstlerische Restauration›.

Eine wichtige Aufgabe sah er in der Sanierung des Bildträgers, einer Lindenholztafel. Holzwürmer hatten die Tafel befallen, und die «Risse und Fugen klafften trotz Anhäufung von Leim und Kitte auseinander». Eigner dünnte den originalen Bildträger und leimte ihn dann auf zwei

Abb. 2. Streiflichtaufnahme der Bildoberfläche rechts oben. Auf Überkittung der Unebenheiten und tiefen Kerben wurde verzichtet, da in den Vertiefungen die Malerei noch erhalten ist. Diese Schäden werden als Zeugnis der Bildgeschichte akzeptiert.

Abb. 3. Die Röntgenaufnahme gibt dem Betrachter eine Vielzahl von Informationen über den Malvorgang (Überarbeitungen – Pentimenti) und den Erhaltungszustand. Ausser den netzartigen, hellen Gängen, Spuren des Holzwurmbefalls, zeigt die Aufnahme den genauen Verlauf von vier senkrechten und zwei waagrechten Fugen, die durch Zerschlagen und Zersägen der Tafel entstanden sind.

sperrholzähnlich angelegte Tafeln. Hierauf folgte der künstlerische Teil der Restauration. Eigner entfernte den harzigen Firnis, die «unnötigen Übermalungen» und die «vielen unflätigen Verkittungen», die das Bild verunstalteten. Er fand eine Malerei vor, die «zum grossen Glücke nicht verputzt war», die aber überzogen war mit Frühschwundrissen (Abb. 4). «Statt das

Ganze wieder mit einer Farbe auf einmal zuzudecken, müssten diese unzähligen Sprünge miniaturmässig zupunktiert werden.»

In einem Brief vom 10. April 1866 an Beiersdorfer, Kunsthistoriker an der Alten Pinakothek München, schrieb Eigner: «Durch meine Bemühungen geht dieses Bild einer solchen Vollendung der früheren Originalität des Meisters entgegen, dass alles in Entzücken beim jetzigen Anblick desselben gerät . . . Ich habe das Bild vor seinem Untergang gerettet und bin stolz, dasselbe der Nachwelt wieder geschenkt zu haben.»

Man muss davon ausgehen, dass besonders vor, aber auch nach Eigners Restaurierung immer wieder an dem Gemälde gearbeitet wurde. Doch sind Nachrichten über diese Eingriffe nicht bekannt.

Anlässlich der Basler Holbein-Ausstellung im Jahr 1960 wurde mit einem weiteren grösseren Restaurierungseingriff am Abendmahl begonnen. Zu diesem Zeitpunkt hatten sich die hundert Jahre zuvor von Eigner «miniaturmässig» angebrachten Retuschen derart verfärbt, dass allein schon durch den nun sehr unangenehm sichtbar gewordenen Umfang des Eingriffs die Qualität der Arbeit dieses Restaurators kritischer beurteilt werden musste. Dem Betrachter zeigten sich nun neben noch ursprünglicher und intakter Malerei (Abb. 5) auch grossflächige Überarbeitungen, so dass diejenigen Recht bekamen, die schon immer «Das Abendmahl» mit einer Nazarenermalerei des 19. Jahrhunderts in Zusammenhang gebracht hatten.

Deshalb wurde beschlossen, das Gemälde von den so verunstaltenden Übermalungen zu befreien. Im Vorfeld der Restaurierung wurden vom damaligen Restaurator der Öffentlichen Kunstsammlung, Paolo Cadorin, sorgfältige Untersuchungen über Zustand und Aufbau des Gemäldes vorgenommen (Abb. 3). Die Restaurierung, die von einem Sachverständigengremi-

um begleitet wurde, führte zur weitgehenden Freilegung der originalen Malerei.

Einige Übermalungen, sicher noch aus der Zeit vor Eigners Restaurierung, die sich stark mit der darunterliegenden originalen Schicht verbunden hatten, wurden nicht entfernt (Abb. 4). Zu

Abb. 4. Detailaufnahme eines Apostelkopfes rechts von Christus. Die Frühschwundrisse im Haar und am Hals sind maltechnisch bedingt. Übermalungen waren hier im Laufe der Zeit das einfachste Mittel, eine mühsame Restaurierungsarbeit zu umgehen. Reste einer alten Übermalung sind oberhalb des Ohres noch sichtbar.

4

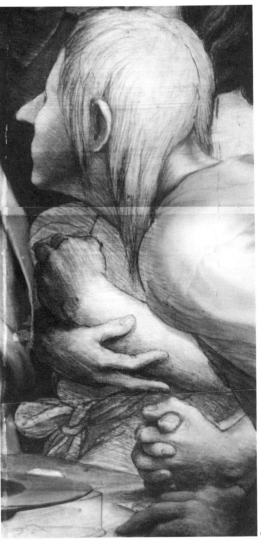

5

6

Abb. 5. Am Kopf des Apostels rechts am Bildrand besteht die Malerei der Haare lediglich aus Unterzeichnung und einem Zusatz von weisser Farbe, die die Haarsträhnen betont und die plastische Wirkung verstärkt. Im unteren Teil der Abbildung deutet das herrenlose gefaltete Händepaar darauf hin, dass das Gemälde beschnitten ist und Tafelteile mit Aposteln verlorengegangen sind.

Abb. 6. Die Infrarot-Aufnahme des gleichen Bildausschnit-

tes wie bei Abb. 5 zeigt die sorgfältig ausgeführte Unterzeichnung des Gemäldes. Sichtbar ist auch die Imprimitur, die hier als waagrechte Schraffierung in Erscheinung tritt. Sie wurde als erster, lasierender Farbanstrich direkt auf den weissen Grund aufgetragen. Die durch Infrarot-Aufnahmen sichtbar gemachte Unterzeichnung kann mit den Zeichnungen von Hans Holbein d.J. verglichen werden und gibt wichtige Aufschlüsse über die ‹Handschrift› des Künstlers.

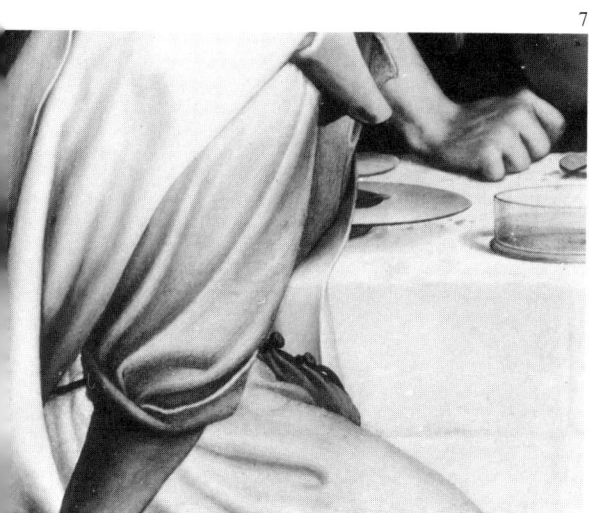

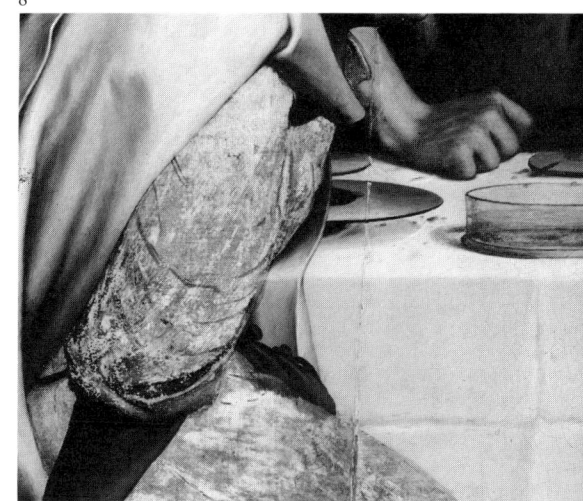

7   8

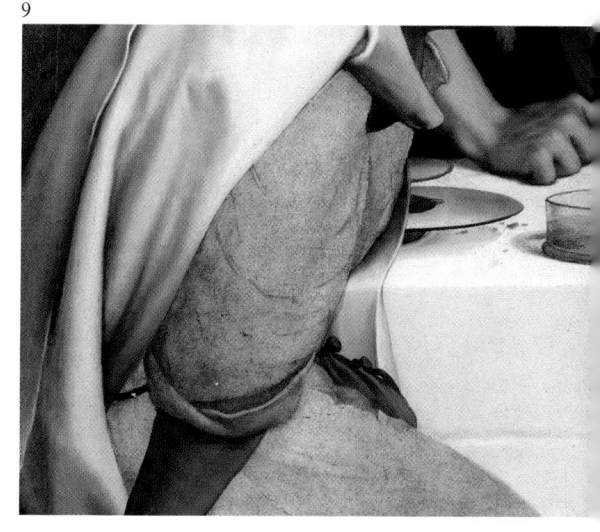

9

vermuten war, dass sich unter diesen Übermalungen stark beschädigte (verputzte) oder durch Frühschwundrisse gänzlich verunstaltete Partien befanden. Eine Ausnahme wurde bei der Abnahme der Übermalung am gelben Gewand des Judas gemacht. Nachdem 1967 alle späteren Zutaten entfernt worden waren, fanden sich nur noch Reste der originalen Malerei sowie Reste einer Unterzeichnung (Abb. 7 + 8). Auch anhand von 1987 angefertigten Infrarot-Aufnahmen lässt sich nachweisen, dass Teile der Malerei sehr ausführlich unterzeichnet sind (Abb. 6).

Seit 1985 wurde die Restaurierung von Peter Berkes, dem neuen Restaurator der Öffentlichen Kunstsammlung, weitergeführt und mit dem Anbringen der Retuschen abgeschlossen.

Abb. 7, 8 und 9. Die Aufnahmenfolge zeigt die verschiedenen Phasen der Freilegung des Judas-Gewandes:
Abb. 7 vor der Restaurierung,
Abb. 8 nach Entfernung der Übermalung,
Abb. 9 nach der Restaurierung. Die Überreste einer gelb unterlegt und rotbraun lasierten Malerei und die sichtbar gewordene Unterzeichnung reichten nicht aus, die Falten im Gewand zu rekonstruieren. Eine integrierende Neutralretusche gibt jetzt wenigstens den Farbcharakter der Fläche wieder.

Hans Meier

Ein neuer Delacroix im Kunstmuseum

Geschenk der Binding Stiftung in Basel

Im Frühjahr 1988, auf den Zeitpunkt der Neuhängung der Gemäldesammlung des 19. Jahrhunderts, hat die Sophie und Karl Binding Stiftung in Basel der Öffentlichen Kunstsammlung das Gemälde ‹Tam o'Shanter von den Hexen verfolgt› von Eugène Delacroix, das der Direktor des Museums bei einem amerikanischen Kunsthändler fand und erwerben konnte, geschenkt.

Da die Sophie und Karl Binding Stiftung in den letzten Jahren dem Kunstmuseum bereits den Kauf von zwei Bildern ermöglicht hat und auch mit anderen Vergabungen für kulturelle und gemeinnützige Zwecke im Raume Basel hervorgetreten ist, wurde sie eingeladen, sich in diesem Stadtbuch vorzustellen und die Beweggründe für solche Schenkungen und Vergabungen darzustellen.

Die Binding Stiftung hat ihren Sitz in Basel, untersteht aber als schweizerische Stiftung der Aufsicht des Bundesrates. Sie blickt auf eine 25jährige Tätigkeit zurück, die infolge der grossen Zuschüsse der Stifter in den letzten Jahren immer wirksamer geworden und daher auch in Basel nicht mehr zu übersehen ist.

Es sind besonders vier Tätigkeitsgebiete, die die Stifter und Gründer dem Stiftungsrat vorgegeben haben, nämlich erstens die *Unterstützung bedürftiger Berggemeinden,* besonders durch Förderung zukunftsträchtiger land- und forstwirtschaftlicher Projekte bei möglichst naturgerechter Bodennutzung. Hievon können die beiden Basel selbstverständlich nicht profitieren. An zweiter Stelle steht die finanzielle Unterstützung von *Vorhaben aller Art zum Schutze der Natur,* besonders auch zur Gesunderhaltung und Verjüngung des Waldes. Dieser Zielsetzung entspricht die jährliche Ausrichtung eines ‹Preises für vorbildliche Waldpflege›, der Basel ebenfalls nicht zugute kommen kann. Dafür haben der Zoologische Garten und der Botanische Garten in Brüglingen der Binding Stiftung zu danken für mancherlei Ausbauhilfen, z.B. der Zolli für die Neuanlage des Nashorngeheges im Jahre 1987. Drittens sind zu nennen die *Vergabungen sozialer Art* an Institutionen, besonders private, zur Betreuung von Kindern, Invaliden, Kranken, Pflegebedürftigen und Betagten. Als Beispiel einer von der Binding Stiftung geförderten Institution darf der gemeinnützige Verein ‹Tixi›, Behindertentransport beider Basel, erwähnt werden. An vierter Stelle, umfangmässig aber nicht an letzter, nimmt sich die Binding Stiftung auch *kultureller Aufgaben,* vornehmlich auf den Gebieten der Musik und der bildenden Kunst, an. In diesem Rahmen hat sie zum sichtbaren Zeichen ihres fünfundzwanzigjährigen Wirkens dem Kunstmuseum das erwähnte Gemälde von Eugène Delacroix geschenkt.

Wenn als Grund für die Vergabungen in den Berggebieten und die Beiträge zugunsten der Natur die zunehmende Sorge um unsere Umwelt genannt werden muss, entsprechen Schenkungen im kulturellen Bereich einfach dem Wunsche der Stifter, ihre Liebe zur Musik und zur bildenden Kunst zum Ausdruck zu bringen

△ Eugène Delacroix (1798–1863)
Tam o'Shanter von den Hexen verfolgt. 1849.
Öl auf Leinwand, 38,5 × 46,5 cm.

durch Förderung des künstlerischen Schaffens und des kulturellen Angebots überhaupt, vor allem im Raume Basel, wo sie ihren Wohnsitz hatten und wo sich der Sitz der Stiftung immer noch befindet.

Der Stiftungsrat der Binding Stiftung ist glücklich, dass das Gemälde nicht nur nach Europa zurückerworben werden konnte, sondern dass es das Ensemble der Delacroix-Werke in der Öffentlichen Kunstsammlung Basel bereichert und zu einer offensichtlich neuen und bessern Wirkung gebracht hat. Zur Anschaffung des Gemäldes von Delacroix und auch zu seiner Eingliederung in die Sammlung des Kunstmuseums äussert sich dessen Direktor Dr. Christian Geelhaar wie folgt:

«Seit ich die Leitung des Kunstmuseums übernommen habe, war es mein Wunsch und Ziel, die Gruppe der vier Gemälde von Delacroix um ein weiteres Bild dieses wichtigsten französischen Malers der ersten Hälfte des 19. Jahrhunderts zu verstärken. Die im Sommer 1987 vom Zürcher Kunsthaus veranstaltete Delacroix-Retrospektive sollte dann Gelegenheit bieten, mit Delacroix-Kennern wie Maurice Sérullaz und Prof. Lee Johnson, dem Bearbeiter des neuen Catalogue raisonné, aber auch mit einigen Kunsthändlern ins Gespräch zu kommen. Allerdings zeigte sich, dass keines der zum Kauf verfügbaren Bilder für uns interessant gewesen wäre. Es wurde mir ausserdem erneut klar, dass gute Bilder von Delacroix sehr gesucht sind, sowohl von privaten Sammlern wie von Museen.

Die Suche ging im Herbst in New York weiter, wo ich bei den Galerien Wildenstein und Richard L. Feigen nach Delacroix-Bildern fragte. Wie sich herausstellte, war Feigen gerade in den Besitz des Bildes ‹Tam o'Shanter von den Hexen verfolgt› gelangt. Das Bild war ein Jahr zuvor auf dem Weg zu seiner Galerie gestohlen und eben von der Polizei wieder beigebracht worden. (Die New York Times berichtete über diesen Fund am Tage nach meinem Besuch der Feigen Gallery.) Dieses Gemälde, wenn auch von relativ kleinem Format wie die übrigen Basler Bilder, entsprach nun ganz meinen Vorstellungen einer idealen Ergänzung unseres Delacroix-Bestandes.

Die Mondnachtszene mit dem in wilder Flucht vor den Hexen entrinnenden Reiter stellt eine Episode aus der berühmten Ballade des schottischen Dichters Robert Burns dar. Das Eingeholtwerden vom Verhängnis oder Geschick, welches in Gestalt von Naturmächten personifiziert wird, ist ein zentrales Thema der Romantik und des Sturm und Drang. ‹Tam o'Shanter von den Hexen verfolgt› bereichert den Basler Delacroix-Bestand nicht nur um ein hervorragendes Beispiel seines Schaffens, sondern die Museumssammlung um eine überzeugende Veranschaulichung dieses Schicksalsthemas. Delacroix hat dieses Thema besonders geschätzt und es dreimal dargestellt. Die um 1849 entstandene Basler Fassung ist die späteste und ausgereifteste Formulierung. Das Bild gehörte Delacroix' Freund Charles Blanc und wurde am 31. März 1855 mit dessen Sammlung in Paris versteigert. Anschliessend haben sich seine Spuren während über 130 Jahren verloren, und man kannte es nur aufgrund einer Nachzeichnung.»

Diese Schenkung ist die grösste, zu der sich die Binding Stiftung in den letzten Jahren entschlossen hat, obschon sie durch rasches Handeln den damals relativ tiefen Dollarkurs ausnützen konnte. Ansehnliche Beiträge im kulturellen Bereich hat sie kürzlich in Basel an die Restaurierung historischer Bauwerke, wie der Schlüsselzunft an der Freien Strasse und des Gesellschaftshauses Zum hohen Dolder an der St. Alban-Vorstadt, geleistet.

In der Regel geht der Hauptteil des jährlich ausschüttbaren Vermögensertrages der Stiftung in andere Kantone, besonders in Berggebiete und nach Zürich, den Bürgerort der Stifter.

Dorothea Christ

Münster, Markt und Brücke

1987/88 sind in Basel innert Jahresfrist drei Entscheide gefallen, die Stadtbild und öffentliche Gebäude an zentralen Stellen betreffen: Münster, Markt und Brücke sind – jetzt einmal abgesehen von Rechts- und Besitzverhältnissen – im Bewusstsein der Bevölkerung ‹allgemeines Eigentum›; sie liegen jedenfalls und überall als Brennpunkte einer Stadt im Zentrum des Interesses. Dreimal fiel in Basel ein negativer Entscheid.

Am 25. November 1987 schloss sich die Synode der Evangelisch-reformierten Kirche Basel-Stadt dem vom Kirchenrat genehmigten Ratschlag Nr. 945 an, der die Ablehnung einer Schenkung *neuer Chorscheiben für das Münster* empfahl. Damit war das in Diskussion stehende Projekt von Brice Marden in der Abstimmung gescheitert.

Am 24. März 1988 teilte die Firma Sandoz per Pressecommuniqué mit, dass ein bereits 1986 der Regierung Basel-Stadt übergebenes Jubiläumsgeschenk, eine von der Bildhauerin Bettina Eichin zu gestaltende *Brunnenanlage auf dem Marktplatz,* nicht zur Ausführung kommen werde, da sich inzwischen die Verhältnisse, unter denen das Angebot gemacht worden sei, entscheidend verändert hätten und das von der Künstlerin entsprechend abgeänderte Modell weder dem akzeptierten Entwurf noch den neuen Umständen entspreche. An die Künstlerin erging am 30. März 1988 die briefliche Mitteilung mit dem Angebot, das vereinbarte Honorar zu zwei Dritteln für das bereits zur Hälfte gussfertig ausgeführte Modell 1:1 auszurichten. Der Regierungsrat seinerseits teilte der Künstlerin auf wiederholte Rückfrage am 29. September 1988 mit, dem Kanton sei für das aufgehobene Geschenk eine Ersatzspende zugegangen, ein Festhalten an der Projektausführung sei unter den veränderten Voraussetzungen weder ideell noch rechtlich möglich.

Am 24. April 1988 wies der Grosse Rat den Ratschlag Nr. 8014 vom 17. März 1988 betreffend *Neubau der Wettsteinbrücke* zurück mit dem Ersuchen, das inzwischen neu in Diskussion gekommene Projekt des Ingenieurs und Architekten Dr. Santiago Calatrava einzubeziehen und es dem vom regierungsrätlichen Ratschlag empfohlenen Projekt des Basler Architekturbüros Bischoff und Rüegg gegenüberzustellen.

Was ist geschehen, dass dreimal innert Jahresfrist ein jeweils über Jahre sorgsam vorbereitetes Projekt abgelehnt wurde? Davon sogar zweimal ein sehr grosszügiges Geschenk von privater Seite an die Öffentlichkeit. Liegt es am destruktiven Geist der Basler gegenüber privater Initiative? Liegt es am Obsiegen engstirnigen Spiessertums, an Missgunst und Eifersucht gegenüber den zum Zuge Gekommenen, an mangelnder Festigkeit der Behörden, an Unklarheiten bei der Auftragserteilung, an fehlendem Einfühlungsvermögen der Künstler? Oder ist eine allgemeine innere Abwehr gegen Fremdkörper da, die nicht assimiliert werden können?

In allen drei Fällen unterscheiden sich Ausgangslage und Entwicklungsgang der Projekte. Auch die Evaluationsprozesse in der Urteilsfindung und die Begründungen liegen anders. Die Resultate jedoch bei den Vorhaben für Markt und Münster stimmen überein: Scherbenhaufen. Bei der Wettsteinbrücke werden Diskussion und Entscheid noch lange nicht abgeschlossen

▽ Modell für eine neue Wettsteinbrücke von Santiago Calatrava.

sein. So sei dies Projekt hier ausgeklammert und nur festgehalten: Schon die Entstehung der Wettsteinbrücke des 19. Jahrhunderts (Planung seit 1843, Ausführung 1877–1879, durch bauliche Veränderungen 1936–1939 stark entstellt gegenüber dem ursprünglichen Aspekt) löste nicht enden wollende Kontroversen aus. Gerade darin erweist sich aber auch die innere Beteiligung der Bevölkerung. Unter den heute zur Diskussion stehenden Projekten für einen notwendigen Neubau hat die Lösung des auf Brückenbau spezialisierten ETH-Ingenieurs Calatrava namentlich auf Grund des Modells, das längere Zeit in einem Schaufenster beim Bankverein für jedermann zu besichtigen war, geradezu eine Grundwelle der Begeisterung ausgelöst. Hier führte der negative Entscheid zum Einsatz für ein sehr modernes, eigenwilliges Bauwerk. Noch aber beunruhigen Kostenfragen und sind Zweifel an der statischen Zuverlässigkeit offen. Es wäre unangebracht, hier über Entscheide zu spekulieren, die frühestens 1989 reifen können.

Die beiden andern Vorhaben, die inzwischen Schiffbruch erlitten haben, weisen bei aller Unterschiedlichkeit mehr Gemeinsamkeit auf, als es auf den ersten Blick erscheint. Bei beiden handelt es sich um private Schenkungsangebote. Beide betreffen Räume (Innenraum im Münster / offenen Raum beim Marktplatz), die die Bevölkerung als Hauptzentren städtischen Lebens empfindet und nutzt. Dabei fällt es nicht ins Gewicht, dass die Nutzung des Marktplatzes von politischen, diejenige des Münsters von kirchlichen Instanzen geregelt wird. Es spielt im Bewusstsein der Basler auch nur eine geringe Rolle, dass das Münster in der Funktion einer Gemeindekirche steht – es wird von ‹jedermann› als *die* Hauptkirche Basels empfunden, in der auch Konzerte und andere wichtige Anlässe für ‹Jedermann› stattfinden. Wer hier eingreifende Veränderungen vornehmen will, muss sich auf eine breit fundierte Zustimmung abstützen können oder aber auf eine feste und überzeugte Bejahung durch die für die Öffentlichkeit handelnden Gremien. Bei beiden Unternehmungen mangelte es an beidem. Dies allerdings wiederum aus verschiedenen Gründen. Das Bedürfnis zwar nach einem neuen Werk äusserte sich sowohl bei Markt wie bei Münster seit langem. Um einen Marktplatz-Brunnen redet man seit über hundert Jahren. Der Ruf nach einer neuen Verglasung ist seit der 1950 aus restauratorischen Gründen vorgenommenen Entfernung der aus dem 19. Jahrhundert stammenden Scheiben im Hochchor laut. Die Überhellung durch die als provisorisch empfundene Blankverglasung wirkt allzustörend.

Dem sollte bereits 1952 ein Wettbewerb unter zeitgenössischen Künstlern abhelfen. Das Vorhaben scheiterte nach unwürdigen Streitereien am Veto derjenigen, die das zur Ausführung empfohlene Projekt von Charles Hindenlang ablehnten. Der Entscheid fiel in der Synode mit einem Zweidrittelsmehr an Neinstimmen. Zu Recht konnte man im nachhinein zur Auffassung kommen, Volksentscheide würden in den seltensten Fällen zur Bejahung noch ungewohnter, moderner Formensprache führen. Das mag sich inzwischen nach einer Generationenspanne an Kunstvermittlung, Kunsterziehung, Öffentlichkeitsarbeit und Eingewöhnung in die Sprache zeitgenössischer Künstler geändert haben. So bildete sich 1977 aus privater Initiative zuversichtlich eine ‹Stiftung für Glasscheiben des Basler Münsters›, deren Rat auch Vertreter der Münstergemeinde, des Kirchenrats, der Münsterbaukommission, der Denkmalpflege umfasste. Es wurde ein Expertenrat bestellt, der unter namhaften Künstlern ein geeignetes Projekt zu finden und voranzutreiben hatte. Zwei Künstler nahmen die Aufforderung zur Ausarbeitung eines Projektes an: der 1935 geborene Basler Maler Samuel Buri und der 1938 in Bronxville/New York geborene Brice Marden. Wer verhandelte mit den Künstlern? Praktisch ausschliesslich der Expertenrat, bestehend aus den Direktoren von Kunstmuseum und Kunsthalle, dem Denkmalpfleger, dem Chef einer weltbekannten Architekturfirma, Professor für Architektur. Kein praktizierendes Gemeindeglied, kein Theologe kam wesentlich ins Gespräch mit den Künstlern. Allerdings wurde kirchlicherseits der Vorschlag zu einem theologischen Programm entwickelt – dieser aber als «die Künstler zu sehr einengend» beiseite geschoben.

Bei Samuel Buri, aufgewachsen in Basel, Sohn eines Münsterpfarrers, durfte vorausgesetzt werden, dass er Sinn und Gehalt der Aufgabe nicht nur vom Formalen und einer allgemein künstlerischen Zielsetzung her auffasste, sondern auch von Lehre und Gottesdienstverständnis der Gemeinde ausging. Experten – und Stiftungsrat – entschieden sich jedoch mehrheitlich für das Projekt von Brice Marden. Er hat jahrelang Zeit und Kraft dieser ihm sehr wichtigen Aufgabe gewidmet. Aber wer hat ihn begleitet und mit ihm das Gespräch über den spezifischen Charakter dieses Auftrags geführt? Und wer hat Gemeinde, Kirchenvolk und Öffentlichkeit mit dem Werk Mardens schrittweise vertraut gemacht? Niemand. Die bittere Erfahrung des letzten Wettbewerbs führte zum Entschluss, Stillschweigen zu bewahren, bis ein künstlerisch akzeptables Projekt vorliege. Mardens Thema, einer Verherrlichung des Lichts, das sämtliche Fenster des Chores durchstrahlen sollte, hätte sich wohl das Verständnis öffnen können. Aber es trat in dem salopp präsentierten, sich im letzten nicht auf die Ausführung festlegenden Vorgehen nicht hervor. Erschwerend wirkte, dass Marden betont seine Formgebung in Gegenwirkung zu den bestehenden Architekturformen der Masswerke stellte: der Gliederung von Rund- und Lanzettfenstern setzten Mardens Strich- und Farbfeldkompositionen antithetisch einen andern Formkanon gegenüber. Aus dieser Lösung wäre vielleicht der Ausdruck einer dialektischen Situation erlebbar geworden: Wie dringst Du, göttliches Licht und Heiliger Geist, ins aus Steinen von Menschenhand gemauerte Gehäuse, in unsere Vorstellungswelt ein? Der Künstler vermochte sich nicht zu erklären, seine Bezugspersonen in Basel aber offenkundig ebenfalls nicht. Nicht nur eine Handvoll Banausen, sondern eine ganze Reihe von mit grosser Sorgfalt, Erwartung, Bereitwilligkeit und Offenheit dem Werk sich zuwendender Gremien durften sich dann post festum zu den bereits abgelieferten Entwürfen auf Papier äussern und haben damit harte und undankbare Arbeit auf sich genommen: die Münstergemeinde, der Denkmalrat Basel-Stadt, die Eidgenössische Kommission für Denkmalpflege und – am eingehendsten – die Münsterbaukommission.

Sie alle kamen zur Ablehnung, da sie die Aufgabenstellung «in der Sprache unserer Zeit und im Respekt vor der Bedeutung des Ortes sich in die Architektur einordnen, vor allem aber dem Münster als Gottesdienstraum voll Rechnung tragen» nicht erfüllt sahen. Das ist kein ‹Sterben auf Amtswegen›, wie der unbedarfte Titel eines Artikels lautete. Die Stellungnahmen gaben sich als legitimen Ausdruck einer Auffassung zu erkennen, die nicht durch leichtfertiges Herumspielen gewonnen worden war.

Nahm im bedauerlichen Verlauf dieser Sache der Künstler seine Verantwortung nicht wahr? Weit eher liegt das Versagen auf der Seite der Auftraggeber. Man kann einem Künstler nicht ein Werk mit Zielsetzung für eine kirchliche Gemeinschaft abverlangen, wenn man ihn ohne

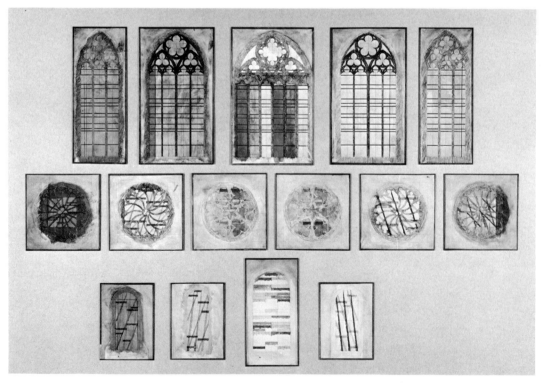

△ Die Entwürfe von Brice Marden.

Wegweisung ausschliesslich seinen eigenen Gedanken folgen lässt – besonders dann nicht, wenn ganz andere Traditionen und geistige Voraussetzungen ihn prägen. Man kann Empfänger nicht der Sturheit bezichtigen, wenn ihre Anliegen ausser acht gelassen werden und für sie das künstlerische Resultat sinnfremd oder gar sinnwidrig wird. Es scheint sich ein katastrophales Missverständnis um die ‹Freiheit› des Künstlers auszuwirken. Man erwartet tragbare Resultate, bürdet aber dabei dem Künstler die ganze Last der thematischen, motivlichen und künstlerischen Gestaltung auf, führt ihn nicht einmal auf gegebene, zu respektierende Bedingungen. Beansprucht der Künstler solch scheinbare Unabhängigkeit, geht ihm die absolute Freiheit in Konzept und Gestaltung, die eigene Selbstsicherheit über jede Gebundenheit, bleibt ihm konsequenterweise nur übrig, gebundene Aufträge abzuweisen. Andernfalls kann es nicht anders als in Scherben enden.

Handelt es sich bei der Auftragsentwicklung für einen Marktplatzbrunnen nicht um einen verwandten Vorgang? Die Firma Sandoz will 1986 aus Anlass ihres hundertjährigen Bestehens und als Zeichen ihrer Verbundenheit mit der Bevölkerung dem Kanton Basel-Stadt einen Marktplatzbrunnen schenken. Einen Trinkwasserbrunnen. Sie erteilt einer Künstlerin den Auftrag, für den im Einvernehmen mit zuständigen staatlichen Behörden vorgesehenen Standplatz am untern Ende des Gevierts ein Konzept auszuarbeiten. Es werden erstaunlicherweise nach Annahme des Entwurfes kein regulärer Werkvertrag aufgesetzt, keine präzisierenden Wünsche festgehalten: die Künstlerin ist innerhalb des technisch Realisierbaren, der festgelegten Auftrags- und Ausführungssumme völlig frei in Idee und Gestaltung. Sie fasst ihr Konzept unter dem Kennwort ‹AGORA› zusammen. Markttreiben und -handel finden in Gestalt eines dem Brunnentrog zur Seite gestellten Tisches mit Gemüse, Früchten, Blumen ihren Ausdruck. Den vom Rathaus beherrschten Marktplatz als Ort politischen Geschehens, wo Volksanlässe, Versammlungen, spontane Kundgebungen stattfinden, visualisiert sie in Gestalt eines die Gegenseite des Brunnentrogs flankierenden Tischs mit entsprechenden Emblemen: Akten, Formularen, Listen, eingerollten Parolenbändern – Zeitgeschehen klingt an, Tschernobyl, Umweltschutzbegehren deuten auf Geschehnisse des Herbstes 1985. Das erhält in der vorgesehenen Ausführung (Steintrog, Bronzegüsse nach 1:1 in Wachs modellierten Flankentischen) die Billigung von Schenker und Empfänger. Am 16. Mai 1986 findet im Rahmen der Jubiläums-Aktionärsversammlung die Übergabe des Geschenks eines Trinkwasserbrunnens auf dem Marktplatz statt: das Gipsmodell im Mstb. 1:25 wird dem Präsidenten des Regierungsrates überreicht, mit freudigem Dank angenommen. So weit – so gut. Selbstverständlich hatte sich schon seit dem ersten Ruchbarwerden des Vorhabens Opposition bemerkbar gemacht: auf solche Weise könne man Basels Öffentlichkeit keine Kunst aufzwingen, für den Marktplatz bestünden andere Pläne, ein derart spektakulärer Riesenauftrag dürfe nicht klammheimlich direkt an eine Künstlerin vergeben werden, hier dränge sich zumindest ein eingeladener Wettbewerb auf. Hiezu: Es liegt im Ermessen des Schenkers, sein Werk und dessen Urheber zu bestimmen – es liegt allerdings in der Kompetenz des die Empfänger repräsentierenden Gremiums, das Geschenk entweder telquel oder mit Vorbehalten zu akzeptieren. Nichts dergleichen im Mai 1986. Doch dann ereignete sich in der Nacht zum 1. November das Unglück in Schweizerhalle, das die Bevölkerung in Angst und Aufruhr versetzte und eine Welle der Empörung gegen den Verursacher auslöste. Chemie-Trinkwasser auf dem Marktplatz? Das bot sich jetzt wie eine Verhöhnung dar. Die Künstlerin ersucht um Bedenkzeit und Aufschub, schliesslich um Zusicherung, ihr Projekt sinngemäss dem Zeitgeschehen entsprechend abändern zu dürfen. Sie macht es zum Denkmal für ein Ereignis, das ihr zum Markstein in der Abkehr von Umweltzerstörung geworden ist. Gleichzeitig aber auch zur in Bronze verewigten Anklage gegen den Verursacher Sandoz: der ‹politische Tisch› wurde blank abgeräumt, auf die Leere der Tischfläche *nur* das ominöse Datum «1. November 1986» gesetzt. Ist es dem Schenker zu verargen, wenn er dies als Anprangerung im Stil unzähliger Sprayslogans empfand und dass er nicht zustimmte, sein auch ihn betreffendes Unglück auf diese Weise im Sinn einer aufstachelnden Diffamierung festgehalten zu sehen? Gespräche führten zu nichts. Die Künstlerin verharrt in der Haltung einer Mahnerin, die den Spiegel vorhalten muss durch ihr Werk. Sie empfindet die Rücknahme des Auftrags, die Ablehnung des jetzt gegenüber dem akzeptierten ersten Modell entscheidend veränderten Projekts als «eine von einem Konzern ausgeübte Zensur von Kunst im öffentlichen Raum». Jetzt stellt sich doch die Frage: welchen Stellenwert hat das Kommemorieren eines derart spezifischen Datumzeichens im Verständnis der Öffentlichkeit? Mahnruf zur Umkehr oder Aufforderung, ‹es denen zu zeigen›? Ist ein auftragnehmender Künstler nur und ausschliesslich sich selber gegenüber verantwortlich in bezug auf Idee und Form seiner Kreation? Geht die Autonomie so weit, dass er gegen Honorar seinen Auftraggeber anprangern darf? Als freier Künstler kann er tun, was er für richtig hält. Als Auftragnehmer sollte er sich zumindest im Grundsätzlichen in Konsens mit dem Auftraggeber fühlen – andernfalls den Auftrag ablehnen oder zurückgeben.

Es spiegelt sich in diesem Einzelfall wie auch in der – allerdings unterschiedlich gelagerten – Zurückweisung von Brice Mardens Münsterscheiben-Entwurf die verfahrene Situation, dass künstlerische Freiheit nicht ohne Rücksichtnahme auskommt, dass getäuschte Erwartungen des zahlenden Auftraggebers andrerseits zu einem Bruch führen, zu einem tiefen Graben zwischen Künstler und Auftraggeber. Werkverträge, Absprachen, gegenseitige Kontaktnahme könnten hier vielleicht Notbrücken bilden. Vor allem aber auch die Wahrnehmung einer Verantwortung von seiten des Auftraggebers, der sich nicht einfach in diffusem Mäzenatentum sonnen will, sondern zu Sinn und Zweck seines Auftrages steht und es dem Künstler freistellt, hier Folge zu leisten oder nicht.

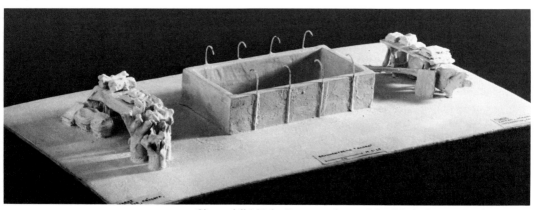

△ Gipsmodell 1:25 der Brunnenanlage auf dem Marktplatz von Bettina Eichin.

Annemarie Monteil

Die Ära Jean-Christophe Ammann in der Kunsthalle Basel

Von 1978 bis 1988 hat Jean-Christophe Ammann die Kunsthalle Basel geleitet. Innerhalb der relativ kurzen Zeitspanne ist es ihm gelungen, eine veritable ‹Ära Ammann› zu schaffen: gekennzeichnet durch eine Anzahl wichtiger Ausstellungen, durch die Breite des Spektrums und eine mitschöpferische Präsentation.

Herkommen

Im Jahre 1976 fuhr eine kleine Equipe des Basler Kunstvereins nach Luzern, zum damaligen Direktor des Kunstmuseums, Jean-Christophe Ammann. Man bat ihn, nach Basel zu kommen. Die Berufung hatte Grund. Ammann gehörte zu den wenigen jüngeren Kunsthistorikern, die sich von Beginn ihrer Laufbahn an dem Ausstellungsmachen verschrieben und auch entsprechende Erfahrung hatten.

1939 geboren, promovierte Jean-Christophe Ammann 1966 an der Universität Fribourg in Kunstgeschichte, christlicher Archäologie und deutscher Literatur. Seine Dissertation über Louis Moilliet erschien 1972 als Bildband bei DuMont. Moilliet gehörte zu den von Hermann Hesse beschriebenen ‹Morgenlandfahrern› in neue geistige Räume. In Ammanns Ausstellungstätigkeit spürt man – wenn auch in anderen Zeit- und Stilkleidern – etwas vom Gedanken einer Kunst als Morgenlandfahrt.

1967/68 war Jean-Christophe Ammann Assistent an der Kunsthalle Bern. 1968 übernahm er die Direktion des Kunstmuseums Luzern. Sein Umgang mit den Künstlern der Gegend sowie verschiedene Ausstellungen führten dazu, dass

man vom ‹Mentalitätsraum Innerschweiz› zu reden begann. Als weitere wichtige Station seiner Biografie erwähnt Ammann: «1972 mit Harald Szeemann documenta 5 Kassel. 1973–75 Mitglied der internationalen Kommission ‹Biennale des Jeunes› in Paris.»

Bevor Ammann die Kunsthalle übernahm, hatte er gewünscht, dass die Räume gründlich renoviert werden. Das konnte geschehen, weil der sonst nicht mit Geld gesegnete Kunstverein 1977 durch die Organisation der Böcklin-Ausstellung im Kunstmuseum einen Gewinn erzielt hatte. Zur Renovation gehörten unter anderem bessere Lichtverhältnisse, teilweise Entfernung der Holzverschalung an den Wänden, ein durchgehender Anstrich mit ungebrochenem Weiss. Die Kunsthalle erhielt nun jene freie und unvoreingenommene Stimmung, wie sie sich ein neuer Direktor auch von seinem Publikum wünscht.

Zur Künstler-Auswahl

Wenn man von Jean-Christophe Ammann die Liste seiner Ausstellungen in der Basler Kunsthalle von 1978 bis 1988 erbittet, erhält man zusätzlich das Verzeichnis seiner wichtigsten Ausstellungen im Kunstmuseum Luzern von 1968 bis 1977. Das ist sinnvoll. Denn in Ammanns Tätigkeit gibt es keine Brüche. Dort wie hier war er jüngeren, jeweils noch wenig bekannten Künstlern auf der Spur, zeigte Internationales neben Regionalem. Namen wie Gilbert & George, Martin Disler, Helmut Federle, Mario Merz, Rolf Winnewisser kommen ebenso auf dem Luzerner wie auf dem Basler Ausstellungsprogramm vor. Das bedeutet Kontinuität. Damit ist aber keineswegs gemeint, Ammann habe mit seinen Ausstellungen einen einheitlichen Kurs von Stil, künstlerischen Mitteln oder Herkommen des Künstlers verfolgt. Was die Ära Ammann kennzeichnet, ist die Vielfalt des Angebots.

Wenn nun ein Programm weder formale noch ideologische Leitplanken bietet – was höchst erfreulich ist – dann fragt man nach den sonst geltenden Kriterien. Ammann spricht von «Qualität», für jeden Kunstfreund eine zwar feste, aber nie ganz definierbare Grösse. Für Amman äussert sie sich unter anderem in der Summe der «Energie», die eine gestalterische Arbeit besitzen müsse. Kunstwerke bezeichnet er als «auf die innere Wahrnehmung des Künstlers bezogene Akte». Wem diese Formulierungen zu ungenau oder zu unanschaulich tönen, der mag nachlesen, was der in Sachen Kunst doch präzis ausgerichtete Maler Max Liebermann von seinen Auswahlkriterien sagte, als er 1988 die avantgardistische Berliner Secession eröffnete: «Nicht sowohl durch das, was wir bringen – denn Meisterwerke lassen sich nicht aus der Erde stampfen – als vielmehr durch das, was wir nicht bringen, wird sich unsere Ausstellung von den sonst üblichen unterscheiden. Bei der Auswahl war nur das Talent, in welcher Richtung es sich auch offenbarte, ausschlaggebend. Für uns gibt es keine alleinseligmachende Richtung in der Kunst, sondern als Kunstwerk erscheint uns jedes Werk, in dem sich eine aufrichtige Empfindung verkörpert.» Liebermann sagte «Empfindung», Ammann sagt «Energie». Das heisst: man setzt total auf die individuelle Künstlerpersönlichkeit und ihr Werk.

Programm der Öffnungen

Das Verzeichnis der Ausstellungen zeigt den breiten Fächer von Ammanns Programm (siehe Schluss des Artikels). An einigen Beispielen soll die Vielfalt speziell erläutert werden.

Die allererste Ausstellung gehörte bereits zu den Überraschungen. Ende der siebziger Jahre war die Malerei als farbsinnliches Erlebnis wieder einmal totgesagt worden. Da brachte Ammann einen Vollblutmaler: den in der Schweiz unbekannten Schweden Olle Kåks, mit Bildern und ganzen Ambientes voll üppiger Farbmaterie, virtuos dargebracht. «Der Anfang ist stark», kommentierte Wolfgang Bessenich in der Basler Zeitung (16.1.78). Malerei als Ausdruck eines gestischen und farblichen Urtemperaments kam in Ammanns Programm immer wieder vor. Erinnert sei etwa an die hinreissende Martin Disler-Ausstellung, an das Ringen um Peinture bei Georg Baselitz oder an die dunkel-dichte Farbmaterie von Marika Mäkelä in der letzten Ammann-Veranstaltung. Neben der ‹Liebe zur Malerei› organisierte Ammann auch karge, spröde Ausstellungen wie Giovanni Anselmo oder Rémy Zaugg. Nachdenken und Stille waren vom Besucher gefordert.

Wer im letzten Jahrzehnt die Kunsthalle Basel regelmässig besuchte, war informiert über die neuen Tendenzen, bevor sie zur grossen Mode wurden (was ja heute unheimlich rasch geschieht durch die Vereinnahmungen des Kunstmarktes). Und da Ammann weder Schlagworte brauchte noch Hitlisten aufstellte, sondern für eine sich ankündigende Tendenz starke Werke fand, setzte er Qualitätsmassstäbe. Als Beispiel sei Reinhard Mucha genannt, der innerhalb der postmodernen Geräte-Konstruktionen mit einem Riesen-Karussell die überrationalen Möglichkeiten dieses Stils vorführte. Von den ‹jungen Italienern› und den deutschen Heftigmalern erfuhr man frühzeitig durch Gruppenausstellungen 1980 und 1982. Neue Zonen wurden jeweils sichtbar. Für Ammann selbst hiess das dann auch «Umfelder prüfen», um später einem ausgewählten Einzelnen die Räume der

Kunsthalle zur Verfügung zu stellen. Das galt für Enzo Cucchi, Nicola de Maria, Francesco Clemente, Walter Dahn, Rainer Fetting und andere.

Die ‹stärksten Eindrücke› innerhalb dieses Kunsthalle-Jahrzehnts wird jeder Besucher für sich selbst rekapitulieren müssen. Für mich waren es drei Ausstellungen, die sich an keine Stil- oder Aussagedoktrin binden lassen, also auch für die Vielseitigkeit des Angebots sprechen. Da ist Miriam Cahn, die mit Kohlezeichnungen die Räume zu einem Existenzweg von Dunkelheit, Gewalt und Licht machte. Da sind die Entwürfe für ein grandioses, teils unterirdisches Bauwerk in der Wüste Nevadas: James Turrell öffnete damit unsere Erde auf Kosmisches hin. Und da ist Richard Serra, der die langen Seitenwände des Oberlichtsaales mit je einem Streifen dichtester Graffitschraffur belegte und durch Entgegen-

wirken der Perspektive eine phantastische Veränderung der Raumwirkung erreichte.

Die Fotografie fand mit Selbstverständlichkeit Gastrecht in der Kunsthalle. Und dies, obwohl sich heute noch Kunstfachleute streiten, ob Fotografie ‹Kunst› sei. Ammann ist bewusst unbekümmert: «Wenn etwas gut gemacht ist, kommt es doch nicht auf das Medium an.»

Zu den ‹Öffnungen› gehörte, dass Ammann vom ersten Jahr seiner Tätigkeit an die Kunsthalle für Tanz, Musik, Performance zur Verfügung stellte, wobei er auch hier sehr sorgfältig und nach seinen persönlichen Überzeugungen plante. Den Architekten gab er Gastrecht für die Reihe der Basler Architektur-Vorträge.

An den Wänden die Werke einer Ausstellung, im Raum die ausdrucksstarken Tanzgesten eines Menschen: die Eindrücke bleiben haften. Zugleich fand sich ein teils neues Publikum ein.

△ Jean-Christophe Ammann erläutert ein Werk von Enzo Cucchi.

Grenzen zwischen verschiedenen Kunstgattungen wurden durchlässig.

Präsentation

Wer an das letzte Jahrzehnt Kunsthalle denkt, erinnert sich nicht nur an Namen, sondern auch an die Präsentation der Kunstwerke. Jean-Christophe Ammann ist ein so begabter Inszenator, dass jeder Rundgang sogar dann zum Erlebnis wurde, wenn man zum Ausgestellten keineswegs bedingungslos «ja» sagte. Ammann weiss, welchen Umraum ein Werk braucht. Er kann gedrängt hängen, um dann wieder – ohne Angst vor der weissen Fläche – grosse Zwischenräume zu lassen, wobei Funken von Werk zu Werk springen. Gewiss, da waren auch die Künstler beteiligt. Manchmal arbeiteten sie auf einen bestimmten Raum hin. Aber Ammann mit der Kenntnis ‹seines› Hauses war immer als Regisseur spürbar. Ihm gelang es sogar, die – ach so schwierigen – Weihnachtsausstellungen mit ihren verschiedenartigen Beiträgen zu einem spannungsvollen Kunst-Weg zu machen. Vor allem in den Parterre-Räumen entstanden Stimmungsfelder, wobei Arbeiten mehrerer Künstler einander antworten konnten.

Der Umgang mit Künstlerinnen und Künstlern

Eigentlich habe er Arzt werden wollen, sagt Ammann. Etwas von ärztlicher Betreuung lässt er jetzt jenen Künstlerinnen und Künstlern zukommen, die er für Einzel- oder auch Gruppen-Ausstellungen auswählt. Dazu gehören zahlreiche Atelierbesuche. Dabei wird diskutiert, geplant. Ammann bringt Kritik ein, «aber nicht so direkt», sagt er, «sondern mit Argumenten. Da wird man gefordert, das bringt auch mir etwas.» Geduld und Beharrlichkeit – beides Eigenschaften des scheidenden Direktors – konnten stimulierend wirken. So insistierte Ammann, dass der Amerikaner Richard Serra anlässlich von Europa-Besuchen immer wieder nach Basel kam und

sich hier den Oberlichtsaal als ‹Arbeitsfeld› ansah. Resultat war die bereits erwähnte Wand-Installation. Dass diejenigen Künstler – vor allem am Ort –, die nicht zum Kreis der Umsorgten und Geforderten gehörten, sich ‹aussenstehend› vorkamen, liegt bei einer so engagierten Kunstpflege in der Natur der Sache.

Oft arbeitete ein Künstler monate- oder jahrelang auf eine Basler Ausstellung hin. Die Resultate waren entsprechend geschlossen und stark. Für einen Kunstschaffenden sei dies «eine Gewaltsanstrengung», sagt Ammann, und auch starke Persönlichkeiten seien nacher erschöpft, ausgepumpt. Da findet also ein Kräftemessen statt, das im Oeuvre seine erst später feststellbaren positiven oder negativen Spuren hinterlassen kann.

Ein wichtiges, manchmal hartes Thema ist für den Kunsthalleleiter jeder Stadt der Umgang mit den lokalen und regionalen Künstlern. Die ersten zwei Jahre kamen keine Basler zum Zug, ausser in den traditionellen Weihnachtsausstellungen. Dabei wusste Ammann: «Die Künstler am Ort sind meine direkten Partner.» Er sondierte. 1981 begann er mit einer Gruppenausstellung (Miriam Cahn, Rut Himmelsbach, Vivian Suter, Anselm Stalder, Hannah Villiger), der andere Gruppen- und Einzelausstellungen folgten. Er erkannte die – in Basel ausgeprägte – Stärke der weiblichen Künstler und setzte entsprechende Akzente.

Resonanzen

Harmonisch verlief die Zusammenarbeit zwischen Jean-Christophe Ammann und der Kommission des Basler Kunstvereins. Auch bei umstrittenen Ausstellungen stellte sich die Kommission hinter ihren Direktor. In die Schusslinie einiger Besucher geriet die Kunsthalle hie und da mit erotisch orientierten Ausstellungen, vor allem in der Fotografie. Ammanns Meinung wurde von der Kommission akzeptiert: «Wenn das Thema Sexualität künstlerisch souverän gelöst wird, ist es ganz wichtig, solche Werke zu zeigen.» Dem ist zuzustimmen, und in den meisten Fällen traf diese Souveränität auch zu.

Ammann sieht seine Basler Ausstellungstätigkeit nur als den einen Teil seiner Arbeit. Wichtig war ihm auch der Aufbau einer Infrastruktur. Dazu brauchte er wiederum die Mithilfe der Kommission. Durch geschickte Dispositionen konnte die finanzielle Situation des Kunstvereins verbessert werden: Es gelang, die Räume unter dem Ausstellungsgeschoss zum ‹Café des Arts› umzufunktionieren und ganz allgemein eine bessere Nutzung des Restaurationsbetriebs zu ermöglichen.

Zu den ‹Resonanzen› gehört die gute Beziehung zwischen Kunsthalle und Kunstmuseum: «Eine Konkurrenzsituation im kooperativen Sinn» nennt sie Ammann. Einige Ausstellungen wurden gemeinsam mit Dieter Koepplin, dem langjährigen Bahnbrecher für Neustes, konzipiert.

Gesamthaft boten Ammanns Ausstellungen keine leichte Kost. Aber sie waren keineswegs besucher-unfreundlich. Die Anschriften waren klar, fremdsprachige Titel wurden übersetzt. Regelmässig organisierte die Kunsthalle abendliche Führungen, die gut besucht waren. Hier kamen auch Diskussionen in Gang, Ammann selbst stellte sich immer wieder, gab geduldig Auskunft. Jeder Besucher wurde ernstgenommen. Das hat dazu beigetragen, dass heute in Basel das Echo auf die Kunsthalle mehrheitlich positiv ist. Dankbarkeit und Bewunderung schwingen mit für Vielfalt und Information.

Ammanns Tätigkeit ging über die Mauern der Kunsthalle hinaus. Er wirkte mit bei der künstlerischen Gestaltung des Rosshofs, wo Arbeiten von Owsky Kobalt und Hannes Vogel zu eigentlichen Bestandteilen der Architektur wurden. Und er gab Anstoss für den ‹Hammering Man› von Jonathan Borofsky beim Bankverein (Aeschenplatz). Als Mitglied der Emanuel Hoff-mann-Stiftung half er bei Ankäufen mit und konnte eine Plastik von Cucchi in Brüglingen und eine von Serra im Wenkenpark plazieren. Dass immer wieder Werke aus Kunsthalle-Ausstellungen in private Sammlungen Eingang fanden, zeigte die Ausstellung ‹Farbe bekennen, Zeitgenössische Kunst aus Basler Privatbesitz› im Museum für Gegenwartskunst, 9.10.–12.12. 1988.

Das sind Werke, die bleiben, im öffentlichen oder auch im privaten Raum. Was wünscht sich Jean-Christophe Ammann sonst für Basel? «Dass die Energie in den Künstlern hier weitergeht. Heutzutage wäre es ja einfacher, nichts zu machen. Und wir brauchen doch die Künstler, weil sie sich die Zeit nehmen, über unsere inneren Bilder nachzudenken.»

Am 15. Oktober 1988 übernahm Jean-Christophe Ammann in Frankfurt die Leitung des neuen ‹Museums für Moderne Kunst›, das gegenwärtig von Hans Hollein gebaut wird. Dort erhält er die Möglichkeit, neben Ausstellungen eine Sammlung aufzubauen.

In Basel ist jetzt der von Stuttgart kommende Thomas Kellein für die Geschicke der Kunsthalle verantwortlich.

Ausstellungen in der Kunsthalle Basel 1978–88

1978

Jan./Febr.: Olle Kåks. März/April: Alighiero Boetti, Staatlicher Kunstkredit 1977/78. Juni/Juli: Künstler aus Kanada. Sept./Nov.: Carl Burckhardt (zum 100. Geburtstag), Max Klinger. Nov./Dez.: Weihnachtsausstellung der Basler Künstler.

1979

Jan./Febr.: Rolf Winnewisser, Helmut M. Federle. März/April: Giovanni Anselmo. März/Juni: Geschenke des Nils: Ägyptische Kunstwerke aus Schweizer Besitz. Mai/Juni: Dennis Oppenheim. Juli/Sept.: Otto Meyer-Amden, Wilhelm von Gloeden, Elisar von Kupffer. Sept./Nov.: Reindert Wepko van de

Wint, Kurt Fahrner. Nov./Dez.: Weihnachtsausstellung der Basler Künstler.

1980

Jan./Febr.: Neue Sachlichkeit in Basel, Man Ray. März/April: Martin Disler, Henri Cartier-Bresson, Lewis W. Hine. Mai/Juni: Junge italienische Künstler: Sandro Chia, Francesco Clemente, Enzo Cucchi, Nicola De Maria, Luigi Ontani, Mimmo Paladino, Ernesto Tatafiore. Juli/Aug.: Die Prinzhorn Sammlung. Juli/Sept.: Basler Künstlergesellschaft. Aug./Sept.: Hans Otte. Okt./Nov.: Ger van Elk, Lovis Corinth, Max Liebermann, Max Slevogt. Nov./Dez.: Weihnachtsausstellung der Basler Künstler.

1981

Jan./Febr.: Künstler aus Basel: Miriam Cahn, Rut Himmelsbach, Alex Silber, Vivian Suter, Anselm Stalder, Hannah Villiger. März/April: Pieter Laurens Mol, 70/80 Bauen in der Schweiz. Mai/Juni: Bruce McLean, Werner von Mutzenbecher. Juli/Sept.: Mario Merz, Jonathan Borofsky. Okt./Nov.: Robert Moskowitz, Susan Rothenberg, Julian Schnabel, Tendenzen amerikanischer Zeichnung in den siebziger Jahren. Dez.: Weihnachtsausstellung der Basler Künstler.

1982

Jan./Febr.: Anna Winteler, Carlos Figueira, Federico Winkler, Matthias Aeberli, Josef Felix Müller, Jürg Stäuble, Larry Clark, Rober Mapplethorpe, Peter Hujar. März/April: 12 Künstler aus Deutschland: Hans Peter Adamski, Peter Bömmels, Werner Büttner, Luciano Castelli, Walter Dahn, Georg Jiri Dokoupil, Rainer Fetting, Gerard Kever, Herhard Naschberger, Albert Oehlen, Salomé, Volker Tannert. Mai: Maria Nordman ‹Tjoba›. Mai/Juni: Neil Jenney, Ernst Caramelle. Juli/Sept.: Sammlung CREX: Georg Baselitz, Bernd und Hilla Becher, Hanne Darboven, Jan Dibbets, Gilbert & George, Donald Judd, Jannis Kounellis, Sol LeWitt, Mario Merz, Robert Morris, Bruce Naumann, A.R. Penck, Sigmar Polke, Gerhard Richter, Lawrence Weiner. Okt./Nov.: Markus Raetz, Carlo Aloe. Dez.: Weihnachtsausstellung der Basler Künstler.

1983

Jan./Febr.: Malcolm Morley, David Hockney. März/April: Miriam Cahn, George Platt Lynes. Mai/Juni: Philip Guston, Balthasar Burkhard. Juli/Sept.: ‹Gruppe 33›. Okt./Nov.: Nicola De Maria, Max Neuhaus. Nov./Dez.: Weihnachtsausstellung der Basler Künstler.

1984

Jan./Febr.: Enzo Cucchi, Peter Baer. März/April: Georg Baselitz. Mai/Juni: Francesco Clemente, Barbara Kruger, Jenny Holzer. Juli/Sept.: Max Kämpf. Sept./Nov.: General Idea, Jeff Wall. Nov./Dez.: Weihnachtsausstellung der Basler Künstler.

1985

Jan./Febr.: Bill Woodrow, Jean-Charles Blais, Niklaus Hasenböhler. März/April: Peter Fischli, David Weiss, Agat Schaltenbrand. Mai/Juni: Eric Fischl, Hannah Villiger. Juli/Sept.: Von Twombly bis Clemente (eine Privatsammlung). Okt./Nov.: Richard Artschwager, Anish Kapoor. Dez./Jan. 86: Weihnachtsausstellung der Basler Künstler.

1986

Jan./März: Walter Dahn, Christopher Le Brun. März/Mai: Enzo Cucchi, Joseph Beuys, Jannis Kounellis, Anselm Kiefer. Mai/Juni: Rainer Fetting, Dino Pedriali, Walter Pfeiffer, Bruce Weber. Juli/Sept.: Bruce Naumann, Franz Gertsch. Sept./Nov.: Gilbert & George. Nov./Jan. 87: Weihnachtsausstellung der Basler Künstler.

1987

Jan./März: Reinhard Mucha, Gordon Matta Clark. März/April: Siah Armajani. Mai/Juli: James Turrell. Juli/Sept.: Silvia Bächli, Andreas Dobler, Guido Nussbaum, Aldo Walker. Okt./Nov.: Jean-Frédéric Schnyder, Anna und Bernhard Blume. Dez./Jan. 88: Weihnachtsausstellung der Basler Künstler.

1988

Jan./März: Rémy Zaugg, Richard Serra. März/Mai: Richard Serra, Anselm Stalder. Juni/Aug.: Katharina Fritsch, Rosemarie Trockel, Anna Winteler. Aug./Okt.: Stephan Balkenhol, Marika Mäkelä, Dennis Hopper.

Paul Schorno

Und es hat sich bewegt

Rückblick auf die zehnjährige Direktionszeit von Horst Statkus an unserem Theater

Herbst 1978. Mit einem kurzfristig auf die Beine gestellten Theaterfest eröffnet Horst Statkus seine erste Saison als neuer Direktor der Basler Theater. Grosssprecherische programmatische Erklärungen hatte der von Heidelberg herkommende Mann, der während drei Jahren zu Zeiten von Egon Karter als Dramaturg in der ‹Komödie› tätig gewesen war, tunlichst unterlassen. Die vorsichtig nüchterne Haltung nach Jahren wie schleichend und aus verschiedenen Gründen um sich greifenden Unbehagens war durchaus erwünscht und sollte so etwas wie eine Phase der Beruhigung im hiesigen Theaterleben einleiten.

Juni 1988. An einem herrlichen Spätfrühlingstag wird der nach Luzern ans Stadttheater gewählte Direktor Statkus anlässlich des traditionellen Betriebsausfluges, der diesmal in die Freiberge führte, von seiner Crew in Heiterkeit und Wehmut verabschiedet. Darüber, ob der Weggang von Basel so ganz ohne äusseren Druck und in ungetrübter Minne vonstatten lief, brauchen wir uns jetzt hier nicht auszulassen. Hören wir uns dafür eine lustige Passage aus Dölf Neths beim Mittagessen im Freien vorgebrachter Schnitzelbank an: «E bikannti Duuged, nit eeben e neii, / das sygg im Herr Statkus sy Gspyyri fir d Treii, / Au mit grytische Lyt suech är der Dialog, / s Usenandgoo mit Lämpe kääm fir iin nie in Froog. / Uff der andere Syte, wäärf iin d Frindschaft nie hii, / au den ängschte Kumpel saag är allewyl ‹Sii›!»

Gut gebrüllt, und bei dieser Gelegenheit ein Dank dem Textverfasser für die mehr als zwanzigjährige Tätigkeit im Verwaltungsrat der Theatergenossenschaft. Dölf Neths Humor und seine Fähigkeit zu schlichten, werden im erwähnten Gremium vielleicht einmal fehlen.

Zwischen den beiden skizzierten Ereignissen liegt eine Zeitspanne von zehn Jahren. Monate, in denen nicht nur gesellschafts- und weltpolitisch, sondern – was für uns entscheidender ist – auch in unserer Stadt einiges geschehen ist. Vorkommnisse und Begebenheiten, die nebst anderem auch das Verständnis für und von Theater nicht unberührt gelassen haben. Wenn, was allgemein als unbestritten gilt, Horst Statkus seinem Nachfolger aus München, Frank Baumbauer, trotzdem eine intakte Ausgangsbasis zurückgelassen hat, so gilt es nun von diesem Schlusspunkt aus den Weg rückwärts aufzuzeigen. Ich zupfe also heraus, leuchte an und versuche zu gewichten, um die Inhalte und Konturen der Direktionszeit von Horst Statkus einigermassen sichtbar machen zu können.

Alle reden vom Ballett

Einmal, vor über zwanzig Jahren, hiess der Zauberer des Balletts Wazlaw Orlikowsky. Von ihm aus ging jener Virus, der, nach etlichen flaueren Jahren, seit längerem schon in Basel wieder um sich greift. Und dies, seit Heinz Spoerli, ein Sohn unserer Stadt, sich dieser Kunstgattung in leitender Funktion angenommen hat. Wie beliebt und begehrt der übrigens noch von Werner Düggelin engagierte Ballettmeister ist, unterstreicht die Tatsache jener reaktionsschnellen finanziellen Aufstockung der Mittel durch den Grossen Rat, als die drohende Gefahr eines Wegzuges von Spoerli in deutsche Lande den Basler Balletthimmel verdüsterte. Dass solch bevorzugte Behandlung nicht nur lauter Befürworter hatte, versteht sich von selbst, denn es gibt selbstverständlich auch Theaterfreunde, die sich andere Prioritäten vorstellen könnten. Wie dem auch sei: Basel scheint nun einmal ballettverrückt zu sein. Sonst hätten wohl auch die von privater Seite gesponserten und international besetzten Wochen ‹Basel tanzt› nicht auf Anhieb so heftig einzuschlagen vermocht. Im weiteren hatte schon in der Saison 1982/83 ein hauseigenes Ballettfest enormen Anklang gefunden.

Fragt man nach den Höhepunkten der vergangenen Jahre, so fällt auf, dass die anhaltenden Erfolge auf das Konto jener Choreographien gehen, die bekannte und beliebte Geschichten zu erzählen wissen: ‹Giselle›, ‹Nussknacker›, ‹Sommernachtstraum› und ‹Schwanensee›. Mit der zuletzt genannten Produktion verbinden sich allerdings auch ungute Gefühle. Die Live-Übertragung dieses Balletts im Schweizer Fernsehen wurde überschattet durch die Nacht von Schweizerhalle, die in der Folge bekanntermassen politisch und stimmungsmässig in unserer Stadt zu nachhaltigen Bewegungen und Veränderungen geführt hat. Doch blättern wir weiter in den von der Ballettkunst geprägten Erinnerungen. Neben den erwähnten Klassikern fand auch beispielsweise ‹La fille mal gardée› den ungeteilten Beifall des Publikums. Vor allem entdeckten recht viele junge Besucher aufgrund dieses Werkes ihre Liebe zur Tanzkunst. Ich meinerseits halte mich mit Vorliebe an die stilleren und weniger spektakulären Stoffe. Produktionen wie ‹Verklärte Nacht› und ‹Vier Ge-

△ ‹Verklärte Nacht›, Ballett, Choreographie Heinz Spoerli.

sänge für Frauenchor› belegen für mich mehr als andere die Künstlerschaft Spoerlis, der unter Verwendung von sprachlich-lyrischen und entsprechenden musikalischen Vorlagen dem Publikum auch Arbeiten zu präsentieren weiss und wagt, an denen es die eigene Einfühlsamkeit erproben und erweitern kann. Dass auch unserem Ballettmeister, der mit seiner Truppe immer wieder zu Gastspielen in aller Welt eingeladen wird, nicht alles gelingen kann, liess der doch eher missratene ‹John Falstaff› erkennen, eine Choreographie, die das Publikum in der eher flach geratenen Umsetzung nicht gerade von den Sesseln riss. Mit ‹La belle vie› hingegen – die Bildgestaltung geriet zum Teil allerdings recht unterschiedlich und oft etwas vordergründig plakativ – deutete Spoerli an, dass er immer noch und immer wieder Kraft und Lust verspürt, neue Wege zu entdecken, die er allerdings, im Unterschied etwa zu Pina Bausch und andern modernen Choreographen, auf der Basis der mehr oder minder als klassisch zu bezeichnenden Ballettkunst beschreiten will.

△
Oper ‹Rigoletto› von G. Verdi. Inszenierung Jean Claude Auvray. Paul Frey als Herzog von Mantua.

Der (fast) unaufhaltsame Aufstieg der Oper

Analysen und Prophezeiungen über den Stellenwert und die Beliebtheit der Oper hat das Publikum in Basel und anderswo stets mit schöner Unregelmässigkeit Lügen gestraft. Wurde ein neuer Boom angesagt, blieben die Theaterfreunde zu Hause, sagten Kulturkritiker und andere Kenner die Oper tot, erlebte sie plötzlich eine neue Blüte. Was die Basler Verhältnisse angeht, darf die positiv verlaufene Entwicklung getrost in der scheinbar simplen Tatsache gesucht werden, dass die Qualität der Opernaufführungen sukzessive gesteigert werden konnte, was sich Direktor Statkus ohne Zweifel als einen seiner markantesten Erfolge verbuchen lassen darf. Und dabei erweist sich das Publikum als kaum je so verwöhnt wie auf dem Gebiet der Oper. Es darf und muss auch deutlich betont

werden, dass unser Theater als Dreispartenbetrieb ja keineswegs über die finanziellen Mittel verfügt, die notwendig sind, um teure Stars, vor allem Sängerinnen und Sänger, einkaufen und rundum mit der grossen Kelle anrichten zu können. Das erfordert vom Theaterleiter, sich nach der Decke strecken und beispielsweise einen sechsten Sinn für begabte und finanziell noch verkraftbare Nachwuchssängerinnen und -sänger entwickeln zu können. Da drängt sich dann natürlich rasch der Name Eva Lind auf. Nach ihrem grandiosen Erfolg in der Inszenierung von ‹Lucia di Lammermoor› trat sie den Weg zu einer steilen Karriere an. Auch der keineswegs bruchlose Aufstieg des Tenors Paul Frey gehört zur Basler Operngeschichte. In Basel begann er als ziemlich unbekannter Sänger in ‹Fidelio›, erntete dann besonders in ‹Rigoletto›, in ‹Tosca› und in Brittens ‹Peter Grimes› begeisterte Beifallsstürme und entwickelte sich in Bayreuth zu einem gefeierten Lohengrin. Das sind längst noch nicht alle Sterne, die am Basler Theater zu leuchten begannen. Anne-Sofie von Otter, Ghi-

Gaetano Donizetti: ‹Lucia di Lammermoor›. Inszenierung
Jean Claude Auvray. In der Titelrolle Eva Lind.

laine Raphanel und Eduardo Villa – um nur diese noch zu nennen – sind Künstler des Gesangs, die mit dem Glanz und Schmelz ihrer Stimme die Opernabende am Steinenberg erhellten. Vergessen wir die an den wichtigen Positionen wirkenden Baumeister der Erfolge nicht: Die Regisseure Jean Claude Auvray und Martin Markun, den Dirigenten Armin Jordan (jetzt leider nicht mehr an unserem Theater tätig) und den unentbehrlich gewordenen Leiter unseres Chores, Werner Nitzer. Achtungserfolge errangen auch Herbert Wernicke (weiterbeschäftigt auch unter Frank Baumbauer) und der auch im Schauspiel als Spielleiter tätige Wolfgang Quetes. Im Verlaufe der Jahre fand nach meinem Dafürhalten auch so etwas wie eine fast unmerklich verlaufene Publikumserziehung statt. Nicht nur die süffigen Belcanto-Opern wurden mit Applaus und

Zustimmung bedacht, sondern auch weniger bekannte und als sogenannt schwierig geltende Werke. Dies allerdings zumeist dann, wenn die gesanglichen Leistungen von besonderer Qualität waren. Was nun solche weniger opulenten, aber vom Publikum mit Interesse aufgenommenen Werke betrifft, so dürfen als die herausragendsten genannt werden: Janaceks ‹Die Sache Makropoulos›, Brittens ‹Sommernachtstraum› und Schostakowitschs ‹Lady Macbeth von Mzensk›, mit der überragenden Sängerin Rebecca Blankenship, sowie die von Erich Holliger besorgte Inszenierung von Grünauers neuer Oper ‹Die Mutter› in der Theaterwerkstatt. Es soll an dieser Stelle allerdings nicht unerwähnt bleiben, dass es bei den Premieren schon fast zur Tradition geworden ist, auch bei Inszenierungen, die gerade dank der durchdachten und luziden Inszenierungsarbeit gelingen konnten, am Schluss des Abends die Spielleiter beim Erscheinen auf der Bühne mit Buhrufen zu erschrecken und zu vertreiben.

Im Opernsektor Uraufführungen zu wagen, gilt zu Recht als kostspieliger und gewagter als im Bereich des Schauspiels. Statkus liess sich nicht abhalten und ermöglichte den Komponisten Jost Meier und Ingomar Grünauer je zweimal, neue Werke im Basler Theater aus der Taufe heben und erproben zu können. Für alle, die sich einmal daran zu erinnern versuchen, sei noch festgehalten, dass Wagners Ring-Zyklus, mit Mühe und Not zwar noch beendet, seiner Mittelmässigkeit wegen jedoch rasch vergessen werden durfte. Als Statkus Basel verliess, war zudem die leidige und umstrittene Orchesterfrage noch keineswegs geregelt. Ein Umstand, der dem nach Luzern umgezogenen Direktor allerdings nicht angelastet werden kann. Und ein Letztes: Als Freund und Retter der Operette konnte und wollte sich Statkus nicht etablieren, ein Faktum, das ihn vor allem bei den Jahresversammlungen der Theatergenossenschaft immer wieder zwang, sich rechtfertigen zu müssen. Dass eine seiner Kontrahentinnen unter anderem meistens Trudi Gerster hiess, verhalf besagten Generalversammlungen des öftern zu einem etwas farbigeren Verlauf.

Sorgenkind Schauspiel?

Ich versehe den Titel mit einem Fragezeichen, weil ich damit im voraus ein zementiertes Pauschalurteil in Frage stellen und ihm anschliessend eine differenzierte Sicht der Dinge entgegenhalten möchte. Fürs erste soll dies vergegenwärtigt werden: Das Schauspiel, vor allem das moderne, gilt in bevorzugter Weise als Ausdruck und Spiegelbild unserer Zeit. In ihm können und sollen am sichtbarsten gesellschaftspolitische und damit inhaltliche und die Diskussion anregende Akzente gesetzt und Positionen aufgezeigt werden. Da hat aber auch jener Teil der Schauspielfreunde so seine Wünsche, der das eher unverbindlich unterhaltsame Bühnenstück von der Komödie bis hin zum Schwank bevorzugt. Hier nun die Balance zu finden ist nicht leicht. Auch Horst Statkus gelang das Kunststück nicht, und so hielt sich unter ihm als ziemlich hartnäckiger Dauerzustand eine Art von stabilem Ungleichgewicht. Nur ganz wenige Regisseure – wer eigentlich? – standen in der Gunst des Publikums so hoch, dass es ihre Inszenierungen herbeisehnte. Friedrich Beyer, der erste Oberspielleiter, liess sich die Ohren so lange mit Buhrufen vollpfropfen, bis seines Bleibens ein Ende war und er nicht nur unserer Stadt, sondern dem Theater überhaupt den Rücken kehrte. Sein späterer Nachfolger, Mark Zurmühle, ein junger Schweizer, hatte sich wohl oder übel auch an das zwar belebende, doch zugleich enervierende Wechselbad der Publikumsgunst zu gewöhnen. Der Zustimmung ungetrübte Freude war ihm nicht allzu oft beschert. Immerhin erlebte er es noch, dass seine letzte Arbeit, Shakespeares ‹Hamlet›, mit ihrer eigenwillig modischen Handschrift vor allem von den jungen Zuschauern akzeptiert wurde. Der Besucherstrom hielt bis zu den allerletzten Aufführungen unvermindert an. Im übrigen gilt es noch auf eine Diskrepanz hinzuweisen, die auch andernorts beobachtet werden kann. Eine von den Rezensenten ziemlich harschen Tones bemängelte Inszenierung fand beim Publikum Gefallen – oft vielleicht deswegen, weil es sich um lang schon erwartete Klassiker handelte oder weil die Aufführung eines gut gebauten Stückes in ihrer betulichen Sauberkeit als Theatererlebnis gerade richtig war. Solche Effekte erzielten etwa Ibsens ‹Wildente›, Woody Allens ‹Gott›, Lessings ‹Nathan der Weise›, Kleists ‹Der zerbrochene Krug›, Millers ‹Hexenjagd›, Albees ‹Zoogeschichte›, Botho Strauss' ‹Gross und klein›, Dario Fò's ‹Bezahlt wird nicht› und andere. Interessanterweise sind kaum Inszenierungen zu vermelden, die von der Presse hochgelobt, aber vom Publikum schlecht besucht wurden.

Einige als bedeutungsvoll angekündigte Unternehmungen brachten nicht durchwegs das erhoffte Echo. ‹Josef K.› – eine Hommage an Franz Kafka – hinterliess einen zwiespältigen und unausgegorenen Eindruck. Auch ‹Vivat den Unterlegenen› – ein sechsstündiges Spektakel nach der Autobiographie des Iren Sean O'Casey – vermochte nicht an frühere Erfolge wie ‹Letzte Tage der Menschheit› oder ‹Buddenbrooks› anzuknüpfen. Auch der bunte Bilderbogen im Foyer des Theaters, ‹König Mensch›, kam über einen achtbaren Erfolg nicht hinaus. Als Regisseur fungierte jedesmal David Mouchtar-Samorai, einer der wenigen Spielleiter, die so oder so stets mit dem Interesse und der Neugier des Publikums rechnen konnten. Ihm verdanken wir eine hervorragend besuchte Ionesco-Inszenierung, ‹Die Nashörner›, sowie einen handfesten Theaterskandal, mit Tumulten und Interpellationen im Grossen Rat. Stein des Anstosses: die Interpretation von Arrabals ‹Architekt und Kaiser von Assyrien›. Manche sahen sich in ihrem sittlichen Empfinden verletzt und machten ihrem Ingrimm schon während der Aufführung oder dann nachher lautstark Luft.

Des öftern hörte ich Zuschauerinnen und Zuschauer klagen, es gebe in diesem Ensemble zu wenig Schauspielerinnen und Schauspieler, deretwegen man sich gerne auf den Weg ins Theater mache. Publikumslieblinge also. Friedrich Kutschera ist noch einer, Eva-Maria Duhan. Doch allzu oft sieht man diese Mimen natürlich nicht mehr auf der Bühne.

Man kann's betrachten, wie auch immer. Die Gerechtigkeit verlangt, dass erwähnt wird, wie

△
Eugène Ionesco: ‹Die Nashörner›. Inszenierung von David Mouchtar-Samorai.

sehr sich auch die Bühnen in Österreich, Deutschland und andern Schweizer Städten auf dem Gebiet des Schauspiels schwer tun. Neue Stückeschreiber mit aufregenden Werken sind Mangelware, und was die Regisseure oft mit bestandener Literatur anrichten – nun ja, darüber wird oft genug diskutiert. Und noch etwas: Auch in dieser Sparte kosten Stars – gesuchte Spielleiter und allseits begehrte Darsteller – Geld, viel Geld.

Erich Holliger und die Kleine Bühne

Wenn eines vorzüglichen Theaterdirektors nahezu wichtigste Eigenschaft die ist, dass er Ideen und Aktivitäten nicht nur zulässt und fordert, sondern geradezu anzieht, so verdient Horst Statkus eine gute Note. Dadurch, dass er Erich Holliger zum Leiter der Kleinen Bühne ernannte und ihm weitgehend freie Hand liess, sicherte er dem Theater neben den drei Sparten ein wichtiges Potential von flankierenden Veranstaltungen, die mithalfen, gesellschaftspolitische Ereignisse und den Zeitgeist prägende

Ideen aufzubereiten und zu diskutieren. Damit sind wir auch schon bei Holligers liebstem Kind, den Thematischen Wochen – eine Weiterführung sozusagen der unter Düggelin begonnenen ‹Montagabende›.

Die erste der besagten Wochen galt dem Thema ‹Erziehung›. Das war im Jahre 1978. Die sehr gut besuchten Veranstaltungen rankten sich in reicher Verästelung um das Theaterstück ‹Revolte im Erziehungsheim›. Im März 1979 ging eine Frauenwoche auf Probleme und Forderungen der Frauen ein. Im folgenden Jahr zeigte man die Belange behinderter Kinder auf. 1980 galt die Thematische Woche der Wohnsituation in Basel: ‹Grau 80 – Wohnen in Basel›. Ein paar Monate später machte ‹Unruhe im Rechtsstaat› seinem Thema alle Ehre, denn da ging es unter anderem um die Ursachen der Zürcher Krawalle, was denn auch hier prompt selbige auf den Plan rief. Auch die Themen der folgenden Jahre trafen allesamt in irgendeiner Weise einen Nerv unserer Zeit und fanden jeweils die entsprechende Beachtung seitens des Publikums. Da sind zu nennen: ‹Psychiatrie in irrer Gesellschaft›, ‹Zwischen Wildnis und Zivilisation›, ‹Die Machtergreifung – ein nicht nur deutsches Jubiläum›, ‹Religion – Ritual – Toleranz›, ‹Südafrika› und ‹Gespräche um Frieden›. Dass diese Veranstaltungen, die im engeren oder weiteren Sinne politisch sein wollten, ja mussten, nicht immer eitel Zustimmung fanden, bekam Holliger vor allem im Zusammenhang mit der Südafrika-Woche zu spüren. Die Auswirkungen hielten an, denn auch ‹Gespräche um Frieden› wurde da und dort als Beweis aufgenommen, dass es sich bei Holliger um einen sanft auftretenden Linken handeln müsse, dem nie ganz zu trauen sei. Dass er jedoch jederzeit mit der Unterstützung des Direktors rechnen konnte, weist Statkus als eine Persönlichkeit aus, die man nicht nur aus diesem Grunde als einen grossen Moderator bezeichnen darf. Den Verdiensten Holligers würde zu wenig Rechnung getragen, erwähnte man nicht auch seine Inszenierungen wenig bekannter oder neu geschaffener Opern: Die beiden Grünauer-Werke ‹Die Schöpfungsgeschichte› und ‹Die Mutter›, Händels ‹Admeto›, Greul/Mozarts ‹Papageno spielt auf der Zauberflöte› undsoweiter.

Es ist das unbestrittene Recht eines neuen Theaterdirektors, seine Mitarbeiter nach seinen Vorstellungen auszuwählen. Frank Baumbauer machte – wie andere vor ihm auch schon – davon Gebrauch und verzichtete auf die Dienste Holligers. Ein Entscheid, der einige Wellen schlug und in weiten Kreisen bedauert wurde. Da Erich Holliger aber weiterhin in unserer Stadt wohnt und unter anderem auch an der Kunstgewerbeschule unterrichtet, wird man ihn nicht aus den Augen verlieren. Der Dank vieler Theaterfreunde ist ihm jedenfalls gewiss.

Ein rundes Jubiläum und ein Kunstpreis für Theaterschaffende

Nein, diese Unterlassungssünde wäre unverzeihlich: In der Saison 1984/85, gleich zu Anfang, stand noch ein einmaliges Jubiläum ins Haus: 150 Jahre Stadttheater – also von 1834–1984. Im Foyer wurde eine instruktive Ausstellung organisiert. ‹Bilder aus meinem Leben› betitelt sich das prächtige Buch, in dem nachgelesen und an Bildern und Dokumenten eingesehen werden kann, was darnach als optische Aufbereitung wieder abgebaut werden musste. Im weiteren hielten sich die Festivitäten in Grenzen. Der eigentliche Festakt am 6. Oktober 1984: ein Abend mit einer Rede des neu im Amte stehenden Erziehungschefs, Regierungsrat Hans-Rudolf Striebel, zwei Operneinakter und anschliessend ein keineswegs opulentes Essen für geladene Gäste, wurde u.a. vom Kritiker der BaZ mit ziemlich bissigen Worten kommentiert, was wieder einmal für einigen Gesprächsstoff sorgte, zu Leserbriefen und Gegendarstellungen in der Tagespresse führte. Im Basler ‹Theatermagazin›, das jeden Monat erschien, nutzte Striebel die Gelegenheit, sich einige «Gedanken zum heutigen Theater» zurechtzulegen. Da hiess es an einer Stelle: «Manchmal beschleicht mich der Verdacht, dass das moderne Theater vor lauter Gesellschaftskritik und Geisselung von Charakterfehlern vergessen hat, auch positive Gefühle und Gedanken zu wecken. Denn eher selten treten uns auf der Bühne Vorbilder oder liebenswerte Gestalten entgegen, mit denen wir uns identifizieren möchten, obwohl es uns gerade heute im täglichen Leben an solchen Idealen fehlt.» Und also forderte er: «Das Theater hat aber die Aufgabe, ausser Missständen auch Ideale, ausser Empörendem auch Erhebendes und ausser Hässlichem auch Schönes darzustellen.» So weit Regierungsrat Striebel.

Schliesslich habe ich noch von einem Ereignis zu berichten, an dem Horst Statkus nicht eigentlich beteiligt ist, das ich jedoch hier unterbringen will, weil zum ersten Mal in Basel eine Theatertruppe, und erst noch eine ganz kleine, den Kunstpreis unserer Stadt bekommen hat: Das Theater ‹Spilkischte›, mit den tragenden Personen Ruth Oswalt und Gerhard Imbsweiler – zwei Künstler, die ihren Job aus Leidenschaft betreiben. Sie, eine agile und einfühlsame Schauspielerin, er, ein schreibender Schauspieler, ein spielender Geschichtenerfinder, dem man so herrliche Stücke verdankt wie ‹Sartolo, der Puppenspieler›, ‹Der Esel und sein Schatten› und ‹Fink oder Freitag, der 13.›. Sie haben den Preis verdient. Nie vorher übrigens mündete die Preisübergabe so wie hier in ein kleines, fröhliches Volksfest aus.

Jugendtheater, Schultheatermarkt
und kein Fazit

Eine Idee, die inzwischen als Einrichtung schon zur Tradition geworden und ebenfalls der Initiative von Erich Holliger zu verdanken ist, nennt sich Schultheatermarkt: Mädchen und Buben aller Schulstufen – das Baselbiet miteinbezogen – spielen an einem Samstagnachmittag bis in den späten Abend hinein zumeist selber geschriebene und einstudierte Stücke. Da sah und hörte man immer originelle und köstliche theatralische Versuche. Keck und munter kam auch das Basler Jugendtheater mit seinen eigens auf die Jungen zugeschnittenen Stücken daher. Da in den ersten Jahren der Spielort die Theaterwerkstatt war, wurde da auf unkomplizierte Art und Weise Schwellenangst abgebaut, was sich positiv auch auf den übrigen Theaterbesuch auswirkte. Auch mit der Schaffung eines Jugendabonnementes hatte Statkus ungeahnten Erfolg, nochmals also einen Pluspunkt mehr.

Es war am Anfang von Statkus' Weigerung, bei seinem Amtsantritt geschwollene programmatische Erklärungen abzugeben, die Rede. Ganz im Sinne dieser Wesensart verzichte ich auf ein abrundendes Fazit und sage nur: Es – das Basler Theaterleben – hat sich durch ihn und unter ihm ganz munter bewegt, und so darf man Horst Statkus und seine Direktionszeit in mehr als nur freundlicher Erinnerung behalten.

△
Horst Statkus anlässlich seiner Rücktrittsrede in der Theaterwerkstatt vor seinem Ensemble.

Peter Hagmann

Neue Formen, neue Inhalte im Basler Musikleben

Vom BKO zum Musik-Forum...

Als Dr. h. c. Paul Sacher am 27. November 1986 bekanntgab, dass das Basler Kammerorchester (BKO) nach Ablauf der Saison 1986/87 seine Tätigkeit beenden werde, war es, als ob ein Blitz eingeschlagen hätte. Nicht dass Sachers einsamer Entscheid aus heiterem Himmel gekommen wäre; bereits zehn Jahre zuvor hatte seine Absicht, sich vom BKO zurückzuziehen, im Raum gestanden. Doch wie sich der Übergang von Sacher zu einem der denkbaren Nachfolger gestalten, wer dieser Nachfolger sein und woher die Mittel kommen würden, die zur Erhaltung der renommierten Institution nötig wären – das stand alles in den Sternen. So kam es zunächst, und weit über Basel hinaus, zu einem konsternierten Erwachen; die Frankfurter Allgemeine Zeitung hielt dagegen trocken fest, für die musikalische Welt sei «ein Ende des Basler Kammerorchesters nicht akzeptabel».

Tatsächlich hat wohl niemand ernsthaft glauben wollen, dass es mit den einzigartigen Bereicherungen, die von den BKO-Konzerten ausgegangen waren, nun ein definitives Ende haben sollte. Und der durch Sachers Mitteilung ausgelöste Schock war heilsam genug, eine rasche, auf Innovation abzielende Reaktion auszulösen. Innert nützlicher Frist haben sich die Allgemeine Musikgesellschaft, die Freunde Alter Musik, die Basler Ortsgruppe der Internationalen Gesellschaft für Neue Musik, die Musik-Akademie und Radio DRS zur gemeinsamen Trägerschaft einer Nachfolgeinstitution zusammengeschlossen. ‹Basler Musik Forum›: so heisst der Phoenix, der aus der Asche des BKO erstanden ist, und er verkörpert ein wenig den Glauben an die Zukunft des Basler Musiklebens. Als beispielhaft wirkte daran zunächst die Solidarität, mit der sich hier so grundverschiedene Institutionen in den Dienst an einer guten Sache stellten; zum ersten Mal wurde damit ein Gegenmodell zu jenem Partikularismus entworfen, der, durchaus nicht nur zu ihrem Vorteil, die musikalischen Strukturen in Basel kennzeichnet. Erstaunen rief aber auch die Entschlossenheit hervor, mit der die neue Konzertreihe aus der Taufe gehoben wurde; dank der tatkräftigen Unterstützung durch das Erziehungsdepartement konnte die bisher dem BKO zugekommene Subvention unbürokratisch und ohne politische Nebengeräusche auf das Musik-Forum übertragen werden.

Auf einhellige Begeisterung stiess jedoch vor allem das künstlerische Profil, das ein Programmausschuss mit Heinz Holliger, Rudolf Kelterborn und Jürg Wyttenbach entworfen und sogleich in die Tat eines sieben Abende umfassenden Programms umgesetzt hatte. Um die Aufführung wenig bekannter Werke und vor allem zeitgenössischer Musik, um das Aufzeigen neuer Zusammenhänge durch ungewöhnliche Gegenüberstellungen und um den Einbezug neuer, unkonventioneller Präsentationsformen sollte es gehen – und das erste Generalprogramm blieb diesen Versprechungen nichts schuldig. Am 25. September 1987 hob sich erstmals der Vorhang über der neuen Konzertreihe; der in aller Welt gefragte Geiger Gidon Kremer hatte sich, seinem Freund Heinz Holliger zuliebe, kurzfristig zu einem Auftritt im Basler Stadtcasino bereiterklärt, der interessante amerikanische Dirigent Dennis Russel Davies leitete das Basler Sinfonie-Orchester, und das Offertorium für Violine und Orchester der im Westen noch nahezu unbekannten Russin Sofia Gubaidulina erwies sich als eine wahre Offenbarung.

In der Fortsetzung kam es zu weiteren Abenden von denkwürdigem Format. Darunter zum Beispiel die eindrückliche Aufführung von ‹Lélio ou Le retour à la vie›, dem Monodrama von Hector Berlioz, mit Bruno Ganz als Sprecher

und Heinz Holliger am Dirigentenpult; darunter die Gegenüberstellung der ‹Jahreszeiten› aus Holligers ‹Scardanelli-Zyklus› (mit der Schola Cantorum Stuttgart unter Clytus Gottwald) und der ‹Vier Jahreszeiten› von Vivaldi (mit den von Jaap Schröder angeführten Streichern der Schola Cantorum Basiliensis) oder die von Jürg Wyttenbach geleitete Wiedergabe von Igor Strawinskys ‹Les Noces›. Als besondere Attraktion erwiesen sich die jeweils zwei Stunden vor Beginn des Abends bei freiem Eintritt durchgeführten Vorkonzerte, die einen klingenden Kommentar zum Hauptprogramm zu geben

Abschied und Neubeginn: Das letzte Konzert des Basler Kammerorchesters und der erste Abend des Basler Musik Forums. ▽

Basler Kammerorchester
und Kammerchor
Leitung Paul Sacher

6. Konzert
Donnerstag, 7. und Freitag, 8. Mai 1987
20.15 Uhr, Musiksaal Stadtcasino

Solisten	Kathrin Graf, Glenys Linos, Ulrike Sonntag, Sopran; Brigitte Balleys, Julia Juon, Alt; Ian Caley, Pascal Mayer, Tenor; Philippe Huttenlocher, Bariton; Teodor Ciurdea, Bass
	Rolf Hofer, Pascal Mayer (Chormeister) Basler Sinfonie-Orchester
Darius Milhaud 1892–1974	Oper «Les Malheurs d'Orphée» (1924)
Henry Purcell 1658–1695	Oper «Dido and Aeneas» (1689)

Ende ca. 22.00 Uhr
Konzertmeister:
Brenton Langbein
Programm Fr. 4.–

Cembalo von
Bernhard Fleig, Basel

Vorverkauf bei
Musik Hug AG,
Freie Strasse 70, Basel
Telefon 22 23 23

BASLER MUSIK FORUM

I. KONZERT

Freitag, 25. September 1987, 20.15 Uhr, Musiksaal

Leitung: Dennis Russell Davies
Solist: Gidon Kremer, Violine
Basler Sinfonie-Orchester

Dmitri Schostakowitsch 1906–1975	Kammersinfonie op. 110 a Version für Streichorchester von Rudolf Barschai nach dem 8. Streichquartett Largo – Allegro molto – Allegretto – Largo – Largo
J. S. Bach – Anton Webern 1685–1750 1883–1945	Ricercare a 6 aus dem ‹Musikalischen Opfer› für Orchester
Sofia Gubaidulina 1931	Offertorium für Violine und Orchester (1983)*

* Erstaufführung in Basel

Programm Fr. 2.–
Vorverkauf bei
Musik Hug AG,
Freie Strasse 70,
Basel, Telefon 22 23 23

Konzertflügel
Steinway & Son von
Musik Hug AG, Basel

2. Konzert
6. November 1987
Leitung Ernest Bour
Anne Queffelec, Klavier
Barbara Gilbert, Sopran
Basler Sinfonie-Orchester
Werke von Ravel,
Debussy, Varèse

versuchen – und die z.B. den Berlioz-Abend in einer Art ‹open beginning› mit elektronischer Musik einleiteten oder einem Programm, das von Robert D. Levin ergänzte Mozart-Fragmente präsentierte, die verschollene Pierrot-Pantomime KV 466 in einer szenisch-instrumentalen Rekonstruktion von Jürg Wyttenbach voranstellten.

Das Publikum liess sich dieses Angebot nicht zweimal machen. Rasch überstieg das Interesse an einem Abonnement die Kapazität des Musiksaals im Stadtcasino, so dass eine Warteliste eröffnet werden musste. An ihrer Absicht, ein bestimmtes Kontingent von Plätzen dem freien Verkauf an der Abendkasse vorzubehalten und

damit – in der stark von den festgefügten Strukturen der Abonnemente bestimmten Musikszene Basels eine Rarität – den spontanen Entschluss zum Besuch eines Konzerts wieder zu ermöglichen, hielten die Veranstalter jedoch fest. Die Vorkonzerte, die auf überraschend gute Resonanz stiessen, fanden ausserdem ihren eigenen, mit dem Publikum der Hauptveranstaltungen nicht unbedingt identischen Besucherkreis. Fürs erste hat das Basler Musik Forum also Fuss gefasst; mittlerweile steht es in der zweiten, nicht minder vielversprechenden Saison – und die Ansicht, dass sich die neue Institution bald konsolidiert haben werde, scheint durchaus nicht aus der Luft gegriffen.

...und von der BOG zur Orchesterstiftung

Weit weniger Übereinstimmung herrschte im Bereich einer weiteren, eher kulturpolitisch ausgerichteten Veränderung. Kaum je zuvor hat ein Vorhaben derartigen Wellenschlag ausgelöst wie die Ablösung der Basler Orchester-Gesellschaft (BOG) durch die ‹Stiftung Basler Orchester›. Der Anstoss in diesem Geschäft ging von jenem Brief aus, mit dem Radio DRS im Juni 1985 das Erziehungsdepartement wissen liess, es könne den 1970 auf 25 Jahre mit der BOG geschlossenen Vertrag in der vorliegenden Form nicht verlängern. Damit fiel ein grelles Licht auf den Verein, der, im wesentlichen durch den Kanton Basel-Stadt finanziert, das Basler Sinfonie-Orchester mit seinen 97 Musikern und das 1970 von Zürich nach Basel verlegte Radio-Sinfonieorchester Basel mit 65 Mitgliedern verwaltete. Die BOG führte, von wenigen Ausnahmen abgesehen, keine eigenen Anlässe durch; das war (und ist) die Aufgabe von Veranstaltern wie dem Theater, der AMG oder den verschiedenen Chören, denen die BOG nach deren Bedarf eines ihrer beiden Orchester zur Verfügung stellte.

Ausser für die SRG, welche die Orchesterleistungen von der BOG – rund dreihundert Dienste, hauptsächlich des Radio-Sinfonieorchesters – zu dem als kostendeckend bezeichneten Betrag von rund fünf Millionen Franken im Jahr bezog, galt für die übrigen Benützer ein Tarif, der die tatsächlichen Kosten nur zu etwa acht Prozent deckte; die Differenz wurde durch die staatliche Subvention in der Höhe von rund zwölf Millionen Franken pro Jahr beglichen. Im Zuge einer Neuorientierung seiner Finanzpolitik sah sich Radio DRS gezwungen, seine Beteiligung am Radio-Sinfonieorchester langfristig auf die Hälfte zu reduzieren. Als Folge davon waren Überkapazitäten zu befürchten, von denen nur feststand, dass sie in Basel und durch den Stadtkanton nicht aufgefangen werden konnten – hier war guter Rat tatsächlich teuer. Nachdem eine aus Vertretern des Erziehungsdepartements, der BOG und von Radio DRS gebildete Kommission in der Suche nach einem Ausweg nicht auf einen grünen Zweig gekommen war, entwarf eine Arbeitsgruppe, von

Das Basler Sinfonie-Orchester aus der Vogelperspektive: Stiftung oder Verein als Trägerschaft – das war hier die Frage.

der die BOG ausgeschlossen blieb, ein neues Modell für die Verwaltung der beiden Orchester. Es sah anstelle der BOG eine durch die Geldgeber (den Kanton Basel-Stadt und Radio DRS) und die wichtigsten Orchesterbenützer (AMG und Theater) gegründete Stiftung vor; es wollte Radio DRS ermöglichen, seine Verpflichtungen sogleich schrittweise zu reduzieren, dafür aber bis ins Jahr 2000 weiterzuführen, und beabsichtigte, den Einnahmenausfall durch einen Abbau von rund zehn Prozent der Musikerstellen zu kompensieren. Fallengelassen wurde dagegen die Idee einer Fusion der beiden Orchester, die zunächst als taugliche Lösung propagiert, in weiten Kreisen jedoch abgelehnt worden war. Durch eine Indiskretion im Sommer 1987 be-

kanntgeworden und in der Vernehmlassung von der BOG entschieden abgelehnt, von anderen Seiten, wenn auch zögernd, positiv aufgenommen, wurde das Modell, das manche Idee aus den Vorarbeiten zum baselstädtischen Kulturkonzept aufnahm, rasch in die Tat umgesetzt. Im Januar 1988 erfolgte die Gründung der ‹Stiftung Basler Orchester›. Wenig später wurden die Verhandlungen über den Gesamtarbeitsvertrag mit den Musikern, den die BOG zu kündigen veranlasst worden war, aufgenommen und der Ratschlag zur Erteilung der bis dahin der BOG zugesprochenen Subvention an die Stiftung ausgearbeitet. Kurz vor den Sommerferien billigte der Grosse Rat das neue Modell mit 72 zu sechs Stimmen (bei 29 Enthaltungen) und stellte der Stiftung die Aufnahme der Tätigkeit auf den 1. Oktober und damit den Beginn der Saison 1988/89 in Aussicht.

Den Absichten der Stifungsgründer wurde allerdings von Anfang an Widerstand entgegengesetzt. Zunächst waren es die Musiker, die befürchteten, mit dem Wechsel des Arbeitgebers sei der Besitzstand gefährdet. Nach dem Beschluss des Grossen Rates stellten sie sich aber mehrheitlich – diejenigen des Radio-Orchesters hatten es schon zuvor getan – auf die Seite der Stiftung. Vor allem aber ging der Widerstand, aus verständlichen Gründen, von der BOG aus, die sich mit mehreren Gruppierungen von aktiven Gegnern des Stiftungsmodells umgab. Die

‹Gesellschaft zur Erhaltung der Orchester der BOG› reichte Ende 1987 eine Petition an den Grossen Rat ein, in der eine Denkpause und Expertisen gefordert wurden. Die Petitionskommission plädierte aus formalen Gründen für deren Ablehnung, unterbreitete dem Parlament aber einen fundierten Bericht, in dem das neue Modell mit ausnehmend kritischen Kommentaren versehen wurde. Eine weitere Gruppierung ergriff schliesslich das Referendum, das zu einem erregten, seine Spuren quer durch die parteipolitische Landschaft ziehenden Abstimmungskampf führte. Der Volksentscheid vom 24./25. September 1988 fiel erwartungsgemäss knapp aus: Bei einer Stimmbeteiligung von 30 Prozent und 19 545 Ja- gegen 18 570 Nein-Stimmen kam es zu einer befürwortenden Mehrheit von 51,3 Prozent.

Licht- und Schattenseiten einer kulturpolitischen Ausmarchung

Als man sich am Abend des 25. September im Stadttheater zur Premiere von Verdis ‹Otello› und zur Eröffnung der ersten Saison unter der Direktion von Frank Baumbauer traf, war die Erleichterung darüber, dass dies Geschäft nun ausgestanden war, allenthalben spürbar. Vor allem gönnte man den Musikern, die am direktesten von den Auseinandersetzungen betroffen waren und merklich unter der mit ihnen verbundenen Unsicherheit litten, die Entschärfung der angespannten Situation. Doch wie man sich zum Ausgang der Abstimmung auch stellen mochte: so recht froh konnte man in beiden Lagern nicht werden. Allzu viel Porzellan war in den Kontroversen zerschlagen worden, und der Scherbenhaufen, vor dem die Befürworter der Stiftung für den Fall einer Ablehnung der Vorlage so eindringlich gewarnt hatten, war längst Realität geworden. Dazu haben die unglückliche Situation im Bereich der Presse (die grösste Tageszeitung der Region behandelte das Problem anfänglich in grob einseitiger Weise) und ein Vorgehen seitens des Erziehungsdepartements beigetragen, das durch wenig Einsicht in die kulturellen Gegebenheiten der Stadt und mangelndes politisches Fingerspitzengefühl getrübt war. Dass auch die Referendumsgruppe nicht immer mit lupenreinen Argumenten gefochten hat, kann indes ebenso wenig verschwiegen werden.

Im nachhinein überwiegt das Bedauern darüber, dass in diesem bedeutungsvollen Geschäft die Chance vergeben wurde, den Konsens, ohne den es in den engen Verhältnissen unseres Stadtstaates nicht geht, *vor* der politischen Ausmarchung und unter den direkt Betroffenen zu finden. Denn die Instrumente der Politik taugen nicht für die Behandlung so differenzierter Fragen, wie sie hier gestellt waren. Nirgends zeigte sich dies deutlicher als in der Schlussphase des Abstimmungskampfes, in der sich die Diskussion arg vergröbernd auf die Frage konzentrierte, worin die Folgen einer Ablehnung der Vorlage bestünden. Da standen sich denn die Meinungen, als Spitzen zweier gewaltiger Eisberge, in einer unfruchtbaren Konfrontation gegenüber, in die auch das Bundesgericht mit seinem in letzter Minute gefällten Entscheid, die von der Referendumsgruppe gegen die Formulierung der Abstimmungsunterlagen erhobene staatsrechtliche Beschwerde abzulehnen, keine Klarheit bringen konnte. Dem Stimmbürger fiel dann die unglückliche Aufgabe zu, einen Zwist zu schlichten, bei dem schliesslich bestenfalls ein Gefühlsentscheid möglich war.

Im Zentrum der Auseinandersetzungen standen zwei Fragen, die für die Struktur des Basler Musiklebens bezeichnend sind. Welche Rolle die SRG in dieser Strukturreform spiele, war die eine dieser beiden Fragen. Die Gründung der ‹Stiftung Basler Orchester›, so deren Gegner, stelle einen eigentlichen Kniefall vor der Machtpolitik der SRG dar, die nicht nur vorzeitig aus einem gültigen Vertrag entlassen, sondern für den ihrem Kulturauftrag widersprechenden Rückzug noch mit Zugeständnissen belohnt werde. Tatsächlich war weder zum Zeitpunkt des Grossratsbeschlusses noch zu jenem der Volksabstimmung bekannt, auf welche Leistungen Radio DRS im neuen Modell Anspruch hat. Bevor der Gesamtarbeitsvertrag unterschrieben sei, könne der Vertrag mit der SRG nicht bereinigt und publik gemacht werden, verlautete dazu von seiten der Stiftung, die der staunenden Öffentlichkeit damit die Katze im Sack verkauft hat. Das Geschäft sei so dringend, weil es gelte, durch schrittweisen Abbau soziale Härten zu vermeiden, und immerhin sei die Situation durch die längerfristige Bindung der SRG weniger schwierig als bei deren vollständigem Rück-

zug. Indessen hat auch niemand verhehlen können, dass das Problem der Finanzierung der beiden Basler Orchester 1995, spätestens aber im Jahr 2000, erneut anstehen wird. Ob es dann endlich zu der regionalen, vom Kanton Baselland mitgetragenen Lösung kommt, für die sich die BOG von Anbeginn stark gemacht hatte?

Die andere der beiden Kardinalfragen bezog sich unmittelbar auf die BOG, der krasses Versagen und Erstarrung in einer unzeitgemässen Organisationsform vorgeworfen wurde. Das neue Modell, so die Vertreter der Stiftung, versuche demgegenüber, die verschiedenen Orchesterbenützer in einer gemeinsamen Trägerschaft zu vereinen und zu vermehrter Mitverantwortung als Arbeitgeber zu führen. Zudem könnten, durch den personellen Ausbau der Verwaltung und die Option auf einen Chefdirigenten, die zum Teil disparaten künstlerischen Energien effizienter ausgenützt werden – und zu welch günstigen Ergebnissen dies führen könne, erweise sich gerade am Beispiel des Basler Musik Forums. Die Referendumsgruppe meinte dazu, dies alles sei auch in der hergebrachten Struktur möglich – und ausserdem sei die BOG als Verein weitaus transparenter als die sich durch Kooptation (Selbstergänzung) erneuernde, mit weitgehenden Befugnissen versehene, aber kaum kontrollierbare Stiftung, die sie als Gebilde einer dirigistischen, den föderalistischen Verhältnissen unangemessenen Kulturpolitik darstellten. Sicher ist dabei, dass mit dem Übergang von der BOG zur Stiftung eine Art Generationenwechsel stattfindet – ein Schritt vom privaten Engagement zum professionellen Management. Und dass durch diesen Abstimmungskampf schiefes Licht auf eine Institution gefallen ist, ohne die wir in bezug auf die Orchesterkultur in Basel nicht stünden, wo wir stehen. Was bleibt, sind die Probleme; ob sie in der neuen Struktur eher gelöst werden können, wird die Zukunft erweisen.

Charlotte Gutscher/Daniel Reicke

1987 entdeckte Wandmalereien aus dem Mittelalter am Heuberg 20

Höfische Dekoration in bürgerlichem Auftrag

Am Rand der Basler Altstadt wurde 1987/88 das Haus Heuberg 20 renoviert. Bei diesen Arbeiten stiess man im Erdgeschoss und im ersten Stock auf mittelalterliche Wandmalereien. Diese geschichtlich und kunsthistorisch nicht nur lokal bedeutende Entdeckung wird im folgenden erstmals der Öffentlichkeit vorgestellt.

Das ‹zum Helfenberg› genannte Haus hiess in der Zeit um 1300 – gemäss der ältesten Hausurkunde – ‹Seraphins Hus›. In einer weitern Urkunde wird belegt, dass Richard Seraphin sein Haus, oder die noch unbebaute Liegenschaft, von einem Conrad Schaltenbrand über dessen Schwiegersohn übernommen hatte. Die Hausbesitzer gehörten zur städtischen Oberschicht. Für ihren Besitz am Heuberg schuldeten sie dem Leonhardsstift Zinsen[1]. Auf den mutmasslichen Auftraggeber der Malereien werden wir nach Besprechen der Funde zurückkommen.

Das unter Denkmalschutz stehende Haus wurde anlässlich des Umbaus von der Basler Denkmalpflege untersucht. Die Befunde zur Entwicklung des Hauses werden hier nur soweit zum Verständnis der Malereien notwendig gestreift. Wesentlich – und seit jeher bekannt – ist, dass im ‹Helfenberg› wie in den benachbarten Häusern am Leonhardsgraben noch Reste der sogenannten innern Stadtmauer stecken. Diese Befestigung wurde nach allgemeiner Auffassung in der Zeit um 1200 erbaut.

Im übrigen hat die Untersuchung in der jetzt er-

möglichten Form erst teilweise Klarheit über die Grössenentwicklung des Hauses ergeben. Zur Zeit der hier vorzustellenden Bemalung der Räume – um 1300 – wies das Haus mindestens zwei gemauerte Geschosse und einen Keller auf. Erstaunlicherweise wurde damals die noch in Funktion stehende Stadtmauer als Rückwand des Hauses benützt. Die Breite von rund 3,5 m ergab sich aus dem Umstand, dass die Nebenparzellen schon vor 1300 zum Teil mit Gebäuden belegt waren. Im bemalten Raum im Erdgeschoss waren die Balken anders als üblich vom Heuberg zur Stadtmauer hin gelegt, nicht zwischen die Brandmauern gespannt. Für den Zustand zu jener Zeit müssen wir uns einen längsschmalen und schlecht beleuchteten Raum vorstellen; Fenster waren nur an der Heubergseite vorhanden.

Für die Gelegenheit, das Haus in seinen wichtigsten Teilen untersuchen zu können, und für die Bereitschaft, die Malereifunde in angemessener Form restaurieren zu lassen, sei der Bauherrschaft an dieser Stelle herzlich gedankt[2].

Die Wappenfolge im ersten Stock

An der südlichen Brandmauer des ersten Obergeschosses kamen gemalte Wappen zum Vorschein (Abb. 1), die nachweislich seit dem Basler Erdbeben 1356 nicht mehr sichtbar gewesen waren. Die Wappen sind in zwei rund 40 cm hohen Streifen angeordnet. Die Streifeneinteilung und

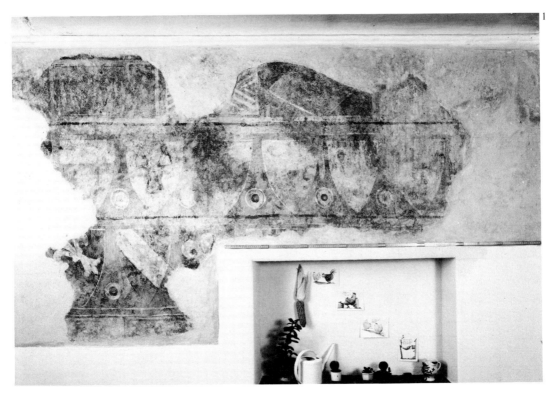

die Kontur der Wappen werden von braunen und helleren, wellig gezogenen Pinselstrichen gebildet, wobei sich die helleren ‹Striche› bei genauerer Betrachtung als Leerstellen erweisen, an denen der helle Ton des Putzgrundes, eines glattgestrichenen Kalkmörtels, roh belassen wurde. Farbtöne sind kaum erhalten geblieben. Einige rötlich-braune Flächen und Striche dürften von einem nachträglichen Auffrischen herrühren. Vermutlich waren die Wappen schon ursprünglich grisaille-artig ausgeführt. In den Zwickeln zwischen den Wappen sind konzentrische Kreise wie übergrosse Nieten hingemalt. Den Zwischenraum zur Decke hin füllt ein quaderartig eingeteiltes Register mit einfachen geometrischen Mustern. Entsprechend war auch die Wappenmalerei an ihrem untern Rand ge-

Abb. 1. Heuberg 20, 1. OG. Gemalte Wappenfolge im restaurierten Zustand.

fasst, wie der gerade noch erhaltene Ansatz belegt.

Doch nun zu der Frage, welche Familien hier vertreten sind und aus welcher Zeit die Wappen stammen könnten. In der obern Reihe sehen wir links als erstes das Wappen der Ritter von Rotberg[3], dann die drei Steigbügel eines Ritters von Titensheim[4]. Der dritte und der vierte Schild dieser Reihe enthalten kaum mehr lesbare Reste[5]. Schwache Spuren eines Motivs könnten im fünften Wappen als Turm im ersten Viertel des Schilds lesbar sein. Ein solches Zeichen führten die ‹vom Turm› genannten Ritter[6]. Die zweite Reihe beginnt – im erhalten geblienen Teil – mit dem recht deutlich sichtbaren Wappen der Familie Iselin. Die schräge weisse Lilie im roten Feld gehört zur ältern Familie dieses Namens, die in Basel mit dem Achtburger (d.h. einem in den Rat wählbaren Bürger) und Spitalpfleger Hermann seit 1265 bekannt ist. Das zweite Wappen unten könnte von den Meier von Hüningen oder der Familie von Hall herstammen; die Zuordnung des weissen Schrägbalkens in rotem Feld bleibt ungewiss[7].

Mit Glück können wir das dritte Wappen sicher deuten: es handelt sich um jenes der Achtburger Familie zer Sunnen (seit 1271 in Basel genannt), denn neben der vielfach verwendeten stehenden Lilie ist gerade noch ein Rest der gespreizten Beine im untern Teil des Schildes erhalten geblieben[8]. Der Rest eines vierten Wappens mit Zinnen am obern Rand darf als jenes der Familie zum Tor betrachtet werden. Sie wird 1272, bzw. seit 1291 als Bürger von Basel, urkundlich erwähnt[9].

Fassen wir zusammen: Im obern Streifen sind – soweit wir nun sehen – Familien des niedern Adels belegt, unten sind eher städtische Patrizier dokumentiert. Alle identifizierten Familien sind in Basel im späten 13. Jahrhundert vertreten.

Der wappengeschmückte Raum liegt im ersten Stock und stösst an die Stadtmauer. Als innerer Abschluss des Raumes ist aufgrund eines Verputzabdrucks eine Holzwand anzunehmen[10]. Daraus ergibt sich eine Gesamtfläche von 4,5 m Tiefe und 3,5 m Breite. Ob dieser Raum rundum mit Wappen bemalt war, bleibt leider offen, da die drei übrigen Wände nur in verschwindend kleinen Resten erhalten geblieben sind. Denkt man sich die gefundene Wappenmalerei ergänzt auf die ganze Länge der bemalten Seite, ergäbe dies Platz für etwa dreissig Wappen.

Heisst das nun, dass wir am Heuberg Reste einer Bestandesaufnahme unter den vornehmen Geschlechtern der Stadt vor uns haben, so wie der Wappenbalken im ‹Schönen Haus› am Nadelberg den Adel des Oberrheingebiets aufzuzählen sucht[11]? Oder war die Anzahl der Wappen beschränkt und bildeten sie eher die Dekoration einer Trinkstube, in der die Versammelten sich mit ihren Wappen verewigt hatten? Es fällt ja in der Tat auf, dass die identifizierbaren Wappen nur in Basel ansässige Familien bezeichnen.

Die aufgeworfenen Fragen müssen hier unbeantwortet bleiben. Die Verbindung zwischen den vorkommenden Geschlechtern ist unklar, und eine Bindung an das Leonhardsstift bleibt hypothetisch – immerhin war der 1292–1303 zu St. Leonhard amtierende Propst Martin ein zer Sunnen.

Die Bemalung der Wände im Erdgeschoss

An den Brandmauern ist im Erdgeschoss eine ursprünglich wohl rund um den Raum laufende Dekoration je etwa vier Meter lang erhalten geblieben (Abb. 2–4)[12]. Es ist eine Quadermalerei; jeder Spiegel enthält ein figürliches Motiv. Beim Untersuchen der Farben ist man auf Differenzen gestossen, die auf einen Altersunterschied zwischen der Bemalung der zwei Wände hindeuten: die Südwand weist sienafarbige und rote, die nördliche blaue und rote Felder auf. Da in den hellbraun bzw. sienafarbig gehaltenen Feldern der Südwand als fast ganz verlorengegangene, überlagernde Schicht Reste von Blau entdeckt wurden, darf man schliessen, dass die Malerei im Süden älter ist und dass sie später beim Bemalen der Nordwand angepasst wurde. Dazu ist nur südseits eine rote Pinselvorzeichnung feststellbar, und die figürlichen Motive sind etwas unterschiedlich ausgelegt. An beiden Wänden umreissen schwarze Pinselstriche die Felder und die Motive, und die Körper sind ockerfarbig bemalt. Als Zeitspanne zwischen den zwei Maletappen darf wohl etwa ein Jahrzehnt angenommen werden.

Die Gliederung ist beidseits identisch: durch

waagrechte und senkrechte Bänder werden Felder ausgeschieden, die farblich so übereinander versetzt sind, dass eine von rechts nach links steigende Treppenmusterung entsteht. Damit greift der Auftraggeber ein höfisches Motiv auf, dessen repräsentative Wirkung trotz formaler Entfremdung dieselbe geblieben ist: aus festen Hausteinen aufgeführte Mauern werden malerisch vorgetäuscht. Diese *Quadermalerei* in einfacher Form war im Mittelalter äusserst beliebt. Die hier vorliegende Sonderform knüpft an antike Wandverkleidungen aus geschnittenen Marmorteilen an[13]. Solche Marmorinkrustationen wurden schon in römischer Zeit malerisch imitiert, und im Mittelalter verselbständigen sich die Formen zu Ornamenten, schliesslich zu figürlichen Zeichnungen in den Quaderfeldern. Häufig treten mit steigenden und fallenden, diagonal verlaufenden und sich kreuzenden Wellenbändern verzierte Quader mit vereinzelten figürlichen Verzierungen zusammen auf, so in verschiedenen Häusern in Zürich (vgl. Abb. 5) und an der Martinsgasse 13 in Basel[14]. Auf diese Art können Wände, aber auch Deckenbalken bemalt sein, wie im ‹Schönen Haus› in Basel, Nadelberg 67. Am Heuberg 20 sind ausschliesslich figürliche Motive verwendet, wobei sich je zwei pro Steinlage wiederholen. Erhalten sind fünf Reihen mit je neun bemalten Feldern.

An der Nordwand wird der regelmässige Wandaufbau durchbrochen: In der zweitobersten Steinlage steht die Gestalt eines *hornblasenden Jägers* (Abb. 3), die grössenmässig zwei Quaderlagen einnimmt. Der Mann steht hinter der horizontalen Fuge und hält sich an ihr wie an einem Geländer fest, verdeckt aber die vertikale Fuge, stellt damit das ganze Gefüge der Wandgliederung auf den Kopf und schafft sich gleichsam eine schmale Bühne. In den vor ihm liegenden Feldern spielt sich eine Hirschhatz ab (Abb. 2). Die sieben verfolgenden Hunde und der angegriffene Hirsch fügen sich wieder in die

2

3

132

Abb. 2. Heuberg 20, EG.
Quadermalerei an der
Nordwand.
Ausschnitt links mit dem
Hirsch im zweiten Register.

Abb. 3. Heuberg 20, EG.
Quadermalerei an der
Nordwand.
Ausschnitt rechts mit dem
hornblasenden Jäger.

Abb. 4. Heuberg 20, EG.
Quadermalerei an der
Südwand. Ausschnitt.

4

vorgegebenen Quader ein. Die Hunde lassen sich nach ihrer Rasse bestimmen: direkt vor dem Jäger der grosse und kräftige ‹Hühnerhund›, der meist das Gros der Meute bildet, aber nicht so schnell ist wie die Windhunde, die fähiger sind, einen Hirsch zu stellen. Sie sind verschieden gezeichnet und auch hier dem Hühnerhund voran direkt dem Hirsch auf den Fersen. Sie gelten als die vornehmste Hunderasse.

Der szenische Einschub unterbricht die Reihe der zwei je Steinlage alternierend auftretenden *Fabeltiere*. An der Südwand lassen sich die Motive in den obersten vier Registern eindeutig bestimmen (Abb. 4). Zuoberst stehen sich ein Greif, das Mischwesen halb Löwe, halb Adler, und ein grimmender Löwe gegenüber. In der nächstunteren Steinlage begegnen sich ein weibliches und ein männliches Fabelwesen mit geschupptem Schlangenleib, zwei Drachenfüssen und menschlichen Zügen. Die dritte Reihe zeigt den Kampf zwischen einem Einhorn und einem hundeähnlichen Tier, wohl einem Fuchs. In der letzten deutlich lesbaren Steinreihe bedrohen sich zwei Flügelsphingen. Die schwach erkennbaren Reste einer Zeichnung in der fünften Steinreihe lassen sich wohl als springender Hund lesen.

An der Nordwand stehen zwei phantastische Mischwesen ohne überlieferte Namen Kopf an Kopf: eine ‹Hasenschlange› und ein ‹Hundsdrache› – beide zweibeinig, mit Tierkopf. Ein Kampf zwischen zwei bewaffneten Kentauren bildet den letzten sicher interpretierbaren Fries; die Fabelwesen der untersten zwei Steinlagen können nur nach Indizien grob eingegrenzt werden: ein Meerwesen mit Fischschwanz und Rückenflosse gegenüber einem Wesen mit gespaltenem Schwanz – einem Basilisken? – und zuunterst ein drachenartiges Wesen mit weitaufgerissenem Rachen.

Zur Herkunft der Mischwesen

Die Darstellung phantastischer Wesen hat sich gleichsam in die Steinsimitationsmalerei eingeschlichen. Man hat auch in anderen Kunstgattungen den Eindruck, die Fabeltiere seien irgendwo auf der Lauer gelegen, um sich bei geeigneter Gelegenheit in einem ikonographisch nicht festgelegten Winkel niederzulassen; überall dort nämlich, wo die im Mittelalter durchwegs sakrale Bilderwelt einen künstlerischen Spielraum bot: in der Verzierung von Gebrauchsgegenständen, wie Pferdetrensen, Brettsteinen, Truhen, Schmuckkästchen, oder auf Textilien. Auch in der kirchlichen Kunst haben sich die Mischwesen behauptet: auf Backsteinen und Bodenfliesen, auf plastischen Arbeiten am Kirchenaussenbau und in der Kapitellzone, an Rückseiten von Herrschersitzen und an Chorgestühlen, etwa an den Miserikordien, in der Buchmalerei bei den Verzierungen der Prachtsinitialen (vgl. Abb. 6). Auch wenn diesen Wesen eine dämonenabwehrende Funktion zugeschrieben wird, so scheint sie doch oft hinter der Freude über die Vielfalt des Formenschatzes zurückzutreten. In wahrem Überfluss bevölkern diese Wesen Zwickel- und Restfelder, kein Platz ist zu klein, ein – der Rahmenform angepasstes – Fabelwesen aufzunehmen. Formal haben sich die Wesen verselbständigt, und doch bleibt etwas vom antiken Ursprung haften, der im mittelalterlichen Denken noch tiefe Wurzeln hat. So wird an der Existenz der im fernen Indien beheimateten Wesen nicht gezweifelt. Seit den Berichten über den Indienfeldzug Alexanders des Grossen im Jahr 326 v. Chr. ha-

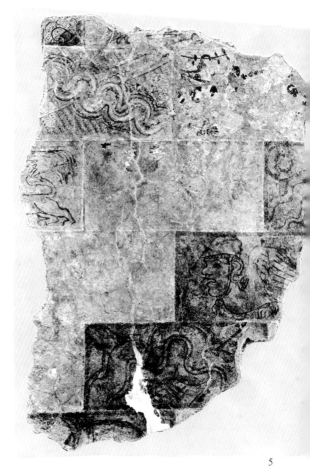

5

Abb. 5. Abgelöstes Fragment einer nur in Resten erhaltenen ‹opus-sectile›-Malerei. Hier finden sich eingestreut in die ornamental gestalteten Felder vereinzelte figürliche Motive. Gut vergleichbar ist etwa der fratzenhafte Kopf des zweibeinigen Drachens mit dem männlichen Kentauren der Nordwand. Zürich, Spiegelgasse 13, ‹Zur hohen Eich›, frühes 14. Jahrhundert.

ben sich diese ‹Wunderwesen des Ostens› im wesentlichen unverändert tradiert. Selbst die meist gelehrten Reisenden des Mittelalters ziehen aus, um das zu sehen, was sie erwarten, und bestätigen bei ihrer Rückkehr die antike Überlieferung. So erscheinen die Wunderwesen in Enzyklopädien, in Tierbeschreibungen wie dem Physiologus und in Bestiarien, auf Weltkarten und in Reiseberichten[15]. Man hat den Eindruck, eine moralisierende Ausdeutung dieser Fabelwesen sei die einzige Möglichkeit gewesen, dem nicht ausrottbaren Weiterleben dieser Vorstellungen zu begegnen. Und so wirkt die christliche Interpretation für uns heute vielfach sehr weit hergeholt.

Im Physiologus heisst es etwa über das Einhorn: «Ein einzig Horn hat es mitten auf dem Haupte. Wie aber wird es gefangen? Man legt ihm eine reine Jungfrau, schön ausstaffiert, in den Weg. Und da springt das Tier in den Schoss der Jungfrau und sie hat Macht über es . . . Dies nun wird übertragen auf das Bildnis unseres Heilands. Denn es wurde auferweckt aus dem Hause David das Horn unseres Vaters, und wurde uns zum Horn des Heils . . . er ging ein in den Leib der wahrhaftig und immerdar jungfräulichen Maria, und das Wort ward Fleisch und wohnete unter uns[16].» Wirklich im Denken verankern konnte sich denn auch nur eine allgemeinere Bedeutung: die am Rande der Welt wohnenden ‹Halbmenschen› können das Böse schlechthin versinnbildlichen und werden als mögliche Erscheinungen der Dämonen gefürchtet.

Die Dominanz der bildlichen Tradition

Versucht man die auftretenden Wesen zu kategorisieren, so fällt auf, dass sie sich in zwei Hauptgruppen einteilen lassen: in löwen- und in drachenleibige Mischwesen.

Die Abbildung eines wirklichen *Löwen* führt die erste Gruppe an der Südwand an. Charakteristisch ist die nach oben geschwungene heraldische Darstellung des Schwanzes mit pflanzlich ausgestalteter Quaste. Diese Schwanzform zeichnet alle Löwenmischwesen unserer Bemalung aus. Das Gegenüber des Löwen, der *Greif*, ist dem Löwen an Kraft ebenbürtig, seine Exi-

stenz ist unbestritten und seine Gestalt auch formal so fixiert, dass sie während Jahrhunderten kaum Änderungen unterworfen war[17]. Als Mischform mit menschlichen Elementen gehört auch die *Flügelsphinx* zu dieser Gruppe. Dieses Wesen mit deutlicher Antikentradition wird im Mittelalter ausschliesslich in profanem Kontext dargestellt[18]. Verschiedene Körperteile sind austauschbar, und die Grenze zur Familie der Sirenen ist zuweilen fliessend. Einer weiteren Kombination von Löwenkörper und Menschenkopf begegnen wir an der Nordwand. Anstelle der Flügel hat das *Mischwesen* zwei menschliche Arme, und durch die Sechszahl der Extremitäten gehört es zur Familie der Kentauren. Da diese in antiker Tradition einen Pferdeleib besitzen, ist die Gestaltung der Vordertatzen sehr unbeholfen. Doch auch dieses Wesen ist keine Eigenkreation des Malers: solche ‹Leontokentauren› treffen wir häufig auf bemalten Kästchen des frühen 14. Jahrhunderts[19]. Die aggressiven Kentauren kämpfen immer mit Rundschild und Schwert, ihre Bewaffnung wird kopiert und nicht der zeitgenössischen angepasst[20].

Auch die zweite hier auftretende Gruppe der Mischwesen hat durchgehende Gemeinsamkeiten: der Körper wird nur durch zwei Füsse getragen, der geringelte Schwanz dient als hintere Stütze. Dies unterscheidet sie vom ‹reinrassigen› Drachen, der als geflügelte Schlange mit vier krokodilartigen Füssen gilt. Die Mischwesen der zweitobersten südlichen Steinlage sind denn auch nicht mit einem antik überlieferten Terminus zu definieren: zur Sirene fehlen ihnen die Flügel, dem Basilisken widerspricht der menschliche Kopf. Die Verlegenheit der genauen Wiedergabe des Vorderkörpers wird durch ein lose hängendes Gewand verdeckt, das vom Halsansatz bis zum fischartig geschuppten Hinterteil reicht. Die nächste mir bekannte ikonographische Verwandte ist ein Mischwesen im ‹Haus zur Treu› in Zürich[21]. Anzuschliessen sind die Zweifüssler der obersten nördlichen Steinlage. Die rechtsgerichtete ‹Hasenschlange› zeigt formale Ähnlichkeiten mit einem ‹Schnabeldrachen› im ‹Haus zum langen Keller› in Zürich: Ob die Hasenohren auf eine formale Missdeutung eines aufgerissenen Rachens zurückgehen[22]? Im 14. Jahrhundert begegnen wir hie und da ähnlichen Wesen, so etwa auf einer Initialverzierung des Manuskripts Engelberg, Cod. 6[23]. Hier treten auch Verwandte des ‹Hundsdrachens› auf, der geflügelt und mit Dreispitzschwanz erscheint. Ganz bestimmt gehen diese Wesen, die zwar nicht frei erfunden, sondern nach Vorlagen – möglicherweise zuweilen falsch – kopiert werden, nicht auf literarische Vorbilder zurück.

Einer Erwähnung bedarf noch die Darstellung des kämpfenden *Einhorns,* des äusserst beliebten Fabeltieres, dessen Existenz unangezweifelt war. Es hat nebst der zitierten verschiedene weitere Deutungen erfahren. Der Kampf mit dem fuchsähnlichen Tier steht jedoch ohne fassbare Tradition[24].

Allgemein formuliert lässt sich hier also eine Ikonographie fassen, die sich rein auf dem bildlichen Weg tradiert hat. In Musterbüchern werden Vorlagen weitergegeben. Christliche Interpretationen werden den Fabelwesen gleichsam ‹übergestülpt›, auf ihre formale Ausprägung haben sie jedoch keinen Einfluss.

Zur Datierung der Malereien

Die Wappenmalerei ist vor 1356 zu datieren. Dieses Ergebnis fusst auf der Bestimmung der Balken im Haus sowie auf der Feststellung, dass diese nach Bestehen der Malereien eingefügt wurden. Die als Hausmauer verwendete Stadtbefestigung aus der Zeit um 1200 legt die obere Grenze für die Datierung fest. Die Schildform gleicht den Wappen in der Manessischen Liederhandschrift und macht eine Datierung ins beginnende 14. Jahrhundert wahrscheinlich.

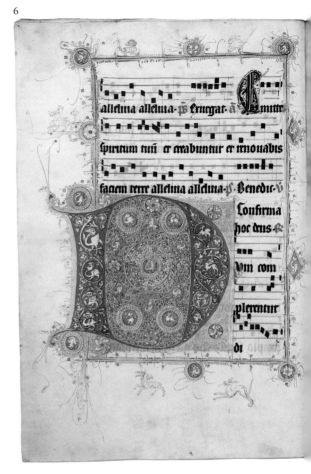

Abb. 6. Initiale D mit verschiedensten in die Ornamentik eingebundenen Fabeltieren. Am unteren Rand die Darstellung eines vom Windhund verfolgten Hirsches – der Buchilluminator schöpft aus einem ähnlichen Formenschatz wie der Wandmaler am Heuberg 20. Aargauische Kantonsbibliothek, MsMurF 2 fol. 8 v. Um 1330.

Zum zeitlichen Verhältnis der Malereien im Erdgeschoss zu den Wappen im Obergeschoss lässt sich nichts Gesichertes aussagen. Die Quadermalerei lässt jedoch kunsthistorische Vergleiche und eine feinere Datierung zu. Dabei kommen uns die Modeformen zu Hilfe, etwa die

Frisuren der Frauenköpfe an der Südwand, die ins ausgehende 13. Jahrhundert zurückweisen[25]. Altertümlich ist die Gestaltung der gefiederten Flügel[26]. Vergleiche mit den Deckenmalereien im ‹Schönen Haus› und mit St. Urban-Backsteinen aus dem letzten Drittel des 13. Jahrhunderts drängen sich auf[27]. Wir halten eine Entstehung der ersten Bemalung an der Südwand um 1300 für wahrscheinlich.

Anders die Nordwand. Sie zeigt Merkmale, die in den zwanziger Jahren des 14. Jahrhunderts denkbar sind, wie das inhaltliche Einbeziehen der Wandgliederung in die Jagdszene[28]. In diese Zeit passt auch die Kleidung des Jägers, die der etwa gleichzeitigen manessischen Liederhandschrift nahesteht[29]. Ähnliche Freiheit im Umgang mit Fabelwesen weisen die Initialornamente in Handschriften der Zeit um 1320/1330 auf. Dazu möchten wir das im Leonhardskloster entstandene Manuskript aus der Aargauischen Kantonsbibliothek zeigen (Abb. 6)[30].

Würdigung

Das Grundthema der Quadermalerei ist der Kampf: die Fabelwesen stehen sich paarweise drohend und streitend gegenüber. Sie sollen böse Mächte vom Haus fernhalten und erinnern den Betrachter an die Kraft des Dämonischen. Die Hirschhatz bildet eine tendenziell jüngere Bereicherung dieses Motivschatzes. Aus symbolischer Sicht könnte der Jäger die suchende Seele des Menschen verkörpern, die nach dem Hirsch als Sinnbild des Guten strebt. In diesem Zusammenhang wäre ein bemaltes Kästchen aus dem 13. Jahrhundert zu nennen, auf dem Fabelwesen und höfische Jagdszenen in ähnlicher Art kombiniert sind[31].

Ein selbstbewusster Stadtbürger liess hier also im frühen 14. Jahrhundert sein Haus repräsentativ ausgestalten. Als Auftraggeber kommt Richard Seraphin, Dekan der Kirche in Rumersheim, in Frage. Die genannten höfischen Motive – Wappen, Quadermalerei und Jagd – sollten das Fortführen adeliger Kultur in der an Bedeutung gewinnenden Stadt unterstreichen. Diese in Zürich schon vielfach belegte Tradition[32] war in Basel bisher erst aufgrund bemalter Balkendecken fassbar. Als qualitativ hochstehende Wandmalerei hat der Fund am Heuberg eine grosse Bedeutung.

Anmerkungen:

1 Vgl. das Historische Grundbuch im Staatsarchiv Basel.

2 Bauherrschaft und Eigentümer sind Herr und Frau Prof. Rudolf und Martha Fellmann-Erb. Den Umbau betreute Architekt Werner C. Kleiner, die Bauführung Diethelm Locher (Berger Architekten). Bund und Kanton subventionierten die Renovation, die Malereien wurden von Paul Denfeld restauriert.

3 Die schon 1197 erstmals urkundlich genannte Familie von Rotberg ist seit 1226 in Basel vertreten, u.a. mit einem Domherrn Ulrich. Vgl. Urkundenbuch der Stadt Basel, hrsg. v. Rudolf Wackernagel, Bd. I ff., 1890 ff.

4 Spätestens seit 1237 befindet sich Niklaus von Titensheim in Basel. Er war im städtischen Rat und amtete als Schultheiss in Kleinbasel.

5 Im vierten Wappen sind schwach zwei Kugeln zu erkennen. Deren Lage ist aber nicht so, dass man daraus ein Wappen ‹von Hall› ableiten könnte (= drei rote Kugeln im weissen Schrägbalken).

6 ‹Vom Turm› oder ‹im Turm› sind in Basel laut Urkundenbuch der Stadt Basel seit 1241 erfassbar.

7 Die (jüngern) ‹Meier von Hüningen› (Wappen mit drei roten Sternen im weissen Schrägbalken) werden in den Urkunden erst von 1345 an genannt. Die Achtburger ‹von Hall› sind seit 1272 bekannt (Wappen mit drei roten Kugeln im weissen Schrägbalken).

8 Im ‹Schönen Haus› nicht belegtes Wappen; vgl. Anmerkung 11.

9 Das ersterwähnte Mitglied der Familie zum Tor ist der

1272 als Testamentsvollstrecker in Basel eingesetzte Magister Johann. 1291 bildet ein Ulrich zum Tor in einem Abkommen mit Luzern zusammen mit andern ein menschliches Unterpfand der Stadt Basel. Er darf demnach als Bürger von Basel betrachtet werden. Der Familie Offenburg kann das Wappen nicht zugeordnet werden, da sie erst später auftaucht.

10 An Stelle der im Keller erfassten ältesten Stadtbefestigung, der sog. Burkhardschen Mauer. Vgl.: Rolf d'Aujourd'hui, die Burkhardsche Stadtmauer aus dem späten 11. Jahrhundert; in: Basler Stadtbuch 1983, 104. Jahr, S. 233–242.

11 Nadelberg 4, Hinterhaus, 1. Stock. Vgl.: Günter Mattern, Der Wappenbalken im ‹Schönen Haus› zu Basel, ein Beitrag zur oberrheinischen Wappengeschichte. Schweizer Archiv für Heraldik, Jahrbuch 1978, 3–12.

12 Zur genauen Bestandesaufnahme wurden die Malereien durch S. Tramèr, Basler Denkmalpflege, gepaust. Die Restaurierung umfasste folgende Massnahmen (nach Bericht P. Denfeld): Fixierung der Malschicht, Putzergänzungen und Kittungen in der Malerei bündig, an Stellen, wo die Malschicht fehlte, auf einem etwas tieferen Niveau. Retuschen in Aquarellfarben, bei kleineren Fehlstellen in neutralem Hintergrund lasierend, bei formtangierenden Stellen in der sogenannten Trattegio-Manier, welche sich vom Original deutlich unterscheidet. Grosse Fehlstellen wurden in getönter Kalkfarbe neutral eingestimmt.

13 Albert Knöpfli, Farbillusionistische Werkstoffe. In: Palette, Heft 34, 1970.

14 Vgl.
– zu Zürich: Charlotte Gutscher-Schmid, Bemalte spätmittelalterliche Repräsentationsräume in Zürich. In: Nobile Turegum multarum copia rerum. Zürich 1982, Kat. 1, 2.
– zu den Basler Beispielen: Dokumente der Denkmalpflege (Nadelberg 6, 10, 16, Martinsgasse 13).
– zum Haus ‹zum langen Keller›, Zürich: Lukas Wüthrich, Wandgemälde. Katalog der Sammlung des Schweizerischen Landesmuseums Zürich. Zürich 1980, S. 70 f.

15 Rudolf Wittkower, Marvels of the East; A study in the History of Monsters. In: Journal of the Warburg and Courtauld Institutes, Bd. V, 1942, S. 159 ff. London 1942. – Götz Pochat, Der Exotismus während des Mittelalters und der Renaissance. Stockholm 1970.

16 Zitat aus: Otto Seel, Der Physiologus. Zürich/Stuttgart 1960. S. 21. – Zur Erscheinung der Dämonen in Tiergestalt: Philipp Schmidt, Der Teufels- und Dämonenglaube in den Erzählungen des Caesarius von Heisterbach. Basel 1926, S. 48 ff.

17 So finden sich nächste Verwandte schon auf orientalischen Elfenbeinkästchen: H. Kohlhaussen, Minnekästchen im Mittelalter. Berlin 1928, mit Katalog, Tf. 3/4. – Mit dem grimmenden Löwen als Gegenüber auf einer niedersächsischen Stollentruhe aus der Zeit um 1300: in den Staatlichen Museen Berlin. Heinz Mode, Fabeltiere und Dämonen in der Kunst. Stuttgart 1974, S. 23. – Nächstgelegenes Vergleichsbeispiel ist eine Darstellung im ‹Schönen Haus›, Nadelberg 4 (1. Balken), aus dem letzten Drittel des 13. Jh.

18 Siehe Heinz Mode (Anm. 17), S. 80 ff. Vergleichbar wiederum eine Darstellung im ‹Schönen Haus› (Anm. 17), 8. Balken. – Zum Mangel einer christlichen Interpretation: Paul Michel, Tiere als Symbol und Ornament. Wiesbaden 1979, S. 70, Anm. 75.

19 Kohlhaussen (Anm. 17), Kat. Nr. 19, 21, 23, 162. Ähnlich wohl auch im ‹Schönen Haus› (Anm. 17), 1. Balken.

20 Offenbar gehört die Darstellung des Rundschilds zur bildlichen Tradition. Vgl. etwa: Kohlhaussen (Anm. 17), Kat. Nr. 4 und 23; Mode (Anm. 20), S. 109. – Die Schwertform findet sich im Haus ‹Zum langen Keller› in Zürich wieder. Siehe Wüthrich (Anm. 14), S. 59.

21 Marktgasse 21, nach 1322. Jürg E. Schneider/Jürg Hanser, Wandmalerei im alten Zürich. Zürich 1986, Abb. 15.

22 Vgl. Wüthrich (Anm. 14), Kat. 44, Abb. 99.

23 Stiftsbibliothek Engelberg, Cod. 6, fol. 264 v. Publiziert in: Ellen J. Beer, Beiträge zur oberrheinischen Buchmalerei in der ersten Hälfte des 14. Jh.. Basel 1959, Kat. 10, Tf. 14.

24 Die Literatur ist sehr umfangreich, etwa: Rüdiger Beer, Einhorn. Fabelwelt und Wirklichkeit. München 1972.

25 Das Mischwesen zeigt das sogenannte ‹Gebende›, eine Kopfbedeckung, die sich seit dem zweiten Viertel des 13. Jh. bis ins frühe 14. Jh. hält. Aenne Liebreich, Kostümgeschichtliche Studien zur kölnischen Malerei des 14. Jh. In: Jahrbuch für Kunstwissenschaft. Leipzig 1926, S. 129 ff.

26 Ähnlich gestaltet sind etwa die Flügel des ‹hinterlistigen Drachens›, eingelassen in den Boden des Basler Heinrichsmünsters, 1150–1230.

27 Vgl. Rudolf Schnyder, Die Baukeramik und der mittelalterliche Backsteinbau des Zisterzienserklosters St. Urban. Bern 1958.

28 Ähnlich werden um 1320 im ‹Langen Keller› Würste an der malerischen Leiste ‹aufgehängt›. Siehe Wüthrich (Anm. 14), S. 53, Abb. 66. – Ebenso dient das Abschlussband im Haus ‹Zur Treu› als Vorhangstange. Siehe Schneider/Hanser (Anm. 21), Abb. 15.

29 Die Kopfbedeckung in der Art einer zeitgenössischen Kettenpanzerhaube und der halblange Rock finden sich auch in den Ritterdarstellungen im ‹Langen Keller›. Siehe Wüthrich (Anm. 14), S. 59, Abb. 81.

30 MsMurF 2, fol. 8 v. Publiziert in: Beer (Anm. 23), Kat. 4.

31 Kunstgewerbemuseum Köln, Niederrheinisch. Kohlhausen (Anm. 17), S. 67/68, Tf. 11.

32 Vgl. Anm. 14.

Gruss aus dem 17. Jahrhundert

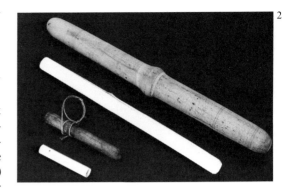

Im März 1988 wurde mit der schon lange geplanten Renovation der Peterskirche begonnen, die voraussichtlich bis 1990 dauern wird und vier Millionen Franken kosten soll. Um die Kirche und den Turm wurde ein Gerüst gebaut, um die sonst unerreichbare vergoldete Kirchturmkugel zugänglich zu machen. Dort fand man eine Kupferkassette mit hölzernen Rollenbehältern, in denen verschiedene Dokumente verwahrt waren. Das älteste ist eine handgeschriebene Pergamentrolle von 1676, bei den andern handelt es sich um Baudokumente der letzten Renovation von 1828 und um zwei Exemplare der ‹Wö-chentlichen Nachrichten aus dem Berichthaus zu Basel› aus dem selben Jahr.

In die restaurierte und neu vergoldete Kugel wurden die alten Dokumente zurückgelegt, ergänzt durch einen Beschrieb der laufenden Renovation und verschiedene Zeitdokumente. Sicherheitshalber wurde zusätzlich eine Stahlkassette mit Zeitungen, Werkzeug und Grussbotschaft an kommende Generationen in die Mauer eingelassen. *Barbara und Kurt Wyss*

1 Der eingerüstete Turm der Peterskirche.

2 In der Kirchturmkugel gefunden: hölzerne Rollenbehälter mit Dokumenten von 1828 (oben) und 1676 (unten).

3 Ausgerolltes Pergament aus dem Jahr 1676.

Fritz Friedmann

Basler Synagoge renoviert

Im August 1987 wurde die vor 120 Jahren einge-
weihte Synagoge der Israelitischen Gemeinde
Basel nach einer gründlichen Renovation erstmals wieder benutzt.

Das Gotteshaus an der Ecke Leimen-/Euler-
strasse gilt als ein für das letzte Jahrhundert
typischer Synagogenbau. Die in den Jahren
1986/87 durchgeführten Renovationen haben
die ‹Sünden› früherer Verschlimmbesserungen
zu einem grossen Teil wieder ausgemerzt. Den

▽ Aussenansicht der renovierten Basler Synagoge.

beauftragten Architekten Diener + Diener ist es
mit viel Liebe zum Detail gelungen, das Gebäude wieder im Sinne seiner Erbauer im alten
Glanz erstehen zu lassen.

Die Innenrenovation erfolgte in enger Zusammenarbeit mit der Basler Denkmalpflege. Den
Arbeiten gingen umfangreiche Untersuchungen
und Versuche voraus. Zunächst ging es um die
Wiederherstellung der Dekorationen in der
beim Bau der Synagoge üblichen Schablonen-
technik. Diese Aufgabe war für das beauftragte
Maleratelier Marcel Fischer um so schwieriger,
als die Voraussetzungen für die Renovation z.B.
bei den Deckenfeldern ganz verschieden sich
darstellten.

Durch die Renovation haben vor allem die Ost-
wand und die beiden Kuppeln stark gewonnen.
Sie konnten nach altem Vorbild wieder bemalt
werden. Die Seitenwände aber wurden nicht –
wie 1891 – mit Ornamenten geschmückt, sondern sorgfältig in einem hellen Farbton bemalt.
Erneuert wurden der Bodenbelag, die Treppen-
aufgänge zur Galerie und Teile der Beleuchtung. Das Vorlesepult für die Thora (Heilige
Schrift) befindet sich jetzt im vorderen Drittel
der Synagoge und nicht mehr auf der Empore.

Nach der Renovation bietet die Synagoge auch
dem Kunstfreund einen überzeugenden Anblick
dieses wohl einzigen Basler Gebäudes in mauri-
schem Stil. Nicht unerwähnt bleiben dürfen die
zahlreichen Steinhauerarbeiten, insbesondere
am Sockel der Synagoge, der aus hartem Solothurner Stein besteht. Die Umwelteinflüsse haben aber auch vor anderen beim Bau verwendeten Steinen nicht Halt gemacht. So mussten insbesondere viele Schäden an den grünen Oster-

△ Innenansicht der renovierten Basler Synagoge.

mundiger-Steinen mit neuen Techniken behoben werden. Aussen sichtbar sind vor allem die völlig erneuerten beiden Kuppeln, bei welchen im Sinne der Erbauer das Eisenblech durch Titanzinkblech ersetzt wurde.

Die Renovation der Basler Synagoge ist eine Synthese gut geplanter und sorgfältiger Arbeit vieler Spezialisten. Dabei war es nicht immer leicht, Leute zu finden, welche die so verschiedenen Techniken früherer Zeiten beherrschen.

Eine Besichtigung der alt-neuen Synagoge lohnt sich für jeden Freund der Architektur- und Kunstgeschichte. Abzuwarten bleibt noch der Ersatz der fehlenden Glasscheiben an der Stirnseite des Baues. Für solche Fragen scheint die Problemlösung in Basel – ohne Unterschied der Konfession – besonders schwierig.

Die jetzt renovierte Synagoge wurde von Hermann Rudolf Gauss erbaut, der kurz vor der Einweihung, erst 33 Jahre alt, starb. Schon bald erwies sich diese Synagoge mit nur einer Kuppel als zu klein. Der Basler Architekt Paul Reber[1] wurde mit der Erweiterung beauftragt. Die 1892 auf zwei Kuppeln vergrösserte Synagoge bot 700 Plätze an. Eine weitere Umgestaltung – durch Architekt Fritz Stehlin – wurde 1920 nach dem Abbruch einer angrenzenden Liegenschaft möglich.

1947 erfolgte eine gründliche Renovation, bei der allerdings viele der jetzt wieder erstandenen Malereien und Dekorationen ‹im Geiste der Zeit› überstrichen wurden[2].

Im Laufe ihrer 120jährigen Geschichte wurde die Basler Synagoge bei den verschiedensten Gelegenheiten von bekannten Persönlichkeiten besucht, Theodor Herzl zeigte sich von diesem Gotteshaus beeindruckt.

Anmerkungen:
1 Reber ist auch Erbauer der Marienkirche in neo-romanischem Stil.
2 S.a.: Nadja Guth; Synagoge und Juden in Basel. Morscha-Verlag Zürich, 1988.

Satellitenbodenstation für Basel

Weithin sichtbares Wahrzeichen des neuen, vom Heimatschutz als vorbildlicher Bau ausgezeichneten PTT-Fernmeldezentrums Basel-Grosspeter ist die grosse, weisse Parabolantenne der Satellitenbodenstation, die im November 1988 in Betrieb genommen worden ist. Sie hat einen Durchmesser von neun Metern, ein Gewicht von über zehn Tonnen und kostet 5,5 Mio. Franken. Sie hat nichts mit dem Fernsehen und der beginnenden Basler Verkabelung zu tun, sondern verbindet Basel via einen der Intelsat-V-Satelliten (genau: durch den Satelliten 325.5, der über der Ostküste von Brasilien steht) direkt mit verschiedenen Städten in Nordamerika. Die neue Regionalstation – nach Zürich und Genf die dritte der Schweiz – dient vor allem der sogenannten Unternehmenskommunikation, das heisst den Diensten für Geschäftsgebrauch (zum Beispiel für Videokonferenzen und den Verkehr zwischen Datenbanken), aber auch der konventionellen Nutzung für Telefon, Telex und Telefax. Dank der regionalen Satellitenstation sind diese Fernmeldedienste leistungsfähiger, zuverlässiger und vielseitiger geworden. Bereits im Juni 1989 soll eine zweite Antenne für den Fernostverkehr montiert werden.

Barbara und Kurt Wyss

Rudolf Marr / Siegfried Scheuring

Brücken zur Dritten Welt: Basels Hilfe für Entwicklungsländer

Die Basler Mission, die Geschäftsbeziehungen traditioneller Handelshäuser und die Reisen von Völkerkundlern bestimmten lange Zeit Basels Verbindungen mit überseeischen Gebieten. Wenn auch in neuerer Zeit die Investitionen der pharmazeutischen Industrie und die Tätigkeit der Banken die Beziehungen unserer Stadt zu den Entwicklungsländern prägen mögen, so darf man die humanitäre Hilfe Basels für die Dritte Welt nicht übersehen. Ihr Anfang liegt bald 150 Jahre zurück, als die Basler Mission begann, Handwerker und Landwirte in ihre Missionsgebiete zu entsenden. 1847 beispielsweise wurden zwei Uhrmacher sowie je ein Buchdrucker, Weber und Schreiner nach Indien gesandt[1]. Dieser ‹Know-how-Transfer›, wie man es heute nennen würde, war zwar nicht frei von materiellen Interessen und führte 1859 zur Gründung einer besonderen Missions-Handelsgesellschaft. An ihr beteiligte sich übrigens auch die Mission selbst – nicht mit Spendengeldern, sondern mit 30 000 Franken, die vom Betrag übrigblieben, den ihr Christoph Merian zum Bau des neuen Missionshauses geschenkt hatte[2]. Doch selbst wer die missionarische Arbeit und Zielsetzung in Frage stellt, muss eingestehen, dass damals wie heute Missionare karitativ Wesentliches zur Eigenentwicklung der Dritten Welt beigetragen haben. Der Gedanke aber, dass die Industriestaaten Entwicklungshilfe leisten sollten, ist erst 40 Jahre alt und muss als Folge der geopolitischen Umwälzungen nach dem 2. Weltkrieg, der Spannungen im West-Ost-Verhältnis und der Dekolonisierungsphase gesehen werden[3].

Warum leistet der Kanton Basel-Stadt erst seit 13 Jahren Hilfe an die Dritte Welt? Man mag nachträglich über die finanzielle und auch ideelle Zurückhaltung der Regierung in Sachen Entwicklungshilfe in der Tat erstaunt sein, darf aber nicht übersehen, dass anfangs der siebziger Jahre auch andere Kantone und Gemeinden noch keine grösseren oder längerfristigen Hilfsmassnahmen für die Dritte Welt eingeleitet hatten. Vielmehr wurde die Ansicht vertreten, dass Entwicklungshilfe ein Bestandteil der Aussenpolitik und damit ausschliesslich Bundessache sei. Doch bald darauf kam der baselstädtische Regierungsrat zur Überzeugung, dass nur durch kantonale und kommunale Entwicklungshilfe das Verständnis für die Probleme der Dritten Welt auch in einer weiteren Öffentlichkeit gefördert und vertieft werden könne: «Eine aktive Mitarbeit des einzelnen Kantons trägt dazu bei, den Gedanken der Entwicklungshilfe in breite Volkskreise zu tragen und so mitzuhelfen, das Verständnis für diese Probleme zu fördern und zu vertiefen. Dies erscheint umso wünschenswerter, als sich bei uns politische Neuerungen gewöhnlich von unten nach oben, d.h. von der Gemeinde- auf die Bundesebene, entwickeln.»[4]
Den Impuls für die Baselstädtische Entwicklungshilfe gab ein Anzug von ‹Dr. H. Frey und Kons.›, der am 8. März 1973 vom Grossen Rat dem Regierungsrat überwiesen wurde; die Anzugsteller baten darin um Prüfung, «ob

nicht jährlich im Budget des Kantons Basel-Stadt ein angemessener Beitrag für ein bestimmtes . . . Werk der Entwicklungshilfe einzusetzen sei . . .»[5] Zweieinhalb Jahre später beantragte der Regierungsrat, «vorerst beschränkt auf die Jahre 1976 – 1978 einen Budgetkredit von jährlich 200 000 Franken für Hilfsaktionen des Kantons Basel-Stadt an Werke der Entwicklungshilfe im In- und Ausland zu gewähren».[6] Mit Rücksicht auf die Finanzlage stelle dieser Betrag das Maximum dar, was man politisch verantworten könne. Doch die Höhe des Kredites wurde in der Folge von Presse und Entwicklungshilfeorganisationen als viel zu klein taxiert, was den Grossen Rat im März 1976 auf Antrag von Peter Meier veranlasste, den Rahmenkredit auf jährlich 300 000 Franken zu erhöhen.

Nach drei Jahren positiver Erfahrungen mit den gewährten Hilfeleistungen beantragte 1979 die Regierung dem Grossen Rat eine Erhöhung des Kredites auf jährlich 400 000 Franken. Und wieder zeigte sich der Grosse Rat grosszügiger, indem er von sich aus den jährlichen Rahmenkredit auf 500 000 Franken festsetzte. Seither sind zehn Jahre vergangen. Unter Einschluss der teuerungsbedingten Anpassungen betrug der Kredit zuletzt 650 000 Franken pro Jahr, doch eine substantielle und der finanziellen Leistungskraft des Kantons angepasste Erhöhung drängte sich auf. Der Regierungsrat hat daher im August 1988 dem Grossen Rat einen neuen Ratschlag unterbreitet mit dem Antrag, den jährlichen Kredit für die Entwicklungshilfe unseres Kantons auf 950 000 Franken zu erhöhen. Für einen wohlhabenden und durch seine Industrie weltweit verflochtenen Kanton sei diese Erhöhung nicht übertrieben, ist im betreffenden Ratschlag zu lesen[8]. Zudem würden die bisheri-

Die von Basel-Stadt unterstützten Entwicklungsprojekte in aller Welt. ▽

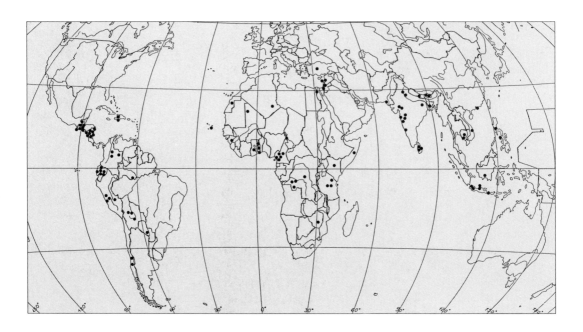

gen Mittel nicht mehr ausreichen, um alle jene Projekte zu fördern und mitzufinanzieren, die nach Auffassung der Kommission für Entwicklungshilfe sinnvoll und notwendig seien.

Bisherige Erfahrungen

Es ist unumgänglich, die Lebensbedingungen in der Dritten Welt zu verbessern. Das Missverhältnis zwischen den industrialisierten und den weniger entwickelten Staaten gehört zu den grössten Problemen unserer Zeit. Der Graben zwischen begüterten und armen Staaten hat in jüngster Vergangenheit beängstigend zugenommen. Verschwendung und sorgloser Konsum von Rohstoffen, Industriegütern und Energie auf der einen, Armut, Unterernährung und Elend auf der anderen Seite führen zunehmend zu Spannungen, die – wenn sie nicht rechtzeitig entschärft werden – verheerende Folgen zeitigen können. Basels Beitrag für die benachteiligten Staaten der aussereuropäischen Welt beträgt seit Beginn der kantonalen Entwicklungshilfe rund 3,7 Mio. Franken[9]. Dies entspricht 61% der bewilligten Beträge, der Rest kam der inländischen Hilfe zugute. Unterstützt wurden über 100 Projekte in 38 Staaten und Territorien Asiens, Lateinamerikas und Afrikas (siehe Tabelle 1 und Karte). Von diesen Ländern gehören 21 gemäss UNO- oder Weltbankklassifikation zu den ärmsten der Welt, wobei man aber nicht übersehen darf, dass auch in den etwas entwickelteren Staaten, denen Hilfe aus Basel-Stadt zufloss, die in Armut lebende Schicht noch äusserst gross und die benachteiligten Regionen sehr ausgedehnt sind.
Ein Schwerpunkt der Basler Entwicklungshilfe liegt in der Unterstützung des ländlichen Raumes der Dritten Welt (siehe Tabelle 2). Es geht dabei einerseits um Hilfe bei land- und forstwirtschaftlichen Projekten, anderseits um Beistand beim Bau von Infrastrukturen auf dem Lande (beispielsweise Trinkwasserversorgung

Tabelle 1. Die prozentuale Verteilung der baselstädtischen Entwicklungshilfe 1976–1988 nach Erdteilen und Ländern.

Asien	**38,0%**
Indien	14,8%
Indonesien	6,7%
Bhutan	2,7%
Philippinen	2,2%
Sri Lanka	2,0%
Restliche 9 Staaten und Territorien	9,6%
Lateinamerika	**35,7%**
Nicaragua	6,9%
Ecuador	6,8%
Guatemala	5,3%
Kolumbien	4,9%
Peru	3,7%
Restliche 6 Staaten	8,1%
Afrika	**26,3%**
Kamerun	4,6%
Zaire	3,8%
Tansania	3,7%
Togo	3,2%
Westsahara	2,4%
Restliche 8 Staaten	8,6%

Tabelle 2. Prozentualer Anteil der von Basel-Stadt unterstützten Projekte und der gewährten Beiträge gegliedert nach Sachgruppen.

in%	Projekte	Beiträge
Landwirtschaft	17,6	21,5
Gesundheitswesen	20,6	18,9
Lehrlingsausbildung	16,7	14,8
Sozialwesen	14,7	13,2
Schulen	11,8	11,5
Ausbau der Infrastrukturen	9,8	8,9
Nothilfe	4,9	5,7
Förderung von Gewerbe und Kleinbetrieben	3,9	5,5

oder Aufbau von Kleingewerbe). Sehr oft werden Projekte im Gesundheitswesen unterstützt. So konnten dank Basler Hilfe Spitäler in Tansania, Indien und Kambodscha dringend benötigte medizinische Apparate kaufen oder in Ecuador und Kamerun medizinische Präventivprojekte verwirklicht werden. Rund ein Viertel des Kredits kommt dem Ausbau allgemeinbildender Schulen und der Lehrlingsausbildung (Berufsschulen) zugut. Meistens handelt es sich um Zuschüsse zum Ausbau oder zur Renovation der Schule; aber auch Einzelgegenstände konnten finanziert werden, so etwa Drehbänke für eine Lehrwerkstätte in Kathmandu (Nepal) oder eine Wasserförderungsanlage für den Schulgarten eines Waisenhauses in Libanon. Ein Beitrag wurde einem Projekt des Schweizerischen Lehrervereins in Togo zuteil, wo 60 Lehrer für technisches und textiles Werken und die Vermittlung naturwissenschaftlicher Grundkenntnisse ausgebildet wurden (Bild 1). Auch die Gründung der Stadtbibliothek in Mamou (Guinea) wurde unterstützt, gab es doch nach 26 Jahren Diktatur im ganzen Land weder einen Buchladen noch einen Buchverlag. Unter der Gruppe Sozialwesen in Tabelle 2 werden Projekte zusammengefasst, die im weitesten Sinne mit Sozialarbeit zu tun haben, so etwa Beiträge zum Bau eines Altersheimes oder von Waisenhäusern oder die Unterstützung einer ‹Mutter und Kind›-Aktion in Indien und einer Slumorganisation in Manila; Hilfe erhielt ferner eine Schreinerei in Ecuador, die einfache Häuser und Möbel für Bewohner der Elendsviertel herstellt.

Auch der die Projekte vorberatenden Kommission ist nicht unbekannt, dass verschiedene Kreise die Entwicklungshilfe ganz oder zumindest in ihrer Effizienz in Frage stellen[10]. Sie kann sich dieser Kritik nur zum Teil anschliessen, um so mehr als von Basel aus ausschliesslich Projekte unterstützt werden, die namentlich bekannt sind. Zudem kann die Hilfe in erstaunlich vielen Fällen unmittelbar, ohne irgend eine Hilfsorganisation, geleistet werden. Obwohl ‹der Staat› (Kanton) Geber ist, gehört seine

1 Sonnenkocher, geeignet zum Garen von Reis und Hirse (in 3–5 Stunden) – ein Resultat der von Basel unterstützten Lehrerfortbildungskurse in Togo.

2 Kindergarten im indischen Goa mit 74 Schülern; Basel bezahlte hier an die Renovation und den Ausbau.

Hilfe in die Gruppe der NSO (Nichtstaatliche Organisationen[11]); darüber hinaus werden nur Beiträge an Mikroprojekte bewilligt[12].

Effizienz und positive Folgen, aber auch die fraglichen Effekte der direkten Hilfe des Kantons konnten in einem bestimmten Fall eingehend evaluiert werden. Im Rahmen einer Diplomarbeit am Geographischen Institut Basel[13] wurden die Auswirkungen der Unterstützung einer Schule im indischen Goa untersucht (Bild 2). Das Fazit lautete positiv: «Die von der Stadt Basel geleistete Hilfe wurde zweckbestimmt eingesetzt . . . Durch die Unterstützung dieser Schule wird der Bevölkerung in einem vornehmlich ländlichen Raum Indiens eine bessere Zukunftschance zuteil. Somit können auch Eltern unterer Schichten ihren Kindern eine gute Schulbildung ermöglichen.»[14] Die Studie hat ferner gezeigt, dass die Bedeutung einer Schule gerade in einem ländlichen Raum sehr gross ist. Sie stärke das Selbstwertgefühl der lokalen Bevölkerung und leiste der vielerorts proklamierten Forderung nach Chancengleichheit im Bildungswesen für städtische und ländliche Räume Folge.[15]

Entwicklungspolitik – Entwicklungshilfe

Im Laufe eines Jahres erhalten verschiedene Amtsstellen unseres Kantons aus dem In- und Ausland Gesuche um finanzielle Hilfe. Sie werden alle an die ‹Staatliche Kommission für Entwicklungshilfe› weitergeleitet, die die Projekte eingehend prüft und dem Regierungsrat einen Vorschlag für die zu unterstützenden Projekte einreicht. Dieser Kommission gehören Mitarbeiter aus der Staatsverwaltung, aber auch Fachleute für Entwicklungshilfe, aus dem Sozialbereich und der Wissenschaft an. Nach welchen Kriterien arbeitet die Kommission?

Ein Kanton allein kann keine Entwicklungspolitik[16] definieren, und selbst im Bundesbereich fällt es oft nicht leicht, alle getroffenen oder verworfenen Massnahmen unter einheitlichen Entscheidungskriterien zu sehen. Die Beurteilung, was in der Entwicklungshilfe richtig oder falsch, gut oder böse ist, hängt zu stark von den ideologischen und wirtschaftlichen Gesichtspunkten der Urteilenden ab, als dass Prämissen möglich wären. Zudem müsste eine bestimmte Entwicklungspolitik auch durchgesetzt werden können, was praktisch ein eigenes aktives Eingreifen in die Hilfe an Ort und Stelle voraussetzen würde. Zumindest hat sich die Entwicklungskommission Richtlinien erarbeitet, die vom Regierungsrat genehmigt worden sind. Darin wurde festgelegt, dass die Hilfe unabhängig von der politischen und religiösen Einstellung der Begünstigten gewährt wird. Die Karte mit den Projektstandorten belegt, wie Hilfe aus Basel auch in politisch umstrittene Gebiete floss. Im weiteren ist die baselstädtische Hilfe in erster Linie Investitionshilfe. Die Beiträge sind projektgebunden und werden als Starthilfe betrachtet, während Betriebskosten bestehender Projekte im allgemeinen nicht gedeckt werden. Eine ‹Projekt-Patenschaft› lässt sich demzufolge nicht realisieren. Man kann über diesen Entscheid mit Recht geteilter Meinung sein, darf dabei aber die Summe des Kredits nicht ausser acht lassen, die für sich kumulierende Aufgaben zu klein wäre.

Inland contra Ausland?

Die Staatliche Kommission für Entwicklungshilfe teilt gemäss den oben erwähnten Richtlinien den ihr zur Verfügung stehenden Rahmenkredit auf die Hilfe im Inland und im Ausland auf. Das ist nicht immer einfach, denn auch in der Schweiz gibt es arme Gemeinden und bedürftige Menschen. Allerdings soll darauf hingewiesen sein, dass die gegenwärtige Situation in den Entwicklungsländern sich stark von derjenigen in den benachteiligten Gebieten unseres eigenen Landes unterscheidet. In der Schweiz stellen Hunger und Fehlernährung kein Problem mehr dar, im Gegensatz zu vielen Entwicklungsländern, wo noch gegen eine halbe Milliarde Menschen an Unter- und Fehlernährung leiden dürften. Sie sind körperlich geschwächt, sehen für sich selber keine Hoffnung und können der Gemeinschaft kaum oder nur wenig dienen. Besonders schlimm wiegt Fehlernährung bei Kindern, deren körperliche und geistige Entwicklung davon beeinträchtigt wird.

Als Folge von Armut, ungerechten wirtschaftlichen Strukturen, einseitigem Altersaufbau und fehlender Familienplanung ist die Zahl der Arbeitsuchenden besonders hoch. Arbeitslosigkeit und Unterbeschäftigung haben in den Entwicklungsländern ein besorgniserregendes Ausmass angenommen, ohne dass ein soziales Netz in den härtesten Fällen mildernd eingreifen könnte. Aus diesen wenigen Vergleichen wird bereits ersichtlich, wie gross der Unterschied zwischen der wirtschaftlichen und sozialen Situation der Dritten Welt und derjenigen in unserem Lande ist. Sollte deshalb die Hilfe an aussereuropäische Länder gegenüber der inländischen Unterstützung nicht verstärkt werden?

Die Entwicklungshilfe des Kantons soll die Solidarität unseres Gemeinwesens mit den Benachteiligten in den Entwicklungsländern ausdrücken; sie entbindet aber den einzelnen Bürger nicht von der moralischen Pflicht, nach seinen Möglichkeiten ebenfalls die Dritte Welt zu unterstützen und beizutragen zur Befreiung der Unterdrückten aus den Ketten materieller Not und Ungerechtigkeit.

Anmerkungen, Literatur:

1 Paul Eppler, Geschichte der Basler Mission. Basel 1900, S. 172 ff.

2 A.gl.O., S. 180.

3 Als Anfang des Entwicklungshilfegedankens gilt die ‹Truman-Doktrin› vom März 1947, in der der amerikanische Präsident ausführte: «Ich glaube, dass wir den freien Völkern helfen müssen, sich ihr eigenes Geschick nach ihrer eigenen Art zu gestalten. Ich bin der Ansicht, dass unsere Hilfe in erster Linie in Form wirtschaftlicher und finanzieller Unterstützung gegeben werden sollte, die für eine wirtschaftliche Stabilität und geordnete politische Vorgänge wesentlich ist.» In: K.G. Rönnefarth/Heinrich Euler, Konferenzen und Verträge. Freiburg i.Br. 1959, S. 305. Zum Zusammenhang mit dem Marshall-Plan vgl.: Joachim von Spindler, Das wirtschaftliche Wachstum der Entwicklungsländer. Stuttgart 1963, S. 252 ff.

4 Ratschlag Nr. 7471 betreffend Gewährung eines Staatsbeitrages für die Weiterführung der Entwicklungshilfe im In- und Ausland (11.1.1979, S. 4).

5 Ratschlag Nr. 7202 betreffend Gewährung eines Staatsbeitrages für Entwicklungshilfe im In- und Ausland (13.11.1975, S. 3).

6 A.gl.O., S. 3.

7 Sitzung 14.2.1979.

8 Ratschlag Nr. 8075 betreffend Erhöhung des jährlichen Kredits für die Entwicklungshilfe (22.9.88).

9 Dazu hat der Kanton aus dem Lotteriefonds gegen eine Million Franken für humanitäre Hilfe in Katastrophenfällen gestiftet. Auch die Gemeinde Riehen leistete in den letzten 10 Jahren für rund 700 000 Franken Entwicklungshilfe; sie ging an Organisationen, bei welchen Riehener als Entwicklungshelfer, Projektleiter oder Aufsichtsorgan-Mitglied engagiert sind.

10 Zwei Buchtitel für viele: ‹Abschied von der Entwicklungshilfe?›. Hg. Gottlieb Duttweiler Institut Zürich 1974; und ‹Entwicklungshilfe in der Sackgasse›; Red. Rudolf Brun, Frankfurt 1977. Hingewiesen sei aber besonders auf: Brigitte Erler, Tödliche Hilfe – Bericht von meiner letzten Dienstreise in Sachen Entwicklungshilfe; Freiburg i.Br. 1985; und Toni Hagen, Wege und Irrwege der Entwicklungshilfe – Das Experimentieren an der Dritten Welt; Zürich 1988.

11 Vgl. dazu: Bertrand Schneider, Die Revolution der Barfüssigen. Ein Bericht an den Club of Rome. Wien 1986.

12 A.gl.O., S. 262.

13 Christian Maissen, Die räumlichen und sozialen Strukturen einer Schule im indischen Goa und die Folgen der dafür geleisteten Entwicklungshilfe (Diplomarbeit Geographisches Institut Basel). Basel 1987.

14 A.gl.O., S. 126/127.

15 A.gl.O., S. 128/129.

16 Entwicklungspolitik im Sinne theoretischer Einsichten, die man politisch zu verwirklichen sucht.

Bruno Jaeggi

Trigon-Film:
Brücke für eine ganze Welt

Am 25. Juli 1988 informierte der Förderverein Trigon-Film in Basel die Presse über die Absicht, herausragende Filme aus der Dritten Welt in der Schweiz zu verleihen und anschliessend zu archivieren. Über 40 Zeitungen und Zeitschriften sowie mehr als 15 Radiosendungen (auch in der BRD) haben das Trigon-Projekt mit zumeist ausführlichen Beiträgen und Interviews gewürdigt; in 40 weiteren Zeitungen erschienen mehrheitlich längere Agenturmeldungen zu diesem Anlass.

Am 25. August 1988 gründete der vom Erziehungsdepartement des Kantons Basel-Stadt mitunterstützte Förderverein die Stiftung Trigon-Film; sämtliche dreizehn Stiftungsräte aus der ganzen Schweiz unterstrichen durch ihre Anwesenheit in Basel die Bedeutung dieser konstituierenden Sitzung. Präsident des Stiftungsrates ist der an der Universität Genf lehrende Basler Peter Tschopp, Dekan der Fakultät der Wirtschafts- und Sozialwissenschaften. Was führte zum Projekt Trigon-Film? Was bezweckt die Stiftung mit Sitz in Basel? Und: was bringt sie der Stadt?

Warum es Trigon braucht

Der euro-amerikanische Film dominiert mit 97 Prozent der eingeführten Kopien unsere Kinos, und dieses Ungleichgewicht – mehr als zwei Drittel aller Kopien stammen aus den USA, wo nicht halb so viele Filme entstehen wie etwa in Indien – nimmt jährlich zu, unabhängig von der kulturellen Bedeutung(slosigkeit) der Filme. Nicht verwunderlich daher, wenn das bei uns

Zweckartikel [Artikel 2 der Stiftungsurkunde]

Die Stiftung bezweckt, die Kenntnisse des Filmschaffens aus der Dritten Welt zu fördern, insbesondere durch Beschaffung, Verbreitung und Promotion sowie durch Archivierung von Filmen der Dritten Welt namentlich in der Schweiz. Die Stiftung kann auch andere Aktivitäten fördern oder selbst erbringen, die im Interesse audiovisueller Werke aus diesen Gebieten oder der Kulturen der Dritten Welt im allgemeinen sind, und mit anderen Organisationen im Rahmen dieses Zweckes zusammenarbeiten.

dominierende Kino an einem Auszehrungsprozess leidet und das Publikum mehr denn je stets dasselbe zu sehen bekommt. Gleicht allein der Kinoimport aus den USA einem Wolkenkratzer, so nimmt sich dagegen das schwarzafrikanische Kino wie ein Sandkorn aus, und das Kino der gesamten Dritten Welt wirkt gerade noch als Konservenbüchse. Dabei lassen regelmässig internationale Filmfestivals entdecken, welch menschliches, emotionales und geistiges Potential uns im Kino der Dritten Welt noch als unermesslicher Schatz verschlossen bleibt. Dieses erschreckend einseitige und entwicklungsbedürftige Filmangebot kann nicht im weitsichtigen Interesse der Kinowirtschaft liegen; es prellt das Publikum um zahllose filmische Ereignisse von hoher künstlerischer und kultureller Qualität, und es verhindert ganz allgemein und weit über das spezifisch Filmische hinaus die Bele-

Jahresdurchschnitt der kommerziell eingeführten Kopien

linke Säule: 1972–1980
rechte Säule: 1981–1986

	USA	Westeuropa	Indien*	China*		
	945					
	600	585 611				

3.3   3.6

Lateinamerika*

0.5   0.5

Arabische Länder*

0   0.1

Schwarzafrika*

0   1.6   1.0   0.5

USA	Westeuropa	Indien*	China*

*) In diesen Zahlen sind auch ausserordentliche Importe für eine kurzfristige nicht-kommerzielle Auswertung enthalten. So kam z. B. der erste schwarzafrikanische Film erst 1988 ins Schweizer Kino!

bung und Entwicklung unserer eigenen Kultur. Doch eine Kultur und Gesellschaft, die sich nicht mehr zu öffnen und zu regenerieren vermag, ist zum Tode verurteilt.

Vor diesem Hintergrund versuchte der Verfasser schon vor Jahren, die Basler Mission für ein Verleihprojekt zu gewinnen, das – damals noch – auf Schwarzafrika begrenzt war. Nachdem sich diese Hoffnung – vorerst – zerschlagen hatte, gründete er 1986 zusammen mit Annelies Ruoss (Basel) und dem Redaktor der Filmzeitschrift Zoom, Urs Jaeggi (Bern), eine Arbeitsgruppe, die am 20. November 1986 im Basler Hotel Victoria den ‹Förderverein Filmverleih Dritte Welt/Trigon-Film› gründete. Der Förderverein, der bei der Stiftungsgründung 120 Mitglieder und Gönner zählte, begann die Finanzierung der Stiftung voranzutreiben, die den Verleih von Filmen aus der ganzen Dritten Welt zum Ziel hat. Ein überaus namhaftes schweizerisches Patronatskomitee mit mehr als fünfzig Vertretern von Kultur, Politik, Wirtschaft, Kirchen und Entwicklungshilfswerken versicherte die Initianten seiner Sympathie und ideellen Unterstützung. Zugleich entstand ein internationales Beratergremium, das heute der Stiftung zur Seite steht. Am 25. August 1988 verfügte Trigon über rund eine halbe Million Franken, wovon 100 000 Franken vom Fonds Basel 1996, einer Initiative der Basler Wirtschaft aus Anlass des 100-Jahr-Jubiläums der Christoph Merian Stiftung, vorerst als Darlehen zur eigenen Nutzung gewährt worden sind. Um die angestrebten neuen und langlebigen Verleihstrukturen schaffen zu können, braucht Trigon-Film gegen zwei Millionen Franken.

Ziele und Wesen von Trigon-Film

Zusammen mit dem Förderverein, dessen Vorstand die Stiftungsräte wählt, will die Stiftung Trigon-Film das stets fatalere Ungleichgewicht im Kulturaustausch Nord-Süd etwas abbauen

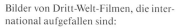

Bilder von Dritt-Welt-Filmen, die international aufgefallen sind:

1 ‹Ceddo› von Ousmane Sembène, Senegal.

2 ‹Das junge Mädchen Hsiao Hsiao› (Hsiangnü Hsiao Hsiao) von Chie Fei, China.

3 ‹Eine ehrliche Frau› (Liangdjia funü) von Chuang Djiandschong, China.

4 ‹Die Narbe› (Plaekao) von Cherd Songsri, Thailand.

und dazu für originale, lebensnahe und völkerverbindende Filme von Autoren der Dritten Welt ein neues Publikum gewinnen. Dies soll trotz des eindeutig gemeinnützigen und nicht gewinnstrebigen Charakters der Stiftung auch mit wirtschaftlichen Mitteln geschehen: Dafür bürgt unter anderem der Genfer Industrielle Jean-Pierre Etter, der im Stiftungsrat dem Management vorsteht. Auch der Promotion und der sorgfältigen Dokumentation der Filme gelten die Prioritäten von Trigon-Film.

Geplant ist der jährliche Ankauf von drei bis sechs Filmen, die in untertitelten 16-mm- und 35-mm-Kopien verliehen werden. Sie sollen in Filmclubs, städtischen Spielstellen, Schulen, Universitäten, Freizeitzentren, kirchlichen, entwicklungspolitischen und kulturellen Organisationen gezeigt werden. Als Wegbereiter eines reicheren Kinoangebots will die Stiftung auch im kommerziellen Kino wirken und eine grössere Offenheit des Fernsehens für Dritt-Welt-Filme anstreben. Um bei möglichst niedrigen Kosten eine grosse Effizienz zu erzielen, wird Trigon-Film von Fall zu Fall mit anderen Verleihern zusammenarbeiten und bestehende technische und personelle Strukturen nutzen: So verbinden

etwa die für das Trigon-Programm Verantwortlichen – erfahrene Journalisten sowie, zum Beispiel, Dr. David Streiff, Direktor des Filmfestivals Locarno – ihre eigene Tätigkeit mit der unbezahlten Arbeit für Trigon-Film.

Der Wille der Trigon-Leute, authentische Filme *aus* der Dritten Welt zu verbreiten, entstand nicht nur aus cinéastischen Gründen, sondern auch – und vielleicht vor allem – aus der tiefen Überzeugung heraus, dass wir uns einen engen Horizont in einer ganzheitlich zusammenhängenden und stets von grösserer gegenseitiger Abhängigkeit bestimmten Welt nicht mehr leisten können. Ein Beispiel unseres verhängnisvollen Informationsdefizits möge genügen: Aus der Dritten Welt, in der bald neun Zehntel der Menschheit leben, wird – von europäischen und amerikanischen Journalisten – zumeist nur in negativem Umfeld berichtet: bei einem Putsch, bei Dürre, Krieg, Korruption usw. Das wirkliche Leben, voller positiver und vitaler Aspekte, bleibt uns fern. Und höchstens drei bis vier Prozent unserer Informationen stammen von Angehörigen der Dritten Welt selbst. Gerade aber der in der Dritten Welt verwurzelte Film wäre das privilegierte Mittel zu einer Kommunika-

Trigon-Film versteht sich nicht als Konkurrent, sondern als Ergänzung zum kommerziellen Kino: Hauptsache ist, dass Meisterwerke wie ‹Der König der Kinder› (Chai dsi wang) von Tschen Kaige, China 1987, bei uns ins Kino gelangen. ▷

tion, die soziologisch, kulturell, anthropologisch und allgemein menschlich *unmittelbar* wirken und Werte, Fragen und Zusammenhänge *konkret* darstellen und einsichtig machen könnte.

Trigon-Film glaubt an die grosse Überzeugungskraft dieser Dritt-Welt-Filme: Sie bringen neue Farben und Töne, andere Geschichten und Sehweisen, noch unbekannte oder bei uns verschollene Wertvorstellungen und unverbrauchte Menschenporträts sowie immer wieder Bilder, die sich wie Brandzeichen einprägen.

Dabei geht es der Stiftung in keiner Art und Weise um Ethnofilme, nur in Ausnahmefällen um Dokumentarfilme (nie aber von Besuchern aus dem Norden!) und schon gar nicht um ein wohlwollend-paternalistisches Pflichtprogramm. Die Trigon-Filme sollen – ohne die Realität zu verleugnen – unsere Entdeckungsfreude vergrössern und uns Lust geben, mehr derartige Filme aus dem Süden als Erlebnis zu geniessen und von ihnen – auch ganz individuell – zu lernen. Denn die Entdeckung der Andersartigkeit schafft keinen Bruch, sondern eine Brücke: Die Kenntnis des andern wirkt klärend auf das Verständnis des eigenen Ich zurück. So trägt Trigon auch zu einer Kommunikation bei, die europäischer Ignoranz begegnet, weitverbreitete Zerrbilder korrigiert, Vorurteile abbaut und der Resignation vor der so oft allzu schwarz gemalten Dritten Welt entgegenwirkt. Dieses Ziel wurde von den Hilfswerken, die Trigon-Film auch finanziell kräftig unterstützen, erkannt, und die DEH (Direktion für Entwicklungszusammenarbeit und humanitäre Hilfe) gewährte Trigon eine Starthilfe von 150 000 Franken.

Chance für Basel

Abgesehen von der bereits erwähnten Unterstützung durch den Fonds Basel 1996, erhielt Trigon-Film bisher vom Lotteriefonds Basel-Stadt 120 000 Franken; die Bank Sarasin & Cie,

Basel, die auch einen finanziellen Beitrag entrichtet hat, führt unentgeltlich die Buchhaltung des Fördervereins und der Stiftung, und die Schweizerische Treuhandgesellschaft, Basel, gewährt für ihre Kontrollarbeiten besonders günstige Konditionen. Die in Basel domizilierten Hilfswerke ‹Brot für Brüder› und ‹Terre des Hommes› haben Trigon-Film schon sehr früh ihre finanzielle Unterstützung geboten. Gleichzeitig erhofft sich die Stiftung, die ein Gemeinschaftswerk verschiedenster Seiten anstrebt, auch von der Basler Wirtschaft und Industrie wichtige Zuwendungen.

Verbunden ist Trigon-Film mit Basel auch durch das hier ansässige Sekretariat von Cinélibre (der Dachorganisation aller nichtkommerziellen Spielstellen der Schweiz), durch die Studiokino AG Basel und das Stadtkino, die alle – in unterschiedlicher Form – in die Tätigkeit der Stiftung und des Fördervereins miteinbezogen werden. Zudem trägt Trigon-Film dazu bei, dass der gute Name und die Weltoffenheit der Stadt Basel in vielen, auch sehr fernen Teilen der Welt noch stärker verbreitet wird. Und schliesslich will Trigon-Film, für dessen Tätigkeit und Modellcharakter sich auch bereits das benachbarte Ausland mit Angeboten zur Zusammenarbeit interessiert, der Stadt Basel, die einst ihr Filmarchiv an Lausanne und ihr Festival an Locarno verloren hat, neue Impulse geben: Die Premieren der Filme sollen hier Ereignisse bilden, die über die rein kinematographische Bedeutung hinausgehen, auf die ganze Schweiz ausstrahlen und heute noch unabsehbare fruchtbare Konsequenzen zeitigen dürften. Für Trigon-Film ist Basel der Brückenkopf zu einer Nord-Süd-Verbindung, auf der kein Einbahnverkehr mehr herrscht, sondern ein reger und anregender Austausch vielfältiger Ideen und sozialer, ethischer, geistiger und kultureller Werte.

P.S. Weitere Basler Mitglieder des Fördervereins Trigon-Film sind jederzeit herzlich willkommen.

Demo
für den lieben Gott

1988 war ein Jahr der ‹Demos›. Meistens ging es um die Alte Stadtgärtnerei. Am 27. August jedoch hatte die ‹Evangelische Allianz der Region Basel› ihre Anhänger zu einer ‹friedlichen christlichen Demo› aufgeboten. Einige tausend Christen nahmen am ‹Zeugnismarsch› vom Münsterplatz durch die Freie Strasse und am anschliessenden Freigottesdienst auf dem Marktplatz teil. *Barbara und Kurt Wyss*

△ ‹Grosser Gott, wir loben dich . . .›: gemeinsamer Gesang auf dem Marktplatz.

Jürg Erni

George Gruntz –
Mister Jazz of Switzerland

«The genial, gregarious Gruntz has, since 1972, led a series of hand-picked, all-star aggregations, composing new charts that showcase the particular gifts of each year's participants. Alumni have included such stellar artists as Elvin Jones, John Scofield, Phil Woods, Dexter Gordon, Jimmy Knepper, Julian Priester, Jon Faddis, Woody Shaw, Benny Bailey – and the cream of the European jazz community, represented by musicians like Niels-Henning Ørsted Pedersen, Eje Thelin, Palle Mikkelborg, Ake Perrson, Seppo ‹Baron› Paakkunainen, Jasper Van't Hof and Daniel Humair.»* (Art Lange auf dem Plattencover der jüngsten Aufnahme und ersten Compact Disc der ‹George Gruntz Concert Jazz Band›, GGCJB, die während ihrer US-Tournee vom Herbst 1987 im texanischen Fort Worth entstanden ist.)

Englisch ist Weltsprache – wie die Sprache des Jazz. Auf Englisch begrüsst George Gruntz denn auch seine Anrufer am privaten Telefonbeantworter. Mit Marlene Dietrichs ‹Ich bin von Kopf bis Fuss auf Liebe eingestellt› als Backgroundmusic verweist die unerreichbare Stimme den Anrufer auf die Kontaktnummern der

* *Übersetzung des obenstehenden Zitates:*

Der genialbegabte, gesellige Gruntz hat seit 1972 eine Reihe von ausgesuchten, erstklassigen Formationen zusammengeführt, und er komponierte neue Stücke, welche die speziellen Begabungen der jährlich in neuen Besetzungen Mitwirkenden in den Vordergrund stellten. Bisher dabei waren so berühmte Künstler wie . . . – und die Spitze des europäischen Jazz, vertreten durch Musiker wie . . .

GGCJB und der Berliner Jazztage, die der Basler Musiker nun seit 16 Jahren mit künstlerisch und organisatorisch grossem Geschick leitet. Gruntz' Spielbein und Standbein. Der Komponist, Arrangeur, Pianist, Dirigent und Festivaldirektor in Personalunion hat das Gespür für die Kunst der Improvisation wie den Sinn fürs Management. Eine seltene Doppelbegabung gerade im Jazz, wo die eigenwilligsten Charaktere und unterschiedlichsten Mentalitäten aufeinanderprallen. Gruntz bringt sie im musikalischen Wettstreit auf den gemeinsamen Nenner.

Der Sammler von Musikerleidenschaften und von Stilen aus allen Kontinenten vereinigt nun seit bald zwei Jahrzehnten unermüdlich die Grossen des Jazz, die ‹stellar artists› wie die ‹cream of the European jazz community› in wechselnd besetzten ‹Fullbands›, Jazzorchestern, wie sie in ihrer instrumentalen Vielfalt und prominenten Zusammensetzung sonst kaum mehr existieren. Das nötige ‹Kleingeld› zur Finanzierung der weltweiten Tourneen von Fern-West bis Fern-Ost trommelt Gruntz selber bei staatlichen Stiftungen und privaten Sponsoren zusammen.

Die jüngsten Erfolge der Ad-hoc-Grossformationen mit den treuen Stammgästen waren 1984 der Auftritt der Band in New Yorks ehrwürdiger Carnegie Hall im Rahmen des KOOL-Jazzfestivals samt anschliessender Südamerika-Tournee. 1987 startete die GGCJB ihre Europa-Tournee in Basel, genauer im Holzsaal in Brüglingen, mit mehrtägigen Proben und Konzerten. Nach dem finanziellen Fiasko in New York ging

Gruntz diesmal auf Nummer Sicher. Seine Auszeichnung zum ‹Ehrenspalebärglemer› im Jahre 1986 regte das Gewissen der beim Geben sprichwörtlich zurückhaltenden Basler. Eine in solch supranationale Gewässer stechende Kulturbotschaft sollte nach der Devise von der erwünschten ‹Ein- und Ausstrahlung› Basels Ruf als Musikstadt mehren. Der ‹Fonds Basel 1996› trug sein Scherflein bei, der Bankverein legte etwas dazu, um das Bestehen der Band für drei weitere Jahre zu garantieren. Die Einstudierung der zehn Stücke für die Europa-, USA- und Asien-Tournee wurde zum Jazzkolleg für Studenten der Musik-Akademie erweitert. Das Resultat dieser Neuschöpfung ist auf der eingangs erwähnten Compact Disc festgehalten.

Auf den Lorbeeren des Erfolgs auszuruhen, ist indessen George Gruntz' Sache nicht. Das Jahr 1988 war für den Schwerarbeiter, der die Nacht zum Tag machen muss, um sein Komponier-Pensum zu erfüllen, eine weitere Saison mit Gastspielen der Band in Europa und im Fernen Osten bis zum Berliner Auftritt aus Anlass des 25jährigen Bestehens der renommierten Jazztage an der Spree.

Im vergangenen Jahr konnte Gruntz weitere Grossprojekte realisieren, so Auftragswerke für ein deutsch-französisches Jugendwerk und für die Basler Liedertafel. Die Konzertante Suite ‹Napoleon und Basel› für Männerchor, Basler Tambouren, Instrumentalensemble und Jazzsolisten wurde anfangs April, unter dem Patronat der Basler Zeitung, im Festsaal der Mustermesse neben Chorwerken von Bohuslav Martinů und Frank Martin und nach kunstvollen Trommel- und Jazzvorträgen unter der Gesamtleitung von André Charlet an zwei Abenden zu effektvoller Uraufführung gebracht. Gruntz gelang einmal mehr das Kunststück, Laien und Profis miteinander musizieren zu lassen. Spätestens beim eingängigen ‹Pennsylvania›-Song gingen die sonst so standfesten Liedertäfler in die Knie und die Jazzsynkopen den Sängern endgültig in Fleisch und Blut über. Gruntz hat in seiner Männerchor-Suite eigene Texte und solche des Basler Dichters und Theologen Karl Rudolf Hagenbach (1801–1874) vertont. Der Refrain – «Napoleon, Napoleon! Du bisch Basels liebschte Sohn!» – stammt aus der Feder des Tonsetzers und ist eine ‹wuchtig› komponierte Ode an den kaiserlichen Fan des Basler Trommelns. Um 1800 waren in Basel 4 000 Mann aus französischen Garnisonen stationiert. Von daher stammen auch die Franzosen-Streiche in der Basler Trommeltechnik. Umgekehrt waren zu ‹Näppis› Zeiten 15 000 Schweizer im Solde der kaiserlichen Truppen. Geschichtsklitterung? In der Introduktion der Suite wird der Zusammenhang geradezu beschworen: «Napoleon und s'Drummle z'Basel, das isch kai läär politisch Gfasel. S'isch Tatsach vomene Synonym: dr Napoleon isch tschuld; mir hän kai Spleen!»

Ein Meilenstein in Georg Gruntz' Karriere als Komponist war zweifellos die Uraufführung des Multi-Media-Spektakels ‹Cosmopolitan Greetings› in Hamburg (am 9. Juni 1988 in der Kampnagelfabrik an der Alster). Zwischen Idee und Vollendung verstrichen fast zwei Jahrzehnte. Der Schweizer Komponist Rolf Liebermann erteilte schon während seiner Zeit als Intendant der Pariser Oper seinem Landsmann Gruntz einen Kompositionsauftrag. Nach einer Zwischenstation, der 1982 in New York als Fragment aufgeführten Jazzoper ‹Money› zum Text von Amiri Baraka, hat Liebermann sein Versprechen in den letzten Stunden seiner zweiten Hamburger Zeit als Staatsopernchef eingelöst. Mit «Totentanz für Amerika in Europa» betitelt die Hamburger Wochenzeitung Die Zeit nach der Premiere das Gesamtkunstwerk von Allen Ginsberg (Text), George Gruntz/Rolf Liebermann (Musik) und Robert Wilson (Inszenierung). Die Lyrik des amerikanischen Exzentrikers, die Jazzklänge des Basler Musikers, die

strenge Zwölftönigkeit des Opernaltmeisters und die grellen Bilder des Träumers aus Texas bilden starke Assoziationsketten zu den Stationen, die im Libretto das Leben der Bluessängerin Bessie Smith behandeln.

Für die Fullband komponieren, Solisten im Kollektiv vereinigen, Profis und Laien, Vollblut- und Volksmusiker zusammenführen, die unsinnige Trennung von E- und U-Musik, von Ernster- und Unterhaltungs-Musik, aufheben, Vorurteile gegenüber andersartiger Musik und anders denkenden Musikern abbauen: George Gruntz arbeitet an vielen Fronten der verkruste-

ten Strukturen und Voreingenommenheiten gegenüber Neuem und Unbekanntem.

Die im Elternhaus gepflegte Toleranz und die Liebe zur Musik waren prägend. Gruntz' Vater war ein begeisterter Sänger in den Ackermann'schen Chören. Er sang die Uraufführung von Frank Martins ‹Totentanz›. Und er nahm seinen Sohn ins ‹Java›-Jazzlokal mit. Im ‹Borreli›, im Borromäum am Byfangweg, fanden die sonntagnachmittäglichen Filmvorführungen der Marien-Pfarrei statt. Des Priesters Gretchenfrage entschied George zugunsten des Jazz anstelle einer Pfadikarriere. In Amerika spielte der junge Pianist in den Tiefen der Jazzkeller Barmusik, nachdem er sich der soliden Schulung des stillen Könners Eduard Henneberger am Basler Konservatorium unterzogen hatte. Die erste Schallplatte war eine Verjazzung des Westschweizer Volksliedes ‹Là-haut sur la montagne›. Die Basler Cembalistin und Mäzenatin Antoinette Vischer animierte Gruntz zum Spiel auf alten Tasteninstrumenten. Die Ernte der Beschäftigung mit alter Musik waren zwei Schallplatten: ‹Jazz goes to Baroque›; eine weitere Ernte die Auseinandersetzung mit Neuer Musik: ‹Hommage à Henze›. Den amerikanischen Avantgardisten Earle Brown hatte Gruntz in Vischers ‹Hasehuus› kennengelernt. Im Schwarzwald zu St. Peter sass Gruntz gar an der Kirchenorgel. Und in der nüchternen reformierten Kirche zu Oberwil spielte er mit dem Schlagzeuger Daniel Humair einst Blues wie ‹Summertime› und ‹Lonely woman›.

Hatte Gruntz erstmals Jazzmusiker und Beduinen auf der Basis ihrer gemeinsamen Modi in ‹Noon in Tunisia› vereinigt, so schaffte er in seiner Heimatstadt die erste Begegnung von Jazz- und Basler Trommlern. Die Platte ‹From Sticksland with love› ist eine Liebeserklärung an die Kunst des Fellschlagens. Die zweite Auflage von 1974 fiel mit den schottischen Dudelsackpfeifern noch spektakulärer aus. Das Stelldichein der ‹Pauken› und ‹Schreihölzer› war ein Höhepunkt im volksfestlichen Leben des vertrauten, lieben in Schutt und Asche gesprengten Logen-Stadttheaters am Steinenberg. Beim gemeinsamen Abspielen des General-‹Arabi›-Finales musste man damals um die Standfestigkeit der knarrenden Ränge bangen. Liebermanns Landi-Musik ‹Les Echanges› stülpte Gruntz ein Jazzkleid über. Und das Gipfeltreffen von sieben Pianisten in ‹Piano Conclave› brach jeden Flügel-Rekord. Als langjähriger musikalischer Leiter des Zürcher Schauspielhauses komponierte Gruntz zahlreiche Bühnenmusiken, darunter zu Uraufführungen von Dürrenmatt, Weiss, Bond, Walser, Papp, Albee. Werner Düggelin animierte Gruntz 1968 zum sechsteiligen Zyklus ‹Contemporary Sound Focus› im Stadttheater. Hier schliesst sich der Kreis der Künstler, die von Basel in alle Welt ausschwärmen, um immer wieder an den Rhein zurückzufinden: Düggelin und Tinguely, Spoerli und Gruntz. Zu ihrer Kunst tanzt dann mit Stolz auf seine begabten Söhne ‹Tout Bâle›, wer immer sich dazurechnen mag.

Dieweil schmieden die Artisten, die Musiker und Maler, die Regisseure und Tänzer unentwegt neue Pläne, sammeln Geld für ihre Projekte und bangen um den gnädigen Erfolg, das verdiente Echo bei Publikum und Presse. Nicht immer zahlt er sich aus. Selbst ein international renommierter Künstler wie George Gruntz musste schon Welttourneen abblasen, weil die Kulturexportstiftung des Bundes einmal einem Wiener Kunst-Orchester die Subventionen zusprechen wollte. Gruntz lässt den Kopf deswegen nicht hängen. Mit seinem sonnigen Gemüt, ohne Allüren, Dunst und Dünkel, gewinnt ‹GG› die Herzen sogar knapp kalkulierender Banquiers. Und Gruntz' stilistische Offenheit stellt selbst rein klassisch ausgerichtete Ohren auf den Empfang von harter, heisser und rhythmisch vertrackter klingender Musik.

Dennis L. Rhein

Basel – Cultural Heart of Switzerland

△ In der Ausstellung im Swiss Institute.

Basel wurde 1988 als erste Schweizer Stadt nach New York zu einer Präsentation in die Räumlichkeiten des Swiss Institute eingeladen.

Die Lage des 1985 gegründeten Swiss Institute an der Upper Westside von Manhattan in unmittelbarer Nähe des Lincoln Center mit der bekannten Metropolitan Opera ist geradezu prädestiniert für kulturelle Aktionen. So gehört es auch zu den Zielsetzungen dieser Institution, die Einwohner im Raume New York mit dem Schaffen von Schweizer Künstlern und mit kulturellen Aktivitäten der Schweiz vertraut zu machen.

Nach den erfolgreichen Auftritten des Basler Balletts in New York 1983 und 1985, für die das Offizielle Verkehrsbüro Basel die ‹Opening Night› organisierte, war man sich hier einig, eine mehrjährige PR-Kampagne in den Vereinigten Staaten durchzuführen.

Die Bemühungen bestanden darin, etwas Spezielles und Ausgefallenes nach New York zu bringen. Unter dem Titel ‹The Fun Side of the Basel Museums› wurde vom 10. bis 23. März 1988 eine von Jürg Spahr zusammengestellte

Sonderausstellung der Sammlung Karikaturen und Cartoons zum Thema ‹Parodies et Pastiches› gezeigt. Spezialführungen von Jürg Spahr, bekannt als JÜSP, fanden beim interessierten Publikum grossen Anklang.

Dazu passend stellte Dr. Max Triet vom Schweizerischen Sportmuseum noch einige ausgewählte Objekte, die in Verbindung zur Geschichte des amerikanischen Sportes stehen, zur Verfügung. Bereichert wurde die Ausstellung durch Vortragsabende mit Basler Referenten: Dr. Christian Geelhaar sprach über die Amerikaner-Sammlung des Basler Kunstmuseums und Christian Vogt über seine Arbeit als Fine Art Photographer.

Zur gleichen Zeit fand als Parallelveranstaltung im Ballroom ‹Windows of the World› im 106. Stock des World Trade Center ein Nachtessen für 90 ausgewählte Gäste statt. Franz Kühne als Gastkoch vom Basel Hilton präsentierte ein sechsgängiges Basler Menu, das auf Begeisterung stiess.

Grosser Höhepunkt war die gleichzeitig vom Kunstmuseum Basel organisierte Ausstellung ‹A Cézanne treasure, the Basel sketchbooks› im Museum of Modern Art, die Tausende von Besuchern anlockte.

Diese Aktivitäten und die im Rahmen der USA PR-Kampagne nach Basel eingeladenen Journalisten bilden ein Ganzes in den Bemühungen des Verkehrsbüros, in den Vereinigten Staaten von Amerika für Basel zu werben.

Man ging auch hier neue Wege. Es wurden vorrangig Journalisten eingeladen, die sich auf ‹Food and Wine› und ‹Lifestyle› konzentrieren. Diese Themen werden in den USA immer mehr beachtet; nicht mehr nach dem Motto ‹Wohin sind Sie gereist?›, sondern ‹Wo haben Sie gegessen und gewohnt?›.

Dass Basel – Cultural Heart of Switzerland – einiges zu bieten hat, fand auch in den amerikanischen Medien Beachtung.

△ Führungen durch Jürg Spahr (Mitte) im Swiss Institute.

▽ Ausschnitt aus der New York Times.

160

Rudolf W. Boos

Ost-West-Dialog am PROGNOS-Forum

Die Stadt Basel stand am 22./23. September 1988 im Blickpunkt internationaler Politik und Wirtschaft. Anlass war das zum achten Mal durchgeführte PROGNOS-Forum Zukunftsfragen, welches in diesem Jahr unter dem Thema ‹Ost-West-Kooperation – Neue Perspektiven im Osten› stand.

An der Veranstaltung war die Presse von Moskau, Budapest, Wien, Bonn bis Paris und London ebenso vertreten wie die Fernseh- und Rundfunkanstalten aus den entsprechenden Ländern. Das PROGNOS-Forum in Basel wurde in der internationalen Presse kurz als ‹Basler Forum› zitiert.

Das Europäische Welthandels- und Kongresszentrum der Mustermesse war dann auch mit über 500 hochstehenden Persönlichkeiten aus der Schweiz, Frankreich, Österreich, Deutschland, UdSSR und Ungarn überfüllt. Alle Teilnehmer waren daran interessiert zu hören, was die Referenten zu dem Tagungsthema Neues zu berichten hätten.

Die Tagung begann am 23. September mit dem Vortrag von Dr. Franz Vranitzky, Bundeskanzler der Republik Österreich, zum Thema ‹Der politische Ausgleich zwischen Ost und West – Erfahrungen und Perspektiven›. Danach zogen die Ausführungen von Valentin Falin – im September noch Präsident des Verwaltungsrates der Presseagentur Novosti, Moskau, und zwei Wochen später Erster Sekretär der KPdSU, zuständig für internationale Beziehungen – das Auditorium in ihren Bann, als er über ‹Sowjetische Neuorientierung – Aufbruch zur politischen Stabilität in Europa› sprach, und am Nachmittag der Veranstaltung begeisterte Dr. Lothar

△ Valentin Falin.　　　　　　　　▽ Dr. Lothar Späth.

Späth, Ministerpräsident des Landes Baden-Württemberg, die Zuhörer mit seinem Beitrag über die ‹Wirtschaftspolitischen Aspekte der Ost-West-Perspektiven›.

Drei hochkarätige Staatsmänner aus drei Ländern an zwei Tagen in Basel ist nicht alltäglich, und dabei gaben diese Politiker nur den Rahmen für die Verleihung des PROGNOS-Preises 1988, der zu dem Thema Ost-West-Kooperation in diesem Jahr an das Projekt der Planung einer gemeinsamen Weltausstellung Wien/Budapest im Jahre 1995 sowie an das erste Joint-Venture zwischen einer westlichen und einer sowjetischen Firma, nämlich die Gründung des Technologiezentrums Xomatek, verliehen wurde.

Die Idee des PROGNOS-Preises wurde anlässlich des 20-Jahr-Jubiläums der PROGNOS anno 1979 geboren (die PROGNOS wurde bekanntlich im Jahre 1959 in Basel von Professoren der Universität Basel, insbesondere durch die Initiative von Prof. Dr. Edgar Salin, gegründet und zählt heute mit über 120 Mitarbeitern zu einem der

renommiertesten internationalen Wirtschaftsforschungs- und Beratungsunternehmen); der Preis wurde im Jahre 1981 zum ersten Mal verliehen. Zu den Preisträgern aus früheren Jahren zählen so bekannte Persönlichkeiten wie Prof. Dr. Carl Friedrich Freiherr von Weizsäcker, Prof. Dr. Ralf Dahrendorf u.a., aber auch so interessante Projekte wie der Channel-Tunnel, das EG-Programm ‹Esprit›, die Crossair u.a.

Der PROGNOS-Preis 1988 für die Weltausstellung wurde von den Bürgermeistern der Städte Wien, Prof. Dr. Helmut Zilk, und Budapest, Pál Iványi, Präsident des Hauptstädtischen Rates, entgegengenommen, derjenige für das Technologiezentrum Xomatek von Reiner R. Lang, St. Georgen, und von Generaldirektor Nikolai Tschikirjew, Moskau.

Am 22. September, dem Vorabend des PROGNOS-Forums, fand im Schützenhaus ein Empfang mit Diner statt, an dem es zu persönlichen Begegnungen zwischen den in Basel weilenden Persönlichkeiten und dem Bundespräsidenten Dr. Otto Stich, den Regierungspräsidenten von Basel-Stadt und Basel-Landschaft sowie den verschiedenen Botschaftern und Preisträgern kam. Das Menu im Schützenhaus war eine Hommage für die an der Tafel vertretenen Länder: russischer Stör, ungarischer Hecht, Rehrücken Baden-Baden und Wiener Apfelstrudel, dazu wurde Schweizer Wein gereicht.

Als ‹Gipfeltreffen zwischen Ost und West› bezeichnete Dr. Peter G. Rogge, Verwaltungsratspräsident der PROGNOS AG, dieses für die Stadt Basel seltene Ereignis – ein Ausdruck, der nicht zu hoch gegriffen war.

1

1 V.l.n.r.:
Dr. Franz Vranitzky, Dr. Peter G. Rogge, Valentin Falin.
2 V.l.n.r.:
Dr. Peter G. Rogge, Dr. Helmut Zilk, Pál Iványi.
3 V.l.n.r.:
Reiner R. Lang, Nikolai Tschikirjew, Dr. Rolf W. Boos, Prof. Dr. Manfred Timmermann, Staatssekretär, Bonn.

Die Brauerei Feldschlösschen schluckt Warteck-Bier

Reklamewand des Kunstmalers Hans Weidmann
in der Bahnhof SBB-Einfahrt,
verfremdet durch Fotomontage von Kurt Wyss.

Rainer Füeg

Abendverkauf und die Attraktivität der Basler Innerstadt

Am 8. Mai 1988 kam in Basel-Stadt eine Gesetzesinitiative zur Abstimmung, durch deren Annahme der ein Jahr zuvor versuchsweise eingeführte Abendverkauf wieder verboten wurde. Das Ladenschlussgesetz wurde verschärft und dem Regierungsrat die Kompetenz entzogen, von der ‹normalen› Öffnungszeit abweichende Regelungen (ausser im Monat Dezember) zu bewilligen.

Mit dieser Gesetzesänderung wurde – wohl für längere Zeit – ein Schlussstrich unter die Bemühungen gezogen, mittels längerer Ladenöffnungszeiten die Attraktivität Basels als Einkaufsort zu fördern.

Die Ladenöffnungszeiten sind allerdings keineswegs ein Thema, das erst in den späten achtziger Jahren unseres Jahrhunderts zur Diskussion gekommen ist. Bestimmungen über die Öffnungszeiten von ‹Betrieben, die dem Detailverkauf dienen›, bestanden von alters her und waren aus gesundheitspolizeilichen (Schutz des Arbeitnehmers) wie auch aus gewerbepolitischen (Konkurrenzschutz) Gründen erlassen und im Laufe der Zeit an sich verändernde gesellschaftspolitische Gegebenheiten angepasst worden.

Das heute noch geltende Ladenöffnungsgesetz stammt aus dem Jahre 1942 und legt die Öffnungszeiten an Werktagen grundsätzlich auf 06.30 bis 18.30 Uhr fest. Es liess aber bis vor kurzem noch eine gewisse Flexibilität zu, indem der Regierungsrat die Kompetenz hatte, Ausnahmen zu bewilligen, falls die Sozialpartner darüber ein Einvernehmen erzielten. Von dieser Kompetenz wurde allerdings praktisch nur in der Vorweihnachtszeit Gebrauch gemacht.

1976 sollte erstmals eine Abendverkaufsregelung gesetzlich verankert werden, mit welcher einmal pro Woche die Läden bis um 21.00 Uhr hätten offen bleiben können. Die entsprechende Vorlage wurde von gewerkschaftlicher Seite bekämpft und vom Stimmbürger an der Urne abgelehnt. Die erneute Ablehnung des Abendverkaufs im Mai 1988 ist damit keine neuartige Erscheinung.

Gründe für den Abendverkaufsversuch

Die Nordwestschweiz ist – gemessen am Pro-Kopf-Einkommen – eine der wohlhabendsten Regionen der Schweiz. Ein Programm zur Steigerung der wirtschaftlichen Attraktivität dieses Wirtschaftsraums oder seines Zentralorts Basel mutet von da her erst einmal merkwürdig an. Eine Reihe von Gegnern des Abendverkaufs hat sich auch in diesem Sinne geäussert.

Ebensowenig zu übersehen wie der hohe Stand des Pro-Kopf-Einkommens ist indes die Tatsache, dass die Zuwachsraten in der Nordwestschweiz häufig niedriger ausfallen als in andern Regionen der Schweiz, dass also ein Verlust an Wettbewerbsfähigkeit und ein relatives Absinken der Bedeutung als wirtschaftliches Zentrum festgestellt werden muss.

Im Detailhandel des Kantons Basel-Stadt sind derartige Tendenzen noch ausgeprägter zu spüren als in der gesamten regionalen Wirtschaft. Dafür sind im wesentlichen drei Gründe anzuführen:

1. Seit Jahren verliert der Kanton Basel-Stadt Einwohner, sei es durch Abwanderung, sei es dadurch, dass mehr Kantonseinwohner sterben als neu geboren werden. Zwischen 1970 und 1980 betrug der Bevölkerungsverlust rund 13%; seither ist die Bevölkerung um weitere 5,5% zurückgegangen.

Güter des täglichen Bedarfs, welche unkompliziert zu beschaffen sind, täglich neu gebraucht und in gewissen Mengen eingekauft werden, besorgt sich der Konsument vorwiegend am Wohnort oder dort, wo er mit dem Auto bequem hinfahren kann. Für den in die Agglomeration oder gar in die weitere Region gezogenen Konsumenten ist dieser Wohnort eben nicht mehr Basel. Zwar hat die Erreichbarkeit der Innerstadt mit dem öffentlichen Verkehrsmittel deutliche Fortschritte gemacht; mit dem Auto wird ein Einkauf in der Innerstadt aber von Jahr zu Jahr mühsamer. Die Grossverteiler haben diese Entwicklung berücksichtigt und in den letzten zwei Jahrzehnten ihre Verkaufsflächen auch in der Agglomeration deutlich vergrössert und ihr Warenangebot verbessert. Der Lebensmittelfachhandel kann entsprechende Strategien nur beschränkt nachvollziehen und hat entsprechend in Basel ein bedeutendes Marktpotential verloren: 1975 zählte Basel noch 466 Lebensmittelfachhändler (inkl. Metzger, Bäcker usw.); 1985 waren es noch 378 Betriebe oder gut 20% weniger.

2. Basel-Stadt hat im Vergleich zu andern Kantonen auch eine andere Bevölkerungsstruktur. Der Anteil der Rentner ist überdurchschnittlich hoch, ebenso der Anteil von Sozialhilfeempfängern (Arbeitslose, Fürsorgeempfänger, Asylanten usw.). Der ‹durchschnittliche Basler Konsument› dürfte aus diesen demografischen Gründen ein anderes Konsumverhalten zeigen als der ‹durchschnittliche Schweizer Konsument›, was sich unter anderem auch auf die Nachfrage nach dauerhaften Konsumgütern auswirkt.

3. Im Gegensatz zu andern Wirtschaftsregionen der Schweiz liegt in Basel ein Teil des Einzugsgebiets der Stadt im Ausland. Das Vorhandensein einer Landesgrenze ist schon aus psychologischen Gründen und wegen der Vorschriften über den Warenverkehr ein Hindernis. Die aktuellen Wechselkursrelationen, welche sich seit Jahren eher zuungunsten des Schweizer Frankens entwickelt haben, verstärken diesen Effekt noch: nicht nur fällt ein erheblicher Teil der potentiellen elsässischen und badensischen Käuferschaft weg, weil Basel für sie keine Alternative als Einkaufsort darstellt; auch ein Teil der einheimischen Konsumenten macht sich die Vorteile der grenznahen Wohnlage zunutze und kauft (günstiger) im Ausland ein.

Basel als Einkaufsort hat somit sowohl bei Gütern des täglichen Bedarfs als auch bei dauerhaften Konsumgütern gegen erhebliche Handicaps zu kämpfen, wenn es nur schon seinen Marktanteil halten will. Dass dies nicht immer gelungen ist, kommt in den seit Jahren unterdurchschnittlichen Zuwachsraten des Innerstadt-Detailhandels deutlich zum Ausdruck. Aus dieser Situation heraus werden Anstrengungen zur Steigerung der Attraktivität Basels als Einkaufsort absolut verständlich.

Solche Anstrengungen richteten sich in den vergangenen Jahren hauptsächlich auf Werbung/Verkaufsförderung sowie Public-Relations-Massnahmen für die Innerstadt, auf politische Vorstösse zur Verbesserung des Zugangs mit dem Auto (Parkplätze) und eben auf die Verlängerung der Ladenöffnungszeiten durch die Einführung des Abendverkaufs am Donnerstag.

Abendverkauf – ein taugliches Mittel?

Von seiten der Gegner des Abendverkaufs wurde immer wieder ins Feld geführt, dieser rentiere nicht oder er führe zu einer unerwünschten zusätzlichen Belastung des gewerblichen Fachhändlers und zur Verschiebung von Marktanteilen zugunsten der Grossverteiler. Die Arbeitnehmerschaft erhob zudem den Einwand, die Belebung der Innerstadt mit Hilfe des Abendverkaufs erfolge einseitig auf Kosten des Verkaufspersonals.

Diese Befürchtungen widersprachen indes zum Teil den Erfahrungen, die man in anderen Städten mit dem Abendverkauf gemacht hatte. Zur Abklärung der tatsächlichen Auswirkungen sollte daher in den Jahren 1987/88 ein 18monatiger *Versuch* durchgeführt und in einer wissenschaftlichen Begleitstudie analysiert werden.

Aufgrund der Untersuchungsergebnisse hätte nach Abschluss der Versuchsphase entschieden werden sollen, ob und mit welchen Modifikationen der Abendverkauf hätte definitiv eingeführt werden können. Nach der Abstimmung im Mai war ein derartiger Entscheid allerdings nicht mehr nötig; die Befürworter akzeptierten den Volksentscheid, der Abendverkauf wurde unverzüglich eingestellt.

Die Begleitstudie zeigte ein sehr differenziertes Bild des Abendverkaufs. Er war weder ein durchschlagender Erfolg – viele Ladengeschäfte, insbesondere aus dem Fachhandel, beteiligten sich nur einige Monate lang und/oder empfanden den erwirtschafteten Umsatz als völlig ungenügend – noch war er ein klarer Misserfolg: eine Reihe von andern Ladengeschäften aus allen Branchen erzielte befriedigende bis gute Ergebnisse.

Verglichen mit den übrigen Öffnungszeiten, wurden am Abendverkauf nämlich allgemein höhere Umsätze pro Stunde erzielt; verkaufsintensiver war in allen Branchen nur der Samstag. Diese höheren Durchschnittsumsätze kamen indes nicht zustande, weil mehr, sondern weil im Schnitt teurere Produkte gekauft wurden als während einer normalen Stunde Öffnungszeit. Wenn für viele Geschäfte dennoch der Ertrag

unbefriedigend ausfiel, so lag dies daran, dass am Abendverkauf die Bruttomarge zwar gleich gross war wie sonst, die Betriebskosten pro Stunde aber höher ausfielen.

Die detaillierten Analysen zeigten zwar, dass in der Regel die Arbeitszeit während des Abendverkaufs durch entsprechende Freizeit an andern Tagen kompensiert wurde, also nicht zu zusätzlichen Kosten führte. Was hingegen ebenso deutlich zum Ausdruck kam, ist der Umstand, dass die Arbeitszeit am Abend – wenn die meisten andern Erwerbstätigen frei haben – sowohl vom Verkaufspersonal als auch von Inhabern kleinerer Geschäfte als besonders belastend empfunden wurde. Nur eine Minderheit – meist jüngere Verkäufer – stellte sich positiv zur Abendarbeit und der damit verbundenen Kompensation zu andern Zeiten. Die grosse Mehrheit des Verkaufspersonals dagegen empfand die Arbeit am Abend als absolute Zumutung.

Aus gesamtwirtschaftlicher Sicht hat der Abendverkauf für die Basler Innerstadt das gebracht, was von ihm erwartet worden ist: der Umsatzzuwachs der Innerstadtgeschäfte insgesamt lag 1987/88 über jenem der übrigen Detailhandelsgeschäfte; bei den Teilnehmern am Abendverkauf ergaben sich im Schnitt bessere Werte als bei den Nichtteilnehmern.

Misst man den Erfolg des Abendverkaufs nicht an den wirtschaftlichen Ergebnissen, sondern an seiner Auswirkung auf die Belebung der Innerstadt, so zeigt sich ebenfalls ein positives Bild. Von vielen Verkäufer/-innen wurde bestätigt, dass der Abendverkauf die Konsumenten zum Verweilen in der Innerstadt einlädt – häufig aber ohne dass deswegen etwas gekauft würde. Der vermehrte Besuch der Basler Innerstadt während des Abendverkaufsversuchs liess sich auch an andern Faktoren ablesen: Auch die Gaststätten verzeichneten parallel zu den Verkaufsgeschäften eine Zunahme des Umsatzes am Donnerstag. Die Nachfrage nach Parkplätzen war in den innerstadtnahen Parkhäusern während der Versuchsdauer deutlich grösser als vor- und nachher.

Wenn nun trotzdem eine knappe Mehrheit der Innerstadtgeschäfte und über 80% des Verkaufspersonals den Abendverkauf negativ beurteilten – und mit ihrer Meinung die Mehrheit der Stimmbürger überzeugen konnten –, so hat dies vorwiegend mit der Betroffenheit der Beteiligten zu tun, für die nicht Attraktivitätsüberlegungen für Basel oder die Region, sondern das direkte Ergebnis in der Ladenkasse bzw. der Zeitpunkt des Feierabends im Vordergrund stehen.

Dazu kommt, dass die Nutzniesser des Abendverkaufs nicht in erster Linie die in der City wohnhaften Konsumenten waren, sondern jene in den Randgebieten der Stadt und in der Agglomeration. Die besondere politische Situation der Region Basel brachte es mit sich, dass ein grosser Teil dieser Konsumenten an der Urne gar nicht mitstimmen konnte.

Und die Zukunft?

Mit dem Abstimmungsergebnis vom 8. Mai 1988 ist in Basel nicht nur der Abendverkauf verunmöglicht worden. Auf (wahrscheinlich) längere Zeit ist wohl auch jede Veränderung der Ladenöffnungszeiten in Richtung freiheitlichere Regelung verbaut. Modelle wie Verschiebungen der Tagesöffnungszeiten – z.B. spätere Öffnung am Morgen mit späterer Schliessung am Abend, branchen- und lagespezifisch unterschiedliche Öffnungszeiten oder (für Basel) ganz utopische Varianten wie völlig freie Öffnungszeiten unter Beachtung der Arbeitszeitre-

gelungen für das Personal usw. – brauchen in nächster Zukunft gar nicht mehr diskutiert zu werden.

Freuen darüber können sich allenfalls die Autobahnraststätte in Pratteln, die auch in Zukunft das einzige jeden Abend geöffnete Verkaufszentrum in der Region bleibt, oder Rheinfelden, das seinen Abendverkauf weiterhin durchführt. Profitieren werden im weitern die Verkaufsgeschäfte in der Region, weil vermehrt am Wohnort eingekauft wird, und profitieren wird das grenznahe Ausland, welches wie Frankreich ohnehin liberalere Öffnungszeiten kennt oder wie Baden-Württemberg solche plant (‹Dienstleistungsabend›).

Und Basel? Basel bleibt trotz allem regionales Einkaufszentrum, dürfte aber auch weiterhin – kaum merklich, aber stetig – an Bedeutung verlieren, und zwar zugunsten einer dynamischeren Umgebung. Das zeitliche Zusammentreffen der Verschärfung der Ladenschlussgesetze in Basel und der Schaffung eines von vielen Fesseln befreiten EG-Binnenmarktes unmittelbar daneben sagt diesbezüglich eigentlich alles.

Die Attraktivität einer Stadt bemisst sich gewiss nicht nur nach ihrer Bedeutung als Einkaufsort und der Breite ihres Warenangebots. Kulturelle Angebote, die bauliche Substanz, Wohn- und Lebensqualität sind genauso wichtige Faktoren. Nur: eine Stadt lebt und entwickelt sich aufgrund ihrer wirtschaftlichen Aktivitäten, ihrer Fähigkeit, sich an neue Entwicklungen anzupassen, und ihrer Leistungsbereitschaft – und nicht dadurch, dass möglichst jeder Aspekt des Lebens oder des Wirtschaftens unter Heimatschutz gestellt wird.

Die Verkabelung der Stadt Basel

Hans Martin Tschudi / Hans Rudolf Fischer

Inhaltliche, technische und volkswirtschaftliche Bedeutung des Verkabelungsprojektes

Ausgangslage

1984, am 4. August, als der Sendeturm von St. Chrischona hoch über der noch unverkabelten Stadt Basel eingeweiht wurde, sprach PTT-Generaldirektor R. Trachsel Worte von folgenreicher Bedeutung: Er machte den Vorschlag, in Basel ein modernes Kabelfernsehnetz zu verwirklichen, das «modernste Netz Europas», wie er sich ausdrückte. Bereits am 13. September 1984 befürwortete der Regierungsrat dieses Projekt grundsätzlich «unter Voraussetzung der Nutzung der modernen Kabeltechnologie und zur Anhebung der wirtschaftlichen Standortgunst des Kantons». Das Wirtschafts- und Sozialdepartement wurde zusammen mit dem Baudepartement beauftragt abzuklären, welche Verkabelungsvarianten für Basel in Frage kämen. Im Oktober 1984 begann die Interdisziplinäre Berater- und Forschungsgruppe Basel AG ein Grundsatzpapier zu erarbeiten, welches alle technischen Verkabelungsvarianten sowie die organisatorisch-rechtlichen Möglichkeiten aufzeigen sollte. Am 25. Juni 1985 entschied der Regierungsrat, dass die Verkabelung zukunftsorientiert weiterzuverfolgen sei, d.h. nicht nur mit dem Ziel, Basels Bevölkerung weitere Radio- und Fernsehprogramme (ORF, Bayern 3, TF 1, RAI, Sky Channel usw.) zugänglich zu machen. Es sollte vielmehr möglich werden, daneben auch neue volkswirtschaftlich interessante Dienstleistungen (Bankverkehr-Abwicklun-

gen, Bestellungen und Reservationen, Informationsaustausch mit Filialen und Agenturen, büroverbundene Heimarbeitsplätze u.a.m.) anzubieten. Mit gleichem Beschluss wurde eine Projektkommission eingesetzt, der Vertreter aus Verwaltung, Wissenschaft und den PTT-Betrieben angehörten.

Am 21. Oktober 1986 fiel dann endgültig der Startschuss zur Projektierung der Verkabelung Basels. Der Regierungsrat beschloss, das vorgeschlagene System für ein phasenweises Vorgehen bei der Verkabelung zu genehmigen. Die Projektkommission arbeitete in der Folge detaillierte Organisationsvorschläge aus. Insbesondere galt es, ein für die Ausführungsarbeiten geeignetes Unternehmen ausfindig zu machen. Den Auswahlkriterien (mehrheitlich baslerischer Charakter der Firma, Know-how, Kooperationserfahrung mit PTT-Betrieben) entsprach die Konsortialfirma Balcab Kabelfernsehen Basel AG am besten. Sie ist ein Dienstleistungsunternehmen im Kommunikationsbereich, das eigens zum Zwecke der Verkabelung Basels gegründet wurde. Sieben Basler Firmen sowie die grossen nationalen Gesellschaften Rediffusion und Siemens-Albis haben sich in ihr zusammengefunden. Um sicherzustellen, dass neben betriebswirtschaftlichen Aspekten auch medienpolitische und regionalwirtschaftliche Ziele im öffentlichen Interesse verfolgt werden, unterbreitete die Projektkommission dem Regierungsrat ein medienpolitisches Novum: das ‹Splitting-Modell›. Danach soll der Kanton eine Sondernutzungskonzession gemeinsam an eine AG, die für die Funktionen Technik/Betrieb besorgt ist, und an eine Stiftung für Inhalte und Programme erteilen. Mit Beschluss vom 26. Mai 1987 hiess der Regierungsrat das ‹Splitting-Modell› gut und bestimmte die Balcab als zukünftig beliehene Kabelbetreiberin. Am 10. Februar 1988 schliesslich wurde die Stiftung Kabelnetz Basel ins Leben gerufen, woran sich ein Festakt in der Mustermesse anschloss, bei dem das Vorliegen nunmehr aller Grundelemente des Verkabelungsprojektes gefeiert wurde.

Technik

Das als ‹Modellfall Basel› bezeichnete Kabelnetzwerk soll eine Länge von 500 km aufweisen. Die technische Innovation dieses Netzes liegt in der Verwendung von Glasfasertechnologie, soweit dies möglich ist, und in der Rückkanaltauglichkeit. Das heisst im einzelnen:

Das Netz wird in verschiedene Ebenen unterteilt. Die Grobverteilung geht sternförmig und in Glasfasertechnologie (Monomode) in die Quartiere hinaus. Die Feinverteilung muss jedoch aus Gründen der Wirtschaftlichkeit nach wie vor in der konventionellen Koaxialkabel-Technik ausgeführt werden. Die Glasfaser, der die Zukunft gehört, ist besonders leistungsfähig; pro Glasfaser können vier Fernsehprogramme in Studioqualität (140 Mbit/s) übertragen werden.

Das Neue in der Feinverteilung besteht darin, dass ein sehr leistungsfähiger Rückkanal eingebaut ist, der audiovisuelle Abrufdienste* und Dialogdienste technisch grundsätzlich möglich macht (diese Technik nennt sich Subsplitting, wobei von der Koaxialkabelkapazität 5–30

MHz für den Rückkanal und 50–450 MHz für den Vorwärtskanal, der die Fernsehprogramme überträgt, vorgesehen sind). Technisch ist eine für Europa neuartige Netzarchitektur entwickelt worden, die aus einer Zubringerleitung, drei Netz-Ebenen, Rückkanaltauglichkeit und Quartiereinspeisungspunkten für TV besteht. Das Netz ist somit auf dem höchsten Grad der Leistungsfähigkeit, die mit der heutigen Technik erreichbar ist. Einzig das Bildtelefon bzw. Videophon, das Transportieren von bewegten Bildern von Teilnehmer zu Teilnehmer, kann heute vorwiegend aus Gründen der Wirtschaftlichkeit noch nicht realisiert werden.

Die Basis und Grundstruktur der Verkabelung der Stadt Basel ist so gestaltet, dass sie sowohl an die laufenden technisch-wirtschaftlichen als auch an die politischen Entwicklungen angepasst werden kann und dass die Möglichkeit nicht verbaut wird, das Netz in ein Breitband-ISDN (Integrated Services Digital Network) umzuwandeln und die vorhandenen bzw. zukünftigen PTT-Netze in ihren strukturellen, technischen und wirtschaftlichen Eigenschaften bestmöglich zu berücksichtigen.

Die Grundprinzipien des Drei-Phasen-Konzeptes und der Verkabelung von Basel lassen sich wie folgt skizzieren:

In einer Phase I werden wirtschaftlich realisierbare und technisch wünschbare Voraussetzungen für den längerfristigen Aus- und Umbau des Netzes zu einem Breitband-ISDN geschaffen. In einer Phase II wird ein schmalbandiger Rückkanal eingesetzt. In Phase III, die eine heute noch nicht abschätzbare Zukunft darstellt, wird eine Integration der Feinverteilung in eine optisch breitbandige Sternstruktur vorgenommen, d.h. das Breitband-ISDN realisiert.

Programme und Dienste

Richten wir nun das Augenmerk auf die inhaltliche Bedeutung des Verkabelungsprojektes:

---

* Programme und Dienste, die zu einem vom Teilnehmer bestimmbaren Zeitpunkt abgerufen werden können.

△ Antennenanlage auf dem Biozentrum.

In Phase I, für welche Investitionskosten von rund 80 Mio. Franken geschätzt werden, sollen bestehende Radio- und Fernsehprogramme verteilt und neue TV-Dienste entwickelt werden (Universitäts-, Umweltinformations- und Regional-Kanal, Pay-TV, rollende TV-Dienste, z.B. für Wetter, offener Kanal für Interessengruppen u.a.m.). Phase II sieht noch zu entwickelnde Abrufdienste vor (Pay-per-view, Alarm- und Hilferufsysteme, Videotheken, Fernschulkurse, videotexähnliche Dienste, Fernwirken und Fernbewirtschaftung, z.B. Steuerung des Energieverbrauchs in Gebäuden), Phase III schliesslich auch Dialogdienste (Videotelefon, Videokonferenz, schnelle Datenübertragung, z.B. Bild-Graphik-Übertragung). Da die rechtliche Netzhoheit für Individualkommunikation bei den PTT-Betrieben liegt, ist eine enge Zusammenarbeit zwischen der privaten Kabelnetz-Betreibergesellschaft, welche die Rundfunkdienste verantwortet, und den PTT-Betrieben notwendig.

Medien- und wirtschaftspolitische Bedeutung

Welches sind nun die Rahmenbedingungen, Bedürfnisse und Möglichkeiten rund um das Verkabelungsprojekt? Der Informationssektor hat sich in den vergangenen Jahren grundlegend gewandelt. Insbesondere die Technik der Nachrichtenübermittlung und die damit verbundene Anwendungsvielfalt (Telefax, Text-Mail, Fernwirken, Bildtelefon usw.) haben seit Ende der 60er Jahre eine ungeheure Entwicklung durchgemacht, die auch heute noch in vollem Gange ist. Angesichts der deutlichen Wachstums- und Sättigungsgrenzen in vielen Bereichen der hochentwickelten Volkswirtschaften richtet sich deshalb die Aufmerksamkeit auf den expandierenden Informationssektor. Untersuchungen der Projektkommission haben ergeben, dass der Informationssektor einen erheblichen Beitrag zur Schaffung von Arbeitsplätzen und somit zur längerfristigen Sicherung des Basler Arbeitsmarktes wie auch zur branchenmässigen Diversifizierung der Wirtschaft leisten könnte. Schätzungen lassen für den Zeitraum der kommenden zehn Jahre für Basel und die Nordwestschweiz einige tausend wertschöpfungsintensive Arbeitsplätze als möglich erscheinen. Der Informationssektor, der sich nicht nur an lokalen Märkten orientiert, sondern eine grenzüberschreitende Bedeutung hat, könnte für Basel, der Stadt im Schnittpunkt dreier Länder und ‹Kommunikationskulturen›, zudem zum Exportsektor werden: Baslerische Produktion und Vermittlung umfassender Kommunikationsangebote in das deutsche und französische Sprachgebiet, in den EFTA- und den EG-Raum.

Die Verkabelung Basels ist Grundvoraussetzung für die Wahrnehmung wirtschaftlicher Chancen im Informationsbereich. Da sie allein nicht ausreicht, bedarf es flankierender Massnahmen, sowohl von öffentlicher wie von privater Seite, damit weitergehende Entwicklungen im Hard- und Software-Bereich möglich werden. Der Bau und die Weiterentwicklung der

Netze können und sollen dazu genutzt werden, in Basel wirtschaftliche und kulturelle Impulse zu geben, um dadurch auch Entwicklungsprozesse in anderen Sektoren auszulösen.

Eine Repräsentativumfrage hat ergeben, dass 60% der Basler Klein- und Mittelbetriebe an zusätzlichen Radio- und Fernsehprogrammen und an modernen, einschliesslich interaktiven, Diensten interessiert sind. Die Befragung über die Bedürfnisse der Privathaushalte zeigte, dass 77% der Bevölkerung der Stadt Basel ein generelles Interesse an zusätzlichen TV-Programmen haben und 63% an interaktiven Diensten interessiert sind. Man erwartet, dass der Fernsehkonsum der Basler nur leicht ansteigen wird. Hingegen ist eine Änderung im Nutzungsverhalten sehr wahrscheinlich: Neben weiteren Fernsehprogrammen könnten beispielsweise ein Universitätskanal (Weiterbildungsmöglichkeiten für die breite Bevölkerung) und ein City-Channel (Darstellungs- und Informations-‹Fenster› für verschiedene Interessengruppen) zu einer qualitativen Steigerung und – so hoffen wir – auch zu einer selektiven Benützung der Angebote führen.

Rolf Jucker / Alexander Ruch

Der rechtliche Rahmen

Das Zusammenspiel zwischen Kanton und Bund

Die Dienste und Inhalte, die mit dem Kabelnetz transportiert und verteilt werden sollen, beschränken sich, wie im einzelnen dargestellt worden ist, nicht auf Radio- und Fernsehprogramme. Die Projektkommission ging daher davon aus, dass dem Kanton Basel-Stadt nicht die Stellung eines blossen Kunden der PTT-Betriebe zukommt, der um die Erteilung einer

Erlaubnis nachsucht und in der Folge ein eigenes Verteilnetz aufbaut. Aus wirtschaftlichen Gründen und unter den Gesichtspunkten der technischen und der rechtlichen Verhältnisse und ihrer Entwicklung ist eine enge Zusammenarbeit zwischen den PTT-Betrieben und dem Kanton bzw. der von ihm mit der Errichtung und Betreibung des Netzes beauftragten Organisation erforderlich. Zum besseren Verständnis müssen wir uns zunächst mit dem *Telekommu-*

nikationsrecht des Bundes abgeben, das Grundlage und Rahmen des Projektes bildet.

Das geltende Telekommunikationsrecht des Bundes beruht in seiner Gesamtheit noch auf dem Post- und Telegrafenmonopol von Artikel 36 der Bundesverfassung. Dieser gibt dem Bund die Kompetenz, das Fernmeldewesen, welches auch Radio und Fernsehen sowie die sogenannten ‹neuen Medien› umfasst, gesetzlich zu regeln und sich die Aufgabenerfüllung vorzubehalten. Näher ausgestaltet wird das Monopol durch den Bundesgesetzgeber im Telegrafen- und Telefonverkehrsgesetz vom 14. Oktober 1922 und daran anschliessend in grosser Detaillierung durch den Bundesrat auf Verordnungsstufe. Diese Gesetzgebung wird bekanntlich abgelöst werden durch einerseits ein *Radio- und Fernsehgesetz,* das ausser dem Rundfunk auch sogenannte vergleichbare Formen des Rundfunks (so auch Zugriffsdienste, sofern nicht jedermann als Anbieter und Bezüger auftreten kann) regeln soll, andererseits das *Fernmeldegesetz,* das sich auf die Regelung der Individualkommunikation beschränken soll. Bemerkenswert ist, dass der bisherige fernmelderechtliche Rundfunkbegriff durch einen medienrechtlichen ersetzt werden soll, der die Erweiterung der als Rundfunk zu betrachtenden Dienste unterstützt. Die Entwürfe beider Gesetze stehen in den eidgenössischen Räten in Beratung. Welche Dienste und von wem sie erbracht werden, ist eine Frage, die grundsätzlich zwei Probleme enthält: erstens dasjenige der Leistungspflicht der PTT-Betriebe als Monopolträger, zweitens dasjenige der Abtretung (Konzedierung) von im Bundesmonopol enthaltenen Aufgaben an anderweitige Trägerschaften wie Kantone, Gemeinden oder private Organisationen.

Wer Informationen übermitteln will, ist aufgrund des Bundesmonopols gezwungen, die Dienste des Bundes in Anspruch zu nehmen. Der Benützer kann nicht wählen, wer seine Informationen übermitteln soll. Deshalb obliegt den PTT-Betrieben die Pflicht, die gesetzlich vorgesehenen Fernmeldedienste gegenüber jedermann zu erbringen, der sie in Anspruch nehmen will. Zu dieser Leistungspflicht gesellt sich die weitere Pflicht der PTT-Betriebe, neue, technisch realisierbare Systeme zu erstellen und zu betreiben. Zwar erstreckt sich diese Pflicht auf das gesamte Gebiet der Schweiz, doch ist ein schrittweises Vorgehen zulässig, so dass es möglich ist, mit der Errichtung neuer Systeme in Basel zu beginnen. Der Bund bzw. die PTT-Betriebe müssen nicht sämtliche Fernmeldeanlagen selber erstellen und betreiben: Sie können an andere Gemeinwesen oder an Private Konzessionen erteilen; in manchen Fällen sind sie dazu verpflichtet. Bei der Beantwortung der Frage, für die Erbringung welcher Dienste Konzessionen erteilt werden (können), wird unterschieden zwischen Massen- und Individualkommunikation.

Der Bereich der Massenkommunikation umfasst die Übermittlung von Radio- und Fernsehprogrammen oder von besonderen Rundfunkdiensten. Die Erlaubnis wird mit einer sogenannten Gemeinschaftsantennenkonzession erteilt, wobei der lokale Rundfunk und die besonderen Rundfunkdienste (z. B. Abonnementsfernsehen) gleich wie die Tätigkeit von Radio Basilisk unter dem geltenden Recht nur auf einer Versuchserlaubnis beruhen, die zur Zeit bis Ende 1990 befristet ist. Gerade für die besonderen Rundfunkdienste soll das künftige Bundesgesetz über Radio und Fernsehen erweiterte Konzessionierungsmöglichkeiten schaffen.

Im Bereich der Individualkommunikation kann die Erbringung von für das städtische Kabelnetz interessanten Diensten, sogenannten öffentlichen Fernmeldediensten, die eine interaktive Abruftätigkeit der Konsumenten voraussetzen, wie etwa Videotex, nicht konzediert werden; der Bund bleibt alleiniger Anbieter.

Rechtlich liegt die Netzhoheit für Individualkommunikation somit bei den PTT-Betrieben, für die konzedierte Massenkommunikation bei der Betreibergesellschaft. In Basel soll aber nur *ein* Netz gebaut und betrieben werden, mit dem alle Programme und Dienste transportiert werden. Daher nimmt idealerweise jeder der beiden Betreiber (PTT-Betriebe und Konzessionär) das Netz oder Netzteile des andern in Anspruch. Dieser erwünschte ‹Netzverbund› setzt ein partnerschaftliches Zusammenwirken der Beteiligten voraus. Das ist in der Telekommunikationslandschaft der Schweiz neu und ungewohnt und bedarf dauernder Anstrengungen aller Partner.

Das Konzessionsrecht des Kantons Basel-Stadt

Die Gemeinschaftsantennenkonzession der PTT-Betriebe, die Kantonen, Gemeinden oder privaten Organisationen verliehen werden kann, ist nach Bundesrecht abhängig von einer ‹Bewilligung der zuständigen Behörde zur Benützung der öffentlichen Grundstücke›. Damit ist in unserem Fall eine Konzession des Regierungsrates gemeint, die das Recht verleiht, den öffentlichen Grund und Boden in der Stadt Basel, die sogenannte Allmend, für die Verlegung von Leitungen in Anspruch zu nehmen. Diese Konzession beruht auf der kantonalen Gesetzgebung über die Inanspruchnahme der Allmend aus dem Jahre 1927. Von Gesetzes wegen muss die Konzession u.a. die Art und den Umfang der verliehenen Benützung regeln; bezogen auf die Verkabelung der Stadt Basel bedeutet dies, dass einerseits die technischen Belange der Erstellung und des Betriebs des Kabelnetzes (das Wie), anderseits die Inhalte im Sinne der mit dem Kabelnetz zu verteilenden Programme und Dienste (das Wofür) Gegenstand der Konzession sein müssen. Trotz des Fehlens eines baselstädtischen Medienrechts kann gestützt auf kantonales Recht vorgeschrieben werden, welche Programme und Dienste angeboten und über das Netz verteilt werden müssen.

Vertragsunterzeichnung: Regierungsrat des Kantons Basel-Stadt und Balcab AG. ▽

Das ‹Splitting-Modell›

Das Verkabelungsprojekt vereinigt in sich politische und wirtschaftliche Zielsetzungen, die einander zum Teil sehr stark zuwiderlaufen. Zum einen sind die staatliche Mitsprache, die Durchsetzung kultureller, gesellschaftlicher, medien- und wirtschaftspolitischer Ziele sicherzustellen und die Anbietung nicht-gewinnorientierter und experimenteller Kabelrundfunkdienste wie auch die Förderung der Medien-Entwicklung und von Telekommunikationsarbeitsplätzen zu garantieren. Auch muss verhindert werden, dass ein Medienmonopol entsteht. Zum andern sind Aspekte des Know-how, der Kapitalbeschaffung, der Innovations- und Risikobereitschaft und nicht zuletzt der Gewinnerzielung zu berücksichtigen. Diese Widersprüchlichkeiten führen zu einer Ungleichheit der Aufgabenbereiche. Deshalb mussten zur Verwirklichung des anspruchsvollen ‹Basler Modells› auch im Bereich des kantonalen Konzessionsrechts in organisatorischer und juristischer Hinsicht neue Wege beschritten werden.

Für den Regierungsrat stand fest, dass der Kanton nur als Konzessionsgeber, und in diesem Sinn als Aufsichtsinstanz, auftreten, nicht aber eigene Kräfte und Mittel für Erstellung, Betrieb und Programmgestaltung zur Verfügung halten sollte. Damit schied eine staatliche Organisation sowohl als Trägerin der Netzhoheit wie auch als Entscheidungsinstanz für die Programmauswahl, wie sie in anderen Schweizer Gemeinden in der Form einer kommunalen Programmkommission auftritt, aus. Fest stand sodann auch, das der mit der Wahrnehmung der vom Regierungsrat verliehenen Rechte beauftragten Organisation nicht sämtliche Aufgabenbereiche überlassen werden konnten. Der Regierungsrat beschloss daher, einerseits die Konzession an Subjekte des Privatrechts zu erteilen,

andererseits für den wirtschaftlich-technischen Bereich und den politisch-inhaltlichen Bereich zwei voneinander getrennte Organisationen auszuwählen.

Die eine kantonale Allmendkonzession umfasst als ‹Gesamtrecht› das ganze Spektrum der durch sie verliehenen Rechte und Pflichten. Dementsprechend war nur *eine* formale Konzession zu erteilen und diese materiell unter die Träger der beiden Aufgaben- und Funktionsbereiche aufzuteilen. Ein flexibel ausgestalteter Kooperationsbereich regelt dabei die Zusammenarbeit der Funktionsträger. Für den Bereich der *politisch-inhaltlichen* Aufgaben, in welchem namentlich die Bestimmung über die Nutzung des Netzes und die zu sendenden Programme und Dienste enthalten ist, musste nach einer privatrechtlichen Trägerschaft gesucht werden, die von ihrer Struktur her den konzeptionellen Anforderungen entsprach, gleichzeitig aber die im privatrechtlichen Bereich auftretenden strukturellen Imponderabilien nach Möglichkeit auszuschalten gestattete. Mit einer Stiftung als anstaltlich organisierter Trägerschaft liess sich das Instrumentarium zur Sicherung der politischen Zielsetzungen bereitstellen. Die Stiftung ist unabhängig vom Schicksal der Kabelerstellerin und -betreiberin und unterliegt selbst keinem freien Auflösungsrecht wie zum Beispiel eine Aktiengesellschaft. Damit der kontinuierliche Zugriff auf das Netz gewahrt bleibt, wird das gesamte Kabelnetz im Eigentum der Stiftung stehen. Die ‹Stiftung Kabelnetz Basel› ist von 29 Vertretern der öffentlichen Hand, der Wissenschaft, der Kultur, der Wirtschaft und des sozialen Basel errichtet worden. Damit soll quer durch alle gesellschaftlichen Gruppierungen hindurch eine pluralistische Meinungsbildung und Bestimmungsmöglichkeit im Hinblick auf das Mediengeschehen sichergestellt sein. – Was die *wirtschaftlich-technischen* Aufgaben betrifft, so erstellt, erweitert und betreibt die Balcab Kabelfernsehen Basel AG das Kabelnetz und bezieht hiefür Anschluss- und Abonnementsgebühren, wobei von letzteren ein Anteil an die Stiftung abzuführen ist, damit diese ihren vielfältigen Aufgaben nachzukommen vermag.

Balcab und Netzteilnehmer

Obwohl die Befugnis der Balcab zur Verkabelung der Stadt Basel auf einer Konzession, also einem Akt des Verwaltungsrechts, fusst, ist das unmittelbare Verhältnis zwischen ihr und den angeschlossenen Hauseigentümern und Mietern rein privatrechtlicher Natur. Die dadurch gewährte Vertragsfreiheit erleidet immerhin einige Einschränkungen durch die vom Regierungsrat verliehene Konzession: So ist grundsätzlich jeder Liegenschaftseigentümer berechtigt, aber nicht verpflichtet, seine Liegenschaft an das Kabelnetz anzuschliessen. Sodann ist die Freiheit der Netzteilnehmer hinsichtlich der Empfangsgeräte, Gerätelieferanten und Hausverteilanlagen gewährleistet. Dass beispielsweise ein Installationsmonopol für Hausverteilanlagen errichtet würde, käme nicht in Frage. Im weiteren bedarf die Tarifordnung der Genehmigung durch den Regierungsrat. Es leuchtet ein, dass diese Tarife ein Politikum darstellen und nicht ausschliesslich nach marktwirtschaftlichen Grundsätzen festgelegt werden dürfen. Im übrigen hat sich der Regierungsrat das Recht vorbehalten, die Beziehungen der Kabelfirma zu den Netzteilnehmern in jeder Hinsicht zu überprüfen und sämtliches vorzukehren, was er in deren Interesse für zweckdienlich erachtet. Bei Streitigkeiten sollten die Netzteilnehmer schon wegen des Kostenrisikos prozessualer Auseinandersetzungen nicht auf den zivilrechtlichen Weg verwiesen werden; vielmehr sollten ihnen verwaltungsrechtliche Mittel offen stehen.

Vermieter und Mieter

Bei der hiesigen Wohnstruktur besteht das potentielle Gros der Kabelrundfunk-Teilnehmer aus Mietern. Zwangsläufig stellt sich dabei die Frage, ob der Vermieter jedem Mieter die Möglichkeit zum Kabelrundfunk-Bezug individuell einräumen oder ob der Kabelrundfunkanschluss und damit verbunden die Möglichkeit zum Bezug der entsprechenden Dienstleistung zur ‹Grundausstattung› einer Wohnung gehören soll, wie etwa der bisherige Fernseh- bzw. Dachantennenanschluss, unbesehen darum, ob der einzelne Mieter ihn benützt oder nicht. Unseres Erachtens bestehen keine Bedenken dagegen, die Möglichkeit des Kabelrundfunkbezuges für die Mieter zur Grundausstattung der Wohnung zu machen und die abzuführenden monatlichen Abonnementsgebühren im Mietzins einzuschliessen. Verzichtet aber ein Mieter auf den kabelgebundenen Rundfunkempfang, so ist der entsprechende Anschluss zu plombieren, und es dürfen keine Abonnementsgebühren gefordert werden.

Gottfried Bombach

Das Wirtschaftswissenschaftliche Zentrum im Rosshof

Ein kurzer Rückblick

Nicht allzu weit zurück liegen die Zeiten, als es für die Ausbildung von Wirtschaftswissenschaftern nicht mehr brauchte als Hörsäle mit altmodischen Wandtafeln, hervorragende Dozenten und kleine bis mittlere Bibliotheken. Generationen von Studenten und auch der wissenschaftliche Nachwuchs haben so ihre Laufbahnen begonnen. In den Vorlesungsverzeichnissen erschien ein ‹Staatswissenschaftliches Seminar›, das aus einem Raum zur Abhaltung von Übungen, einer Bibliothek und einem bescheidenen Zimmer für den Vorsteher bestand. Genau so war es bis in die 50er Jahre in Basel. Am Stapfelberg 1877 gegründet, musste dieses Seminar mehrfach seinen Sitz wechseln und war zuletzt am Petersgraben in den oberen Stockwerken des Hauses der ‹Guten Schriften› untergebracht. Immerhin wuchsen stattliche Bibliotheken heran, vor allem auch auf dem Gebiet der Wirtschaftsgeschichte und der Soziologie. Zwei in der Universitätsgeschichte von Edgar Bonjour genannte weitere Seminare sollten wohl nur auf die Existenz entsprechender Fachbibliotheken hinweisen.

Der Verfasser dieses Beitrags löste einen gelinden Schock aus, als er bei den Berufungsverhandlungen 1957 auf der Anschaffung einer mechanischen Tischrechenmaschine bestand: Einzug der Computer in eine Philosophisch-Historische Fakultät, der die Basler Ökonomen nach wie vor angehören? Inzwischen hat man sich an mehr als dies gewöhnen müssen, man hat bald Verständnis für eine völlig neue Situation und den Nachholbedarf gezeigt, und es sind in der Fakultät keineswegs nur die Ökonomen, die heute modern ausgestattete Arbeitsplätze benötigen. Auch Psychologen wenden, um nur ein Beispiel zu nennen, längst komplizierte statistische Methoden wie etwa die Faktorenanalyse an. Terminals für den Zugriff zu grossen Bibliotheken sind zur Selbstverständlichkeit für fast alle Bereiche geworden. Moderne Apparaturen und Techniken allein tun es natürlich noch nicht, und nach wie vor werden bedeutende wissenschaftliche Leistungen auch ohne Computer erbracht. Manch ein Nobelpreisträger auch aus jüngster Zeit dürfte kaum jemals vor einem Personal Computer gesessen haben.

Man kann ein modernes Institutsgebäude mit allen Schikanen errichten, eindrucksvolle Organisationspläne aufstellen und unter einem attraktiven Namen Wissenschafter berufen. Es gibt dafür genügend Beispiele, vor allem unter den internationalen Forschungs- und Ausbildungsinstituten, die nicht gut herausgekommen sind. Jahre des Leerlaufs standen am Anfang, stets mit der Gefahr verbunden, dass die Geldgeber ihre Geduld verlieren. Basel konnte mit weit glücklicheren Vorbedingungen aufwarten. Seminare und Institute wuchsen, wenn auch räumlich getrennt, an konkreten Aufgaben organisch heran, und es bedurfte am Ende eigentlich nur der Vereinigung unter einem gemeinsamen Dach, über die es zu berichten gilt. Neben den während eines Jahrhunderts akkumulierten

Bibliotheken sind als wesentliche Voraussetzungen zu nennen:
- die Existenz des Schweizerischen Wirtschaftsarchivs;
- das von Per Jacobsson geschaffene Forschungszentrum an der Steinentorstrasse, in dem sich bereits ein institutsmässiger Forschungsbetrieb, verbunden mit einer Nachwuchsausbildung, entwickelte und dessen Infrastruktur für die Neugründungen übernommen werden konnte;
- die Initiative der Basler Chemie zur Gründung des *Instituts für angewandte Wirtschaftsforschung* (1962), verbunden mit der Anschaffung des ersten Computers der Universität mit Hilfe des ‹Jubiläumsfonds› und dem Unterricht in den damals neuen Gebieten Ökonometrie und Operations Research.

Die noch nicht lange zurückliegenden Jubiläen des *Instituts für Sozialwissenschaften* und des *Betriebswirtschaftlichen Instituts,* zuletzt des *Soziologischen Seminars,* zeigen, dass reichlich Zeit für ein organisches Wachstum zur Verfügung stand. Sie ist trotz nicht immer idealer Arbeitsbedingungen, was Forschung und Nachwuchsausbildung anbetrifft, bestens genutzt worden.

Das ‹Zentrum› entsteht

Die Planung hat vieler Anläufe bedurft, wobei einmal 1972 als Jahr des Einzugs vorgesehen war! Zwischendurch stand sogar das Gebäude der Botanik zur Diskussion. Wir hätten es als zweitbeste Lösung akzeptiert, doch teilen wir nun die Freude der Botaniker, dort bleiben zu können, wo sie hingehören. Das Sprichwort ‹Ende gut, alles gut› kann abgewandelt werden in ein ‹Ende hervorragend›. Rasch wird vergessen sein, dass zwei kalte Winter den Einzug nochmals um fast ein Jahr hinausschoben.
Was nun verbirgt sich hinter dem imposanten

Steinwall am Petersgraben, der die alte Stadtmauer symbolisieren soll? Zunächst ist neben einem wunderschönen Hof mit einem eigenen Seminariengebäude dank einer Stiftung der Bank für Internationalen Zahlungsausgleich auch dringend benötigter Wohnraum in zentraler Lage geschaffen worden. Der Bau löst aber auch, verbunden mit dem unschätzbaren Vorteil, direkt gegenüber dem Kollegiengebäude zu liegen, eine Vielzahl von Problemen:
- die unter drückender Enge leidende Universitätsverwaltung erhält zusätzlichen Raum durch den Auszug des Wirtschaftsarchivs;
- zugleich wird das Wirtschaftsarchiv von seiner schlimmen Raumnot befreit und kann sich modern organisieren;
- die frei werdenden Räume in den oberen Stockwerken des Musikwissenschaftlichen Instituts, die mit dem Blick auf den Petersplatz zu den schönsten der Universität gehören, können vom bisher weit entfernt zur Universität gelegenen *Soziologischen Seminar* bezogen werden;
- in der Präsenzbibliothek des Wirtschaftsarchivs stehen, geschickt angeordnet entlang der Fenster, Arbeitsplätze für Studenten zur Verfügung;
- die Institute der Wirtschaftswissenschaften können sich, gemeinsam mit dem Wirtschaftsarchiv, unter Zentralisierung aller ökonomischen Bibliotheken unter einem Dach vereinigen und neu strukturieren.

Nur dieser letzte Punkt, der Zusammenschluss zu einem *Wirtschaftswissenschaftlichen Zentrum* (WWZ), soll uns im Folgenden beschäftigen.

Organisation und Ziele des WWZ

Die Zusammenlegung des *Instituts für Sozialwissenschaften* mit dem *Institut für angewandte Wirtschaftsforschung* war selbstverständlich, und sie befreite uns von einem längst falschen

‹Firmennamen›. Ein selbständiges *Soziologisches Seminar* drängte sich auf, weil der (einzige) Lehrstuhlinhaber nicht nur Ökonomen, sondern zugleich Studierende anderer Fächer betreut. Das *Statistische Seminar*, bislang der ‹angewandten Wirtschaftsforschung› zugeordnet, wurde zu einem selbständigen Institut aufgewertet. Im Eckgebäude am Leonhardsgraben, dem ‹Haus zum neuen Eck›, sind jetzt die *Forschungsstelle Arbeitsmarkt- und Industrieökonomik,* die *Regio Wirtschaftsstudie Nordwestschweiz* und die *Basler Arbeitsgruppe für Konjunkturforschung* untergebracht. Die Institute des WWZ im Rosshof tragen die folgenden Namen:

- Institut für Volkswirtschaft
- Institut für Betriebswirtschaft
- Institut für Statistik und Ökonometrie
- Institut für Informatik (Wirtschaftswissenschaftliche Abteilung).

Endlich ist es nun möglich geworden, Forschungsprojekte zu koordinieren und gemeinsam in Angriff zu nehmen. Die apparative Ausstattung entspricht modernsten Anforderungen, was insbesondere auch für die Textverarbeitung gilt.

Die finanzielle Unterstützung seitens der Wirtschaft, die in der Vergangenheit bereits bedeutend war und das Budget des Kantons entlastete, ist mit der Gründung des *Fördervereins WWZ* auf eine sehr viel breitere Basis gestellt worden. Neben der auf gestiegene Anforderungen zugeschnittenen Ausbildung des Nachwuchses und der Forschung auf den für das Gedeihen der schweizerischen Wirtschaft zentralen Gebieten erwarten die Förderer vor allem auch die Weiterbildung der Praktiker durch Kurse, Tagungen und Lehrveranstaltungen in Spezialgebieten, wie etwa den Innovationen auf den Finanzmärkten. Im Februar 1989 wird ein *Geschäftsführer,* der bereits über grosse einschlägige Erfahrung verfügt, sich insbesondere der Aufgabe der Fortbildung widmen. Auch die im September 1988 gegründete *Vereinigung Basler Ökonomen* will keineswegs nur für einen besseren Zusammenhalt unter und mit den Ehemaligen sorgen, sondern sich um die Weiterbildung in einem Fach bemühen, in welchem sich das Wissen innerhalb eines Jahrzehnts, zuweilen noch rascher, beinahe total umschlägt.

Nicht zuletzt beherbergt das WWZ seit Anfang 1988 die Zeitschrift KYKLOS, die internationales Ansehen geniesst und neulich ihr 40jähriges Bestehen feiern konnte. Sie ist weltweit ein Aushängeschild der Basler Wirtschaftswissenschaft.

Einer alten, bis ins 19. Jahrhundert zurückreichenden Tradition folgend, werden sich die Basler Ökonomen auch weiterhin in vielfältige öffentliche Aufgaben einschalten und sich wie bisher intensiv an den Forschungsprojekten des Schweizerischen Nationalfonds beteiligen. In diesem Zusammenhang sei auch auf den *Basler Arbeitsrappen* hingewiesen*, ein Sozialwerk zur Linderung der Not während der Weltwirtschaftskrise, das Edgar Salin, zentrale Figur der Basler Ökonomie während einer Generation, entscheidend mitgestaltet hat: ein Beispiel aktiver Beschäftigungspolitik *vor* Keynes.

Die dank des längsten Konjunkturaufschwungs der Nachkriegszeit gegenwärtig recht komfortable Situation der schweizerischen Wirtschaft darf nicht darüber hinwegtäuschen, dass, wenn der *Gemeinsame Markt 1992* zur Realität wird, grosse – und gewiss auch harte – strukturelle Anpassungen in naher Zukunft bewältigt werden müssen. Eines der zentralen Forschungsgebiete des WWZ ist damit vorgezeichnet.

Was die Ausbildung akademischen Nachwuch-

---

* Eugen A. Meier, Der Basler Arbeitsrappen 1936–1984, Basel 1984. – Hans Bauer, Der Basler Arbeitsrappen. In: Basler Stadtbuch 1984, Ausg. 1985.

ses anbetrifft, so ist Basel seit langem recht ‹produktiv› gewesen. Die Schweiz galt stets als reines Importland für Ökonomen, um es in unserer Fachsprache auszudrücken. Basel hingegen kann bereits seit mehr als einem Jahrzehnt mit einer ‹aktiven Leistungsbilanz› aufwarten!

Die jüngst erschienenen Veröffentlichungen in den Publikationsreihen *WWZ-News, Discus-* sion Papers und *WWZ-Studien* sowie mehrere Monographien zeigen, dass der ‹Rosshof› bereits auf einen steilen Wachstumspfad eingeschwenkt ist. Die Mitarbeiter des WWZ haben sich sehr ehrgeizige Ziele gesetzt, und die finanziellen Förderer hegen hohe Erwartungen. Die Weichen in eine erfolgversprechende Zukunft sind gestellt.

▽ Fassade Petersgraben.

Carl Fingerhuth

Die Überbauung des Rosshofs

Bei Eröffnungen von staatlichen Bauten soll Kaiser Franz Joseph II. jeweils nur zwei Sätze gesagt haben: «Es war sehr schön. Es hat mich sehr gefreut.» Es wird behauptet, dass er sich auf diese Kurzformel beschränkt habe, weil der Architekt des Wiener Opernhauses sich kurz nach dessen Eröffnung wegen einer kritischen Bemerkung des Kaisers das Leben genommen haben soll.

In seiner Ansprache bei der Eröffnungsfeier zum Neubau des Rosshofs sagte Regierungsrat Eugen Keller etwas mehr. Er sprach davon, dass in der Stadt ein politisches Klima entstehen müsse, in dem gute Architektur als kulturelle Verpflichtung selbstverständlich und schlechte Architektur stigmatisiert werde. Dies soll unter anderem damit erreicht werden, dass das Baudepartement versucht, mit seinen eigenen Bauten «vorbildliche» Vorhaben zu realisieren.

Womit ist dieser hohe Anspruch auf ein «vorbildliches» Vorhaben zu rechtfertigen und wie kann ihm Genüge getan werden?

Das Vorgehen

Der Architekt wurde auf Grund eines zweistufigen Wettbewerbs ermittelt. Dieses Verfahren, das von den Zürcher Architekten Joachim Naef, Prof. Ernst Studer und Godi Studer gewonnen wurde, macht es möglich, eine Vielzahl von alternativen Lösungen nebeneinander zu stellen, was gerade in städtebaulich heiklen Situationen äusserst wertvoll ist.

Die städtebauliche Haltung

Während Jahrzehnten wurde auch in Basel beim Bauen die vorhandene Stadt ignoriert.

△ Das Rosshofareal, bis 1985 als Parkplatz genutzt.

Man plante die neue, moderne Stadt ohne Rücksicht auf gewachsene Strukturen. Der Neubau des Rosshofs ist in diesem Sinn ‹postmodern›. Er nimmt den Dialog mit den Nachbarn auf, zollt ihnen den gebührenden Respekt, bekennt sich aber zu unserer kulturellen Situation. Die Aufgabe war sehr anspruchsvoll, weil die Situation um das Rosshofareal städtebaulich äusserst heterogen ist. Es ist gewissermassen das Scharnier zwischen drei ganz verschiedenen Baustrukturen:

Am Nadelberg und an der Rosshofgasse sind die Partner im wesentlichen zwei- und dreigeschossige mittelalterliche Handwerkerhäuser. Diesen stellten die Architekten eine durchbrochene Mauer gegenüber, welche den historischen Gassenraum wiederherstellt, gleichzeitig aber den äusserst wertvollen Gassenzug nicht mit neuen Akzenten belastet.

Im Norden lag der herrschaftliche alte Rosshof. Ein würdiger Herr mit Gefolge, dem es das seiner Repräsentanz entsprechende Umfeld zu belassen galt.

Am Petersgraben musste der Bezug gefunden werden zur alten Gewerbeschule, einer etwas verschrobenen alten Tante, und dem Kollegiengebäude, das wie ein gepflegter, eleganter Professor daherkommt. Mit dem langen Baukörper am Petersgraben, der die Universitätsinstitute der Wirtschaftswissenschaften und 16 Wohnungen enthält, wurde das Gespräch über die Strasse aufgenommen.

Die architektonische Gestaltung

Dialog heisst zuhören und reden. Die 50er und 60er Jahre haben nur geredet. Die nostalgische Reaktion läuft Gefahr, vor lauter Zuhören stumm zu werden.

Vom Zuhören war im vorangegangenen Abschnitt die Rede. Reden tun die Bauten mit ihrer Gestalt. Es sind Formen und Strukturen, die unserer Zeit entspringen und eine bestimmte Haltung zum Ausdruck bringen wollen: Offenheit, Klarheit, Ordnung, aber auch Sinnlichkeit, Freude, Vitalität. Ein spezieller Akzent wurde mit der roten Sandsteinmauer am Petersgraben gesetzt. Sie erinnert an die alte Stadtmauer von 1200, markiert die Grenze zur Altstadt und schützt den intimen öffentlichen Raum in der Verlängerung der Rosshofgasse.

Die Nutzung

Die Stadt erhält ihre Attraktivität durch die Vielzahl verschiedener Nutzungen, ihre Gegensätze und Fühlungsvorteile. Trotz des wichtigen Anliegens aus der Universitätsplanung, im Raum Petersplatz möglichst viele Institute der Geisteswissenschaften zu konzentrieren, wurde etwa die Hälfte der verfügbaren Nutzfläche

△ Linksufrige Altstadt,   ○ Rosshof.

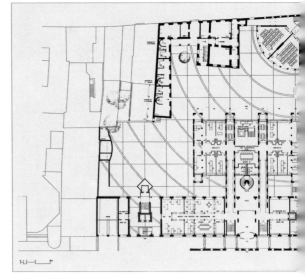

△ Grundriss Erdgeschoss.

△ Fassade Rosshofgasse.

△ Innenhof mit Platzgestaltung von Hannes Vogel.

dem Wohnen zur Ver-
fügung gestellt. Mit der
so entstandenen Mi-
schung verschiedener
Nutzungen wurde ver-
sucht, wieder einen
neuen, vielfältigen und
spannungsvollenStadt-
teil zu schaffen. In den
Neubauten befinden
sich 16 Wohnungen,
fünf Institute der Uni-
versität, zwei Läden
und darunter ein Park-
haus. In den Altbauten
wurden sechs Wohnun-
gen eingerichtet.

Zweigeschossiger Wohn-
raum im Neubauteil
am Petersgraben. ▷

Wohnraum und Küche im
alten Rosshof.
▽

Künstlerische Gestaltung

Die Architekten forderten, dass Kunstwerke
nicht eine aufgesetzte Dekoration sein sollen,
sondern Teil des Bauwerkes und der Bau Teil
des Kunstwerkes. So entstanden unserer Meinung nach auch hier ‹vorbildliche› Arbeiten:
das Treppenhaus von Owsky Kobalt und die
Hofgestaltung von Hannes Vogel.

Hugo von Hofmannsthal hat geschrieben, dass
Politik Verständigung über das Wirkliche sei.
Architekturpolitik sollte in diesem Sinn Verständigung über die Stadt sein. Das ist, was
mit der Überbauung des Rosshofs angestrebt
wurde.

Lukas Hauber

Riehen 1 – eine erfolgreiche Geothermiebohrung

Als sich die Gelehrtenwelt im Gefolge der Aufklärung Gedanken über die Entstehung und den Aufbau unserer Erde zu machen begann, schälte sich bald einmal der Gegensatz von Neptun und von Pluto heraus: Die Neptunisten sahen in den zu beobachtenden Phänomenen zuerst und vor allem die Auswirkungen und Kräfte des Wassers; im Wasser lagerten sich die Sedimente ab, es entstand das ‹Flözgebirge›, wie Abraham Gottlob Werner (1749–1817), Professor an der Bergakademie von Freiburg in Sachsen, es nannte; Wasser war für Erosion und Transport des Geschiebes verantwortlich. Wenn also die Entstehungsgeschichte der Erde verstanden sein wollte, so waren die Kräfte und Wirkungen des Wasserkreislaufes zu studieren und einzubeziehen. Die Plutonisten hingegen blickten auf die Phänomene, die sich aus dem Erdinnern heraus bemerkbar machen, auf das Eindringen der Granite in den Gesteinsmantel, auf die Vulkane und die Laven. Zu ihnen zählten der Engländer Sir William Hamilton (1730–1803), der Franzose Nicolas Desmarest (1725–1815), aber auch Alexander von Humboldt (1769–1859), der auf seinen Reisen von den Kräften, die sich aus dem Erdinnern manifestieren, beeindruckt war.

Wie so oft im Bereich der Wissenschaften, war auf beiden Seiten ein Körnchen Wahrheit. Das Ergebnis der Bohrung Riehen 1 ist ein weiterer Beleg, dass beide Seiten gültige Beobachtungen aufzuweisen haben: Zu Pluto gehört die Wärme und zu Neptun das Wasser! Von diesem Zusammenspiel der Kräfte unseres Planeten macht die Menschheit längst schon Gebrauch: Thermal-quellen sind nichts anderes als natürliche Austrittsstellen von Wasser, das durch die Erde aufgewärmt worden ist. Solche Quellen können auch erbohrt werden; selbst in der weiteren Umgebung von Basel gibt es Beispiele hierfür: Bad Lostorf, Bad Schinznach, Bad Krozingen oder Neuwiller. Oft aber wurde auf ein anderes Ziel hin gebohrt, doch die Bohrung erbrachte nicht das erwartete Erdöl, sondern warmes Wasser, wie z.B. in Bad Bellingen.

Wie kommt es, dass gerade in Riehen nach Erdwärme gebohrt worden ist? Der grundsätzliche Gedanke, nach alternativen, erneuerbaren Energiequellen zu suchen, geht auf die Energiekrise der siebziger Jahre zurück. Eine der damals diskutierten Möglichkeiten bestand in der Erdwärme, die ja aus dem natürlichen Zerfall radioaktiver Isotopen (von Kalium, Thorium, Uran u.a.) in bestimmten Mineralien der Erdkruste und im Magma laufend entsteht. Doch wo und wie könnte sie in einem Land erschlossen werden, in welchem Vulkane und Geysire fehlen? Auch bei uns gilt, dass es gegen das Erdinnere mit zunehmender Tiefe wärmer wird, im Mittel 30°C pro km. Dies hatte man schon beim Bau des Simplon-Tunnels beobachtet, wo im Gebirge Temperaturen bis zu 55,4°C gemessen worden sind. Selbst im Hauenstein-Basistunnel sind noch 25,6°C aufgetreten. Inzwischen sind derartige Messungen in einer grossen Zahl von Tiefbohrungen vorgenommen worden und erlauben heute, Gebiete mit höheren Temperatur-Gradienten von solchen mit niedrigeren zu unterscheiden. Der Rheingraben, an dessen

185

Südost-Ecke Basel liegt, gehört zu den Gebieten mit interessanten Gradienten, dafür spricht ja auch der ehemalige Vulkanismus des Kaiserstuhls in der Nähe von Freiburg im Breisgau.

Aus solchen grundsätzlichen Überlegungen heraus haben die beiden Kantone Basel-Stadt und Basel-Landschaft 1981/82 einer Arbeitsgruppe unter Leitung des Kantonsgeologen Basel-Stadt den Auftrag erteilt zu prüfen, ob und wo es möglich wäre, in unserer Region Erdwärme nutzbringend zu erschliessen. In dieser ersten Phase ist am Geologisch-paläontologischen Institut der Universität eine geologische Synthese aus vorhandenen Daten ausgeführt worden. Sie zeigte auf, das es mehrere Gesteinsschichten gibt, die möglicherweise wasserführend sein könnten, denn nur mittels Wasser liesse sich die Wärme fördern, wobei erst noch ein zusammenhängendes Zirkulationssystem vorhanden sein muss. Das Gestein selbst ist ein schlechter Wärmeleiter; es wird ja oft als Isoliermaterial verwendet. Eine Möglichkeit, die ins Auge gefasst worden ist, bildet die Wasserwegsamkeit auf Klüften und Schichtfugen der im Jura weit verbreiteten Kalke und Dolomite. Sie musste lediglich in geeigneter Tiefe anzutreffen sein, damit auch die entsprechenden Temperaturen vorhanden sind. Tatsächlich gibt es in unserer Region Gebiete, welche diese Voraussetzung erfüllen. Für erste Projekte ist der schweizerische Anteil des Rheingrabens (Birstal bis Leimental, Basel und Riehen) gewählt worden, weil hier die geologische Prospektierbarkeit als relativ gut bezeichnet werden kann. Man hoffte, am durch Brüche und Verwerfungen besonders stark durchsetzten Grabenrand eine erhöhte Wasserwegsamkeit anzutreffen.

Im Raum Basel wurde der Gedanke, die Erdwärme zu Heizzwecken zu nutzen, allerdings bereits im Jahre 1973 von der Christoph Merian Stiftung aufgenommen. Sie plante damals die Errichtung einer Wohnüberbauung an der Giornicostrasse in Basel und wollte diese so umweltgerecht als möglich gestalten. Die Nutzung der Erdwärme war vor allem als Beitrag zur Luftreinhaltung gedacht, doch traf diese Absicht mit der ersten Erdölkrise zusammen und gewann dadurch noch an Aktualität. Die Siedlung Giornicostrasse wurde in der Folge jedoch nicht verwirklicht.

Um ein solches Pilotprojekt sinnvollerweise durchzuziehen, muss ein Nutzer der zu erwartenden Energie vorhanden sein. Im weiteren gehört ein geeigneter Bohrplatz dazu. Beides konnte in Riehen gefunden werden, denn die Gemeinde Riehen plant einen Wärmeverbund für den Dorfkern und prüft den Einsatz alternativer Energien. Hierfür bietet sich die Erdwärme förmlich an. Unter diesen Randbedingungen ist ein Projekt von zwei Tiefbohrungen entstanden, die zum Ziele haben, die Wasserführung des oberen Muschelkalkes, der in rund 1 500 m Tiefe unter Riehen vorausgesetzt werden kann, zu testen. Eine zweite Bohrung wurde von Anfang an in das Projekt einbezogen, um über die Möglichkeit zu verfügen, allfällig stark mineralisiertes Wasser, wie es im tieferen Untergrund erwartet werden muss, in geeignetem Abstand wieder in denselben Gesteinshorizont zurückzugeben, damit kein Oberflächengewässer mit den gelösten Mineralien (Salz, Gips usw.) belastet würde, aber auch, um die Wasserbilanz des Muschelkalkes nicht zu stören. Selbstverständlich wäre auf die zweite Bohrung verzichtet worden, wenn das Ergebnis der Bohrung 1 gezeigt hätte, dass eine zweite Bohrung nicht gebraucht würde.

Die Gemeinde Riehen und der Kanton Basel-Stadt sind in der Folge übereingekommen, die Kosten dieses Projektes von 5,5 Mio. Franken je hälftig zu tragen. Im Jahre 1987 sind die Kredite

Bohrturm mit Lärmschutzwänden, Stangenlager im Vordergrund. ▷

durch den Grossen Rat von Basel und den Einwohnerrat von Riehen genehmigt worden. Zusätzlich billigte die Schweizerische Eidgenossenschaft den Bohrungen die Risiko-Garantie zu, d.h. der Bund erklärte sich bereit, im Falle eines Misserfolges 50% der Kosten zu übernehmen. Die Anforderungen an einen Erfolg wurden wie folgt festgelegt: Wassertemperatur 55°C, Menge 10 l/Sek. bei einer Absenkung (Erniedrigung des Wasserspiegels in der Bohrung) von 200 m.

Zu Beginn des Jahres 1988 ist mit der Herrichtung des ersten Bohrplatzes begonnen worden. Er ist am Bachtelenweg gelegen, anschliessend an die dortigen herrschaftlichen Wohnhäuser, am Rande der Grundwasser-Schutzzone Lange Erlen, weshalb besondere Lärm- und Grundwasserschutz-Massnahmen ergriffen werden mussten. Im März wurde das Bohrgerät aufgestellt, und am 18. März 1988 war es dann so weit, dass die eigentliche Bohrung angefahren werden konnte. Gebohrt wurde mit der im Erdöl üblichen Technik, mittels Rollenmeissel und Bohrspülung. Bohrkerne sind total nur fünf gezogen worden, dort, wo jeweils Wasser erwartet worden ist, oder aber zur Verifikation der geologischen Prognose.

Die Bohrarbeiten waren nicht ganz frei von technischen Problemen, doch Ende Juli wurde das Ziel erreicht: Der obere Muschelkalk, jener Horizont, auf welchem die Hoffnungen ruhten, wurde von 1 444–1 536 m durchbohrt, so dass die Bohrung in 1 547 m Tiefe eingestellt werden konnte. Schon während der Bohrarbeiten konnte beobachtet werden, wie Wasser aus dem Muschelkalk überfloss; zudem machte sich ein Zuströmen von Kohlensäure aus der Tiefe bemerkbar. Der unmittelbar nach Abschluss der Bohrarbeiten ausgeführte Test hat dann zu folgenden Resultaten geführt: Gepumpte Menge = 14,5 l/Sek. bei einer Absenkung von 80 m, Temperatur am Überlauf 60,5°C, in der Formation selbst = 67,5°C. Das Wasser weist einen hohen Mineralgehalt von total 18,2 g/l auf, zur Hauptsache Kochsalz, dazu Gips, Kalium und Eisen.

Nach diesem Erfolg hat die Projektkommission beschlossen, auch die Bohrung Riehen 2 auszuführen. Es schliessen Langzeit-Pumptests an, welche eingehende chemische und physikalische Analysen umfassen. Hernach wird es an der Gemeinde Riehen sein, dieses Wasser zu nutzen.

Am Projekt Geothermie sind folgende Stellen und Firmen beteiligt:

Bauherrschaft: Baudepartement Basel-Stadt und Gemeinde Riehen.
Projektleitung: Kantonsgeologe Basel-Stadt.
Bauleitung: Arbeitsgemeinschaft Ingenieurbüros Gruner AG, Basel, und Gnehm + Schäfer AG, Basel.
Unternehmung Bohrplatz: W. + J. Rapp AG, Basel.
Unternehmung Tiefbohrung: Arbeitsgemeinschaft Fehlmann Grundwasserbauten AG, Bern/Basel, und W. + J. Rapp AG, Basel.

Arbeit auf der Bohr- ▷
plattform:
Aufsetzen einer Bohrstange.

Markus Vogt

Der lange Abstieg des FC Basel

Basel ist im Schweizer Sport nur noch zweitklassig. – Basel gehört jetzt auch im Fussballsport zur ‹Provinz›. – In Basel liegt der Fussball, ja der Spitzensport am Boden. Grosses Wehklagen in der Humanistenstadt: Der Abstieg des einst so stolzen und hochgelobten FC Basel traf die Bebbi im Herz. Auch diejenigen, die sich sonst für Fussball nur wenig oder gar nicht begeistern können. Kommt dazu, dass nur wenige Monate zuvor der Basler Eishockey-Club, der EHC Basel, nach vier Jahren Nationalliga B wieder in die erste Liga zurückkehren musste, mit einem grossen Schuldenberg beladen war und zeitweise regelrecht um die Weiterexistenz des Vereins kämpfen musste. Auch hier Basel ‹Provinz›.

Die Ursachen zu erklären, die zum erstmaligen Abstieg des FC Basel aus der Spitzenklasse im Schweizer Fussball seit 43 Jahren führten, ist nicht einfach und wird mit letzter Schlüssigkeit wohl auch nie möglich sein. Sportliche Erfolge überdeckten lange die Misere, der tiefe Fall des FC Basel ist, so scheint es heute, eine Spätfolge von Misswirtschaft und unglücklichem Agieren im Verein, über Jahre hinweg.

In der zweiten Hälfte der sechziger und in den siebziger Jahren reihte der FC Basel einen Erfolg an den anderen. Mit Helmut Benthaus, dem 1965 engagierten Trainer, und Karl Odermatt, dem Basler Fussballidol schlechthin, standen zwei aussergewöhnlich begabte Fussballer in den Reihen des FCB. Odermatt mit seinem Gespür für den Ball, mit seiner Begabung, ein Spiel zu lenken, seiner grossen Persönlichkeit auf dem Feld und schliesslich seiner riesigen mentalen Kraft, die jeden Mitspieler mitriss und

motivierte: das war das Jahrhunderttalent und der grosse Reisser in einer Person. Benthaus, zuerst Spielertrainer und dann Trainer: der geniale Taktiker und Antreiber, zu seiner (erfolgreichen) Zeit einer der modernsten Fussball-Lehrer auf unserem Kontinent.

Bei langjähriger Zusammenarbeit ergeben sich Abnützungen. Drei bis fünf Jahre höchstens soll ein Verein mit dem gleichen Trainer arbeiten, lautet eine weit verbreitete Meinung im Fussballgeschäft. Diese ungeschriebene ‹Regel› ist allerdings nicht sakrosankt; gerade Helmut Benthaus ist ein Beispiel dafür, wie sich ein erfolgreicher Trainer auch viel länger als diese Zeit am gleichen Ort behaupten kann. Benthaus brachte es in Basel auf 17 Jahre und kann für diese Zeit eine grossartige Erfolgsbilanz vorzeigen: sieben Schweizermeistertitel (1967, 1969, 1970, 1972, 1973, 1977, 1980), zwei Cupsiege (1967, 1975), ein Ligacupsieg (1972) und drei Alpencupsiege (1969, 1970, 1980). Mit den Erfolgen kamen die Zuschauer in grosser Zahl, in der Kasse klingelte es unaufhörlich, der FC Basel wurde Millionär.

Der Fussballsport entwickelte sich weltweit immer mehr zum ‹Business›. Was vermarktet werden kann, wird zur klingenden Münze gemacht – man braucht das Geld, um den immer teurer gewordenen Spielbetrieb überhaupt noch finanzieren zu können. Die Zeiten, als die Matcheinnahmen noch den grössten Ertragsposten eines schweizerischen Nationalligavereins darstellten, sind längst vorbei. Die Werbeflächen im Stadion (soweit der Verein die Einnahmen daraus verbuchen kann), die Werbung auf dem Dress, weitere Sponsor- und Ausrüsterverträge

sowie Einnahmen aus Fernseh-Übertragungen (sofern der Verein überhaupt zu TV-Ehren kommt) tragen heute mehr als die Matcheinnahmen zur Abdeckung des Budgets bei.

Lange Jahre hatte der FC Basel das Glück, von klugen und weitsichtigen Funktionären geführt zu werden. Doch Ende der siebziger Jahre, als die Dimensionen im finanziellen Bereich immer grösser wurden, fehlte es im Verein an überragenden Persönlichkeiten. Noch gab es Erfolge auf dem Rasen zu beklatschen. Noch einmal gewann der FC Basel im Jahr 1980 die Schweizermeisterschaft, mit grossartigem Kampfgeist der Mannschaft. Doch die Wogen der Begeisterung

schlugen nicht mehr allzu hoch: Auf dem Marktplatz hätten noch viele hundert Menschen Platz gehabt, den Meisterbecher gebührend zu feiern. Die Fans erschienen nicht mehr in Massen. Als Übersättigung wurde dies damals bezeichnet.

Ein Jahr darauf beendete der FC Basel die Meisterschaft nurmehr als Sechster, 1982 gar nur noch auf dem achten Rang. Unstimmigkeiten erbrachten die grösseren Schlagzeilen in den Zeitungen als sportliche Taten. Auch die Clubleitung bewies mit ihrem Handeln nicht immer sonderlich gutes Gespür. Noch heute zu reden gibt der ‹Fall Nickel›, über den die Clubleitung

... 1988 Abstieg in die Nationalliga B. ▽

unter dem glücklosen Präsidenten Pierre-Jacques Lieblich schliesslich stolperte. (Der deutsche Spieler Harald Nickel wurde für teures Geld von Mönchengladbach nach Basel geholt, schlug nicht wie gewünscht ein, wurde vom Trainer auf die Ersatzbank verbannt und schliesslich vom Verein wieder abgeschoben. Nickel belastete danach das Vereinsbudget noch Jahre – auch 1988 waren noch nicht alle finanziellen Forderungen dieses Spielers abgegolten.) An einer stürmisch verlaufenen Generalversammlung, wie es hernach noch manche geben sollte, übernahm Roland Rasi mit einer neuen Vorstands-Mannschaft die Vereinsführung.

Nach 17 Jahren gab Helmut Benthaus sein Traineramt auf und folgte einem Ruf nach Stuttgart, wo er, als Höhepunkt in seiner Karriere, mit dem ‹VfB Stuttgart› die deutsche Meisterschaft gewann. Seine Nachfolger beim FCB traten ein schweres Erbe an. Sie kämpften stets auch mit dem Schatten des Vorgängers und hatten nur wenig Glück.

Der Deutsche Rainer Ohlhauser belegte 1983 den 11. Rang und musste nach nur einem Jahr schon wieder gehen. Sein Landsmann Ernst-August Künnecke blieb auch nicht viel länger: 1984 erreichte er Rang 9, doch schon im Dezember 1984 wurde er mitten in seiner zweiten Saison entlassen und durch seinen Assistenten Emil Müller ersetzt. Dieser blieb bis Saisonende im Amt und errang Platz 8 im Championat.

In der Zwischenzeit hatte der Verein längst kein Vermögen mehr, sondern Schulden. Trotzdem wurde, nachdem Urs Gribi Roland Rasi als Präsident abgelöst hatte, die restriktive Finanzpolitik aufgegeben. Ein investitionsfreudiges Finanzgebaren hob an. Allerdings trug nun nicht mehr der FC Basel allein die finanzielle Last; er liess sich von einer extra gegründeten Fussball-Finanzierungs-Gesellschaft, der Fuba AG, unterstützen. Die Fuba AG übernahm die finanzielle Seite der Transfers, die Vereinskasse konnte diesbezüglich entlastet werden.

Helmut Benthaus wurde wieder verpflichtet und eine neue Mannschaft zusammengestellt. Es wurde so lange und so kräftig investiert, dass darob der Fuba beinahe der Schnauf ausgegangen wäre.

Mit einer Vorwärts-Strategie sondergleichen wurde gewirtschaftet. Der Erwartungsdruck stieg und stieg. Doch der Erfolg blieb aus, weil der systematische Aufbau fehlte und das Ganze, besonders aber das Team der ersten Mannschaft, nicht harmonisch gewachsen war. Er sei nicht nach Basel zurückgeholt worden, um den achten Rang des Vorjahres zu verteidigen, erklärte Benthaus am Tag, an dem er zum zweiten Mal in Basel das Traineramt antrat. Dieser Satz sollte ihn verfolgen: 1986 wurder der FCB nur Zehnter, womit in der Öffentlichkeit bereits viel Goodwill für diesen Verein, der gewissermassen immer noch das Flaggschiff des Basler Sports darstellt, verspielt war. Die Investitionen flossen nun auch spärlicher, es folgte eine magere Saison 1986/87 mit dem 12. Schlussrang. Erst nach einer Entscheidungsrunde vermochte sich der FCB definitiv in der obersten Liga der Schweiz zu halten.

Die Clubleitung Gribi trat ab, Interimspräsident Peter Max Suter versuchte vergeblich, eine neue Basis für den Verein zu finden, einige Monate war der FCB praktisch führungslos. Die Vereinsschuld betrug, je nachdem, ob man die Schulden der Fuba dazu rechnete oder nicht, rund zwei oder rund viereinhalb Millionen Franken! Der heutige Präsident, Charles Röthlisberger, führte mit wenigen treuen Helfern den Verein als Geschäftsführer.

Nur noch wenig Vertrauen genoss der Club. Ein sogenannter Wirtschaftsbeirat mit den Ex-Präsidenten Harry Thommen, Lucien Schmidlin sen. und Felix Musfeld scheiterte beim Versuch, die finanzielle Zukunft des FCB zu sichern. Nach Jahren des Misserfolgs und des Streits genoss der Stadtclub kaum mehr Ansehen. Umstritten blieb immer auch die Fuba: Weil aber Fuba und FCB jeweils ohne den anderen Partner nicht existieren konnten, hat die Fuba wohl ihren Teil dazu beigetragen, den FCB am Leben zu erhalten.

Nach dem Desaster der ‹zweiten Ära Benthaus› half zum Überleben nur noch eine Radikalkur, was eine deutliche Schwächung der ersten Mannschaft zur Folge haben musste. Investitionen waren kaum möglich. Zwar holte der neue Trainer Urs Siegenthaler mit einer jungen, unerfahrenen Mannschaft, die erfrischend aufspielt, viele Sympathien zurück, doch der Abstieg in die Nationalliga B war im Frühjahr 1988 nicht mehr zu vermeiden. Erstmals seit 1945!

Der FC Basel ist an diesem Abstieg nicht zerbrochen, im Gegenteil. Charles Röthlisberger als Präsident und Urs Siegenthaler als Trainer arbeiten beharrlich weiter mit dem Ziel, den Verein in der Nationalliga B wieder für höhere Aufgaben aufzubauen. Noch immer auf einer schmalen finanziellen Decke, da die Sponsorensuche nach dem Abstieg nicht einfacher geworden ist. Und noch immer mit einer relativ billigen Mannschaft, da nach wie vor kein Geld vorhanden ist.

Basler Autoren

Hedy Weber-Dühring

Zu Allschwil auf dem Rosenberg

Das Haar ist weiss geworden.
Weiss, wie die zarten Kirschblüten, die in ihrer kurzlebigen Vergänglichkeit über Nacht sich gelöst und nunmehr den taufrischen Rasen bedecken.
Vergänglichkeit im Kreislauf alles Lebendigen.

Nachdenklich schaue ich auf den weiss schimmernden Teppich. Verwirrt geistert eine dicke Hummel vor den Scheiben. Was weiss sie schon von dem, was war, was nicht ewig sein kann, vom Abschiednehmen von denen, die man geliebt in einem langen Leben.

Die Zeit nimmt sich ihr Teil. Gnadenlos mitunter und ohne Scham.
Erinnerungen werden lebendig.
Ach – Zeit, wo bist Du geblieben.

Irgendwann wird auch der Mantel des grossen Schweigens um mich sein – auf meinem Wege hin zur anderen Seite.
Irgendwann . . .

Nachdenklich und mitunter auch still vergnügt hocke ich hinterm Fenster auf meinem ach so geliebten Berg.
Dem Rosenberg in Allschwil.
Wenige Meter nur von der Grenze zum Elsass.
Eigentlich ist er gar kein so richtiger Berg.
Allenfalls ein Hügel, hinter dem sich die Felder strecken. Nach Westen, ins Französische.
Mit Recht aber kann man sagen, dass er eine Anhöhe ist.
Der Rosenberg – der mit den Jahren viel gefragt

worden ist als Domizil, als Flecken für ländlich hübsche Häuser mit anmutig beschaulichen Gärten. Und heute noch mit einer bemerkenswert guten Luft.
Ich habe sie wachsen sehen, die heimeligen Behausungen.
Nunmehr weit über 30 Jahre.

Aber wo in aller Welt, wo in drei Kontinenten fand ich diesen Himmel, der mehr ist als nur ein Himmel, sondern ein Spiegel, tausend Spiegel, in denen sich mir alle Elemente offenbaren. Alle Farben, alle Stimmungen, aller Reiz und alle Harmonie der Schöpfung.

Wo dieser Garten, der nicht nur ein Garten, sondern mein ist.
Mein winziges Paradies, und darin meine höchste und reine Freude.

Das Wunder beginnt mit den ersten leuchtend goldgelben Forsythien am frühen taufrischen Morgen.
Ich beuge mich über den schönsten, dichtesten Zweig, lasse mir die Wangen streicheln und bilde mir ein – bei ihrem herbsüssen Duft und bei geschlossenen Augen, dass es Hände sind. Von einem Menschen, der mir einmal in glücklicher Zeit sehr nahe gestanden hat.

Wenn die Zeit der Tulpen gekommen ist, laufe ich barfuss durch das Gras.
Die Kelche sind nieder, wild und einfarbig.
Nicht die Spur von gezüchtetem Lila oder von geflammten Papageientönen.

Zuweilen entgleiten sie meinen Blicken, weil ich mich mit weit ausgebreiteten Armen von der schmetterlingshaften Grazie der kobaltblauen Iris anspornen lassen und dabei ein wenig Gymnastik treiben will, für die ich sonst keine Geduld aufbringe.

Manchmal radelt ein Junge vorbei.

‹Guten Morgen›, ruft er.

Aber ehe ich antworten kann, ist er bereits hinter der Mauer um die Ecke verschwunden.

Wie schade. Ich hätte gerne eine Weile mit ihm geplaudert.

Seine leicht belegte Knabenstimme, sein blasses Gesicht, seine blanken graublauen Augen wecken Kindheitserinnerungen in mir. Das Bild eines kleinen, scheuen Phantasten, der mit linkischen Fingern Kornblumen in meinen leeren Schulranzen stopfte. Oder Mohn und Margeriten, von denen ich später einen umfangreichen Strauss auf sein Grab legte.

Damals, als ich noch einmal an einem späten milden Sommerabend verstohlen zurückging, auf den stillen, verlassenen Gottesacker. Hinter den wogenden Feldern.

Aber nun schweig und lass mich von den Rosen sprechen.

Noch während die niedlichen Muskaris unter den Birnenspalieren mit den pastellfarbenen Akeleien wetteifern, beginnt das Fest der Königinnen unter den Blumen. Einsame Königinnen ohne Gefolgschaft, und darum in Träumen an ihrem würdigsten Platz.

Oder als Geschenk für andere wirkliche Königinnen.

Herzenköniginnen. Dazu müssen sie rot sein. Dunkelrot und langstielig. Und duften müssen sie wie die Haut jener Frau, die Du schön findest. Schön, weil sie die Deine ist, Deine Geliebte, Deine Gefährtin – Deine Frau.

Weil sie all das verkörpert, was Du in sie hineinlegst.

Von Dir und der Welt. Und von einer Zeit, die wir die goldene nennen. Und die nicht von langer Dauer ist auf unserer Bahn.

Doch sorge Dich nicht. Es gibt noch andere Höhepunkte.

Und andere Rosen. Auch rosa hat seinen Zauber.

Es lässt Dich an Kindstaufen denken. Oder an Prozessionen.

Mit Kränzchen auf dem sorgsam gebürsteten, geflochtenen oder gelockten Haar.

Mit Weidenkörbchen an breiten Seidenbändern, aus denen Du gewichtlose, samtene Blätter auf Teppiche streust.

Und auf steinerne Fliesen unter der Kuppel eines Domes oder auch nur einer bescheidenen Kapelle, wo sie da oder dort ihren Duft oder ihren Glanz einbüssen, um einen allzufrühen Tod zu finden, was die meisten gottgewollt und die anderen erträglich finden.

Für ihr Herz.

Ach das Herz. Am wundersamsten wird es angerührt beim Betrachten der Hecke gelber Rosen, die nicht mir und nur in Abwesenheit des Besitzers für eine Weile zu meinem Reich gehört. Von weitem hat man den Eindruck einer üppigen, beinahe farblosen Baumkrone.

Erst beim Näherkommen überfällt mich ein zauberhaft zartes, fast durchsichtiges Gold, ein so diskret ferner Duft, und eine solche Fülle von vielblättrigen ganz- und halbverschlossenen Blüten, dass ich mich stumm bei den Filigranschatten auf den ungemähten Rasen voller weisser Gänseblümchen niederlasse.

Wie auf den Gebetsteppich einer uns streng verschlossenen Moschee. So denke ich.

Und weiter denke ich, dass auch dieser Ort ein Hort des Friedens ist. Wenigstens so lange, als die Flugzeuge und die Autos sowie die Radios ringsum schweigen. Und kein Laut ausser dem

Ruf eines Vogels die andächtige Stille durch-
bricht.
Auch wenn dieser Vogel nur eine Elster ist – oder
eine Krähe.

Nun denn Ihr hohen Tannen.
Bald wird wohl ein Abschied sein.
SALUT drum – für meinen geliebten Rosen-
berg.

Rolf Hochhuth

Warum nicht Festspiele in Basel?

Überlegungen anlässlich des geplanten Abrisses des Küchlins

Freitag, den 21. Oktober 1988 meldete die
Schweizer Tagesschau, dass 400 Delegierte aus
123 Städten der Schweiz in Locarno am jährlichen Treffen der ‹Vereinigung der Schweizer
Städte› teilgenommen und während der Refera-
te und Diskussionen unter anderen *die* Einsicht
gewonnen hätten, dass der Rückgang des Tourismus um mehr als fünfzehn Prozent in allen
Städten mit Ausnahme Luzerns nicht zuletzt
dem mangelnden *kulturellen* Angebot während
der Sommermonate anzulasten sei. Ob Basels
Wirte, Hoteliers und Laden-Inhaber in diese
Klage *allgemein* einstimmen, weiss ich nicht;
doch einzelne bringen durchaus diese Klage
auch vor, wenn man – nicht gerade in überfüll-
ten Lokalen am Rhein-Ufer oder am Barfüsserplatz – im Juli oder August abends seinen Wein
oder seine Stange bei ihnen trinkt, in ziemlich
leeren Gaststätten . . .
Österreich wusste, warum seine Bundesregie-
rung nach dem Hitlerkrieg sich am Beispiel
Salzburgs orientiert und im entlegenen Bregenz
Festspiele eröffnet hat, die heute ihren bedeutenden Rang innerhalb des Kultur-Lebens nicht
nur des eigenen Landes einnehmen. Vor allem:
ihren schon unentbehrlichen Platz in der Bilanz
der Fremden-Industrie. Es ist merkwürdig, dass
der *Staat* Österreich sich zu dieser Initiative erst
aufzuraffen vermochte, nachdem *Private* auf eigenes Risiko ihm vorgemacht hatten, wie man in

einer wirtschaftlich verlorenen Kleinstadt namens Salzburg – keine hunderttausend Einwohner, materiell total verarmt nach dem Sturz der
Monarchie 1918 – Festspiele begründen und
rasch zu Weltruhm bringen konnte. Was Privat-
leute wie Max Reinhardt und Hugo von Hofmannsthal mit einigen Hoteliers dort begonnen
hatten, musste anfangs durchgekämpft werden
gegen den geballten Widerstand aller vereinigten Parteien und der Kirche, die sich unter dem
Druck des internationalen künstlerischen und
des regionalen wirtschaftlichen Erfolgs dann
beeilten, diese Festspiele als *ihre* Kreation lär-
mend herauszustellen . . .
Als im Sommer 1988 in einem Basler Park
Schauspieler aus ‹privatem› Spielbetrieb und
mit ganz persönlichem finanziellem Risiko die
‹Dreigroschenoper› aufführten: war die offizielle Stimme Basels – das heisst die *einzige ver-
öffentlichte* – in der tonangebenden Zeitung sar-
kastisch abfällig. Diesem Kritiker war niemals
fragwürdig gewesen, dass im kulturellen Betrieb
nicht nur der Schweiz, sondern auch Österreichs
und der Bundesrepublik die – sonst nirgendwo
in diesem Unmass übliche – Subventionierung
der Stadt- und Staats-Theater die privaten ver-
nichtet hat. Und dass ein Privater, der dennoch
das halsbrecherische Risiko eingeht, Theater
auf die Beine zu stellen, fünfzehn Prozent Ver-
gnügungs-Steuer von jeder verkauften Karte an

genau jenes Amt zu zahlen hat – das dem Stadt- oder Staatstheater jährlich viele, viele Millionen Franken oder Schillinge oder Mark als Subventionen schenkt. Dass folglich der Privat-Theater-Veranstalter kaum die Regisseure Strehler oder Bergman bezahlen kann wie jener Intendant, dem jedes finanzielle Risiko von der ‹öffentlichen Hand› abgenommen wird . . . So konnte denn dieser Kritiker, den wir nicht mit Namen nennen, weil ja alle anderen ebenso schreiben, auch zu dem Trugschluss kommen, das von Abriss bedrohte Basler ‹Küchlin›-Theater habe deshalb verdient, der Spitzhacke des Spekulanten geopfert zu werden, weil es «nur sechs Prozent Platz-Auslastung» habe. Es hatte aber 1988 im Sommer 75 Prozent Platzauslastung, als es nämlich nicht – wie der Kritiker gezählt hatte – dreimal täglich, ja zuweilen viermal, den Passanten den gleichen dummen Film vorführte, sondern als es *Theater* machte. Während der sehr teuren, da nicht subventionierten Vorstellungen des Musicals ‹Hair› wurden im Schnitt neunhundert Karten – das ist sehr viel! – bei zwölfhundert Plätzen verkauft, ohne Absicherung durch ein Abonnement. Und diese Karten waren ebenso teuer wie Opernkarten . . . Die Leute kamen, Basler wie Fremde, weil die städtischen Opernhäuser und Theater in diesen Wochen Ferien machten. Warum also nicht Festspiele auch in Basel? Ich lasse den Aufsatz folgen, mit dem ich am 11. Oktober 1988 in der Frankfurter Allgemeinen Zeitung dafür geworben habe und der in Basel als einzige grosse Albernheit vor Leser hingestellt wurde, die diesen in Frankfurt gedruckten Artikel ja nicht hatten lesen können . . .

«In einer der zwei teuersten Geschäftsstrassen der Kantonshauptstadt Basel stehen Wand an Wand die Basler ‹Komödie› und das ‹Küchlin› und ergeben zusammen eines der wertvollsten Grundstücke der Schweiz. Auf wertvollem Grund zu stehen hat stets und überall erhaltenswerte Gebäude ums Leben gebracht: sie sind den Spekulanten und Architekten nie so viel wert wie der Boden, auf dem sie stehen.

So hat am architektonisch einst wundervollen Basler Marktplatz, ausser dem Rathaus und dem herrlichen Renaissance-Bau der ‹Weinleute-Zunft›, kein einziges Haus die Jahrhundertwende überstanden: alle wurden sie zugunsten einst moderner Ladengebäude zwischen 1890 und 1910 der Spitzhacke geopfert. So hat noch in unserer Zeit eine Bank das Sterbehaus Jacob Burckhardts durch einen Neubau ‹ersetzt› und diese Ruchlosigkeit eigens auf einer Marmortafel ‹verewigt›: Hier stand das Haus, in dem . . . und so weiter . . .

Seit vierzig Jahren besitzt Basel ein sogenanntes kleines Haus als Ergänzung seines ‹Stadttheater› genannten Opernhauses. Vor 1948 wurden in der Oper auch die Schauspiele gegeben, nach Errichtung des neuen Hauses, der ‹Komödie› – die nunmehr von Abriss bedroht ist –, nicht mehr ausnahmslos: sehr viele Werke des Sprechtheaters wurden in der sechshundert Plätze umfassenden ‹Komödie› aufgeführt, die längst die beliebteste Spielstätte des Kantons wurde. Privatinitiative hat sie einst geschaffen und unter erheblichen finanziellen Opfern – wie nachgewiesen ist – zwanzig Jahre lang bespielt, gegen den andauernden Widerstand der Behörden, die gegen den Erbauer dieser ‹Komödie› fünfmal Untersuchungsausschüsse eingesetzt haben, um zu überprüfen, ob er die ihm (zeitweise) bewilligten, höchst bescheidenen Subventionen nicht zweckentfremdet verwende.

Der Mann, der den Baslern ihr ‹kleines Haus› schenkte, ebendiese ‹Komödie›, belegt, dass der Seufzer Fontanes: «Die Juden finanzieren unser Kulturleben und wir Arier den Antisemitismus» keineswegs nur auf Berlin zutraf. Egon Karter flüchtete 1942 aus Holland, wo er ein Theater besessen hat, via Belgien und Frankreich an den Genfer See, den er schwimmend zur Schweiz überquerte, kam – bis Kriegsende von Auslieferung an Deutschland immer bedroht – für ein Jahr ins Zuchthaus Witzwil, wurde dann durch einen Major der Schweizer Armee befreit und baute drei Jahre nach Kriegsende mit Freunden, die er in Basel gefunden hatte, dieses Theater, das er selber bespielte, bis ihm das Basler ‹Stadttheater› einen Zehn-Jahres-Mietvertrag gab, der 1978 abgelaufen war.

Nunmehr wurde ihm mitgeteilt, weder die städtische Theaterverwaltung noch der Basler Grosse Rat seien gewillt, den Mietvertrag für die ‹Komödie› zu verlängern – seien aber bereit, Karters Haus zu kaufen. In ihm sind auch einige Läden, hoch vermietet, untergebracht, die bei der Finanzierung des Theaters immer geholfen hatten. Der ewigen Mühsal überdrüssig, fast allein privat das Theater immer finanzieren zu sollen, gab Karter in der Erwartung auf – *nur* im Vertrauen, das Haus werde als Theater *erhalten* bleiben – und verkaufte der Stadt-Bank das Haus für sieben Millionen, von denen fünfeinhalb Millionen Franken als Hypotheken zurückgezahlt werden mussten: sein Eigenkapital und das seiner Freunde war fast nicht verzinst worden.

Karter sagt heute: ’Man hatte uns zwölf Millionen geboten, ein Angebot, das wir nicht einmal diskutierten, denn es kam von einem, der das Theater abreissen wollte, um hier ein Warenhaus zu errichten.‘ Karter vertraute darauf, nicht ausgerechnet die Basler Kantonsregierung würde *das* tun, was sie dann sehr rasch getan hat: durch ihre Kantonalbank das Haus – mit ganz grossem Zugewinn – einem Spekulanten zu verkaufen, der schon jahrelang seinem Nachbarn Karter in den Ohren gelegen hatte, ihm die ‹Komödie› zu überantworten. Grenzt die doch an *sein* Theater, an das ‹Küchlin›, ein 1911 erbautes Varieté, das seit Mitte der fünfziger Jahre mehrere Kinos beherbergt – aber auch heute noch sehr gut als Theater bespielbar ist, wie im Sommer 1988 bewiesen wurde, als während der Ferienzeit des Stadttheaters im ‹Küchlin› das Musical ‹Hair› eindrucksvoll aufgeführt wurde. Als, auf Privatinitiative, ‹Hair› hier gezeigt wurde, war dieses Stück das einzige, was die Stadt im Hochsommer ihren ungezählten Touristen zu bieten hatte. (Die Bühne des ‹Küchlin› ist ebenso gross wie die des Zürcher Schauspielhauses: also nach technischen Innovationen bestens für Festspiele geeignet! – Nachtrag des Autors.)

Basel ist als Dreiländereck so günstig gelegen, dass es nicht weniger als Salzburg, doch viel besser als das entlegene Bregenz geeignet wäre, Festspiele im Sommer zu veranstalten. Denn die Architektur der Innenstadt weist viele ‹ganz natürliche› Spielstätten auch unter freiem Himmel auf: Innenhöfe herrlicher Barock- und Rokoko-Palais mit Freitreppen; Innenhöfe auch von Museen unweit des Rheins; das Ufer selbst – aber niemand scheint daran interessiert, Einheimischen und Touristen das anzubieten. Obgleich ja neulich der österreichische Bundesrechnungshof offenlegte, dass die Salzburger Festspiele, wenn auch die teuersten der Welt, dennoch dem österreichischen Staat und dem Land Salzburg wesentlich mehr Steuern *einspielen*, als die an Subventionen den Festspielen geben; von den unmessbar grossen finanziellen Vorteilen der Festspiele für die *Bürger* Salzburgs gar nicht zu reden.

Da der Geschäftsgeist in Basel sicher nicht weniger ausgeprägt ist als in Genf, über das der Anwohner Voltaire einst schrieb: ’Sehen Sie hier einen Bankier aus dem Fenster springen – sofort hinterher, denn da gibt es bestimmt was zu verdienen!‘, so wundert man sich, dass Basel seine Chance als Festspiel-Stadt nicht testet. Im Gegenteil, jene zwei seiner drei Theater, die auch während der Ferienzeit bespielt werden können, sollen nunmehr der Vernichtung überantwortet werden, denn der Besitzer des ‹Küchlin›, dem ja nunmehr auch die ‹Komödie› gehört, will abreissen, wenn nicht die Stadt ihm für die Komödie einen dreissigjährigen Mietvertrag gibt. Juristen aber sagen – und der Schwager des jetzigen Besitzers und Mitbesitzer beider Häuser sagt das ebenfalls –, ein dreissigjähriger Vertrag *könne* gar nicht von der Kantonsregierung geschlossen werden, also sei dieses ‹Angebot› rein akademisch.

Als Egon Karter hörte, das von ihm den Bewohnern einst geschenkte und dann der Regierung sehr billig verkaufte ‹Komödien›-Haus solle *doch* von der Kantonalbank verhökert werden, bot er sofort an, es ihm, Karter, zurückzugeben zu dem Preis, den auch er nur erzielt hatte: er werde dann wieder auf eigenes Risiko wie früher auch die ‹Komödie› bespielen. Doch die staatseigene Bank gab es *nicht* ihm, sondern jemandem, der gar nicht angeboten hatte, die ‹Komödie› selbst zu bespielen. Karter sagt, dieser

Nachbar habe ehrlicherweise nie ein Hehl daraus gemacht, dass er die ‹Komödie› allein zur Arrondierung seines ungeheuer wertvollen ‹Küchlin›-Grundstücks erwerben wolle.

Allein das Denkmalamt kann noch helfen, das 1911 erbaute ‹Küchlin› vor dem Abriss zu bewahren, indem es das Gebäude unter Schutz stellt. Da aber der Architekt, der den Neubau anstelle von ‹Küchlin› und ‹Komödie› errichten soll, ein bedeutender Politiker ist, besteht wenig Hoffnung, dass sich das kommunale Denkmalamt gegen die Abrisswünsche wird sperren können. Egon Karter veröffentlicht in diesen Tagen seine Autobiographie, Titel: ‹Das Leben, eine Komödie›.»

Entwurf zu einem Varieté-Theater, Steinenvorstadt 55 und 57; Planzeichnung von Baumeister Echtermeyer, Berlin, 1910 (Staatsarchiv Basel). ▽

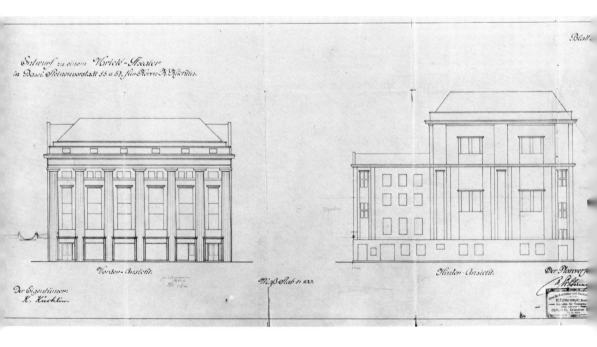

Hans Heini Baseler

Attentat auf Gartenzwerge

Ehen werden im Himmel geschlossen. Viele Ehemänner fallen nachher aus den Wolken. Xaver Rumpelmeier machte darin eine Ausnahme. Seine Frau trug nicht nur blondes Engelshaar. Susi war ein wirklicher Engel.

Anfangs glänzten ihre Erdenfreuden wie Lenzgrün, später wurden daraus Trauerweiden. Im Hause fehlte das Lachen von Kindern. Mochten sich die beiden noch so innig lieben, das, was sie ersehnt hatten, blieb aus. Das Gärtchen sah kein frohes Spiel, obwohl der Rasenmäher den schönsten Spielplatz weit und breit bereitet hatte. Im Hegen von Blumen war Susi eine Meisterin, ihre Flora blühte wie im Paradies. Und doch stellten sich Paradiesfreuden nicht ein.

Plötzlich stand im Mätteli – ohne dass Rumpelmeier etwas von der Herkunft erfahren hatte – ein Rotzipfelkäppchen in etwas gebückter Haltung, als müsse es am nächsten Baumstrunk – der zwar viele Schritte weit entfernt war – seine Notdurft verrichten. Rumpelmeier, ein fortschrittlich gesinnter Bürger, mochte zwar derartigen Schnickschnack nicht leiden. Aber er tolerierte Susis Wünsche. Im nächsten Frühjahr bekam der Gartenzwerg Junge. Wie hergezaubert lag eines Morgens noch so ein Bürschchen im Rasen, müde hingelagert, den Kopf in die Hände gestützt, ein Pfeifchen schmauchend, aus dem der Rauch im Frühjahrsreif erfroren war und unsichtbar blieb.

Je länger die Ehe andauerte, desto mehr Heinzelmännchen bevölkerten das Gärtchen der Villa des Prokuristen Rumpelmeier. Aus allen Erdlöchern schlüpften die winzigen Burschen, schoben leere Schubkarren vor sich her, trugen geschultert einen Miniaturrechen, als wollten sie Rumpelmeiers Erträgnisse des Rasenmähers beseitigen. Jedesmal, wenn wieder so ein Kerlchen heimlich erstanden war, weinte Susi vor Glück. Nun war sie nicht mehr allein, wenn Xaver im Büro weilte. Eine Schar von Knirpsen schien sich im Garten zu tummeln, um rot bemützt mit den Zinnien an Pracht zu wetteifern. Das lockte richtige Kinder an. Zuerst äugten sie scheu durch die Zwischenräume des Gartenzauns, dann kletterten sie keck hinauf und bestaunten die Märchenwunder.

Zweihundert Schritte davon entfernt hausten Schneewinds. Auch sie hatten aus Liebe geheiratet. Ihnen ward Kindersegen zuteil. Papa Schneewind war nicht wie andere Männer. Er zeigte für Technisches kaum Interesse, besass keine Modelleisenbahn. Schneewind wollte im Garten aufrechte architektonische Akzente setzen. Gartenplastiken? Dazu reichte sein Einkommen nicht aus. Aber seitdem er in Lauterbach die Gartenzwergfabrik besucht hatte, wurde er einer ihrer besten Kunden. Zuerst müsse die prosaische und technische Gegenwart durch Märchenhaftes gemildert werden, dachte er und kaufte sich ein Rotkäppchen mit zugehörigem Wolf. Der Wolf sah tatsächlich böse aus, bleckte mit den Zähnen. Er ersetzte eine Anschrift ‹Warnung vor dem Hunde›. Rotkäppchen stand einsam zwischen einigen Staudengewächsen. Dort drüben bei der Vogeltränke wäre ein kleiner Wächter ganz hübsch. Schon war der erste Gartenzwerg plaziert. Der Wichtel schien aus einer Grotte zu kommen und trug ein Laternchen, das abends mit einer elektrischen Birne erhellt in die Nacht strahlte. Das Völkchen scheint in sich den Vermehrungszwang zu haben. Immer mehr

Burschen begannen das Terrain um Schneewinds Haus zu ihrem bewegungslosen Tummeln benützen zu wollen.

Nachtigalls wohnten auf dem Villenhügel gegenüber. Das Laternchen von Schneewinds Gnom leuchtete über das Tälchen bis zu ihnen hinauf. Ein Licht ohne Antwort ist ein Signal ohne Sinn. Der SOS-Ruf wurde unbewusst aufgenommen. Direktor Nachtigall hatte Sinn für das Skurrile. Er liebte die versponnene Welt der Boutiquen und häufte auf seinen Möbeln Bric-à-bracs aus aller Herren Länder. Schiffslaternen gaben den strukturlosen Innenräumen ein Cachet. Nachtigall jubelte wie der Vogel am frühen Morgen, wenn er spät abends in sein Biotop trat. Steinplattenwege führten durch eine Grünfläche zu der ausladenden Treppe des Entrees. ‹Raseneinöde› nannte es der Besitzer und pflanzte als unterbrechende Senkrechte ein Pärchen Gartenzwerge auf. Die Wichtel schienen sich gut zu unterhalten, denn sie blieben felsenfest angenagelt, wie zwei Nachbarinnen beim Schwatz am Gartenzaun.

Der Anwohner auf der andern Strassenseite war ein wunderlicher Kauz. Stubengelehrter, der nur in Bücherregalen atmen konnte. Ihn interessierte die Sache psychologisch. Er wollte dahinterkommen. Wieso und warum die Epidemie der Gartenzwerge zu grassieren begann. Ja, warum im Zeitalter des Rationalismus, der Naturwissenschaften der Hang der Menschen zu Märchenhaftem? Privatdozent Stubenvoll sah ein Problem vor sich. Da liebt man einerseits das Absurde. Kann sich nur an Bildern begeistern, wenn darauf nichts mehr sichtbar ist als Farbenkleckse. Man lehnt Böcklin – der doch so märchenhaft malte – als Kitsch ab, liebt zugleich den höchsten Kitsch: Gartenzwerge! Stubenvoll schritt sinnend in seiner Stube auf und ab. Mit magnetischer hypnotischer Kraft zog es ihn immer wieder ans Fenster. Sein Blick fiel auf Direktor Nachtigalls Knirpse. So wie der Privatdo-

zent unablässig nachdachte, so unterhielten sich die Kerle in stummem Gespräch über Stunden hinaus. Über was redeten sie bloss so ausgiebig? Wenn man nur hinter das Geheimnis käme. Man müsste ein Märchen-Mann wie Andersen sein, um ihr Gespräch erlauschen zu können. Doch wie Stubenvoll auch sein Gehirn strapazierte, je mehr Argumente er für und wider anhäufte, desto rätselhafter wurde ihm das Phänomen. Er hatte sich in den Kopf gesetzt, der erste Soziologe und Psychologe zu sein, der hier klärend ein Urteil geben und sich damit einen Namen machen könnte. Stubenvoll hätte sich hintersinnen können. Er kam nicht darauf, dass es sich um eine verlorengegangene Naturgeistigkeit handeln könnte, er bei Goethe eine Antwort hätte finden können.

Die Tochter Yolanda Stubenvoll stiess im Deutschunterricht auf die Stelle in ‹Hermann und Dorothea›, im Gesang auf die Bürger:

«So war mein Garten auch in der ganzen Gegend berühmt, und jeder Reisende stand und sah durch die roten Staketen nach Bettlern von Stein, und nach farbigen Zwergen.»

«. . . Ja, wer sähe das jetzt nur noch an! Ich gehe verdriesslich kaum mehr hinaus: denn alles soll anders sein und geschmackvoll, wie sie's heissen, und weiss die Latten und hölzernen Bänke. Alles ist einfach und glatt; nicht Schnittwerk in der Vergoldung will man mehr, und es kostet das fremde Holz nun am meisten.»

Yolanda Stubenvoll war fortschrittlich gesinnt, liebte Arp und Mondrian, während ihr Klee zu versponnen, zu mystisch war. Den Hang der Zeitgenossen zu dem Gartenschnickschnack schien ihr unbegreiflich, ja direkt unmoralisch. Immer weitere Kreise gerieten in den Sog der Heinzelmännchen. In den kleinsten Miniaturgärten lugten sie durch die Gitterstäbe, wie draussen die moderne Zeit vorbeiflitzte. Hockten bei Sonnenglast im Schatten von Zwerghöhlen oder liessen ihre Angelruten, stur und stumm wie richtige Fischer, in fischlose Weiherchen hängen.

Manchmal huschte draussen auf dem Trottoir der Schatten eines Mannes vorbei, der einen grauen Zylinder und einen Frack trug und sich auf einen Stock mit silbernem Knauf aufstützte. Von Gartenzwergversammlungen zu Heinzelmännchenparaden und zu Einzelgängern dieser Spezies führte sein Spaziergang. Überall blieb er stehen, sah mit verliebten Augen, wie das, was er vor mehr als einem Jahrhundert ersonnen, unvergänglich fortbestand, sich als Tradition der sogenannten guten alten Zeit in einer technischen und praktischeren fröhlich weitersonnte. Den Zwergen war einmal, als hätten sie ihn gehört, wie er in sein dürrgewordenes Fäustchen lächelte.

Dann geschah es am 1. April des vorigen Jahres. Susi Rumpelmeier zog an diesem Tage früher die Jalousien empor, als sie es gewöhnlich tat. Sie erwartete heute den Briefträger, der pünktlich an jedem Ersten um achtuhrfünfunddreissig die neueste Nummer der abonnierten Zeitschrift ‹Schöner wohnen› brachte. Die Rumpelmeierin war jedesmal voller Neugier, was das Heft bringen werde. Sie konnte es nicht früh genug in die Hände bekommen, um es durchzublättern, neue Anregungen zu finden. Als Susi die Gardinen zurückschob, um den Briefträger zu erspähen, da fiel ihr Blick zuerst ins Gartenrondell zu ihren ‹Kindern›. Kein Käppchen-Rot leuchtete ihr in der Farbe des Mohns entgegen. Weder Nick noch Kaspar, weder Renato noch Rumpelstilzchen waren mehr zu sehen. Im feuchten Rasen waren einzig noch ihre Fussabdrücke wahrnehmbar. Auf und davon war die Wichtelschar. Frau Rumpelmeier schnappte nach Luft.

Papa Schneewind gewahrte das Verschwinden seines Keramikrotkäppchens und des Tonwolfes schon einige Minuten später, als er den Wagen aus der Garage befreien wollte. Auch der Wichtel mit der Kerzenglühlampe und seinem Laternchen hatte das Weite gesucht. In die Grotte hinter ihm schlängelte sich das abgeschnittene Lichtkabel wie eine Blindschleiche.

Das Dienstmädchen bei Nachtigalls fand die Wiese neben dem Steinplattenweg entvölkert. Der Dauerschwatz der Wichtel schien zu Ende zu sein. Keine Spur von ihnen.

Bei Karschunkes, bei Mühlebergs, bei Rösselmanns, bei allen Anwohnern des ganzen Gartenquartiers waren an diesem 1. April die Gartenzwerge ausgewandert.

Grossalarm in der Polizeizentrale. Die Spurensicherungsdetachemente rasten wie in Gangsterfilmen durch das Viertel. Jeder Grashalm wurde mit Sherlock-Holmes-Augen betrachtet. Jeder Zigarettenstummel aufgelesen und einem amtlichen Maigret überantwortet. Nach Fussabdrücken im regennassen Gras wurde gefahndet. Aber die Täterschaft schien ausserordentlich perfid vorgegangen zu sein und hatte die Zwerge mit Angelruten von den Steinplattenwegen aus gefischt. Nach langen Ruhetagen hatten die Untersuchungsbeamten wieder einmal alle Hände und alle Köpfe voll zu tun. Es wurde recherchiert, gemutmasst, geplant, verhört, notiert, protokolliert, herumgeforscht, alles das getan, was moderne Fahndungsbehörden nur tun können. Die Liebhaberfotos von Gartenpartys mit den Wichtelmännchen wurden genauestens unter die Lupe genommen und das Signalement eines jeden Typs genauestens eruiert. Die Antiquitätenhändler und Trödler von ganz Europa wurden vor Ankauf der gesuchten Figuren gewarnt.

Liebe Leser, die sie mir bis hierher gefolgt sind, neugierig geworden, ob ich das Rätsel entwirre oder entschlüssle. Ich muss sie enttäuschen. Jene, welche die Hände im Spiel hatten, schwiegen beharrlich. Vielleicht haben die Männer der Müllabfuhr bemerkt – oder auch nicht – wie in letzter Zeit etliche Abfallkübel gewichtmässig so viel zugenommen hatten. Die Zermalmungsmaschinerie der Kehrichtverwertung hatte einige Male Verdauungsstörungen, die zu Pannen führten. Ein zartes Wimmern und zwerghaftes Stöhnen übertönte plötzlich die Geräusche der Maschinerie. Doch man fand nicht eine einzige verlorene Zipfelmütze oder einen Zwergpantoffel. Eine meiner Überlegungen über das schlagartige Verschwinden war die, dass ein biologisches Gesetz wirksam geworden sei. Haben Ästheten oder Kunststudenten die Hände im Spiel gehabt? Anhänger der guten Form? Waren Weltverbesserer als Attentäter in Aktion getreten? Kein Conan Doyle wird das je entdecken können. Aufgeatmet hat allein Yolanda Stubenvoll, einige glückliche Tage erlebt. Dann begann eine Gartenzwerg-Renaissance.

Hans Mohler

Kreativität I

Kunst heisst weglassen. Darauf hat man uns seinerzeit im Kunstunterricht eingeschwärzt. Nicht bloss verbal, sondern auch demonstrierend anhand ausgewählter Beispiele. Ich habe es mir gemerkt, wie man sieht. Seither sind gut vierzig Jahre vergangen, und ich habe keine Gelegenheit versäumt, diese Grundregel kunstbetrachtenderweise zum Massstab zu nehmen. Später hat man mich allerdings belehrt, blosses Anschauen sei eine krude Konsumhaltung, bar jeder Kreativität, eines schöpferischen Menschen unwürdig. Ich liess die Schelte über mich ergehen, statt die Konsequenzen zu ziehen, nämlich selbst Kunst zu produzieren. Der Vorwurf muss sich aber in mir festgefressen haben. Wie wäre ich sonst dazugekommen, dem Axiom eine neue Wendung zu geben: Kunst heisst wegnehmen.

Geschehen ist folgendes: An der mindestens zwei Quadratmeter messenden Leinwand, die mit einem einheitlichen grau gedämpften Rot-Ton bedeckt ist, konnte ich auf jedem meiner Gänge durch die Kunstsammlung nur mit innerem, oft aber auch mit wirklichem Kopfschütteln vorübergehen. Wenn das Kunst ist, worin besteht sie? Ist das die äusserste Konsequenz des Weglassens? In den uns vorgeführten Beispielen war immer noch etwas übriggeblieben, ein Umriss, manchmal ein unvollständiger, den der betrachtende Sinn ergänzte. Hier ist nichts ausser roher Farbe, hier kann nichts ergänzt werden. Einmal streifte mich der Gedanke: Das ist Kunst, weil es hier hängt. Das gleiche Objekt, an der bestbeleuchteten Wand meines Wohnzimmers, von mir selbst in genau gleicher Manier hergestellt, würde niemand als Kunstwerk ansprechen. Dennoch liessen mich die mindestens zwei unikoloren Quadratmeter nicht in Ruhe. Mein Kopfschütteln geriet mir nicht zum Achselzucken.

Das nächstemal erinnerte ich mich: Kunst ist Gegensatz-Spannung. Aber worin besteht sie hier? Doch nicht etwa im Verhältnis zwischen Länge und Breite des Bildformates? Dann wäre jedes Zeitungsblatt, jede Fensterscheibe ein Kunstwerk. Oder ist es die Spannung zwischen dem grau gedämpften Rot und dem Hintergrund aus roher Leinwand? Irgendwann erhaschte ich die Replik eines etwa neunjährigen Bübleins auf die ratlose Frage seiner Grossmutter, ob das Kunst sei: «Die Kunst dabei ist, die Leute, die das hier aufgehängt haben, glauben zu machen, dass es Kunst ist.» Ein solches Büblein, kam mir zu Sinn, gibt es auch im Andersen-Märchen ‹Des Kaisers neue Kleider›. Was beweist, dass man schon immer Probleme mit der Kunst hatte.

Ich habe hier meinen Ärger, meine Betroffenheit, meine Verständnislosigkeit nur andeutungsweise wiedergegeben. Kunst heisst ja weglassen. Ich muss es mir auch versagen, die subtilen Übergänge von der kruden Konsumhaltung zur Kreativität nachzuzeichnen, die sich im Verlauf wiederholter Museumsbesuche im bewussteren Teil meines Unterbewusstseins vollzogen. Ich kürze zwar gröblich, aber kunstimmanent ab, wenn ich nun die letzte Phase der Kontemplation in entschlossene Aktion umschlagen lasse und damit zum Kern der Sache komme, nämlich vom Weglassen zum Wegnehmen.

Eines Tages – um auf atmosphärisches Kolorit nicht ganz zu verzichten: eines regnerischen Juni-Vormittages – stand ich wieder vor dem Ärgernis. Das heisst: es war kein Ärgernis mehr, denn ein langer, erhellender Lernprozess hatte endlich in die Überzeugung ausgemündet: Das ist Kunst. Daran knüpfte sich folgende streng logische Gedankenreihe: Das ist ein Kunstmuseum. Ein Kunstmuseum ist ein öffentliches Gebäude. Mit anderen Worten: Es gehört allen. Also auch mir. Auch was hier hängt und steht, gehört allen. Folglich auch dieses Bild. Nicht mir allein, selbstverständlich, aber nach Massgabe meiner Steuerkraft gehört mir ein Teil davon, etwa die Abmessungen eines Briefmarken-Viererblocks.

Ich trage ständig ein winziges, aber sehr scharfes Messer in der Tasche, im Ausland bekannt und geschätzt als Swiss Army Knife, Ladies' Version. Ich halte es plötzlich in der Hand, geöffnet. Unauffälliger Umblick: Ich bin allein, der Aufseher hat sich, wie in geheimem Einverständnis, soeben auf leisen Sohlen ins anschliessende Kabinett begeben. Mit vier rasch und präzis geführten Schnitten skalpelliere ich meinen unikoloren Teil aus dem untern rechten Viertel des Bildes heraus, vom folgenden Gedanken begleitet: Das ist ein sehr demokratisches Bild. Wer immer sich als nächster seinen Anteil holt, wird einen genau gleich strukturierten Ausschnitt nach Hause tragen.

Messer und Anteil einträchtig nebeneinander in der selben Regenmanteltasche transportierend, verliess ich ohne Eile, jedoch nicht unzielstrebig, das Museum. Zu Hause allerdings wurde ich meines Besitzes nicht recht froh, wiewohl ich ihm die Rechtmässigkeit nicht abzusprechen vermochte. Nach allerhand Erwägungen, die ich kunstgemäss weglasse, klebte ich den Ausschnitt schliesslich in ein Briefmarkenalbum (Liechtenstein, auch sonst mit Kunstwerken gesegnet).

Am nächsten Tag die Schlagzeile: ‹Vandalenakt im Kunstmuseum›. Undsoweiter, ich lasse alles weg, bis auf die Antiklimax, die auf die Klimax des angeblichen Vandalenaktes folgte: Wie mir ein Zeuge berichtet, besieht sich der alarmierte Künstler den Schaden. Seine Reaktion nach einigen Minuten stummer Betrachtung: «Bloss keine Reparatur-Versuche! Himmel, das ist geradezu genial! Der Schweinehund [Dankeschön!] hat eine Kreativität, um die ich ihn beneide. [Dankedankeschön!] Das Bild hat eine neue Dimension: das Loch, die Tiefe.»

Urs Allemann

500 Jahre
Verlag und Druckerei Schwabe

500 Jahre ist es her, dass der 1441 geborene Johannes Petri von Langendorf bei Hammelburg in Franken nach Basel zuwanderte, sich in die E. Zunft zu Safran aufnehmen liess und das Verlags- und Druckereihaus gründete, das bis heute nicht aufgehört hat, das humanistische, philosophische, theologische, historische und medizinische Schrifttum zu pflegen und zu mehren. Mit einem Festakt in der Theodorskirche am Wettsteinplatz feierte am 26. November 1988 das Basler Verlagshaus Schwabe & Co. AG sein halbjahrtausendjähriges Bestehen. Zu den Gratulanten gehörten Bundespräsident Dr. Otto Stich und für die beiden Basel Regierungsrat Dr. Kurt Jenny (BS) und Regierungspräsident Dr. Clemens Stöckli (BL).

Christian Overstolz, seit 1979 Chef der sechs Jahre zuvor in eine Familien-AG umgewandelten Firma, hob in seiner Begrüssungsansprache hervor, dass die in 500 Jahren von seinem Haus verlegten und gedruckten Werke durchaus als «Spiegel des europäischen Denkens ihrer Zeit» gelten dürften.

Bundespräsident Stich betonte die enge Verbundenheit des Verlags mit dem Geistesleben Basels. Als er ihm für die Zukunft Verlagsleiter wünschte, die «neben der geisteswissenschaftlichen Denkmalpflege Offenheit für geistiges Neuland» zeigen, da konnte, wer wollte, in diesen Worten freilich auch einen kritischen Unterton mitschwingen hören.

Kurt Jenny pries im Namen des Stadtkantons die Treue des Verlagshauses zum Standort Basel – und überreichte Christian Overstolz, zum Lohn für solche Treue, eine schon durch ihre Grösse imponierende Wappenscheibe. Ebenfalls mit einer Wappenscheibe, wenn auch einer erheblich kleineren, wartete Clemens Stöckli auf, der die Regierung des Kantons Basel-Landschaft vertrat: Auf dessen Hoheitsgebiet, in Muttenz, hat die Druckerei des Verlags seit 1974 ihren Sitz.

An «humanistisch geprägte Epochen in Basels Geschichte» erinnerte in seiner Festansprache Dr. Max Burckhardt. Von der kurz nach der Universitätsgründung einsetzenden Wiederbelebung der Autoren des klassischen Altertums spannte er einen grossen Bogen bis zu Rudolf Wackernagels politische und Bildungsgeschichte verbindender ‹Geschichte der Stadt Basel›.

Krönender Abschluss der Feier in der Theodorskirche: Mozarts ‹Krönungsmesse›, dargeboten vom Basler Sinfonieorchester und der Knabenkantorei Basel unter der Leitung von Beat Raaflaub. Zum Abschluss der Feierlichkeiten wartete im Grossen Festsaal des Stadtcasinos ein Jubiläumsbankett auf an die 400 Gäste.

△
Bundespräsident Dr. Otto Stich gratuliert zum 500jährigen
Bestehen des Verlagshauses Schwabe & Co. AG am Festakt
in der Theodorskirche.

Dorothea Christ

100 Jahre
Basler Künstlergesellschaft (BKG)

Hundert Jahre? Hundertsechsundvierzig Jahre! Hundertsechsundsiebzig Jahre!! 1988 feierte die Basler Künstlergesellschaft ihr Centenar-Jubiläum. Aber das trügt – das Gedenkjahr bezog sich ‹nur› auf die dritte Basler Künstlergesellschaft, die nun allerdings seit 1888 ohne Unterbruch aktiv ist. Dies jedoch auf Fundamenten, welche bereits 1812 mit der Gründung der ersten Basler Künstlergesellschaft gelegt, nach deren Auflösung 1842 durch die Neugründung der zweiten Basler Künstlergesellschaft verstärkt wurden und schliesslich auch 1888 für die dritte Neuformation den tragenden Boden bildeten. Der Name blieb seit 1812 der nämliche, ebenso die Grundsätze, nach denen man sich richtete. Die Umstände, die zu Auflösung und Wiederbelebung führten, lagen jeweils in politischen Entwicklungen und veränderten Bedürfnissen. Nach der folgenschweren Trennung der Landschaft von der Stadt in den revolutionsträchtigen dreissiger Jahren des 19. Jahrhunderts lähmten finanzielle Schwierigkeiten, blieb wenig Musse und Geistesfreiheit für die Beschäftigung mit entbehrlichem ‹passe-temps› (dazu zählt in nüchternen Zeiten die Kunst), drückten andere Sorgen. Vor allem endete eine Epoche, auch in Basel, die lokalen Impulsen dauerhafte Tragfähigkeit zubilligte. Jetzt trachtete man nach dem Übergreifenden, dem Nationalen, und aus allerorts bestehenden lokalen ‹Zirkeln› formte sich 1839 in Zofingen der Schweizerische Kunstverein, der als Dachverband lokale Sektionen zusammenfasste. Nachdem dessen Basler Sektion ihre Aktivitäten aufgenommen

hatte, bot das kleine, biedermeierliche Basel nicht mehr Raum für zwei gleichartige Organisationen. Die erste und älteste Basler Künstlergesellschaft löste sich auf – um alsbald wie ein Phönix aus der Asche wieder zu erstehen!
1842 kam es zur Neugründung, weil den Bedürfnissen aktiver Künstler und Kunstfreunde im Rahmen der vom Kunstverein entfalteten Tätigkeit nicht genügend Rechnung getragen wurde. Was wollten sie? Keine gloriosen Manifestationen, sondern vor allem Pflege freundschaftlichen Beisammenseins von Gleichgesinnten, Förderung gemeinsamer Interessen und Gedankenaustausch auf der Basis menschlicher Beziehungen, die weniger in wirtschaftlichen und sozialen Bedingungen gründen als in jener Art von Kulturpflege, welche sich im gegebenen Rahmen auf natürliche Weise zu entwickeln vermag, ohne dass Herkommen, Reichtum, Geschäftstüchtigkeit zu bestimmenden Komponenten werden. Das entspricht der utopischen Vorstellung individualistischer Berufsleute seit je. Um eine Vereinigung zusammenzuhalten, sie auch in die Breite wirksam werden zu lassen, braucht es jedoch konkrete Ziele, Aktionsprogramme und Mittel. Solche hatte die Basler Kunstvereinssektion zu bieten: die Äufnung einer Kunstsammlung zeitgenössischer Schweizerkunst, Plattformen zur Bekanntmachung künstlerischen Schaffens in Form von Ausstellungen, die über den lokalen Bereich hinauswirkten. Die Mitglieder der einstigen ersten Basler Künstlergesellschaft, die solche Ziele auch anvisierten, mochten dem allem zustim-

men – aber das ‹Organisatorische› wuchs ihnen über den Kopf, befrachtete die Interessensphäre der Künstler zu sehr. Da galt es, die vom Schweizerischen Kunstverein ins Leben gerufenen ‹Turnus-Ausstellungen›, die von Stadt zu Stadt durch die ganze Schweiz zirkulierten, einzurichten und zu finanzieren. Da musste eine Vereinsform eingehalten werden, die durch hohen Mitgliederbestand (damit vorwiegend aus Kunstlaien zusammengesetzt) notwendige finanzielle Mittel und gesellschaftliches Gewicht im öffentlichen Leben garantierte. Die aktiven Künstler aber suchten *ihren* Zirkel.

Das führte 1842 zur Wiederbelebung, zur Gründung der zweiten Basler Künstlergesellschaft. Sie fand 1845 im Ratsherrn Johann Jakob Im-Hof, der als prominenter Vertreter des Gewerbes, als Lederhändler, vor allem aber als kunstbegeisterter Dilettant bereits der Kommission der Zeichenschule im Markgräfischen Hof angehörte, ihren tatkräftigen Präsidenten. Zweifellos spielten Rivalitätsgefühle sowie das kränkende Bewusstsein, die Flinte zu früh ins Korn geworfen und die kostbaren Künstlerbücher mit wertvollen Originalblättern voreilig preisgegeben zu haben, eine Rolle. Die Künstlergesellschaft wollte ihre Anciennitätsrechte wieder einbringen. Darum folgte sie auch ImHof mit Begeisterung, als er sich an die Festigung einer soliden finanziellen Basis machte, die Rheinfähren als Unternehmen der Künstlergesellschaft gründete, deren Betrieb die Mittel zum Bau eines Künstlerhauses mehren sollte – diese Verkehrsmittel florierten, verband damals doch erst eine einzige Brücke von der Schifflände in die Rebgasse Gross- und Kleinbasel. Die BKG folgte ImHof, als er begeistert für öffentliche Aufträge und die Errichtung von Denkmälern eintrat – das St. Jakobsdenkmal von Ferdinand Schlöth verdankt schliesslich seine Entstehung diesen jahrzehntelangen Bemühungen. Die BKG folgte ihrem Präsidenten schliesslich so-

Hieronymus Hess, Entwurf zu den Hauptgruppen der Basler Künstlergesellschaft, getuschte Federzeichnung, um 1818. ▽

gar, als er umsichtig und zielbewusst auf die Vereinigung von Künstlergesellschaft und Kunstverein zusteuerte. ImHof erkannte, dass im Bereich des damaligen Basel nur eine Organisation mit hohem Mitgliederbestand etwas ausrichten konnte. Damit aber geriet er in bezug auf die Ideen der Künstlergesellschaft ins alte Kollisionsgebiet. 1864 kam es zwar zur Fusion. Ihr Vermögen aus den Fährenerträgnissen floss in die Kasse des Kunstvereins. ImHof übernahm dessen Präsidium und wurde zum legendären Führer in eine neue, kunstfreundlichere Basler Kunstära.

Was mochten sich die Künstler Besseres wünschen? Hier stösst man auf die alte, immer wieder neue und für ausserhalb des aktiven Künstlerberufs Stehende so schwer begreifliche Haltung der Künstler: sie wünschen sich Achtung, Erfolg, Aufträge, vermögen aber ohne Hilfe von Laien und gefestigten Organisationen ihr Ziel nicht zu erreichen – ihre Arbeit und ihre Produkte fallen eben marktmässig nicht ins Gewicht. In guten Treuen geleistete Hilfe jedoch empfinden die Künstler bald als Bevormundung, als Verkehrung ihrer eigentlichen Absichten ins Gegenteilige. Weil sich dieser Prozess immer und immer wieder bis in die Gegenwart wiederholt – zum Beispiel in der Abspaltung von Künstlergruppen aus ihren Standesgesellschaften, in der Opposition gegen staatliche Massnahmen der Kunstpflege, im Misstrauen gegen Aussteller und Kunsthändler, ist es nicht abwegig, sich der Geschichte der bescheidenen Basler Künstlergesellschaft zuzuwenden. Sie hat schliesslich im Verzicht auf das Spielen einer grossen Rolle, dafür im Hochhalten anderer Prinzipien, ihren Weg gefunden; sie konnte den 100. Geburtstag ihrer dritten Neugründung von 1888 durchaus zuversichtlich feiern.

Warum kam es 1888 zum dritten Mal zur Neugründung? Aus dem gleichen Grund wie 1842: festgefügte Organisationen und eingefahrene

Gremien scheinen unvereinbar zu sein mit dem Individualismus von Künstlerpersönlichkeiten. Sie ertragen keine Bevormundung durch Laien, kein Gegängeltwerden durch prädominante Kollegen. Wie schrieb 1866 der 27jährige, wieder einmal vom Salon ausjurierte Cézanne dem allmächtigen Pariser Superintendanten Nieuwekerke zu Handen der Salonjury? Frei zitiert: «. . . alle Maler meiner Position verleugnen die Jury . . . es ist mein sehnlichster Wunsch, allen Leuten zu zeigen, dass *mir* ebensowenig daran gelegen ist, mit den Herren der Jury verwechselt zu werden, als *ihnen* daran gelegen zu sein scheint, mit mir verwechselt zu werden . . .». Hier ging es im ruppigen Ton eines Verkannten um Zulassung zur offiziellen Ausstellung – in Basel, zwei Jahrzehnte später und im Rahmen viel bescheidenerer Umstände nur um ein allgemeines Unterlegenheitsgefühl der Künstler den ‹kunstfördernden Laien› gegenüber. In der zehnköpfigen Kunstvereins-Kommission fielen nur zwei Sitze auf Vertreter der Künstlerschaft. Und es standen Fragen im Vordergrund, die die Künstler nur mittelbar interessierten: Unterhalt der Kunsthalle, Ansehen des Vereins, Organisation, Finanzen, Kunstpolitik. Die Künstler fühlten sich zur Seite geschoben. Das äusserte sich in jenen Jahrzehnten nicht nur in Basel so: 1865 formierte sich aus dem selben Bedürfnis nach selbständiger, den Gegebenheiten des Künstlerberufes Rechnung tragender Autonomie die Gesellschaft der Schweizerischen Maler und Bildhauer, die nachmalige GSMBA.

Die 1888 zum dritten Mal etablierte Basler Künstlergesellschaft bildete in ihren Anfängen so etwas wie Basels ‹Sezession›. Ihre treibende Kraft fand sie in Hans Sandreuter (1850–1901), der auch von 1888 bis 1894 als erster Präsident amtierte. Fast alle damals ‹modernen› Basler Künstler traten der Gesellschaft bei, ihre Geburtsdaten liegen zwischen 1846 und 1868. Sie verkörperten (wie Fritz Schider, Hans Sandreuter, Wilhelm Balmer, Emil Beurmann) die Avantgarde, die den etablierten Lokalgrössen zu forsch ins Zeug ging. Hatten doch diese zwischen Zwanzig- und Vierzigjährigen sogar die Kühnheit, auch junge auswärtige Kollegen zuzuziehen und auszustellen, denen der Kunstverein den Einlass in die Kunsthalle verweigerte: Cuno Amiet, Max Buri, Giovanni Giacometti und Albert Welti. Über ein glanzvolles Gebäude, wie der Kunstverein es nun in der neuen Kunsthalle besass, verfügte die Künstlergesellschaft nicht. Sie kam vorerst unter in einer in den untern Geschossen rheinwärts gelegenen Lokalität der Lesegesellschaft am Münsterplatz. Im liebevoll ‹Kunstloch› benannten Lokal trafen sich die Künstler und präsentierten sie ihre Ausstellungen. Später gelang es für eine Zeit, das Wettsteinhäuslein im Kleinbasel zu mieten, in dessen Garten sich ein munterer Bierausschank mit Wurstkonsumation entwickelte. Als Beurmann noch mit Modellen anrückte und damit das Bohemeleben auf die Spitze trieb, war das den inzwischen gesetzteren Mitgliedern schon zu viel.

Die, verglichen mit der Kunsthalle, kleinen, improvisierten Lokale fassten die Mitglieder durchaus, denn ein Hauptanliegen war und blieb es, deren Zahl nicht unkontrolliert anschwellen zu lassen und vor allem nur aktive Künstler aufzunehmen – dafür beschränkt sich die Mitgliedschaft nicht nur auf bildende Künstler, sondern es werden auch Dichter und komponierende Musiker aufgenommen. Kunstfreunde und Gönner konnten sich seit je als Passivmitglieder ohne Stimmrecht anschliessen.

Es ist das Schicksal aller Avantgarde-Bewegungen, dass sie rasch altern und von neuen Gruppen überholt werden. Dieser natürliche Prozess zeichnete sich auch in der Entwicklung der Künstlergesellschaft ab. Nach 1910 drängten jüngere Begabungen nach vorn, die sich wie selbstverständlich der gewerkschaftlicher orga-

nisierten GSMBA anschlossen und daneben im Kunstverein auch die grosse Wende zur Öffnung gegen die Moderne mitbeförderten. Der Amtsantritt (1910) von Dr. Wilhem Barth als Konservator der Kunsthalle, die damals sowohl Ausstellungsinstitut wie Standort der zeitgenössischen Sammlung war, kennzeichnet diesen Punkt. Jetzt, im Jahrzehnt des ersten Weltkrieges, hatten die Mitglieder der Künstlergesellschaft selber Mühe, in jene Ausstellungssäle Eintritt zu erlangen, zu deren Errichtung doch ihre Vorgängervereinigung wesentliche Mittel beigetragen hatte in Form der Fährenerträgnisse. Die BKG hatte sich jetzt zur ‹konservativen› Gruppierung gewandelt. Zuzug neuer, jüngerer Mitglieder brachte den Ausgleich, aber der Geist der ‹Sezession› wehte fortan anderswo: beim ‹Neuen Leben›, bei ‹ROT/BLAU›, bei den ‹33ern›, den ‹48ern›... Die Stabilität der Künstlergesellschaft beruht auf andern Kriterien als denen der Modernität. Sie ist zugleich eine geschlossene wie eine offene Gesellschaft. Für eine Aufnahme auf Empfehlung von zwei Aktivmitgliedern ist das Zweidrittelsmehr der anwesenden Aktiven notwendig. Es spielt keine Rolle, ob der Kandidat auch andern Gruppierungen angehört, welcher Kunstsprache er verpflichtet ist. Dagegen zählen neben der künstlerischen Bewertung auch Persönlichkeit und menschliche Qualitäten des Kandidaten. Das scheint ja dem lokalen Provinzniveau Tür und Tor zu öffnen, erfolgreiche, eigenwillige und profilierte Künstler direkt abzuschrecken!

Dem ist nicht so: die relativ geringe Mitgliederzahl (bis heute hat der Aktivmitgliederbestand kaum je 60 Personen überschritten) erlaubt die Verwirklichung von Zielen, die auch ihre Bedeutung haben; sie sind in Art. I der Statuten verankert: «... Förderung der Interessen ihrer Mitglieder sowie die Pflege des Kontaktes und der Geselligkeit unter Künstlern und Kunstfreunden...» Es werden Ausstellungen organisiert, gemeinsame Unternehmungen geboten, jährlich zweimal ein heiteres oder festliches Gesellschaftsessen veranstaltet. Die Passivmitglieder werden bei solchen Anlässen einbezogen und fühlen sich durchaus nicht als Aussenseiter. Im ‹Festen› und im Wunsch, sich der Öffentlichkeit gegenüber durch Ausstellungen bemerkbar zu machen, liegt aber nicht das Entscheidende. Das bieten andere Künstlervereinigungen auch. Das Wesentliche bleibt der persönliche Kontakt unter Gleichgesinnten. Dazu aber gehört eine feste Heimat, eine Lokalität, wie die BKG sie einst in der Lesegesellschaft und im Wettsteinhäuslein besass. Seit 1986 verfügt sie nun über einen von der Staatlichen Liegenschaftsverwaltung gemieteten Raum im Kleinbasel. Dort treffen sich Aktive und Passive allwöchentlich ungezwungen zu Gedankenaustausch und gemeinsamem Mahl, veranstaltet man kleine Ausstellungen von Mitgliedern für Mitglieder, bewahrt man den Gesellschaftsbesitz an Kunstwerken auf. Manches ist aus vergangenen Zeiten noch im Eigentum der BKG und noch immer hält man die alte Tradition hoch: jeder Neueintretende stiftet ein Blatt von seiner Hand. Aus finanziellen Gründen wird dort wohl keine Bleibe sein: die Mitglieder bestreiten die Kosten auf der Basis freiwilliger Jahresspenden, die zusätzlich zum Jahresbeitrag entrichtet werden. Mit andern Worten: Eine private Gesellschaft ohne alle staatliche Jahressubvention, zusammengesetzt aus Mitgliedern einer Berufssparte unterer Einkommenslage, kann sich staatliche Mietpreise schwer leisten. Mit dem Verlust des Lokals würde wieder eine jener Gruppierungen ihren Stammsitz verlieren, die ihr Wirken als Ausgleich zu Massenorganisationen und kommerziellem Kunstbetrieb versteht.

In ihrem Jubiläumsjahr 1988 hat sich die Basler Künstlergesellschaft sympathisch bescheiden der Öffentlichkeit gegenüber manifestiert. Sie gab im Vorjahr einen Kalender heraus, dessen Wochenblätter jeweils der Reproduktion eines Mitglieder-Werkes gewidmet sind. Sie veranstaltete im Museumssaal Brüglingen eine Ausstellung von Zeichnungen und Druckgraphik ihrer Mitglieder, sie ehrte verstorbene Mitglieder durch eine Gedächtnisausstellung in einer privaten Galerie. Das festliche Abschlussessen des Jubiläumsjahres brachte die hinreissende Darbietung zweier bereits mehrfach preisgekrönter Nachwuchsmusiker: Die Künstlergesellschaft bleibt offen und wahrt ihre gesellschaftlich-kulturelle Zielsetzung ohne viel Feuerwerk, aber konstant und sinnvoll.

Edmund Wyss

Die Ära Dr. Frédéric Walthard bei der Schweizer Mustermesse

Am 31. März 1988 übergab Dr. Frédéric Walthard das Amt eines Generaldirektors der Schweizer Mustermesse seinem Nachfolger Philippe Lévy. Damit war eine Ära zu Ende gegangen, die von einer starken Persönlichkeit geprägt wurde und entsprechend tiefe Spuren in der modernen Geschichte des Messeplatzes und Kongressortes Basel hinterliess. Im Sinne eines Rückblickes sollen nochmals die wichtigsten Schwerpunkte des Wirkens von Frédéric Walthard für die Mustermesse und damit auch für unsere Stadt und unsern Kanton in Erinnerung gerufen werden.

Zum Direktor der Mustermesse berufen

Ungewöhnlich wickelte sich schon die Berufung Frédéric Walthards zum Leiter der Mustermesse ab. Kaum hatte ich 1970 das Amt eines Verwaltungsratspräsidenten der Schweizer Mustermesse übernommen, sah sich der Verwaltungsrat vor die Aufgabe gestellt, einen Nachfolger für den damaligen Messedirektor, Dr. Hermann Hauswirth, zu finden. Die auf die offizielle Ausschreibung des Postens eingegangenen Bewerbungen entsprachen jedoch zu wenig den Anforderungen. Im Zusammenhang mit meiner Tätigkeit als Nationalrat in Bern, hörte ich zufällig vom Wunsche des damaligen Generalsekretärs des Eidgenössischen Volkswirtschaftsdepartementes, Frédéric Walthard, wieder vermehrt an der wirtschaftlichen ‹Aussenfront› für unser Land tätig zu sein. Eines Tages entschloss ich mich kurzerhand, ihn an seinem bisherigen Arbeitsort aufzusuchen und ihn di-

Der neue und der abtretende Generaldirektor. ▽

rekt zu fragen, ob er die Leitung des Basler Messeunternehmens übernehmen möchte. Schon bald darauf konnte ein Berufungsverfahren eingeleitet werden und Frédéric Walthard wurde – mit Amtsantritt 1. September 1971 – zum Direktor der Mustermesse gewählt. Auf den 1. Oktober 1973 erfolgte dann seine Ernennung zum Generaldirektor.

Standortbestimmung – Neue Messen

Die Berufung Walthards an die Mustermesse setzte sofort vieles in Bewegung. Schon am

10. November 1971 beschliesst der Verwaltungsrat der Mustermesse auf seinen Antrag die Bildung einer Kommission zur Ausarbeitung einer Gesamtkonzeption über die künftige Entwicklung des Messebetriebes in Basel. Kurze Zeit später erteilt die Generalversammlung ihre Zustimmung zur Änderung der Genossenschaftsstatuten, die eine flexible und differenzierte Internationalisierung der Muba (Frühjahrsmesse) ermöglicht. Damit kann 1973 erstmals die aus dem Uhrensektor der Frühjahrsmesse hervorgegangene Europäische Uhren- und Schmuckmesse, zwar zeitlich parallel zur Muba, jedoch als selbständige Fachmesse, stattfinden. Die EUSM, in neuerer Zeit schlicht als ‹Basel› bezeichnet, sollte sich bald einmal zur weltweit bedeutendsten Veranstaltung ihrer Branchen entwickeln. Weitere wichtige Fachmessen, die erstmals in der Ära Walthard zur Durchführung gelangten, sind u.a.: die Baufachmesse Swissbau (ab 1974); Natura, Ausstellung für gesunde Lebensweise mit Kongress (ab 1979); Swissdata, Fachmesse für Datenverarbeitung in Industrien, Technik und Forschung (ab 1981); Swisstech, Fachmesse der Zulieferindustrie und des technischen Industriebedarfs (ab 1982) oder die Fabritec, Internationale Fachmesse für Fabrikationseinrichtungen in der Elektronik (ab 1984). Als grosser Erfolg darf auch die Durchführung der renommierten Büfa, der ‹Schweizer Messe des Büros›, einer der ältesten Fachmessen der Schweiz, in den Muba-Hallen (ab 1983) bezeichnet werden.

Diversifizierung mit drei Stossrichtungen: Sonderschauen – Kongresse – Tätigkeit in Übersee

Im Bereich Diversifizierung lassen sich vor allem drei Schwerpunkte in der Ära Walthard erkennen:
Erstens die Schaffung von zahlreichen Sonderschauen im Rahmen fast aller Publikums- und Fachmessen, vor allem der Frühjahrsmesse. Sie war in hohem Masse Ausdruck der ganzheitlichen Philosophie Frédéric Walthards, die darauf zielte, «die Dinge in ihren kleineren und grösseren Zusammenhängen zu präsentieren», wie er sein Credo zu formulieren pflegte. In der Tat haben unter seiner Leitung gegen 1000 Sonderschauen zu verschiedensten Themen stattgefunden, wobei sich das Schwergewicht auf Gebiete wie ‹Wirtschaft im Gesamtzusammenhang›, ‹Freizeitgestaltung, Sport, Hobby›, ‹Kulturelles›, ‹Gesundheit, Ernährung›, ‹Erziehung, Ausbildung, Wissenschaft, Forschung›, ‹Arbeit, Berufsinformationen›, ‹Umwelt›, ‹Verkehr, Energie, Energiesparen› usw. konzentrierte. Diese Sonderschauen haben nicht zuletzt bewirkt, dass auch Fachmessen beim Publikum mehr Interesse fanden.

Zweitens war Frédéric Walthard überzeugt, dass infolge der technologischen Weiterentwicklungen die an Messen angebotenen Güter, Dienstleistungen und Problemlösungen immer komplexer werden und daher nicht nur gezeigt, sondern auch erklärt werden müssen. Aus dieser Überzeugung heraus legte er grosse Bedeutung auf Begleitveranstaltungen zu Messen in Form von Fachtagungen, Workshops, Symposien und Kongressen und sorgte für einen Ausbau der entsprechenden Infrastruktur, der mit der Eröffnung des Europäischen Welthandels- und Kongresszentrums im Jahre 1984 seinen Höhepunkt erreichte. Aber auch für selbständige, arbeitsintensive Kongresse und Konferenzen (mit oder ohne Begleitausstellungen) erschloss Frédéric Walthard das Mustermesse-Areal, weil er die Stadt und Region Basel dank ihrer zentralen europäischen Lage und ihrer guten Verkehrsverbindungen dafür als geeignet erachtete.

Drittens brachte die Ära Walthard die Anfänge einer Tätigkeitserweiterung der Mustermesse auf Gebiete in Übersee. Durch organisatorische und technische Mitwirkungen bei Industrie- und Technologieausstellungen (Swiss Expo 76 in Kairo, Swisskor 80 in Seoul), die Organisation von Fachmessen (z.B. Lehrmittelmessen in Kairo, Singapur, Bogotá und Beijing; Europäische Uhren- und Schmuckmesse in Singapur) und den Aufbau und die Betreuung von Schweizer Pavillons an Weltausstellungen (Vancouver 1986, Brisbane 1988) konnte sich die Schweizer Mustermesse sowohl ein bedeutendes Knowhow als auch ein internationales Renommé erwerben und damit die Grundlage schaffen für weitere erfolgversprechende Überseearbeit.

Auch das Äussere der Mustermesse hat sich bedeutend verändert

Als Frédéric Walthard die Leitung der Schweizer Mustermesse übernahm, existierten zwar neben der Frühjahrsmesse bereits eine Anzahl wichtiger Fachmessen. Die bestehenden Hallen und Gebäude waren jedoch noch weitgehend

Der Bau des Europäischen Welthandels- und Kongresszentrums (ewtcc) war eines der Hauptanliegen von alt Generaldirektor Dr. Frédéric Walthard. Unser Bild zeigt das grosszügig gestaltete Foyer. ▽

von ihrem ursprünglichen Zweck geprägt, einmal im Jahr die grosse Frühjahrsmesse (und allenfalls noch die kleine Herbstwarenmesse) zu beherbergen. Aus diesem Grunde enthielt der Bericht der bereits erwähnten Kommission Gesamtkonzeption – der 1974 den Behörden der Stadt und der Öffentlichkeit vorgestellt wurde – neben einem Bekenntnis zur Eignung Basels als Messeplatz sowie einer Befürwortung des Standortes in der City bereits ein grundsätzliches Programm zum Ausbau der internen Infrastruktur. Dieses Programm sah neben einer Modernisierung und besseren Erschliessung der Hallen sowie der Erstellung eines Parkhauses die Errichtung eines *Kongresszentrums mit Hotel* in organischer Verbindung mit dem übrigen Messeareal vor. Insbesondere die Realisierung dieses Projektes beschäftigte die Verwaltungsorgane der Genossenschaft Schweizer Mustermesse, die verschiedenen Dienststellen der öffentlichen Verwaltung, den Grossen Rat und den Regierungsrat unseres Stadtkantons über manche Jahre so intensiv, dass wahrscheinlich viele Basler Zeitgenossen die einzelnen Etappen als eigentliche Merkmale der Ära Walthard in Erinnerung behalten werden. Auch Frédéric Walthard selbst betrachtete die Errichtung des neuen Kongressgebäudes als eines seiner zentralen Anliegen, und ich habe ihn dabei als Messepräsident stets unterstützt. Wie immer man heute den umfangreichen Bau des Europäischen Welthandels- und Kongresszentrums mit dem Hotel Le Plaza am Riehenring im einzelnen beurteilen mag: Tatsache ist doch, dass die Tagungs- und Kongresstätigkeit in Basel belebt worden ist. Daraus zieht nicht in erster Linie die Mustermesse Nutzen (denn der Kongressbetrieb ist oft defizitär), sondern hauptsächlich die Wirtschaft und das Gewerbe der Stadt und Region Basel. Dass auch andere Bauvorhaben dabei nicht zu kurz kamen, war bei der Dynamik eines Frédéric Walthard selbstverständlich.

△
Dr. Frédéric Walthard, Generaldirektor der Schweizer Mustermesse von 1971 bis 1988.

Dienstleistungen gross geschrieben

Frédéric Walthard betrachtete ‹seine› Mustermesse immer als ein Unternehmen im Dienste der Wirtschaft unseres Landes, aber auch unseres Stadtkantons und der Dreiländerregion. Im Dienste von etwas wirken zu dürfen war für ihn jedoch gleichbedeutend mit der Erbringung von Dienstleistungen höchster Qualität. Vor allem dieses hohe Niveau der Dienstleistungen, sei es nun im technischen oder sei es im organisatorischen bzw. administrativen Bereich, ist es, welches das Unternehmen und damit den Messeplatz und Kongressort Basel bei Ausstellern, Besuchern und Kongressteilnehmern weit über die Landesgrenzen hinaus bekannt gemacht hat. Über die Dankesbriefe, die regelmässig bei der Messeleitung eintreffen, hat sich der neue Generaldirektor, Philippe Lévy, bereits gewundert.

Eine starke Persönlichkeit

Es versteht sich, dass eine so starke, eigenwillige und vielseitige Persönlichkeit wie Frédéric Walthard – «ein Generalist, der in die Tiefe geht», wie er sich selbst bezeichnet hat – nicht immer gleich Zustimmung für seine Ideen und Einsichten fand, sondern sich auch harten Auseinandersetzungen stellen musste. Er war aber stets bereit, für das, was er als richtig und zukunftsweisend erkannt hatte, zu kämpfen, und er hat auch in den meisten Fällen recht behalten.

In dieser Würdigung konnten nur einige Merkmale seines Wirkens hervorgehoben werden. Nicht erwähnt worden sind bisher seine vielfältigen Anstrengungen im Bereich der Exportförderung, die ihn auch in Wirtschaftsverbänden, wie etwa der Schweizerischen Zentrale für Handelsförderung oder der Basler Handelskammer, aktiv werden liessen, sowie sein Einsatz zur Förderung neuer Kommunikationsmittel und Medien. Schliesslich verdient auch seine Bereitschaft, sich für Organisationen einzusetzen, die im humanitären Bereich tätig sind, zumindest einen Hinweis. Frédéric Walthard ist beispielsweise seit 1984 Zentralpräsident der Schweizerischen Lebensrettungs-Gesellschaft (SLRG).

Seine Kreativität, sein Wille, «das Materielle geistig zu durchdringen», Eigenschaften, die auch in seiner Freizeitbeschäftigung, dem Malen, stets neue Ausdrucksformen finden, lassen ahnen, dass Frédéric Walthard auch inskünftig sein Wissen und seine Erfahrung Projekten zukommen lassen wird, die ihn besonders ansprechen.

Jedenfalls verdient Frédéric Walthard an dieser Stelle den Dank und die Anerkennung aller, denen unsere Stadt Basel und ihre Wirtschaft etwas bedeuten. Unsere besten Wünsche begleiten ihn auf seine ‹Vita tertia›.

Rudolf Suter

Der Denkmalpfleger Fritz Lauber
(1917–1988)

Mit der 1932 vorgenommenen Schleifung des herrlichen Württembergerhofs, der dem Neubau des Kunstmuseums weichen musste, geriet in Basel eine gewaltige Abbruchwelle in Bewegung, der die kostbarste historische Bausubstanz zum Opfer fiel und die erst in unseren Tagen wieder abzuebben begann. Im gleichen Jahr 1932 ging aus der privaten Freiwilligen Basler Denkmalpflege die Öffentliche Basler Denkmalpflege hervor, und zu ihrem ersten Leiter wurde der bis heute unvergessene Dr. Rudolf Riggenbach (1882–1961) berufen, der das Amt bis 1954 bekleiden sollte. – Ihm, nebst andern, gebührt das Verdienst, den Mitbürgern die Augen für den Wert ihres baulichen Erbes geöffnet zu haben, dadurch, dass er erstens unerschrocken für die Erhaltung gefährdeter Objekte eintrat, zweitens in Wort und Schrift unnachahmlich die Schönheiten des überkommenen Baugutes zu vergegenwärtigen wusste und drittens als fast legendäre Figur das Wesen der Denkmalpflege gleichsam personifizierte. – Auf ihn folgte für sieben Jahre der wissenschaftlich ebenso bewanderte und feinsinnige, doch zurückhaltendere Dr. Fridtjof Zschokke. Diese beiden kunsthistorisch ausgebildeten Denkmalpfleger haben in Basel den geistigen Nährboden geschaffen, auf dem das Verständnis immer weiterer Kreise für das historisch gewachsene Stadtbild und damit auch für dessen Bewahrung wachsen konnte.

Indessen fehlten ihnen jene technisch-handwerklichen Kenntnisse, die sich für die Beratung von Bauherren, Architekten und Handwerkern bei der Restauration von Baudenkmälern als immer notwendiger erwiesen. Dieser Mangel war jedoch dadurch behoben, dass ihnen ein versierter Baufachmann zur Seite stand, der sein Wissen und Können mit der Liebe zur Baugeschichte verband: Fritz Lauber.

Werdegang

Fritz Franz Stephan Lauber wurde am 12. Juni 1917 in Basel als jüngstes Kind des Magaziners Jakob Lauber und der Emma Basler geboren. Er besuchte zunächst das Mathematisch-Naturwissenschaftliche Gymnasium, musste aber infolge der Wirtschaftskrise, die die Familie in materielle Not brachte, 1932 diese Schule verlassen, um die Ausbildungszeit zu verkürzen. Er besuchte nun an der Allgemeinen Gewerbeschule Kurse für Gestaltung und Kunstgeschichte, mit dem Fernziel, Architekt zu werden, absolvierte danach innerhalb von nur zweieinhalb Jahren mit Erfolg eine Bauzeichnerlehre und übernahm in der Folge verschiedene Aufgaben als Bauführer. Daneben bildete er sich mit der ihm eigenen Energie autodidaktisch weiter, durch Fachlektüre und Vorlesungsbesuch in Basel und an der ETH Zürich. Dabei wurde er vom Kunstwissenschaftler Dr. Georg Schmidt und vom Architekten Hans Bernoulli unterstützt.

1939 trat er in den Dienst des Hochbauamtes und wirkte als Bauleiter und Architekt. Hier zeichnete sich bereits sein künftiges Wirkungsfeld ab, indem er u.a. bei der Sanierung von Altstadthäusern eingesetzt wurde. Insbesondere arbeitete er mit beim Ausbau des Kirschgarten-

Museums (von da datiert seine Freundschaft mit dem Architekten Rudolf Christ), bei der Restaurierung des Regierungsratssaals und der ‹Sandgrube›, die zum Domizil des Kantonalen Lehrerseminars hergerichtet wurde.

Schon 1940 war er zum Berater des Denkmalpflegers berufen worden. In dieser Funktion prüfte er die der Denkmalpflege vorgelegten Bau- und Umbaubegehren, untersuchte die Substanz alter Bauwerke, sammelte auch unermüdlich wiederverwendbare Einzelteile am Sitz der Denkmalpflege im Kleinen Klingental. 1954 wurde er zum Stellvertreter des neuen Denkmalpflegers Fridtjof Zschokke ernannt, behielt aber seine beratende Funktion im Hochbauamt bei und erteilte überdies noch Kurse in Stilkunde an der Allgemeinen Gewerbeschule.

1961 wurde er als Nachfolger des zurücktretenden Zschokke zum Denkmalpfleger und Leiter des Stadt- und Münstermuseums gewählt und wirkte in diesen Ämtern bis 1977.

Leistungen

Ungezählt sind die Objekte, denen im Verlauf seiner Amtszeit Laubers Sorgfalt und Können zugute kamen. Es gehören zu ihnen wichtige Sakralbauten, wie Leonhards-, Peters-, Clara-, Barfüsser-, Theodors- und Chrischonakirche, partiell auch das Münster, zudem bedeutende Profangebäude, wie Rathaus, Stadthaus, Schützenhaus, Adelshöfe auf dem Westplateau, Blaues und Weisses Haus, Gelten- und Schlüsselzunft, in Riehen die Wettsteinhäuser, der Meier- und der Wenkenhof, sodann ganze Ensembles, wie Spalenvorstadt, Nadelberg und St. Alban-Tal, schliesslich sehr viele Bürger- und Handwerkerhäuser aller Epochen bis in unser Jahrhundert hinein.

Lauber hat daneben die Inventarisierung der schützenswerten Objekte energisch vorangetrieben und die Schutzliste von anfänglich bloss 220 auf über das Doppelte erweitert, oft in zähem Ringen mit Besitzern und Behörden. Auch erkannte er als einer der ersten die hohe Bedeutung des Ensembleschutzes, empfand das Ungenügen der einst zu Recht als fortschrittlich geltenden violetten Altstadtzone, befürwortete vehement die Einführung von ausgedehnten Schutz- und Schonzonen und war ein Hauptpromotor des neuen Denkmalschutzgesetzes. – Kaum ans Licht der Öffentlichkeit gelangten die wohl Tausende von Einzelberatungen bei Umbauten, Farbgebungen usw. sowie die Tausende von schriftlichen Stellungnahmen und Gutachten.

Viel Arbeitsaufwand erforderten ausserdem die Rettung wertvoller historischer Baubestandteile bei unvermeidlichen Abbrüchen und deren sachgemässe Konservierung und/oder Lagerung – Öfen, Geländer, Wand- und Deckenmalereien vor allem. Es sei hier beispielsweise daran erinnert, dass unter seiner Ägide die grossartigen Malereien im Goldenen Sternen abgenommen und in das ins St. Alban-Tal verpflanzte Gebäude wieder eingesetzt wurden. Für derartige subtile Aktionen hatte er sich im Lauf der Jahre eine ausgezeichnete Equipe von Fachleuten herangebildet.

Dies alles geschah mit einem Minimum an Personal und trotz einem sehr knappen Budget. Zum Beispiel war es während Laubers ganzer Amtszeit nicht möglich, die Anstellung eines Photographen zu erwirken!

Verglichen mit seinen Amtsvorgängern, hatte er viel häufiger ‹Feuerwehrdienst› zu leisten. Denn Bau-, Umbau- und Abbruchbegehren nahmen in den 1960er und 1970er Jahren lawinenartig zu. Und erst noch musste in den meisten Fällen unter Zeit- und Finanzdruck sehr rasch entschieden und gehandelt werden. Es konnte vorkommen, dass Lauber ihm vorgelegte, aber nicht seinen denkmalbewahrenden Vorstellungen entsprechende Pläne in einer einzigen Nacht neu zeichnete und anderntags den Archi-

tekten und den Bauherrn mit einer auch für sie akzeptablen Lösung konfrontierte . . .

Auswärtige Tätigkeit

Fritz Laubers Kompetenz und Speditivität wurden schon immer auch ausserhalb des Kantons Basel-Stadt in Anspruch genommen. So hat er schon früh verantwortlich an der Domfassadenrenovation in Arlesheim und an der Sanierung des ganzen Löwenburg-Komplexes im damaligen Berner Jura mitgewirkt; er wurde zugezogen bei Kirchenrestaurationen u.a. in Zurzach, Aarau, Baden, Rheinfelden, Muttenz, Therwil, Kaiseraugst und Mettau; massgeblich beteiligt war er ferner bei der Instandsetzung des bischöflichen Palais, des alten Rathauses und des Zeitglockenturms in Solothurn, desgleichen bei der Restaurierung der Konventgebäude von Beinwil, Olsberg und Mariastein. Mit den Benediktinern von Mariastein war er übrigens besonders eng verbunden; hatte er sich doch erfolgreich für die Rückgabe und Wiederherstellung ihres Klosters eingesetzt. Zum Dank wurde er, der Protestant, 1981 zu ihrem Ehren-Konfrater ernannt und weilte im Alter gern und oft als Gast in ihrem Kloster.

Die Eidgenossenschaft nahm seine Dienste ebenfalls in Anspruch. 1957 wurde er Mitglied und 1964 Vizepräsident der Eidgenössischen Kommission für Denkmalpflege, 1967 Mitglied der Eidgenössischen Natur- und Heimatschutzkommission, 1968 Mitglied des Schweizerischen Komitees für Kulturgüterschutz und der Nationalen Unesco-Kommission. Ferner arbeitete er jahrelang im Vorstand der Gesellschaft für Schweizerische Kunstgeschichte mit, war wissenschaftlicher Beirat des Freilichtmuseums am Ballenberg, häufig Mitglied von Preisgerichten und, vor allem nach seinem Rücktritt als Denkmalpfleger, Experte der Eidgenössischen Kommission für Denkmalpflege speziell für die ganze Nordwestschweiz. In dieser Funktion hat er auch für Basel immer wieder Bundessubventionen erwirkt.

Im benachbarten Ausland genoss Lauber ebenfalls hohes Ansehen. Er hat u.a. in Breisach und in Freiburg i.Br. beim Wiederaufbau der zerstörten Altstadtpartien und Sakralbauten nach dem Zweiten Weltkrieg in vorderster Front mitgeholfen.

Persönlichkeit

Es wird letztlich immer ein Geheimnis bleiben, woher Fritz Lauber die Kraft nahm, ein solch immenses Lebenspensum zu bewältigen. Zu einem Teil schöpfte er sie sicherlich aus seinem Glauben, der zwar immer wieder auf harte Proben gestellt wurde, sich aber auch in bösen Zeiten bewährt hat; denn Leid in der Familie und eigene Krankheit samt der ständigen Sorge um sein bedrohtes Augenlicht blieben ihm ebensowenig erspart wie Anfeindungen und Verunglimpfungen. Zum andern Teil floss ihm Kraft zu aus dem ‹Eifer um das Haus›, das heisst aus der Liebe zu seiner Aufgabe als Hüter, Pfleger und Retter des uns anvertrauten städtebaulichen Erbes. – Solchen Eifer vermochte er in manchmal fast suggestiver Weise auch auf andere zu übertragen, und zwar mit eindringlicher Beredsamkeit, die von einigen Leuten vielleicht als zu- oder aufdringlich empfunden wurde, zumal wenn sie bisweilen in barock-kalauernde Ausdrucksweise ausuferte. – Selbst in hoffnungslos erscheinenden Situationen warf er nie die Flinte ins Korn und steckte seine Mitstreiter mit seiner Zuversichtlichkeit an – was mir besonders vom verlorenen ‹Spitalkampf› (1964) oder vom erfolgreichen Ringen um die Rettung des Thomas Platter-Hauses (1964–1974) in plastischer Erinnerung ist.

Obschon er pausenlos und mit grösster Intensität arbeitete, wusste er dennoch auch die Annehmlichkeiten des Daseins zu geniessen und auszukosten; Freundschaft, Geselligkeit, heiteres Gespräch, froher Umtrunk, frauliche Anmut und herbe Männerscherze bedeuteten ihm viel.

Und doch, allzulange hatte er die Kerze an beiden Enden brennen lassen; körperlich geschwächt, war er der letzten, schwersten Krankheit, die ihn 1987 heimsuchte, nicht mehr gewachsen. Er starb am 19. Februar 1988, nachdem er noch Mitte 1987 seinen 70. Geburtstag im vertrauten Kreis der Benediktiner von Mariastein hatte feiern können.

Kurt Wyss

Abschied vom alten ‹Bäumli›

1   Das alte ‹Bäumli›, gespiegelt im Schaufenster der gegenüberliegenden Galerie.   ▽

2–4 Säulen und Bogenfenster –
eine imponierende Fassade, ▷
die in der Spiegelung
zur surrealistischen Kulisse wird. ▷▷
▽

5 Eingang. △

6 Durchgang. △

7 Aufgang. △

Um das Basler Gerichtsgebäude an der Bäumleingasse, das ‹Bäumli›, renovieren zu können, wurde die Liegenschaft im Herbst 1988 geräumt. Das Strafgericht zog ins umgebaute Spalenschulhaus, das Zivil- und das Appellationsgericht sind während der etwa dreijährigen Umbauzeit provisorisch im ehemaligen Verwaltungsgebäude des Gaswerks an der Binningerstrasse untergebracht.

Ausnahmsweise durfte im ‹Bäumli›, wo ein Jahrhundert lang die Gerichtsbarkeit zu Hause war, photographiert werden. So entstanden diese Bilder, die nun bereits der Vergangenheit angehören.

221

8 Fast ein Museumsstück . . . △

9 ‹Kirchenfenster› △
im dunklen Treppenhaus.

10 Das Wartezimmer der Angeklagten. △

11 Schlag nach bei Kafka . . . ▷

12 Fingerzeig für ‹arme Sünder›. △

13 Wegweiser für ‹reiche Erben›? △

14 Der ‹Kleine Saal› des Strafgerichts. △

Kerze statt Schlüssel

Mit einem offiziellen Festakt wurde am 30. April 1988 in der Mustermesse der Abschluss des fünf Jahre dauernden Umbaus des St. Claraspitals gefeiert. Provinzialoberin Schwester Stephanie Lüchinger als Vertreterin der Gemeinschaft der Ingenbohler Schwestern, die das Spital ursprünglich gebaut und geführt haben und es auch heute noch mittragen, brachte zu dieser Feier jedoch nicht den üblichen Schlüssel mit, sondern übergab der Leiterin des Pflegedienstes, Schwester Kasimira Regli, ein Kerzenlicht als Zeichen für weiteres segensreiches Wirken.   *Barbara und Kurt Wyss*

△ Darbietung der Basler Liedertafel vor der Fahne der Ingenbohl-Schwestern.

Ingenbohl-Provinzialoberin, Schwester Stephanie Lüchinger, übergibt der Leiterin des Pflegedienstes im Basler St. Claraspital, Schwester Kasimira Regli, eine brennende Kerze. ▽

Eduard Frei

Die geheimnisvolle Faszination des süssen Handwerks

100 Jahre Confiseure – Stadt und Region Basel

Die 100-Jahr-Feier des Konditor-Confiseurmeister-Vereins Basel und Umgebung vom 6./7. Juni 1988 bot willkommenen Anlass, den geschichtlichen Werdegang des Konditor-Confiseur-Berufes und die Etablierung dieses Berufsstandes in Stadt und Region Basel in einer reich illustrierten Festschrift aufzuzeigen.* Aus bescheidenen Anfängen eines lockeren Zusammenschlusses im Jahre 1888 hat sich der Verein zur heute festgefügten Berufsorganisation entwickelt, die im Wirtschaftsleben unserer Region einen angesehenen Platz einnimmt.

Die Faszination des süssen Handwerks

Das ‹süsse Handwerk› des Konditor-Confiseurs hat zu allen Zeiten eine geheimnisvolle Faszination ausgeübt, die nicht allein mit rein handwerklichem Schaffen erklärt werden kann, sondern mit dem Hang des Menschen zu Süssigkeiten – ein Verlangen, das so alt ist wie die Menschheit selbst.

Das fortschrittliche Venedig als Drehscheibe des Handels zwischen Orient und Okzident liess es sich besonders angelegen sein, die süsse Handwerkskunst, die um das Jahr 1000 n. Chr. in Ägypten in voller Blüte stand, ins Abendland zu tragen. Jedenfalls sind um das Jahr 1150 in der berühmten Lagunenstadt die ersten europäischen Zuckerbäcker nachzuweisen. Von Venedig kam dann die hohe Kunst, Lebkuchen, Waffeln, Konfekt, kandierte Früchte, Marmela-

Aus Christoph Weigels ‹Abbildungen der Gemein-Nützlichen-Hauptstände›, Regensburg 1698. Kupferstich von Caspar Luyken; Text von Abraham a Santa Clara. ▽

Der Zuckerbäcker.

In Christi theuren Wunden ligt, die Süßigkeit die mich vergnügt.

Mein Gott! du hast dem sauren Leben
die höchste Süßigkeit gegeben,
Zu Dir das mir nichts bitter schmeckt.
Das Kreutz, wofür dem Fleisch sonst grauet,
hast Du wann es der Geist anschauet,
mit Zucker deines Trosts bedeckt.

* Jubiläumsschrift ‹100 Jahre Confiserie – Stadt und Region Basel/Ein Beitrag zur Basler Wirtschaftsgeschichte›, herausgegeben vom Konditor-Confiseurmeister-Verein und erhältlich beim Sekretariat, Elisabethenstrasse 23, Basel.

225

den und Pastetchen zuzubereiten, nach Mitteleuropa.

Dem 1973 erschienenen Werk von Eugen A. Meier ‹Das süsse Basel› ist zu entnehmen, dass trotz der bekannt asketischen Lebensführung im alten Basel die Bürgerschaft und Geistlichkeit der Esslust und der Trinkfreudigkeit nicht entsagten. Bis ins ausgehende Mittelalter fanden allerdings Süssigkeiten bei der Menügestaltung wenig Beachtung. Noch die Kochbücher der Safranzunft – in der die Lebküchner und Zuckerbäcker zünftig waren – weisen im 15. und 16. Jahrhundert nur ganz vereinzelt Waffeln, Konfekt und Lebkuchen auf; von Leckerli noch gar keine Spur. Erst die Kochkunst des 17. und 18. Jahrhunderts brachte mit der Verbilligung des Zuckers eine grössere Auswahl an Süssspeisen, so dass sich in Basel auch Zuckerbäcker mit hinreichendem Auskommen etablieren konnten.

Der Conditoren-Verein Basel von 1888

Die Hauptursache des Zusammenschlusses zu einem Verband war die durch die französische Revolution lancierte Handels- und Gewerbefreiheit. Diese wurde oft von ungeeigneten Leuten als Freipass für eine selbständige Betätigung in Handwerk und Gewerbe benutzt, was da und dort zu einer Verwilderung des Konkurrenzkampfes und zu einer Schädigung des Ansehens eines ganzen Berufsstandes führte. Hinzu kamen Abgrenzungsschwierigkeiten zwischen verwandten Berufen, wie jenen des Bäckers, des Konditors und des Confiseurs, die zu Spannungen um Verbandsgründungen führten.

Am 4. Juni 1888 kam es zur Gründung des Conditoren-Vereins Basel. Die reinen Konditoren gehörten ursprünglich dem 1885 gegründeten Bäcker- und Konditoren-Verein Basel an. Im grossen Verbund der Bäcker und Konditoren spielten die Nur-Konditoren und -Confiseure

△
Seiner Zeit weit voraus: Anton Stempfle (1856–1917), Gründer und erster Präsident des Conditoren-Vereins Basel und des Schweizerischen Conditoren-Verbandes; erster Verwalter der Einkaufsgenossenschaft Conditoren. Aus dem ‹Goldenen Buch› des Schweizerischen Conditoren-Verbandes; Anton Stempfle wurde als erstem die Ehre des Eintrags ins ‹Livre d'or› zuteil.

eine inferiore Rolle, die sie à la longue nicht bereit waren zu akzeptieren.

Im Jubiläumsjahr 1988 gedachte der Konditor-Confiseurmeister-Verein Basel und Umgebung jenes Mannes, der sich um die Verbandsgründung und den Berufsstand besonders verdient gemacht hat: Anton Stempfle (1856–1917), Konditormeister an der Streitgasse 7, der kraft seines grossen Einflusses und seines Weitblicks die verbandliche Trennung vollzog. Der Trennungsstreit wurde keineswegs zimperlich geführt. Die Nur-Konditoren kämpften unter dem Motto:

‹Dem Schwachen ist sein Stachel auch gegeben› (Schiller); sie verstiegen sich zur feierlichen Erklärung: «Der erste und gefährlichste Gegner der Conditoren ist die Bäckerei.» Sie verlangten die Namensänderung in ‹Bäckerverein›, da die Berufe ‹Bäcker› und ‹Konditoren› streng voneinander zu trennen seien. Die Bäcker ihrerseits brandmarkten Anton Stempfle als ‹Fahnenflüchtigen› und erklärten, dass die anachronistische Überheblichkeit geradezu lächerlich wirke, mit der die Konditoren nach Lehrlingen aus besseren Volksklassen trachteten, die schon vermöge ihrer Erziehung sich weniger dem etwas raueren Bäckerhandwerk anschliessen würden.

Diese wenigen Seitenhiebe zeigen, dass vor 100 Jahren ein regelrechter ‹Rangstreit› zwischen

Das frühere Gebäude der Safranzunft an der Gerbergasse um 1898; das Zunftlokal auch der sogenannten Lebküchner und Zuckerbäcker. ▽

Bäckern und Konditoren entbrannt war, wie man ihn schon in früheren Jahrhunderten kannte. Die langjährigen Polemiken fruchteten allerdings nichts, und es kam der Tag, an dem Anton Stempfle sich arrangierte. Er setzte sich mit den Vertretern des Bäcker- und Konditorenvereins an den grünen Tisch und fasste mit ihnen gemeinsame Beschlüsse. Stempfles Devise lautete fortan: ‹Getrennt marschieren, gemeinsam schlagen›. Denn die Einsicht setzte sich bei den Konditoren durch, dass viele Berührungspunkte zwischen den beiden Berufsorganisationen bestünden und dass man in zahlreichen gewerblichen Fragen sich auf einem und demselben Boden befinde; und zudem beziehe jeder Konditor Brot beim Bäckermeister, so dass man eigentlich nicht so weit auseinander sei, wie es scheine.

Das Verhältnis zum Zentralverband und zur EG-Konditoren

Anton Stempfle, der seiner Zeit weit voraus war, präsidierte von 1888 bis 1892 den Conditoren-Verein Basel. Im Herbst 1889 gründete er zusammen mit einigen Mitstreitern den Schweizerischen Conditoren-Verband mit Vorort Basel und war dessen Zentralpräsident von 1889 bis 1906. Die von Stempfle schon in der Basler Sektion skizzierte Verbandspolitik machte sich auch der Zentralverband zu eigen, was schon vor 100 Jahren zu einem engen Verhältnis zwischen Mutter- und Tochterorganisation geführt hat. Die gute Zusammenarbeit besteht bis auf den heutigen Tag und manifestiert sich darin, dass zu Ehren der jubilierenden Basler Sektion der Zentralverband seine Jahresversammlung 1988 in Basel abhielt.

Um die Jahrhundertwende wurde recht eifrig die Verkaufspolitik der Bonbon-, Schokolade- und Bisquitfabrikanten besprochen. Da die Gefahr bestand, dass die Süsswarenartikel mehr und mehr industrialisiert würden, suchten die

Konditoren gemeinsam ihre wirtschaftlichen Positionen zu verteidigen. Wiederum war es Anton Stempfle, der die Idee des gemeinsamen Wareneinkaufs propagierte und im Jahre 1905 zusammen mit Gleichgesinnten die ‹Einkaufs-zentrale des Schweizerischen Konditoren-Ver-bandes› auf Genossenschaftsbasis ins Leben rief; er installierte sich gleich selbst als ersten Verwalter dieser Selbsthilfe-Institution (kurz EG-Konditoren genannt) und behielt dieses Amt bis zu seinem Tod im Jahre 1917.

Die EG-Konditoren ist im Laufe von mehr als acht Jahrzehnten in harmonischer Entwicklung zum modernen Unternehmen geworden mit einem Umsatz von gegen 80 Mio. Franken, was einen ansehnlichen Jahresumsatz pro Mitglied von durchschnittlich 130 000 Franken ergibt. Der Konditor-Confiseurmeister-Verein Basel und Umgebung ist stolz, dass Basel bis heute Sitz der Einkaufsgenossenschaft ist und sämtli-che Präsidenten stellen durfte.

Der Konditor-Confiseur – ein kreativer Beruf

Die vielen Klagen über die Mängel in der beruf-lichen Ausbildung der Konditoren, die im aus-gehenden 19. Jahrhundert laut wurden, waren mit ein Grund, dass im Jahre 1888 der Condito-ren-Verein Basel entstand. Anton Stempfle er-achtete als eines der wirksamsten Mittel zur Ver-besserung der Ausbildung die Ansetzung von Lehrlingskursen mit anschliessender Prüfung. Denn damals gab es weder in Basel noch in der Eidgenossenschaft ein einheitliches Ausbil-dungs- und Prüfungssystem auf gesetzlicher Grundlage.

Um das Ausbildungsmanko zu beheben, eröff-nete der Conditoren-Verein Basel im Jahre 1889 eine Konditorenfachschule. Mit 34 Lehrlingen verzeichnete sie einen guten Start. Laut Prü-fungsbericht sollen vor 100 Jahren die Prü-fungsresultate «zufriedenstellend ausgefallen» sein, «wobei nicht bloss Geschicklichkeit und

Fleiss, sondern auch das Betragen der Prüflinge mit in Betracht fiel». Im Jahre 1906 wurde von gesetzeswegen die Lehre im Betrieb und der Be-such der Gewerbeschule obligatorisch erklärt, ebenso die Lehrabschlussprüfungen. Wer die Prüfung mit Erfolg abschloss, erhielt einen vom Kanton Basel-Stadt ausgestellten Lehrbrief. Seit 1930 wird den Konditor-Confiseurlehrlin-gen anstelle des kantonalen Ausweises das eid-genössische Fähigkeitszeugnis ausgehändigt.

Der Beruf des Konditor-Confiseurs war, wie so mancher andere auch, ursprünglich den Män-nern vorbehalten. Mehr und mehr haben dann auch Mädchen angefangen, diesen Beruf zu er-greifen. Die Basler Lehrabschlussprüfungen der letzten zehn Jahre zeigen, dass Konditor-Confi-seur ein Beruf ist, der sich für Frauen besonders gut eignet. Feiner Geschmacksinn und künstle-risches Gespür für schöne Formen sind beim weiblichen Geschlecht speziell ausgeprägt.

Die Konditorei-Confiserie unseres Landes ist weltberühmt, weshalb den gelernten Berufsleu-ten dieser kreativen Branche im wahrsten Sinn des Wortes die Welt offen steht. In grossen Kon-ditoreien und Confiserien und in Luxushotels warten Stellen auf den gelernten Konditor-Con-fiseur, wo er sich beruflich weiterbilden und gleichzeitig die weite Welt kennenlernen kann. Das Meisterdiplom ist ein wertvoller Ausweis für den beruflichen und sozialen Aufstieg. Wer Risiken nicht scheut und Freude an Verantwor-tung und selbständigem Handeln hat, dem er-öffnen sich heute so gut wie vor 100 Jahren Möglichkeiten zur Führung eines eigenen Ge-schäfts.

Am Jubiläumsanlass 1988 erklärte der derzeiti-ge Präsident, Eugen R. Tröndle: «Die 100-Jahr-Feier ist nicht nur ein Jubelfest, sondern ein Marschhalt in der Vereinsgeschichte, während dem ernsthaft nachzudenken ist, was in der Be-rufssparte Konditorei-Confiserie war und was in der Zukunft sein wird.»

Peter Beuret

Der Schweizerische Coiffeurmeister-Verband ist 100 Jahre alt

Zur Gründungszeit des Verbandes im Jahre 1888 kämpften die Berufsleute um ihre Existenz. Die Gewerbefreiheit, Folge der Französischen Revolution, zeigte schlimmste Auswüchse: Da jedermann, ohne jede Berufskenntnisse, ein Coiffeurgeschäft betreiben konnte, waren Preisunterbietungen, mangelnde Hygiene und ein allgemeiner Zerfall der Arbeitsqualität die Folgen. In einem berufshistorischen Werk ist nachzulesen, dass den Berufsleuten sogar «der massgebende Ton für die für ihr Fach sehr notwendige Mode» abhanden gekommen sei. Der Zusammenschluss hatte zum Ziel, die Coiffeure aus der misslichen Lage herauszuführen. Der junge Verband versuchte, wieder Richtlinien für die Ausbildung, für existenzsichernde Preise, Hygiene und die Stellenvermittlung von Fachleuten festzulegen.

Während der problematischen Wirtschaftslage um die Jahrhundertwende, in der Zeit des Ersten Weltkrieges, der Arbeitslosigkeit und der Weltwirtschaftskrise, wollte der Verband vor allem mit protektionistischen Massnahmen eine Besserstellung der Fachleute erreichen. Diese alten Programme und Bestrebungen gipfelten im Jahre 1935 in einer umfassenden Eingabe an den Bundesrat zur Konkurrenzbekämpfung. Und erst in den fünfziger Jahren erfolgte dann die endgültige Absage an die Schutzpolitik: als das Volk das Obligatorium der Meisterprüfung als Voraussetzung für die Eröffnung eines Coiffeurgeschäftes mit grosser Mehrheit verwarf. Da brach eine neue Zeit des Verbandsgeschehens an. Man wird sich darüber klar, dass die

Entfaltung der Branche über bessere Dienstleistungen und marktorientiertes Handeln möglich ist. Von den Zeiten der Hochkonjunktur, des Tourismus und vor allem des allgemein gesteigerten Pflegebewusstseins profitiert auch die Coiffeurbranche. Sie entwickelt sich zu einem attraktiven Gewerbe, dessen Dienstleistungen allgemein anerkannt werden.

Der Verband heute

Der Schweizerische Coiffeurmeister-Verband (SCMV) ist heute mit rund 5000 Mitgliedern und 25 000 Beschäftigten einer der grössten Berufsverbände. Er bietet seinen Mitgliedern heute vor allem Hilfe zur Selbsthilfe. An die Stelle der anfänglich starken Verbandstätigkeit mit dem Schwerpunkt der Interessenvertretung ist inzwischen die Dienstleistungsfunktion getreten. Sie reicht von der verbandseigenen AHV-Ausgleichskasse über kostengünstige Sozialversicherungen bis hin zur Ausbildung des Nachwuchses und zur Weiterbildung der Berufsleute. Mit dem alle zwei Wochen erscheinenden Verbandsorgan, einem interessanten Kursangebot und Frisurendemonstrationen werden die Mitglieder des Verbandes über Modetrends und neue Arbeitstechniken auf dem laufenden gehalten. Aber auch nach aussen informiert der Verband über Aktuelles aus der Branche: mit dem Kundenjournal ‹Swisshair› und regelmässigen Pressemitteilungen. Beim Blättern in der Verbandsgeschichte stösst man auf einige Kuriositäten und Berichte über längst verschwundene Dienstleistungen, wie das Perückenmachen, Rasieren ‹im Hause›, Tages-Coiffuren, Schnurrbartbrennen oder Spitzbartschneiden. Da wird deutlich, wie sehr sich die Kundenbedürfnisse im Laufe der Geschichte verändert haben. Deutlich wird aber auch, dass neue Impulse, wie seinerzeit der ‹Bubikopf› oder die Kaltdauerwelle, die Branche belebt haben. Der Schweizerische Coiffeurmeister-Verband wertete diese Erfahrungen insbesondere im Jubiläumsjahr positiv aus: Ausbildungskurse zur Anwendung neuer Colorationstechniken wurden durchgeführt. Im Herbst, gegen Ende des Jahres, wurde ein Geschenkbon für unsere Kunden lanciert.

Als Symbol für ihr Jubiläumsjahr haben die Schweizer Coiffeure den ‹roten Kamm› gewählt, der für ihren Beruf kennzeichnend ist. In allen Jubiläumsaktivitäten tauchte dieser rote Kamm immer wieder auf.

Der Festakt

Im Beisein von Spitzenvertretern aus Politik und Wirtschaft, angeführt von Nationalratspräsident Rudolf Reichling (Zürich) und alt Bundesrat Leon Schlumpf als Vertreter der Landesregierung, feierten in einem Festakt im Berner Grossratssaal die Delegierten des Schweizerischen Coiffeurmeister-Verbandes zusammen mit einer illustren Gästeschaft das 100-Jahr-Jubiläum.

Die Aktivitäten der Basler Sektionen im Jubeljahr

Zum Anlass der 100-Jahr-Feier haben sich die beiden Sektionen Basel-Stadt und Basel-Land entschlossen, eine gemeinsame Aktion durchzuführen: Sie stellten der Bevölkerung der beiden Kantone im ganzen zweihundert (200) rote Coiffeurvelos gratis zum Gebrauch zur Verfügung.

Im April wurden die Fahrräder auf die beiden Halbkantone verteilt. Die Idee, der Bevölkerung ein umweltfreundliches Gratis-Transportmittel zur Verfügung zu stellen, wurde von allen Seiten sehr begrüsst.

Im Juni wurden dann die Velos auf den Marktplatz Basel zurückgerufen, leider erschienen nur noch 30 Fahrräder. Im November erfolgte ein zweiter Rückruf, die noch vorhandenen Zweiräder wurden auf dem Marktplatz zugunsten tumorkranker Kinder verkauft.

Schade, dass die Bevölkerung für derartige Versuche – noch – nicht bereit zu sein scheint. Diese Aktion ist alles in allem positiv zu werten, ein unüblicher Beitrag zu einem Jubiläumsjahr mit grossem Echo.

Die 200 ‹jungfräulichen› roten Coiffeurvelos auf dem Wolfs-Bahnhof. Quo vadis? ▷

Paul Neidhart-Honegger

100 Jahre – jung geblieben: Blaukreuzmusik 1888–1988

Die letzten Jahrzehnte des 19. Jahrhunderts waren für Basel eine bewegte Zeit. Die Bevölkerungszahl nahm rapid zu, denn im Zug der Industrialisierung wurden Fabriken gebaut und zahlreiche Arbeitsplätze für ungelernte Arbeiter geschaffen. In Scharen zog die Landbevölkerung in die Stadt, in der Hoffnung, hier ein sicheres, von den Unbilden des Wetters unabhängiges Auskommen zu finden. Sie bezogen die im Gundeldinger- und Elsässerquartier und im untern Kleinbasel eilig errichteten Mietskasernen. Manche haben es wohl bald bereut, das karge, aber gesündere Landleben aufgegeben zu haben, um ihre Arbeitskraft einem Fabrikherrn anzubieten und an sechs Tagen in der Woche während zehn bis zwölf Stunden in staubigen und lärmigen Fabrikhallen eine monotone Arbeit zu verrichten. Aber es gab kein Zurück mehr.

Viele litten unter der Entwurzelung und an Heimweh. Die einzige Abwechslung, die ihnen blieb, war der späte Feierabend im Wirtshaus, wo man zusammen mit Leidensgenossen das Elend mit Bier hinunterschwemmen konnte. Der Alkoholismus breitete sich aus wie eine Epidemie.

Dem konnten verantwortungsbewusste Bürger unserer Stadt nicht untätig zusehen. Im Schmiedenhof eröffneten gemeinnützige Kreise eine erste alkoholfreie Wirtschaft, in der Geselligkeit und preiswerte Verpflegung ohne Alkohol möglich waren. Im Jahr 1881 wurde ein Blaukreuzverein gegründet, der sich zum Ziel setzte, den Opfern des Alkoholismus beizustehen und ih-

nen zu helfen, von ihrer Sucht loszukommen. Die Gründer dieses Vereins waren sich klar darüber, dass sie den von ihnen Betreuten ein neues Heimatgefühl vermitteln mussten, geistig durch die Verwurzelung im christlichen Glauben, konkret in einem eigenen Vereinshaus. Bereits im Jahr 1899 konnte das heute trefflich renovierte, unter Denkmalschutz stehende Blaukreuzhaus am Petersgraben (heute ‹Hotel Rochat› benannt nach dem Gründer des Blauen Kreuzes, L.L. Rochat) eingeweiht werden. Modern gesagt: man schuf einen Freiraum (frei von Alkohol, Trinksitten und Trinkzwang), in welchem ein alternativer Lebensstil (alternativ zum Wirtshausleben) möglich war. Diesem Ziel diente auch die Blaukreuzmusik, die bereits 1888 gegründet worden war.

Die Gründung

Die Gründer waren selbst aktive Musikanten. Sie wussten aus eigener Erfahrung, dass Blasen Durst macht und dass man leicht über den Durst trinkt, wenn man ihn mit Bier oder Wein zu löschen versucht. Die Auswahl an alkoholfreien Getränken war damals jedoch sehr beschränkt. Neben gewöhnlichem Hahnenwasser gab es eigentlich nur Kaffee und Tee. Das uns heute selbstverständliche reiche Angebot besteht erst seit wenigen Jahrzehnten – nicht zuletzt dank den grossen Bemühungen der Abstinenten um Herstellung, Verbreitung und Popularisierung der einheimischen Fruchtsäfte.

Doch zurück zur eben gegründeten Blaukreuzmusik. – Sie bestand zunächst aus ganzen acht

Musikanten. Dank der glücklichen Wahl eines ausgezeichneten Dirigenten stiessen bald neue Mitglieder dazu. Dieser Dirigent hiess Fritz Siegin-Doninger, ein in der Geschichte der Basler Volksmusikpflege wohlbekannter Name. Er leitete das Korps während eines vollen Vierteljahrhunderts von 1888 bis 1913. Nicht weniger bekannt und geschätzt war Kapellmeister Franz Loschelder, welcher – von den bisher insgesamt elf Dirigenten – der Blaukreuzmusik am längsten treu blieb. Er schwang den Taktstock während 26 Jahren, bis in sein 77. Lebensjahr (von 1947 bis 1973), widmete dem Korps zahlreiche Eigenkompositionen und arrangierte viele Musikstücke für den Eigengebrauch. In seine Zeit fiel auch die Durchführung des Schweizerischen Blaukreuzmusikfestes im Jahr 1949 in Basel.

Vielfältige Aufgaben – vielfältiges Repertoire

Die Blaukreuzmusik pflegt ein breites, vielfältiges Repertoire. Neben der traditionellen Marschmusik, der ureigenen Domäne der Blechblasmusik, widmet sie sich der einschlägigen Konzertliteratur. Mitunter studiert sie auch Transkriptionen von Werken der klassischen Musik ein. Seit einigen Jahren erfreut sie das zahlreiche Publikum der jeweils anlässlich der Jahresfeiern stattfindenden Konzerte auch mit keck synkopierten Rhythmen der modernen, vom Jazz beeinflussten amerikanischen Blasmusikliteratur. Kostproben aus diesem breiten Angebot sind an den jährlich fünf Promenadenkonzerten der Blaukreuzmusik zu hören.

Da das Korps zudem oft gebeten wird, an religiösen Feiern mitzuwirken, ist die Choralbegleitung eine weitere wichtige Aufgabe. Regelmässig – durchschnittlich einmal pro Monat – spielt es an Anlässen des Blaukreuzvereins, und das fast 300 Titel umfassende Blaukreuzliederbuch mit den von Franz Loschelder dazu geschaffenen Bläsersätzen sowie das evangelisch-refor-

mierte Kirchengesangbuch gehören zum Notenmaterial jedes Blaukreuzmusikanten.

Ein besonders geschätzter Dienst der Basler Blaukreuzmusik an der Öffentlichkeit ist die von ihr 1949 ins Leben gerufene und seither Jahr für Jahr von ihr organisierte Weihnachtsfeier auf dem Hörnli-Friedhof. Tausende finden sich am Nachmittag des Heiligen Abends auf dem Friedhof ein, um ihrer verstorbenen Angehörigen zu gedenken. Viele versammeln sich dann um den grossen Weihnachtsbaum zwischen den Abdankungshallen, neben dem sich die Blaukreuzmusik aufgestellt hat. Sie umrahmt die kurze Predigt eines Basler Pfarrers mit ihren Weihnachtschorälen, die von einem Teil der Zuhörer mitgesummt oder mitgesungen werden. Wer *einmal* dabei war – sei's in frostklarer Nacht, sei's bei Schneetreiben oder nasskaltem Nieselregen –, wird die eigenartige Stimmung, dieses Gemisch von Trauer und Trost, Wehmut und Auferstehungshoffnung, nie vergessen. Die Feier gehört heute zum festen Basler Weihnachtsbrauchtum.

Entsprechend fest verwurzelt ist die Blaukreuzmusik in der Basler Volksmusikpflege. Sie ist Mitglied des Kantonalen Musikverbandes und in dessen Vorstand und Musikkommission durch je ein Aktivmitglied vertreten. In den Jahren 1969 bis 1974 stellte sie in der Person von Rudolf Bielmann auch den Präsidenten. Im Jahr 1987 vertrat sie den Kanton Basel-Stadt am 125-Jahr-Jubiläum des Eidgenössischen Musikverbandes in Zofingen. Diesem grossen, 80 000 Mitglieder zählenden Verband gehört sie nicht nur über den kantonalen Musikverband, sondern auch über den Schweizerischen Blaukreuzmusikverband an, der z.Z. 27 Musikkorps umfasst.

Das Jubiläum

Die Verbundenheit der übrigen Basler Musikkorps mit der Blaukreuzmusik kam am Vor-

abend der Hundert-
jahrfeier sehr schön
zum Ausdruck in einem
Marschmusikkonzert,
als die Basler Musik-
korps mit ihren Fahnen
und in ihren schmucken
Uniformen gemeinsam
musizierend vom Mün-
sterplatz durch die Freie
Strasse zum Marktplatz
marschierten, wo sie ein
kurzes, aber machtvoll
klingendes Platzkon-
zert gaben.

Am Nachmittag des Ju-
biläumstages selbst, am
28. Mai, wirkten an ei-
nem weiteren Platzkon-
zert der Blaukreuzmusik zwei auswärtige be-
freundete Korps mit: die Blaukreuzmusiken aus
Bern und Tramelan. Diese drei Musikkorps bestritten dann auch an der Jubiläumsfeier am
Abend im vollbesetzten grossen Saal des Kirch-
gemeindehauses Oekolampad ein anspruchs-
volles Konzertprogramm, nachdem der Anlass
durch die flotten Musikvorträge der Basler
Knabenmusik eröffnet worden war. Neben vielen andern entbot an diesem Abend Regierungsrat Prof. Dr. Hans-Rudolf Striebel Grüsse und
Glückwünsche. Von den Geburtstagsgeschen-
ken seien wenigstens die kostbare neue Fahne
und der flotte und originelle Jubiläumsmarsch
erwähnt, eine Eigenkomposition ihres geschätz-
ten Dirigenten Peter Mühlemann, die von Musikanten und Publikum mit Begeisterung aufgenommen wurde. Den würdigen Abschluss der
Jubiläumsfeier bildete am Sonntagmorgen ein
Festgottesdienst in der Matthäuskirche.

Wahrhaftig – jene acht ‹Gründerväter› der Blaukreuzmusik hätten sich wohl nicht träumen lassen, dass ihrer nach einem Jahrhundert anlässlich eines festlichen Jubiläums und in einer
sorgfältig gestalteten Festschrift gedacht werden würde. Gefreut hätten sie sich sicher darüber, dass das Musikkorps während zehn Jahrzehnten seinen Grundsätzen treu geblieben ist:
persönliche Abstinenzverpflichtung aller Aktiven, alkoholfreie Durchführung aller Einsätze,
Veranstaltungen, Proben und Nachproben.
Dass die Blaukreuzmusik auch nach hundert
Jahren keine Altersschwäche zeigt, verdankt sie
der sorgfältigen Betreuung der Jungmusikan-
ten, namentlich aber dem begeisternden Einsatz
der heutigen und der früheren Verantwortlichen
– allen voran ihrem jetzt 84jährigen Ehrenpräsi-
denten Hans Salathé, der während eines halben
Jahrhunderts sein Leben der Blaukreuzmusik
gewidmet hat als aktiver Musikant und während
Jahrzehnten als Vorstandsmitglied, wovon 25
Jahre lang als Präsident (1940–65).

Wir wünschen der Basler Blaukreuzmusik viele
Musikanten mit so beispielhafter Treue und gutes Gedeihen im zweiten Jahrhundert.

Dominik Wunderlin

Unermüdlich im Zeichen der gelben Rhombe

50 Jahre ‹Wanderwege beider Basel›

Das Wandern als Freizeitbetätigung kann auf keine jahrhundertealte Tradition zurückblicken. Freiwillig durch Feld und Wald zu wandern, begann man nämlich erst im letzten Jahrhundert. Es waren zunächst die Studenten, die in die freie Natur zogen. Bei der nichtakademischen Jugend folgte ihnen bald, wer das Fusswandern als ideale Ergänzung zu seinen Leibesübungen erkannte. Etwa ab 1850 wurden, vorab in Deutschland, auch schon die ersten Wandervereine mit dem Zwecke gegründet, sich auf den Touren gesellig zu unterhalten und gleichzeitig Körper und Geist aufzufrischen.

Zu einer richtigen Volksbewegung wurde das Wandern aber erst in unserem Jahrhundert, ja erst in den letzten Jahrzehnten. Wer heute in unserem Land eine Fusswanderung macht, kann dabei von Einrichtungen profitieren, die man früher nicht kannte: Wir meinen die gelben Wegweiser mit den Stunden- und Höhenangaben und die gelben Rhomben, die dem Wanderer regelmässig die Versicherung geben, dass er noch auf dem richtigen Weg ist. Wir denken aber auch an die Orientierungstafeln, die Wanderkarten und Wanderbücher und ganz besonders an die vielen sicheren Wege, die eigens für die Fusswanderer angelegt worden sind. So sehr alle diese Einrichtungen von der Öffentlichkeit geschätzt und geradezu als Selbstverständlichkeit angesehen werden, so wenig ist ihr bekannt, dass sie das alles einer privaten Vereinigung, der ‹Schweizerischen Arbeitsgemeinschaft für

Wanderwege› und vor allem ihren Sektionen zu verdanken hat.

Die Vereinigung wurde 1935 mit dem Ziel gegründet, angesichts des damals stark zunehmenden Automobilverkehrs ein Wegnetz abseits der gefährlichen Strassen zu schaffen. Ihr Gründer, der Meilener Bezirkslehrer Johann Jakob Ess, fand bald auch in der Nordwestschweiz Gleichgesinnte. Für seine Idee gewann er zuerst Robert Stamm, den damaligen Sektionspräsidenten des Touringclubs (TCS). Unter dem Vorsitz von Dr. iur. Julius Frei, einem anderen prominenten Mitglied des TCS, bildete sich am 9. November 1937 ein Initiativkomitee, dem ferner je ein Vertreter der Verkehrsvereine von Basel und Baselland, des Schweizerischen Bundes für Jugendherbergen und der Presse angehörten. Von der Absicht, eine Sektion der Schweizerischen Arbeitsgemeinschaft für Wanderwege zu gründen, setzte das Komitee auch die Regierungen der beiden Basel in Kenntnis, die darauf positiv reagierten. Ganz besonders deutlich illustriert das Antwortschreiben der Landschäftler Regierung den damaligen Zeitgeist. «Vom Standpunkt des Verkehrs auf den Kantonsstrassen mit Motorfahrzeugen aller Art ist die Schaffung von Wanderwegen für die Fussgänger zu begrüssen. Dadurch würde sich der Automobilverkehr reibungsloser abwickeln können. Ihre Erstellung muss jedoch der Privatinitiative überlassen werden.»

Anlässlich einer ‹Interessenten-Versammlung›

△
Gleich am Rande der Stadt liegen die Ausgangspunkte für schöne Wanderungen ins Grüne.

im Restaurant zum Braunen Mutz vom 8. Februar 1938, zu der rund 140 Vertreter von politischen und privaten Gremien eingeladen worden waren, wurden die ‹Wanderwege beider Basel› gegründet. Die Statuten konnten aber erst anlässlich der ersten Generalversammlung am 12. Juli 1939, sozusagen am Vorabend des zweiten Weltkrieges, verabschiedet werden. Der Ausbruch des Krieges lähmte in der Folge nicht nur die in Aussicht genommenen Aktivitäten, er machte auch die bisherigen Anstrengungen des Vereines zunichte. Bereits im November 1938 nämlich konnte der Verein der Öffentlichkeit stolz melden, dass allein im Blauengebiet 217 km Wanderwege markiert worden seien. Doch im Interesse der Landesverteidigung wurden durch das Militär alle Signalisationen wie-

der entfernt, ja zum nicht geringen Entsetzen des Markierungschefs teilweise sogar verbrannt. Die Tätigkeit beschränkte sich während der Kriegsjahre auf die Planung der Arbeiten, die nach Friedensschluss in Angriff genommen werden sollten.

Als dann im Mai 1945 die Friedensglocken das erlösende Zeichen gaben, da gingen die Wanderwegler sogleich an die Verwirklichung ihrer längst vorgenommenen Aufgaben. Noch im Krieg war aber erkannt worden, dass der Verein seine Absichten nur dann in die Tat umsetzen könne, wenn er neben Kollektivmitgliedern (Gemeinden, Verkehrsverbänden, Transportunternehmungen usw.) auch Einzelmitglieder in seinen Reihen habe. So wurden denn ab 1943 auch Privatpersonen aufgenommen; ihre Zahl beträgt heute über 2300.

Da aber die von Anfang an bescheidenen Mitgliederbeiträge die Vereinskasse nie derart zu füllen vermochten, dass auch wirklich alle geplanten Werke zu realisieren waren, suchte man Gönner zu gewinnen. Man gelangte in diesem Zusammenhang auch an die Regierungen der beiden Halbkantone, denen natürlich die Bedeutung eines gut markierten und unterhaltenen Wanderwegnetzes nicht verborgen blieb. Es war der Kanton Basel-Landschaft, der 1946 eine zunächst einmalige Subvention von 3000 Franken gewährte, während der Stadtkanton wegen der prekären Finanzlage seit 1945 nur in der Lage war, das Baudepartement anzuweisen, nach den Wünschen der ‹Wanderwege› die Markierungen im Kantonsgebiet auszuführen. Regelmässige Subventionen in mittlerweile ganz komfortabler Höhe erhalten die ‹Wanderwege beider Basel› von Baselland seit 1951 und von Basel-Stadt seit 1954, obwohl natürlich auch die Basler Regierungsräte längst erkannt hatten, dass die Arbeit des Vereins zwar vor allem auf dem Boden des Baselbiets (und benachbarter Teile des Aargaus, von Solothurn und Bern) geleistet wird, aber doch vornehmlich der Stadtbevölkerung dient.

Das Wirken des Vereins in den zwei Nachkriegsjahrzehnten umfasste in erster Linie die Markierungen des Wegnetzes im Sektionsgebiet. Dass anlässlich des 25-Jahr-Jubiläums im Jahre 1963 die Erstmarkierung eines über 1000 Kilometer umfassenden Wanderwegnetzes mit über 2000 Wegweisern gemeldet werden konnte, ist vor allem den in dieser Zeit wirkenden Präsidenten Adolf Keuerleber (Basel), Eduard Erb (Allschwil) und Paul Schäublin (Bettingen) sowie den ‹im Felde› tätigen technischen Obmännern Walter Zeugin (Delsberg/Montfaucon) und Werner Keller (Basel/Dornach) zu verdanken. Ihnen ging es in erster Linie darum, die in den im Jahre 1948 und 1950 erstmals erschienenen Wanderbüchern ‹Basel I› und ‹Basel II› beschriebenen Routen zu markieren. Doch mit dem Abschluss der Erstmarkierung konnte sich der Verein keineswegs auf den Lorbeeren ausruhen. Es galt – und dabei wird es auch in Zukunft bleiben – das markierte Wegnetz auf seinen Zustand zu kontrollieren und zu überholen, gegebenenfalls auch zu ergänzen. Immer wieder treffen die zuständigen Bezirksleiter auf Mar-

kierungen, die von Vandalen zerstört wurden (eine Erscheinung mit leider jahrzehntelanger Geschichte). Zuweilen muss auch wegen eines Strassenbaus der Verlauf eines Wanderweges neu angelegt werden, was wiederum viel Arbeit und Aufwand bringt. Um namentlich den Automobilisten entgegenzukommen, wurden zwischen 1967 und 1983 nicht weniger als zehn Rundwanderwege geschaffen; zumeist nicht bloss durch Markierung bestehender, sondern durch Neuanlegung neuer Wege. Zwei davon wurden fast ausschliesslich durch grosszügige Sonderzuwendungen von Basel-Stadt finanziert, nämlich Reigoldswil – Schelmenloch – Jägerweg – Wasserfallen – Reigoldswil und Reigoldswil – Flüegraben – Titterten – Chastelenflue – Cholgraben – Reigoldswil. Im Falle des zuerst genannten Rundweges betrug die Zuweisung der Stadt 12 000 Franken, die vor allem für grosse Wegbauten verwendet wurden.

Im Rahmen der flankierenden Massnahmen zur ‹Grün 80› wurde der ‹Rundweg Bruderholz› in Zusammenarbeit mit zahlreichen Partnern erstellt. Als Jubiläumsgeschenk der beiden Basel hat die Vereinigung die Mittel für eine Neumarkierung des beliebten Spazierweges erhalten. ▽

△
Bei grösseren Wegbauten wird die Bauequipe der ‹Wanderwege› häufig auch durch Arbeiter der BVB unterstützt.

Ebenfalls durch die ‹Wanderwege beider Basel›
erstellt wurde im Hinblick auf die ‹Grün 80› der
Rundwanderweg Bruderholz – Wasserturm.
Wie vergänglich eine solche Markierung sein
kann, zeigt sich besonders deutlich an diesem
Beispiel. Anlässlich des Festaktes zum 50-Jahr-
Jubiläum am 17. September 1988 im Rathaus
schenkten die Regierungen beider Basel dem
Verein die zu einer notwendigen, umfassenden
Revision erforderlichen Mittel.
Der technische Dienst des Vereins, der seine Einsätze unentgeltlich leistet (wenn auch zuweilen
unterstützt durch bezahlte Mitarbeit einer BVB-
Bautruppe), war und ist ausserdem aktiv beim
Interregio-Wanderweg, der seit 1981 in elf Etappen in einem weiten Kreis um Basel führt. Hier
ist der Verein für den Abschnitt zwischen Pfirt
und Rheinfelden zuständig. Nicht erst seit diesem grenzüberschreitenden Projekt im Dienste
der Wanderer arbeiten die ‹Wanderwege beider
Basel› auch eng mit den zielverwandten Organisationen ‹Schwarzwaldverein› und ‹Club Vos-

gien› zusammen, deren Markierungen man in
Grenznähe oft gemeinsam mit der gelben
Rhombe antreffen kann.
Nicht unerwähnt seien abschliessend die vom
Verein seit 1945 organisierten geführten Wanderungen: Mittwochs und sonntags sowie in Wan-
derwochen werden fröhliche Wanderer in unserer Region, aber auch in der übrigen Schweiz
und zudem immer wieder auch im Elsass und im
Schwarzwald sicher über Weg und Steg geleitet.
Diese geführten Wanderungen sind ein Bestandteil der Aktivitäten des Vereins, der aber
dabei nicht vergisst, dass seine Hauptaufgabe
darin besteht, Wanderwege zu erstellen, zu markieren und zu unterhalten. Gerade auch beim
Vollzug des 1987 in Kraft getretenen Bundesge-
setzes über Fuss- und Wanderwege kommt dem
Verein ‹Wanderwege beider Basel› eine zentrale
Aufgabe zu.

Literaturhinweise:
– Dominik Wunderlin, 50 Jahre Wanderwege beider Basel
1938–1988, Festschrift zum Jubiläum einer Vereinigung im
Dienste der Wanderer. Basel 1988.
– Joseph Stoecklin/Werner Abt, Wanderbuch beider Basel.
Bern 1988.

Dreimal Flora . . .

Sie ist beinahe so etwas wie ein guter Geist der Musik-Akademie, die Blumengöttin Flora, die den Brunnen im Hof gleich neben dem Eingangstor ziert. Er stand schon im ‹Schönen Hof› am Nadelberg 8, wo die Musikschule nach ihrer Gründung untergebracht war. Beim Um-

zug an die Leonhardsstrasse konnte der Brunnen, der Besitz der Musik-Akademie ist, samt Wasserbezugsrecht mitgenommen werden. Die Flora aus bemaltem, rotem Sandstein wurde um 1900 durch eine Kunststeinkopie ersetzt; das Original behielt der Architekt L. Friedrich für sich. Es wurde 1926 vom Historischen Museum im Basler Kunsthandel erworben.

Für die Denkmalpflege allerdings galt die Origi-

△ Brunnenfigur Flora im Hof der Musik-Akademie, Leonhardsstrasse 6, vor der Restauration.

△ Restaurierte Flora im Frühjahr 1988.

nal-Flora als verschollen. Als 1987/88 im Zusammenhang mit den Renovationsarbeiten an der Schola Cantorum endlich die Mittel für die Restauration der seit Jahren beschädigten Brunnenfigur – die von vielen für eine Fortuna gehalten wurde – aufgebracht werden konnten, musste der Restaurator Gregor Mahrer ohne Vorlage arbeiten. Erst als die Restaurationsarbeiten abgeschlossen waren, tauchte beim

Aufräumen in der Werkstatt des ehemaligen Münsterbaumeisters Kurt Behret eine stark beschädigte Flora aus unbemaltem Sandstein auf, die man für das Original hielt. Noch etwas später dann stellte sich heraus, dass die bemalte Sandstein-Flora vom ‹Schönen Hof› am Nadelberg die ganze Zeit vergessen in einem Aussendepot des Historischen Museums gestanden hatte . . . *Barbara und Kurt Wyss*

△ In der Werkstatt des ehemaligen Münsterbaumeisters entdeckte Flora.

△ Original-Flora aus dem ‹Schönen Hof›, gefunden in einem Aussendepot des Historischen Museums.

Felix Rudolf von Rohr

Fasnacht 1988

Jedem, der fragt, wie alt die Basler Fasnacht sei, müsste man eigentlich sagen: ein Jahr alt. Denn die Fasnacht hat jedes Jahr ein wenig ein anderes Gesicht und geht wieder irgendwo neue Wege und Weglein. Beginn und Ende von Traditionen sind fliessend; man kann die Veränderungen lieber Gewohnheiten nicht vom einen zum anderen Jahr feststellen. Wer wird einmal genau sagen können, wann der Übergang von den europäischen Holz- zu den japanischen Plastic-Piccolos stattgefunden hat, wann die ‹Gatschubändeli-Larven› durch ganze Köpfe und diese wiederum durch Kunststoff-Larven an Bauschutzhelmen abgelöst worden sind, wann die Maskenbälle verschwunden (oder wann wieder aufgetaucht...) sind? Wann sind die einfachen Märsche für jedermann dem halb-professionellen Musizieren gewichen? Und wann hat der Wandel von der weitgehenden Männer-Fasnacht zur Gleichberechtigung der Geschlechter stattgefunden? Alle Veränderungen, die sich traditionsgemäss zu Traditionen entwickeln, können nur im geschichtlichen Rückblick als langsame Evolution festgestellt werden. So ist denn auch jedes Basler Stadtbuch nur eine kleine Stromschnelle im langen Lebensfluss der ‹Frau Fasnacht›. Es bleibt dabei die Hoffnung, dass sich vier Eckpfeiler des einzigartigen Basler Brauchtums nicht noch mehr als bisher verwässern: ein geistreicher Witz mit Biss und Ironie, die Anonymität, der Charakter eines Festes von und für Basler und schliesslich die Konzentration auf die ‹drei grossen Tage›.

Die Vorfasnacht

Auch wenn die 1988er Fasnacht punkto Termin

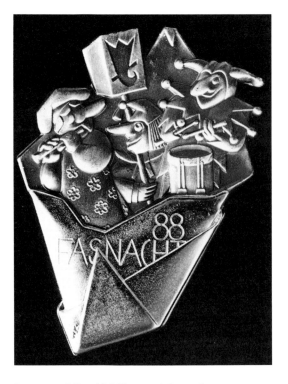

im guten Mittelfeld lag – nicht mehr ganz unter dem Weihnachtsbaum und doch noch nicht halbwegs zwischen den ersten Osterglocken –, so müsste man doch von der Fasnacht 1987/88 sprechen. Bekanntlich beginnt die Betriebsamkeit der unzähligen Aktiven mit der Suche nach geeigneten Sujets, mit dem Skizzieren, Entwerfen, Schneidern, Basteln, Malen und Verse drechseln bereits früh im Altweibersommer. Denn die Vorfasnachts-Veranstaltungen haben ihren festen Platz im Kalender bereits kurz nach dem Altjahrabend, wenn nicht schon vorher –

also noch lange bevor sich die eigentliche Wundertüte (so das gelungene Thema der Plakette 1988) auftut. Den Reigen eröffnete diesmal wieder das ‹Pfyfferli›, das sich im Sinne eines cabarettistischen Kleinbühnen-Fasnachtsbeitrags mit mehrheitlich professionellen Schauspielern an einen Zweijahres-Rhythmus hält. Erinnerungen an alte und grosse Schnitzelbänke, Pfeifer- und Tambourenvorträge in guter Qualität sowie witzige Sketchs über Basel und seine Zeitgenossen weckten die Fasnachtsstimmung. Der intime Rahmen des Theaters ‹Fauteuil› am Spalenberg wäre allerdings geeignet, mit feinem und spitzem Witz noch wesentlich mehr an ein gewisses Niveau der Besucher zu appellieren. Ganz andere Ansprüche stellt das ‹Charivari›, das sich mehr und mehr zum Kleinbasler Mini-Broadway im Volkshaus entwickelt. In diesem Jahr wurde mittels Weltklasse-Pantomimen ‹Mummenschanz›, St. Galler Ballett und Big-Band-Sound mit Piccolos und Querflöten ein leiser Hauch von ‹Olympia de Paris à la Petit-Bâle› auf der sonst noch recht fasnächtlichen Bühne zelebriert. Als wesentlicher Entreakt vor dem grossen Montag nach Invocavit wurden am Offiziellen Preistrommeln und -pfeifen die Könige des Kalbfells und der Speihölzer gekrönt. Dabei wurden diesmal die Absolventen der professionellen Tambouren- und Pfeiferschulen wieder vermehrt verdrängt vom Nachwuchs aus den bestandenen oder auch jüngeren Fasnachtscliquen, von denen man erwarten darf, dass sie den Jungen nicht nur Trommeln und Pfeifen, sondern auch die ganzen Basler Fasnachtstraditionen näherbringen. Schliesslich boten die Monstre-Trommelkonzerte wie eh und je in der zweiten Woche vor dem Tag X die Einstimmung zum berühmten kalten Schauder über den Rücken. Übers ganze gesehen, darf dem ‹Drummeli› 1988 gute, originelle und kurzweilige Qualität zugebilligt werden. Mehr und mehr versuchen die auftretenden Stamm-Cliquen, sich nicht nur mit musikalisch gekonnten Darbietungen, sondern auch noch mit theatralischen Gags und Extras zu überbieten oder zu konkurrenzieren, was dem Genuss der Marschvorträge nicht immer zuträglich ist. Anderseits waren gerade heuer erfreuliche Bemühungen um bühnenwirksame, optisch gelungene Auftritte festzustellen. Erst lange nach der Fasnacht wurde einer breiten Öffentlichkeit bekannt, dass die Tage der traditionellen Trommelkonzerte im ‹Küchlin›-Theater langsam zu zählen sein dürften. Mittelfristig zeichnen sich in der Steinenvorstadt Abriss- und Neubauprojekte ab. Und selbst wenn die sofort auf den Plan gerufenen Denkmalschützer einmal recht bekommen sollten, so dürften doch Veränderungen in einem Ausmass bevorstehen, das dem ältesten und traditionsreichsten Vorfasnachtsanlass eine grundsätzliche Neuorientierung nicht ersparen wird. Schliesslich ist auch das ‹Museumskonzärtli› zu nennen – die konzertante Präsentation von alten und neuen, speziellen und besonders schwierigen Fasnachtsmärschen ‹pour les connaisseurs› in der Aula der Museen an der Augustinergasse. Damit wurde einmal mehr die letzte Einstimmung vermittelt vor dem Sonntagabend, an dem die Laternen (leider nur in Ausnahmefällen noch in verhülltem Zustand) in die Stadt begleitet wurden.

Die drei Tage

Ein Hauptthema rund um die drei Tage vom 22. bis 24. Februar 1988 war selbstverständlich und wie jedes Jahr das Wetter. Auf einen zwar bedeckten, aber trockenen Montag folgte ein Dienstag, der bereits einige feuchte Spuren hinterliess; in solch erträglichem Mass allerdings, dass die Ausstellung der 203 Laternen wiederum in der prachtvollen Ambiance des Münsterplatzes durchgeführt werden konnte. Dank viel Entgegenkommen auf allen Seiten war man dieses Jahr gewappnet und musste erst im allerletzten

Moment entscheiden, ob die Laternenausstellung ‹open-air› vor dem Münster oder eben in den Hallen der Schweizer Mustermesse durchzuführen sei. Und es scheint, diese Lösung stosse auf so grosse Begeisterung, dass sich daraus bald ein fester Brauch entwickeln wird. Am Mittwoch widersprach dann der heilige Petrus jeglichen Anstandsregeln. Mit dem Beginn der Strassenfasnacht, die sich an beiden Nachmittagen wiederum in gestaffelter Abmarschorganisation und ohne allzu grosse Engpässe abwickelte, begann ein nasser Schneefall, der den ganzen Nachmittag in beharrlicher Regelmässigkeit anhielt. Das Fasnachts-Comité, das auch 1988 beim Grossbasler Brückenkopf der Wettsteinbrücke und am Claraplatz Aufstellung bezog, versank nach und nach unter der drückenden Pfludder-Last auf seinen vielumstrittenen Hüten. Dies war umso bedauerlicher, als in diesem Jahr erstmals in quasi offizieller Mission auch das zarte Geschlecht in den Reihen des Comités vertreten war: Ella Rehberg, die langjährige Sekretärin und für die meisten Aktiven die personifizierte Frau Fasnacht, war nämlich im vergangenen Jahr zum Ehrenmitglied des Fasnachts-Comités ernannt worden. So konnten denn nicht ganz alle der am Montag gezählten 11 000 Aktiven die ganze Route absolvieren. Sie blieben wohl weniger im Schnee als in den gemütlichen Wirtshäusern (die noch nicht zu Pubs, Factories oder ähnlichem verkommen sind) stecken und merkten erst beim Eintreffen der ersten Schnitzelbänkler-Gruppen, dass sich der Schnee-Schleier gelegt hatte und dass dem Gässle bis zum letzten Vieruhr-Schlag nichts mehr entgegenstand. Im Morgengrauen zeigte sich – und damit kehren wir wieder zu einer nüchternen Statistik zurück – die Verbundenheit mit der Stadt insofern, als sich von all den Obmännern der Stammvereine, Jungen und Alten Garden nur gerade 56 in ihre Basler Federn legen konnten; 52 weitere mussten zuerst den Heimweg nach ausserhalb der Stadt unter die Füsse oder die Taxiräder nehmen.

La Récolte

Die Medien bemühten sich wiederum redlich, allen Auswärtigen und Wintersportlern das Fasnachtsgeschehen näherzubringen. Dies begann mit dem üblichen und meist teilweise erfolgreichen Versuch, das Geheimnis der Plakette und ihres Schöpfers schon vor dem offiziellen Erscheinen zu lüften. Das Verkehrsbüro empfing einmal mehr die zahlreichen auswärtigen Presseleute mitsamt einem japanischen Fernsehteam am Sonntag vor dem Morgestraich, um ihnen vor allem verständlich zu machen, dass die Basler Fasnacht zwar jedermann Freude bereiten, jedoch nicht zu einer Touristen-Show ausarten sollte. In diesem Sinn der Zurückhaltung gelang es dem Schweizer und dem Bundesdeutschen Fernsehen auch, durch gekonnte Auswahl aus den schwächsten Momenten der 1988er Trilogie für den obligaten Rückblick sowie durch den Missbrauch der Fasnachts-Szenerie für einen langweiligen Kriminalfilm abschreckende Werbung in die guten Stuben zu zaubern. Den eigentlichen Abschluss der Fasnacht bildete der Samstag nachher mit dem Endstreich, an dem sich im Mustermesse-Kongresszentrum vorwiegend die Fasnachts-Insider noch einmal in Erinnerung an die schönen Tage, aber auch an alte Maskenbälle, zum bunten Treiben einfanden – gegen Mitternacht noch verstärkt durch jene, die zuvor im Stadttheater den Schlussabend der Comité-Schnitzelbänke, dank vieler guter Verse dieses Jahrgangs mit grossem Vergnügen, genossen hatten.

Die Besonderheit jeder Fasnacht zeigt sich in den Sujets – den vergangenen Anlässen, Fauxpas, Trends, über die sich Cliquen und Schnitzelbänkler, Rahmenspieler und Laternenmaler lustig machen. Der geneigte Leser wird die wichtigsten Sujets aus der Basler Szene mit Leichtig-

keit der Chronik im letztjährigen Basler Stadtbuch entnehmen können. Denn die Namen, welche die Cliquen ihren Sujets geben, entsprechen längst nicht immer dem wahren Inhalt. Da muss man schon genau hinsehen. Wer dies tat, stellte fest, dass diesmal ein Sujet vollständig vorherrschte: die Frage nämlich, ob die Millionen präparierter Käfer wohl vom Freistaat Bayern den Weg zum Naturhistorischen Museum in Basel finden werden. Nicht selten wurden an dieses Thema gleich noch die Tierchen aus der Küche eines Basler Gourmet-Tempels angehängt. Im weiteren konnte 1988 eine erfreuliche Sujet-Vielfalt beobachtet werden: die ‹Basel tanzt›-Ballettwoche auf dem Barfüsserplatz, selbstverständlich die vergangenen Wahlgänge, die aus dem Zolli entwichenen Affen, die fehlenden Inventarposten in der ‹Geschirrsammlung› des Gewerbemuseums, der aufwendige Null-Entscheid um neue Glasscheiben im Münster – um nur einige lokale Hits zu nennen. Mit dem Vacherin-Listerien-Skandal, der Vorschau auf Gentechnologie-Diskussionen oder etwa mit dem neuen Eherecht (das die Spalen- und die Spezi-Clique gar zu einer vorübergehenden Fasnachtsheirat ‹Spalezi› animierte) wurden nationale Sujets aufgenommen.

Der folgende Ausschnitt aus den 305 Zeedeln (neuer Rekord – mindestens mengenmässig) und Schnitzelbänken erhebt denn auch in keiner Weise Anspruch auf richtige Gewichtung; es sollen nur ein paar Erinnerungen an eine schöne Fasnacht sein (im Original zitiert).

Aus den unzähligen Käfer-Versen:

Rund zwai Millione Kääfer – voll Fraid in Bayern waarte;
Si hänn scho s Kääfersuure – will sy gly uff Basel staarte.
Es kemme kurzi diggi, dünni langi, ruchi glatti;
sie bsueche die Verwandte in der Kuchi vom Donati. *Schnitzelbank Blassveegel*

Und die dannzumalige Aufnahme der Käfersammlung in Basel sieht so aus:

...Scho fliesst dr Käferkopf zem Gugelhopf
Im wysse Huus, im Basler Noobelschopf,
wo s Komitee mit Gschiss und Gschäär und wääfere
sich ändlig ka mit syyne Gescht verkääfere...
Zeedel Jungi Märtplatz-Clique

Zur Wahlhilfe-Aktion ‹Basel tanzt›, resp. ‹Wahl-Burgget-Nacht›:

...D Regierig imponiert däm Plebs,
tanzt One Step – Two Steps...Seven Depps
und zer Erhoolig ihr Ballett:
e Drey-plus-vier-Gang-Menü-ett...

...Dr Schnyder Karli, do kasch wette,
tanzt sy beriehmti Bierouette,
und Feldges/Gysi ka me gseh
in ihrem Hit: Faux-pas-de-deux...

Und zu guter Letzt:

...Mir alte Schnoogge sage do:
«He nu! Jetz isch es halt eso!»
Zeedel Alti Schnooggekerzli

Gaudeamus igitur
BaZ sei Dank: Mir hän Kultur!
Wo friehjer d Sei am Seibi grunzt hän
und froh im Freje gsuhlt und brunzt hän,
haisst s: ‹Einmal hin und einmal her›,
Basel danzt im open-air! ...
Zeedel Spale-Clique, Alti Garde

Und zu den Münster-Scheiben
(Schade, dass wir hier nicht den ganzen Olymper-Zeedel abdrucken können!):

...So gsehsch denn d Gmaind in ihr Versammlig trabe,
gsehsch Ma und Frau dr Wäg zum Minschter nä;
s het alti Grauti und s het Kanzelschabe
(si hän im Ländli lenger Usgang gä).

S het diggi Mägd und alti Glettere,
kasch edli Stai an edle Dame gseh;
s begriesse sich divärsi Vettere,
und s Rittergässli kunnt in corporé.

Dr Haini Christ het d Runde z präsidiere
und bittet bättend um Versehnligkait.
Drufabe hän si afo Rede fiehre
und stundelang enander d Mainig gsait:

... Me liess sich wirgglig gärn beschäre –
wenn s numme nit so Flääre wäre!
Ain lache hersch im Ängelsgsang –
das isch dr Charli Hindelang.
Und vo däm ganze Trybe blybt,
dass s Minschter ohni Schybe blybt...

Zeedel Olympia

*Und wie ein Alp-Aufzug auf dem
Münsterplatz von unseren lieben Sand-
stein-Heiligen angesehen wird:*

... Mit däm Märt mit Scheef und Kieh
het unsre Kaiser Hainrich Mieh:
Är gratzt am Kopf und denn am Gsäss
und findet s ganzi soone Kääs!
Dr Ritter Schorsch, dä het guet lache,
fischt Fondü us em Dracherache.
Das loht em Martin au kai Rueh,
är lifret s Dischtuech ihm derzue...

Zeedel Rumpel-Clique

*Zum ‹Hääfelimäärt im Gwäärbmuseum›
finden wir die Zeilen:*

Am Petersblatz, doo froggsch bigoscht,
was äggscht en Anggehaafe koscht.
Im Gwäärbmuseum, deert zaalsch niene,
deert kasch Di sälber graad bediene!...

Zeedel Alti Stainlemer

... Dr Kyburz nuscht und suecht ganz iir
am Striebel-Stand s verloore Gschiir;
und was dr Striebel denn ergläärt
isch scho ellai e Flohmärt wäärt...

Zeedel Schnooggekerzli

*Dass das Vacherin Mont d'Or-Debakel auf die
ganze Käse-Palette übertragen wurde, zeigt
folgendes:*

E Simmetaler Milchkueh, s Käthy,
sait zem Bärgbuur Moser-Ätti:
«Vom Käs wo d uus mynere Milch duesch prässe,
ischs gsinder, wenn d duesch d Lecher frässe!»

Schnitzelbank Kaffi-Mihli

My Frau het im Käller e Muus gseh laufe
und wott zem Strahm gohn e Falle kaufe.

245

«Spar das Gäld», han i gsait zer Frau,
«vom Käs elai verreggt si au.»

Schnitzelbank Stachelbeeri

*Das jährliche Hin und Her um die Standplätze
der Herbstmesse ist ebenfalls ein Sujet wert:*

...Im Herbscht, wenn d Bletter falle,
blanggt das Joor jeedes Kind,
ass äs die Mäss au findet.
Es lauft zer Mamme gschwind
und rieft in d Stuben-yne:
Hesch d Wanderschueh scho aa?
Kumm mit go d Bahne sueche,
z Glaihynige fehn mer aa!...

Zeedel BMG Jungi Garde

*Auch das Langschuljahr als Übergang vom
Frühjahres- zum Herbst-Schulbeginn gab ein
Sujet her:*

Im Langschueljoor sott d Leerergilde
sich schynts e bitzeli wyterbilde.
Geege das git s jetz Beschwärde:
wo nyt isch, kaa nyt bildet wärde.

Schnitzelbank Borggekäfer

*Ein Brückenschlag von den ausgerissenen Zolli-
Affen zu anderer Tagespolitik:*

Ych ha dr Schimpans Eros gfroggt,
worum är ab isch, was ihn bloggt.
«Mir Affe vom Zolli hän welle vo doo
in d Stadtgärtnerey zue den andere goo!»

Schnitzelbank D Filzluus

*Unter den Trend-Sujets taucht auch das Recyc-
ling auf:*

...Was mainsch, was d sunscht mit alte Sache
au no alles ney kasch mache:
Dr Waldheim wär statt bruun ganz wyss,
und s gäb kai Asylantegschyss,
und d Auti wurden abgasfrey.
Denn miessti unseri Schuggerey
bim Rotliecht, wenn d Motore blubbere,

nimm an jedem Ussbuff schnubbere...

Zeedel Dupf-Club, Alti Garde

Dr Ringier duet an d Basler dängge
und uff e Herbscht e Zytig schängge.
Mit Basilisk, BaZ und em Blick derbyy
isch Basel die rainschti Deponie.

Schnitzelbank Gluggersegg

*Aus der unerwarteten Abdankungsrede auf den
guten alten ‹Wellblech-Cadillac›:*

E liebe Frind isch von is gange,
es drifft is unerwartet schwäär,
mir alli sinn soo an em ghange,
es blybt is d Froog: worum grad är?...

...Er mues brutal und schnäll verschwinde,
sy Härz isch drum nimm märtkonform,
es schloot fir uns, fir syni Frinde,
doch schloot s nit ganz no US-Norm...

...My liebe Frind, De wirsch is fääle,
s isch ebbis, wo mer nit verschteen,
dr Abschiid duet is hailloos quääle.
Aadie Döschwo! Danggerscheen!

Zeedel Schnuurebegge

*Zur ‹Fasnachts-Hochzeit des Jahres›, frei nach
Fritz Schiller:*

«Fasnacht, schöner Götterfunken,
Tochter aus Basilikum,
Wir betreten wysswytrunken
Himmlische, dein Heiligtum.
Deine Zauber binden wieder
Was schon Schoellkopf streng geteilt;
Alle Cliquen werden Brüder,
Wo dein sanfter Flügel weilt.»

Duet d Fasnacht nit durchs Clique-Schaide
de Clique als wie meh verlaide?

Zeedel Spale- und Spezi-Clique: SPALEZI

Und im weiteren zum neuen Eherecht:

My Frau drait jetz – he jo, das ka me –
wider ihre Maitliname.

Si schrybt vorne Zbinde und Meier hinde,
Nur uff Rächnige haisst si no Meier-Zbinde.
Schnitzelbank Stachelbeeri

Als Hommage an Bundesrats-Sunnyboy Ogi:

Uff de Schy fahrsch vom Wyssfluehjoch uff Davos
und uff Adelbode vom Hahnemoos,
und wenn de rächt aagisch, fahrsch vo Kanderstäg uus
via SVP bis ins Bundeshuus!
Schnitzelbank Betty & Bossi

Die grosse Weltpolitik war vor allem mit einem Thema vertreten:

So ‹Znyynidäschli-Ruggsegg› sin jetz grooss in Moode,
sygs Lääder, Lyyne, Luurex, Lammfäll oder Loode.
Sogar der Waldheim wär mit so aim butzt und gstrählt,
nur bim aanehängge glemmts, will s Rugggroot fählt.   *Schnitzelbank d Pfäfferschoote*

Auch ein eher heikles Thema kann subtil und originell angegangen werden:

Dr Hansli wett vom Automat mit sym letschte Gäld
sy erschti Sygarette ha vom ‹Duft der weiten Wält›.
Do kemme nur Balleen uss Gummi, doch das frait dä Boy,
jetzt kaut er anstatt z rauche und blybt sich sälber treu.   *Schnitzelbank d Broleete*

Und zum Schluss das wohl traditionellste Standard-Sujet – kurz und klar:

Ereffnig am Walesee
mit Gloria und Glimmer,
jetzt stohsch derfir in Ziri,
das isch doch viel schlimmer.
Schnitzelbank Seiblootere

Erstmals ‹Mäss› auf dem Kasernenareal

Weil die Muba-Hallen 106 und 107 für die Internationale Fachmesse für Materialfluss (früher Fördermittelmesse) benötigt wurden, diente ersatzweise und zum ersten Mal das Kasernenareal als Messeplatz. Mit grossem Erfolg: nicht nur die Schausteller hatten Hochbetrieb, auch die benachbarten Restaurants, Nachtlokale und Geschäfte machten Umsätze wie schon lange nicht mehr. Die IG Kleinbasel hofft denn auch, dass das Provisorium zu einer Dauereinrichtung werden möge und zieht in Erwägung, auf dem offensichtlich idealen Gelände einen Weihnachts- und vielleicht auch einen Ostermarkt einzuführen. 1989 werden die beiden Muba-Hallen zwar wieder zur Verfügung stehen, doch ob die ‹Mäss› dorthin zurückkehrt, ist noch nicht entschieden.

Barbara und Kurt Wyss

Alfred Wyss

Der Umgang mit Bauten des 20. Jahrhunderts

Ja, um unsere eigene Zeit geht es hier – um das ‹bauliche Erbe› seit dem Ende des Ersten Weltkrieges, das die Älteren unter uns haben entstehen sehen. Die Stadt ist in dieser Zeit noch einmal gewaltig gewachsen, nachdem ihr bereits nach der Kantonstrennung und dem Aufsprengen des Mauerrings seit 1859 die neuen Aussenquartiere und die Industrie und in der Altstadt selbst die Verwaltungsgebäude und Kaufhäuser ein neues Gepräge gegeben hatten. Jene erste Phase ist in unser Geschichtsbewusstsein als abgeschlossene Epoche eingegangen und durch die Publikation des INSA-Bandes Basel (Inventar der neueren Schweizer Architektur 1850–1920, Bern 1986) in ihrem baulichen Bestand aufnotiert. Was in den neuen Schutz- und Schonzonen, seit 1988 in Kraft, als erhaltenswert erfasst worden ist, betrifft neben der Altstadt, mit wenigen Ausnahmen, diese ältere Epoche.

Unsere Zeit soll also nun auch unter dem Aspekt der erhaltenswerten Vergangenheit betrachtet werden. Diese Forderung ist keineswegs eine Erfindung des Basler Denkmalpflegers; sie wird in allen Ländern Europas gestellt. Mit dem ‹neuen Bauen› – der ‹internationale Stil›, der ‹Funktionalismus›, das ‹Bauhaus› dienen hier als Stichworte – hat sich die Kunstgeschichte schon ausführlich befasst, auch wenn sie vor allem den Pionieren nachgegangen ist; die Siedlungen und genossenschaftlichen Wohnbauten, die wegen der Wohnungsnot in den Krisenzeiten auch von Staates wegen stark gefördert worden waren, sind ein Standardthema von Kunstge-schichtlern und Architekturkritikern. Jetzt folgen, vor allem in Deutschland, die Publikationen über die 50er Jahre, und man beschäftigt sich in fast allen Ländern mit Inventaren bis zur Zeitschwelle der 60er Jahre und der Auseinandersetzung mit dem Wiederaufbau in den kriegsbetroffenen Ländern. Kolloquien zu den Problemen der Erhaltung des architektonischen Erbes des 20. Jahrhunderts werden abgehalten. Die Frage nach den Gründen für diese Erscheinung wollen wir offen lassen und das betrachten, was in unserer Stadt geschehen ist. Es können nur assoziative Hinweise gegeben werden. In der ersten Zeit unseres Jahrhunderts bis etwa 1920, als zum Beispiel Le Corbusier sein Dominohaus (1915) entwarf und Gropius die Faguswerke in Aalfeld (1911) als Zeichen neuer Bauvorstellungen baute, ist in Basel wenig an Vorläufern der Moderne zu finden. Sie verbergen sich wohl im industriellen Bereich, wie z.B. dem Bierdepot der ehemaligen Aktienbrauerei an der Dornacherstrasse mit der dünnen Betonschale, die von Shed-Bändern durchbrochen ist, und dem Tramdepot am Dreispitz mit Hetzerbindern (1915/16 BBG, Hans Bernoulli). Dann aber, ab 1920, folgen die Werke der Pioniere der ‹Moderne›, die bekannten Siedlungen und Einzelbauten, die mit den Namen Hans Bernoulli, Paul Artaria, Hans Schmidt, Hannes Meyer und Ernst Egeler verbunden sind, und die heute noch wegen ihrer Modernität beunruhigende, hervorragend schöne Antoniuskirche von Karl Moser (1926 ff.). Im nächsten Jahrzehnt, also ab 1930 bis in die ersten Kriegsjahre, häufen sich öffentliche Aufträge, die allerdings in zurückhaltenderer Weise ‹modern› sind: Kulturbauten wie das Kunstmuseum (1932–34, Rudolf Christ und Paul Bonatz) mit dem schönen Hof und Treppenhaus; das Stadtcasino (1938, Architektengemeinschaft Kehlstadt, Brodtbeck, Bräunig, Leu, Dürig), das trockene Kollegiengebäude der Universität (1937–39, Roland Rohn) und das in Pavillons angelegte, weitläufige Schulhaus auf dem Bruderholz (1936, Hermann Baur); als kirchliche Bauten die Johanneskirche (1936, Karl Egender und Ernst F. Burckhardt), die sich von konstruktivistischen Vorstellungen ableiten lässt, das Kirchgemeindehaus Zwingli (1931), Willi Kehlstadt) und die Church of Christ Scientist (1935/36, Otto Rudolf Salvisberg); ferner Sportbauten wie die Kunsteisbahn (nach einem Konzept von Hermann Baur, 1931, von Widmer und Calini), das Gartenbad Eglisee (1930/31, Julius Maurizio) und das Hallenbad Rialto (1933/34, E. Bercher und E. Tamm), das allerdings vor etlichen Jahren im Innern stark verändert worden ist; im Industriebereich das Verwaltungsgebäude der F. Hoffmann-La Roche (1936/37, Otto Rudolf Salvisberg) und das Konzept der Laborgebäude, die später von Roland Rohn weitergebaut worden sind; Bauten des öffentlichen Lebens wie die Markthalle (1928/29, Alfred Gönner und Hans Ryhiner) und am Ende der Periode der Spiegelhof (1940, Hans von der Mühll und Paul Oberrauch), der 1962 um das zurückgeschobene gläserne Geschoss erhöht wurde. – Das ist gewiss nur eine beschränkte Auswahl, aber es sind durchwegs Bauten, die sich in unserem Erinnerungsbild der Stadt eingeprägt haben – geschichtliche Bezugspunkte also unseres Lebensraumes. Was damals an Baudenkmälern verloren ging – das alte Zeughaus, das Altstadtquartier an der Spiegelgasse, der barocke Württemberger Hof –, das wollen wir jetzt und hier nicht beklagen; die Verluste haben die Opposition gegen die in der selben Zeit entstandene Stadtplanung mit dem Projekt einer Talentlastungsstrasse geschürt, und sie sind die Auslöser der heftigen Kämpfe, die zum heute geltenden Konzept der Stadterhaltung geführt haben.

Auch die Nachkriegszeit hat das Stadtbild markiert:

– mit dem Bürgerspital (1938–45, Hermann Baur, F. Bräunig, H. Leu und A. Dürig, E. und P. Vischer); es gehört eigentlich dem Konzept nach in die 30er Jahre, wie übrigens auch die 1956 ausgeführte Gewerbeschule (Konzept 1939, Hermann Baur),

– der Allerheiligenkirche, die mit kargen Geldmitteln 1951 von Hermann Baur im Neubadquartier geschaffen wurde,

– dem Rundbau der Mustermesse, den Hans Hoffmann 1953/54 neben den Altbau gestellt hat, der mit dem Hauptgebäude und den interessanten Hallen (1925/26, Hermann Herter) durchaus in unsere Aufzählungen gehören würde – vom selben Architekten stammt das nur mit dem Wehr auf städtischem Boden liegende Kraftwerk Birsfelden (1955),

– dem Wasgenringschulhaus (1953–55, erweitert 1960–62 von B. und F. Haller),

– dem ‹Domushaus›, jetzt Architekturmuseum, einem verspäteten, aber schönen Vertreter der Stahl-Glasbauweise (1958, M. Rasser und T. Vadi);

dann, schon in den 60er Jahren:

– mit dem Hochhaus am Hechtliacker als Fragment eines grösseren Überbauungsprojektes (1961/62, Otto Senn),

– der Universitätsbibliothek (1964–68 vom selben Architekten), deren Treppenhaus an das expressive Werk von Hans Scharoun (Berliner Philharmonie) erinnert, und

– der Tituskirche auf dem Bruderholz (1964, Benedikt Huber).

Weiter wollen wir mit dieser Nennung stadtprägender neuerer Architektur nicht in die Gegen-

1

2

wart vorstossen. Es genügt, dass wir uns von diesem Geschaffenen beeindrucken lassen. Vielen von uns nämlich schiebt sich die Erinnerung an die Zerstörungen der Stadt davor, die Wunden, welche das Projekt der Talentlastungsstrasse in der Schneidergasse schlug und deren letzte beim Abbruch der alten Häuserzeile in der Aeschenvorstadt in diesem Jahr aufgebrochen ist; auch die katastrophalen Einbrüche in den Aussenquartieren in der Zeit der Hochkonjunktur, die eben am Ende der von uns hier angerissenen Zeit einsetzte.

Und jetzt sind wir fast selbst dem Fehler verfallen, nur Hauptwerke einer Epoche auf ihre Erhaltungswürdigkeit zu befragen: Es ist auch in dieser Zeit daneben unendlich viel mehr gebaut worden, ganze Quartiere und Strassenzüge, von denen wir in zufälliger Auswahl die folgenden nennen: Riehenring, Rosentalstrasse, gewiss auch die Greifengasse und die Bauten an der Oberwilerstrasse bei der Holeestrasse. Und endlich die anonyme Gebrauchsarchitektur in den Industriegebieten, deren funktionelle Schönheiten schon von den Pionieren des 20. Jahrhunderts beachtet worden waren. Wir besitzen

keine Inventare und keine Verzeichnisse der Werke und Werte dieser Zeit – es wäre höchste Zeit dazu: Das architektonische Erbe des 20. Jahrhunderts ist in Gefahr.

Da wird man mir zuächst widersprechen in der Stadt, in welcher die Aussenhaut der Antoniuskirche mit so viel Sorgfalt und Aufwand erneuert wird, wo man mit ausserordentlichem Geschick das alte Arbeitsamt von Erwin Heman (1931) durch eine räumliche Inversion gerettet hat. Gewiss ist unsere durch moderne Architekturkritik eingeübte Öffentlichkeit für die Erhaltung von Erscheinungen der jüngsten Zeit sensibilisiert. Es gibt aber kleine Anzeichen dafür, dass wir unsere nächste Vergangenheit vernachlässigen. In der gross angelegten Wohnüberbauung, die 1926 von H. von der Mühll, P. Oberrauch und R. Christ an der Ecke Gundeldingerstrasse/Thiersteinerallee errichtet worden war, wurden die den Baukörper so bestimmenden Fenster zu grösseren Teilen ausgewechselt: Einflüglige Ganzglasscheiben statt der zweigeteilten Flügel verwandeln den ehemals wohnlich erscheinenden Bau in einen durchlöcherten, festungsartig erscheinenden Trakt. In der so wich-

3 4

tigen Siedlung in den Schorenmatten von August Künzl, Paul Artaria und Hans Schmidt (1928/29) wurde eine Aussenisolation angebracht und damit die Proportionen verdorben; in einem als Prototyp vorgesehenen Haus von Hans Schmidt, mit welchem der Architekt die ‹Eisenskelettbauweise auf Grund normalisierter Grundrisselemente› untersuchte, wurde das Innere wegen der engen Verhältnisse wesentlich verändert. Zum oppositionslosen Abbruch der Nationalzeitung von Armin Meili (1943, 1956, 1966), deren blau mosaizierte Fassade am St. Alban-Graben wohl zu aufdringlich in Erscheinung getreten war, die aber im Innern Meilis Meisterhand im Detail zeigte, erschien wenigstens eine würdigende Beilage im Basler Magazin (Nr. 43, 29.10.1983). Es sind dies wenige Beispiele. Aus den Erfahrungen und Berichten unserer Kollegen aber wissen wir, dass mehr Gefahr droht, als wir beim Stand unserer rudimentären Kenntnisse erkennen können. Die Wohnsiedlungen sind wegen ihres Alters jetzt in der Phase der baulichen Sanierung. Die Ansprüche an Raum- und Wohnungsgrössen sind gewachsen – dies ist vor allem eine Gefahr für

1 Wohnsiedlung Eglisee am Bahndamm, von Paul Artaria und Hans Schmidt, 1930, weitergeführt von Hermann Baur 1932.

2 Johanneskirche, von Karl Egender und Ernst F. Burckhardt, 1936; Aufnahme kurz nach der Erbauung.

3 Hallenschwimmbad Rialto, von E. Bercher und E. Tamm, 1933/34.

4 Wohnüberbauung Gundeldingerstrasse/Ecke Thiersteinerallee, von H. von der Mühll und P. Oberrauch, 1926.

jene Siedlungen, welche in den Krisenjahren die Pioniere der Moderne so beschäftigt haben mit den Themen der Sparsamkeit ‹für das Existenzminimum›, der genormten Elemente, der Funktionalität. Negativ scheinen auch die für heutige Begriffe ungenügende thermische und akustische Isolation und manche Mängel in der Bautechnik (dies ist zeittypisch; Le Corbusier wird deshalb oft als schlechter Architekt apostrophiert). Die Bauten dieser Zeit sind nicht leichter zu pflegen und zu restaurieren als die Denkmäler der älteren Zeiten. Das hat uns die Betonsanierung an der Antoniuskirche gezeigt, die wegen der Eigenschaft des alten Stampfbetons schwierig genug ist, oder der Ersatz

253

der feinprofilierten korrodierten Stahlschiebefenster am Parkhaus zum Zossen (1934/35, Otto Senn).

Die Gefährdung liegt aber noch eine Schicht tiefer. Im Grund ist die Bauweise mit den schnörkellosen Kuben und dem flachen Dach nicht populär. Und wenn wir an die 50er Jahre denken, so wird unvermeidbar vom ‹Nierentischchen› gesprochen, und wir lächeln über die damals wiederentdeckte handwerkliche Sorgfalt und die Pflege des Details, wie sie sich am Spiegelhof an der stichbogigen Durchfahrt zum Hof und dem allerdings älteren Messinggeländer im Foyer des Casinos manifestiert. Wir lehnen jene Architektur ab, die mit Beton, Eisen und Stahl – den grossen Erfindungen des 19. Jahrhunderts –, mit vorfabrizierten Bauteilen das ökonomische und rationelle Bauen fördert und welche das Wohnen in Funktionen gliedert bis zur Aufsprengung der alten städtischen Ganzheit. Dieser Zeit stehen wir zu nahe. Wie bis vor wenigen Jahrzehnten noch die historistischen Bauten des 19. Jahrhunderts als doppelbödig und falsch verworfen worden sind, so hegen wir unsere negativen Vorurteile über die Baukunst der Zwischenkriegs- und der Nachkriegszeit – mit dem Unterschied allerdings, dass die 20er Jahre gegenüber dem eklektizistischen Historismus einen radikalen Bruch mit den Bauformen aller Vergangenheiten bedeuten.

Hier brechen wir die in vielem ungenügende Skizze zum Bestand und zu den Problemen der Erhaltung der Architektur des 20. Jahrhunderts ab; wir haben den gebührenden Abstand einer Generation, wie sie die heutigen Fachleute der Inventarisation fordern, eingehalten, auch wenn bereits in einem benachbarten Land die Forderung aufgestellt wird, es seien neue Werke hoher Bedeutung sozusagen probeweise auf 30 Jahre zu schützen, bis sie sich im Generationenrückblick bewährt hätten. Uns ging es darum zu zeigen, dass wir auch in Basel viele Dinge jener Zeit beachten müssen, von den Einfamilienhäusern über die Wohnsiedlungen zu öffentlichen Bauten und Kirchen, zu den Verkehrseinrichtungen, der Strassenmöblierung mit den Kiosken, zu den Sportanlagen, Kongressbauten und Einkaufszentren – nicht zuletzt auch den Industrieanlagen. Wir müssen in der grossen Menge des Gebauten nach den Qualitäten Ausschau halten und mit der entsprechenden denkmalpflegerischen Sorgfalt mit den Werken dieser Zeit umgehen.

Einer, der dieses Neue und die Bedrohung des Alten in unserer Stadt seit 1940 mitgelitten und mitgetragen hat, ist in diesem Jahr von uns gegangen – Fritz Lauber, Denkmalpfleger unseres Kantons von 1961 bis 1977. Sein Wirken, für das wir danken und auf dem wir aufbauen, wird in diesem Stadtbuch an anderem Ort gewürdigt.

Eine negative Spätfolge der eingangs behandelten Zeit ist der Abbruch einer Häusergruppe an der Aeschenvorstadt, den wir schon kurz erwähnt haben. Die Vorstadt war bis in die Zeit Merians (1615) zu einem geschlossenen Strassenzug zusammengewachsen, der erst durch die modernen Baulinien aufgesprengt wurde: Die neue Ausweitung droht nun die Altstadtgrenze an der Stelle aufzubrechen, wo ein uralter Verkehrsweg in die Stadt mündete. Johann Jakob Stehlin d.J. hatte mit seiner Planung eines ‹repräsentativen Stadteinganges› von 1860 und mit seinen längst wieder verschwundenen Kopfbauten von 1880/84 diese Situation erfasst. Sie blieb trotz des planlosen späteren Umganges mit dem Aeschenplatz bis heute erlebbar: Hier gilt es, ein wichtiges städtebauliches Problem in letzter Stunde zu lösen.

Der an dieser Stelle gewöhnlich folgende Jahresrückblick muss leider aus Platzgründen ausfallen. Es wurden allerdings 1988 nur wenige grosse Restaurierungen abgeschlossen. Umso ausführlicher wird dann der Bericht im nächsten Stadtbuch sein.

Guido Helmig

Schaufenster zur Stadtgeschichte

So mancher Basler Zeitgenosse hat wohl schon, sei es in hochzeitlicher Stimmung oder in Trauer um den Verlust eines Angehörigen, die Schwelle des Hauses ‹zur Domprobstey› am St. Alban-Graben überschritten. Bis vor wenigen Jahren war hier das Zivilstandsamt untergebracht. Inzwischen ist dieses Amt nach rund 20jährigem Aufenthalt am St. Alban-Graben in das ‹Ulrichsgärtlein› an der Rittergasse umgezogen.

Das Tor zur ‹Domprobstey› blieb seitdem der Öffentlichkeit für beinahe fünf Jahre verschlossen – gleichermassen wie die Eingangspforte der Nachbarliegenschaft Nr. 5, wo sich das im Frühjahr 1966 eröffnete Antikenmuseum befindet.

Wer indessen heute bei tagsüber wieder offenstehenden Torflügeln Zugang zum malerischen Hof der ‹Domprobstey› sucht, bleibt schon nach wenigen Schritten unvermittelt vor einer dicken Glasscheibe stehen, die ihm ein weiteres Vordringen vereitelt (Abb. 1). Hier nun eröffnet sich dem Passanten ein unerwarteter Ausblick: Im Vordergrund der ehemaligen Kutschendurchfahrt dreht sich eine antike tordierte Kandelabersäule langsam um ihre Achse. Daneben und vor dem filigranen schmiedeisernen Tor des Hofzuganges im Hintergrund stehen eine weitere frühkaiserzeitliche Säule in ionischem Stil und schliesslich eine moderne Plastik des Bildhauers Edmondo Cirillo – ein Vorgeschmack auf die Schätze, welche im Innern des Gebäudes verborgen liegen.

Am 3. Mai 1988 wurde das Antikenmuseum Basel und Sammlung Ludwig, bereichert durch die wertvolle Antikensammlung von Peter und Irene Ludwig-Monheim und erweitert durch die

△
Abb. 1. Das Eingangsportal des Hauses ‹zur Domprobstey› am St. Alban-Graben 7 – Schaufenster des erweiterten Antikenmuseums.

angrenzende ‹Domprobstey›, nach länger dauerndem Unterbruch feierlich wiedereröffnet[1].

Bevor sich nun aber unser neugierig gewordener Passant zu einem Besuch des neu eingerichteten Museums entschliesst, gewahrt er zu seinen Füssen eine in der Pflästerung ausgesparte und mit Panzerglas überdeckte Luke; sie gestattet einen Blick in die hier zwischen den beiden Liegenschaften vorbeiführende unterirdische Verbindungspassage. Die Ruine eines römischen Kel-

△
Abb. 2. Der konservierte und mit einem Laufsteg über-
brückte römische Keller (K1). Blick vom Gewölbekeller
der ‹Domprobstey› in die neu erstellte Verbindungspassage.

lers, ohne Verwendung von Mörtel aus grossen Flusswacken und plattigen Sandsteinen in den kiesigen Untergrund gebaut, ist 1983/84 bei den Aushubarbeiten für diese Verbindungspassage zum Vorschein gekommen und konserviert worden (Abb. 2).[2] Dieser Keller aus dem ausgehenden ersten nachchristlichen Jahrhundert bildet eines der nicht sehr zahlreichen steinernen Zeugnisse römischer Bautätigkeit, die im süd-östlichen Vorgelände des Basler Münsterhügels bisher aufgedeckt werden konnten. Dass an dieser Stelle mit Spuren einer römerzeitlichen Besiedlung gerechnet werden musste, haben allerdings schon verschiedene Beobachtungen bei Tiefbauarbeiten im 19. und im frühen 20. Jahrhundert ergeben; vor allem aber hatten dies die archäologischen Untersuchungen anlässlich des Aushubes für den 1963–66 erstellten Neubautrakt des damals neu entstehenden Antikenmuseums erahnen lassen.

Wenden wir uns nun diesen bisher erfassten Spuren römerzeitlicher Präsenz im Umfeld unserer Fundstelle zu[3].

Von der Ausgrabung...

Wie bereits erwähnt, sah das Umbauprojekt der Liegenschaft Nr. 7 für die Erweiterung des Antikenmuseums auch die Unterkellerung der ehemaligen Kutschendurchfahrt vor (Abb. 4,26). Sowohl die hierfür als auch für den nördlich angrenzenden Hofbereich notwendigen

Abb. 3. Die unterirdische Verbindungspassage im Antikenmuseum. Links die Ausstellungswand zur römischen Besiedlung des Areales; im Hintergrund der römische Keller (K1) und die Rückfront der Stadtmauer aus dem 12. Jh.

Aushubarbeiten wurden unter der Aufsicht der Archäologischen Bodenforschung ausgeführt. Die bei der Sanierung der Hofbauten und Remisen notwendig gewordenen Neuanschlüsse an die bestehende Kanalisation erforderten ein Netz von neuen Leitungsgräben, die in ungestörten Zonen ebenfalls mit archäologischen Methoden ausgehoben werden mussten. Schliesslich führte der Einbezug der ‹alten Pfandleihanstalt› am Luftgässlein 5 für die didaktische Abteilung des Museums indirekt zu einer Ausweitung der Ausgrabungen; im Untergeschoss dieser Liegenschaft befindet sich der Cliquen-Keller der ‹Basler Bebbi›. Die Erweiterung und Neuerschliessung dieses Kellers durch einen von der übrigen Liegenschaft unabhängigen äusseren Zugang führte zu einer Vergrösserung der Grabungsfläche (Abb. 4,27). An dieser Stelle war unter den mittelalterlichen Aufschüttungen eine ungestörte Abfolge mehrerer römischer Siedlungsphasen erhalten geblieben, einsetzend mit der im Vorgelände des Münsterhügels frühest fassbaren augusteischen Besiedlung im zweiten vorchristlichen Jahrzehnt und bis ins 4./5. Jahrhundert n. Chr. reichend. Mehrere Phasen teils sukzessive erneuerter, teils abgebrannter und wiedererstellter römischer Holz- und Fachwerkbauten konnten in kleinen Grabungsflächen untersucht werden. Überdies stiessen wir hier auch auf die Fortsetzung der

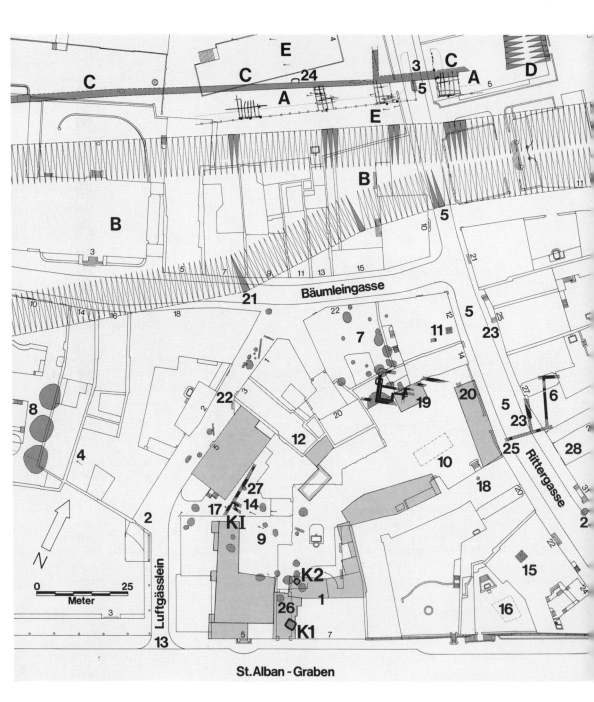

E

C

C

24

3

C

A

D

A

A

5

5

E

E

B

B

5

B

3

5

7

9

11

13

15

21

Bäumleingasse

10

10

14

16

18

22

7

11

5

23

25

9

22

3

12

5

19

20

8

12

20

10

5

6

23

4

27

14

18

25

28

2

17

K I

10

9

K2

15

2

1

26

K1

7

16

0

25

Meter

3

13

St.Alban - Graben

Luftgässlein

Rittergasse

N

schon beim Bau des Museumstraktes 1963/64 am Baugrubenrand gerade noch erfassten römischen Mauerteile (Abb. 4, K1). Allerdings waren schon zur Römerzeit die brauchbaren Mauersteine in unserer Grabungsfläche bis auf die Kieselwackenfundation geplündert worden. Brandschutt und zahlreiche Bruchstücke der Leistenziegelbedachung des zugehörigen Gebäudes zeugten von einer der Brandkatastrophen, wie sie – sei es aus Unachtsamkeit der Bewohner, sei es durch kriegerische Ereignisse – offenbar mehrfach über diese dörfliche Siedlung hereingebrochen waren. Die römerzeitlichen Siedlungsschichten wurden von einer mächtigen mittelalterlichen Aufschüttung überdeckt, auf deren Bedeutung wir an anderer Stelle noch zurückkommen werden.

. . . zur Ausstellung

Als besonderer Glücksfall, sowohl für die Basler Stadtarchäologie als auch für das neu entstehende Antikenmuseum, darf die Auffindung der bereits oben erwähnten Kellerruine in der Verbindungspassage gewertet werden (Abb. 4, K1). Als schliesslich im Verlaufe der Ausgrabung im nördlich angrenzenden Hofbereich, an der Peripherie des neu zu erstellenden Verbindungsganges, eine weitere, mit einem Steinmantel ausgekleidete Kellergrube zum Vorschein kam (Abb. 4, K2 und Abb. 5), erwog man die Erhaltung der beiden Anlagen und deren Einbezug in das Ausstellungskonzept des Museums. Museumsleitung, Bauleitung und Architektenteam standen diesem Vorhaben wohlwollend gegenüber. In kollegialer Zusammenarbeit wurde mit den Architekten Alioth & Remund ein Konzept erarbeitet, welches die Sicherung der

△
Abb. 5. Blick in die ausgemauerte römische Kellergrube (K2) in der Nische des Verbindungsganges. Die Amphoren kamen 1928 an der Bäumleingasse 22 zum Vorschein und stammen aus dem frühen 1. Jh.

beiden römischen Keller, aber auch die Präsentation einiger autochthoner Fundobjekte und die Darstellung der Grabungsresultate zum Ziel hatte. Die Bemühungen gediehen schliesslich so weit, dass zur Realisierung des Konzeptes ein Sonderkredit gesprochen wurde. Für die Archäologische Bodenforschung galt es nun, neben den übrigen Verpflichtungen und Aufgaben die Ausführung dieses Konzeptes in stetem Kontakt mit den Beteiligten voranzutreiben. Das Resultat kann in der Verbindungspassage des Museums besichtigt werden (Abb. 2 und 3). Eingebunden zwischen die beiden konservierten römischen Keller wird auf Panneaus mit Karten-,

◁ Abb. 4. Übersichtsplan über die römerzeitlichen Fundstellen (dunkel gerastert) 1–28 im Vorgelände südöstlich des Münsterhügels. – Die bis 1825 bestehende und damals noch zur Dompropstei gehörende Bebauung ist hell gerastert. Zeichnung: H. Eichin. Mstb. 1:1000.

Bild- und Textfeldern in geraffter Form die Siedlungsgeschichte des römischen Dorfes im Vorgelände des zeitweise militärisch belegten Münsterhügels erläutert. Die zweite ausgemauerte Kellergrube (Abb. 5) wurde in eine Nische eingefasst und so dem Publikum zugänglich gemacht. Die in der Vitrine ausgestellten Fundobjekte stammen zu einem grossen Teil aus dieser Grabungsetappe, teilweise aber auch aus älteren Grabungen im Umkreis der Fundstelle. Bei den Fundobjekten kann es sich, der Natur dieser einfachen dörflichen Siedlung entsprechend, nicht um qualitativ hochstehende Exponate handeln. Es sind Dinge des alltäglichen Lebens, zerbrochenes Tafelgeschirr und Vorratsgefässe, Kleiderhaften, ein Schreibgriffel (Stilus), Schminkspatel und ähnliches, aber auch medizinische Sonden und aus Geweih gedrechselte Spielsteine – kurzum ein Kunterbunt von verlorenen, gebrauchten und weggeworfenen Objekten, wie sie an jeder römischen Siedlungsstelle in ähnlicher Zusammensetzung gefunden werden können. Die unserer Ausstellungswand gegenüber gezeigten Terrakotten und römischen Portraits, fein ausgestaltete künstlerische Objekte, sind selbstredende Zeugnisse antiker Kultur – die Fragmente in unserer Fundvitrine müssen erst zum Sprechen gebracht werden...

Im Zuge der Vorbereitungen für die Präsentation der Grabungsbefunde entstand auch der Übersichtsplan mit den bisher erfassten römerzeitlichen Fundstellen im Vorgelände südöstlich des Münsterhügels. Wir reproduzieren ihn hier in etwas abgewandelter Form auf Abb. 4. Im Rahmen dieses Artikels kann nicht näher auf die eingetragenen Fundstellen und Ausgrabungen eingegangen werden[4]. Der Planausschnitt soll vielmehr sichtbar machen, in welcher Dichte in diesem Teil der Basler Altstadt an Stellen, die nicht durch jüngere Baueingriffe gestört sind, noch mit archäologischen Spuren gerechnet werden kann. Bis zum jetzigen Zeitpunkt

zählen wir 28 Fundstellen. Mehrheitlich handelt es sich um frührömische Vorrats- und Abfallgruben und nur zu einem geringen Teil um Überreste von – aus der Sicht des Laien – typischen römischen Steinbauten, die kartiert wurden. Die in frührömischer Zeit hauptsächlich aus Holz und Lehmfachwerk errichteten Bauten haben in der Regel nur stark verwischte Spuren hinterlassen, weshalb sie bei älteren Grabungen nur ungenügend beachtet worden sind. Bisher konnten an keiner Stelle grössere Teile eines solchen Gebäudes im Zusammenhang untersucht werden, was die Rekonstruktion des Grundrisses erlauben würde. Auch wurde beispielsweise nur gerade an einer Stelle der Ausschnitt eines grösseren Gebäudekomplexes mit gemauertem Sockel, Keller und Hypokaust aus der mittleren Kaiserzeit ausgegraben (Abb. 4,19). Zumindest der Oberbau war teilweise in Fachwerktechnik errichtet worden. Auch dieses Gebäude wurde im Verlaufe des 3. Jahrhunderts n. Chr. ein Raub der Flammen[5].

Noch bietet es etwelche Schwierigkeiten, mittels der vorhandenen ‹Mosaiksteine› ein verlässliches Bild der einstigen römischen Bebauung in diesem Areal zu entwerfen. Es ist auch nicht das Ziel des gewählten Ausstellungskonzeptes, die vergleichsweise kargen Spuren römischer Siedlungstätigkeit an diesem Ort aufzuwerten. Ein anderes Anliegen steht vielmehr im Vordergrund: dem Museumsbesucher soll bewusst werden, dass die Archäologie auch und gerade in Basel ihren Beitrag zur Rekonstruktion der frühen Stadtgeschichte zu leisten vermag. Wie könnte zudem der Bezug zwischen Antike und Stadtgeschichte eindrücklicher dargestellt werden als mit den unter dem Antikenmuseum selbst vorgefundenen Objekten?

Die Stadtmauer am St. Alban-Graben

In unserer bisherigen Betrachtung haben wir einen wichtigen Befund der Ausgrabungen in

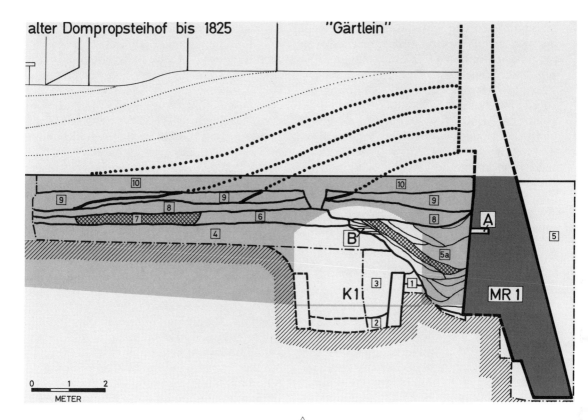

alter Dompropsteihof bis 1825   "Gärtlein"

Abb. 6. Schematischer Schnitt durch die Stadtbefestigung am St. Alban-Graben im Bereich der ehemaligen Kutschendurchfahrt der ‹Domprobstey› (vgl. Abb. 4,26); Blick gegen Osten. Zeichnung: H. Eichin. Mstb. 1:100.

der Verbindungs-Passage des Museums vorerst ausgeklammert: die Stadtmauer. Bekanntlich stehen die Fassaden etlicher Häuser auf der Nordseite des St. Alban-Grabens direkt auf den Überresten der hochmittelalterlichen Stadtmauer. Was sich oberflächlich betrachtet als ‹Stützmauer› hochgelegener Gärten auf der dem Kunstmuseum gegenüberliegenden Strassenseite ausnimmt, sind umfunktionierte Mauerteile der einstigen Wehrmauer, die das hochmittelalterliche Basel gegen Südosten abschloss. Das starke Anziehen der Mauer und der Stummel eines ehemaligen Wehrturmes beim Widerlager der Wettsteinbrücke sind die letzten Zeugen der noch bis ins 19. Jahrhundert erhaltenen Stadtmauer. Inzwischen sind diese Relikte

der einstigen Stadtbefestigung nach und nach der Spitzhacke zum Opfer gefallen; der Wehrgraben mit den einst darin befindlichen Gärten ist zu Beginn des 19. Jahrhunderts bereits vollständig eingeebnet und die Strasse verbreitert worden. Eine neue Zeit verlangte nach mehr Raum und grosszügigerer Stadtplanung.

Die Archäologische Bodenforschung hat es sich seit einigen Jahren zur Aufgabe gemacht, den Verlauf der alten Stadtbefestigungen aufgrund der bei zahlreichen baubedingten Aufschlüssen registrierten Befunde zu untersuchen, um damit den Wachstumsvorgang der mittelalterlichen Stadt nachzuvollziehen. Die Ausgrabung in der Kutscheneinfahrt der ‹Domprobstey› bildete eine willkommene Gelegenheit, den Aufbau der sogenannten Inneren Stadtmauer näher zu untersuchen. Zusätzlich erlauben neueste Befunde an der Wehrmauer, die anlässlich verschiedener Tiefbauarbeiten im St. Alban-Graben gewonnen werden konnten, die Rekonstruktion der Situation der inneren Stadtbefestigung, wie sie bis zum Bau der klassizistischen Stadtpalais 1826 bestanden hatte[6].

Abbildung 6 zeigt den idealisierten Schnitt durch die archäologisch untersuchten Schichten in der Einfahrt der ‹Domprobstey› (vgl. Abb. 4,26).

Den mit einem Laufsteg überbrückten römischen Keller (K1), über welchen man vom Verbindungsgang durch den rundbogigen Mauerdurchbruch in den Gewölbekeller der ‹Domprobstey› gelangt, haben wir schon weiter oben vorgestellt. Er wurde in die anstehenden Kiesschichten und eine schon vorher verfüllte ältere Grube (1) eingetieft. Aus der untersten Kellereinfüllung (2) stammen einige der in der Vitrine ausgestellten Gefässe. Der mit Schutt (3) eingeebnete Keller und der anstehende Kies waren überdeckt von einer offenbar mehrfach umgelagerten Schicht (4), die ausschliesslich römische Funde enthielt. Ausgehend von der Oberkante dieser Schicht, kann nun der Bauablauf der Stadtbefestigung nachvollzogen werden. Als erstes wurde der Sohlgraben (5) rund 4,5 Meter vom damals gültigen Gehniveau an gerechnet abgetieft[7]. Der dabei anfallende Aushub wurde stadtseits als mächtige Planie (6) abgelagert. Nun setzte der eigentliche Mauerbau ein. Die untere Fundamentpartie der Stadtmauer (MR 1) wurde direkt auf der Grabensohle gegen die anstehenden Kiesschichten gebaut. Grosse Kalkquader bildeten die grabenseitige Mauerfront.

Den dahinter liegenden Zwischenraum verfüllte man gleichmässig mit einem Gemenge aus Kieselwacken und wenigen Bruchsteinen, vermischt mit einem grob gemagerten Mörtel. Nach Erreichen einer Höhe von zirka 2 Metern erforderte das starke Anziehen der Mauerfront eine breitere Basis für den weiteren Bau der Mauer. So entstand die im Querschnitt sichtbare breite Abtreppung des an dieser Stelle rund 2,4 Meter messenden Fundamentes. Von diesem Niveau an erhielt die Mauer auch stadtseitig eine Schale aus Kalkbruchsteinen und wurde in einer Baugrube (5a) frei aufgebaut; die Zwischenräume sind abschliessend grob ausgefugt worden[8]. Nach Erreichen des zeitgenössischen stadtseitigen Bauhorizontes (6/7) wurde über die offene Baugrube (5a) eine Arbeitsebene gelegt, die mittels Gerüsthebeln (A) im Mauerwerk und in der Böschung (B) verankert wurde. Schicht (8) ebnet die inzwischen verfüllte Baugrube (5a) gänzlich ein und überdeckt ihrerseits die erste Planieschicht (6). In Schicht (6) konnten wir eine muldenförmige Eintiefung (7) beobachten, die offenbar zum Mischen von Mörtel gedient hatte. In der Auffüllung wurden einige Topfscherben des 11./12. Jahrhunderts gefunden, die den Bau der Mauer datieren. Mörtelschutt ähnlicher Konsistenz wurde auch zur Verfüllung der Baugrube (5a) verwendet. Der weitere Aufbau der Stadtmauer erfolgte sinngemäss. Wir glauben, dass das heute noch beim Ritterhof sichtbare starke Anziehen der grabenseitigen Mauerfront auch bei den höherliegenden Mauerpartien abermals ein stadtseitiges Zurückspringen des Mauerkörpers bedingte. Deshalb wurde auf dem schematischen Schnitt eine weitere hypothetische Abtreppung gestrichelt eingezeichnet[9]. – Mit Schicht (9) konnten die einzelnen Arbeitsphasen der Anschüttung eines rückseitigen Walles gerade noch in ihren Ansätzen erfasst werden. Der vermutete Schichtverlauf ist nur gepunktet wiedergege-

△
Abb. 7. Blick auf den Dompropsteihof von Westen her. Im Vordergrund ist deutlich die Wallhinterschüttung der Stadtbefestigung erkennbar. Gemälde von Friedrich Meyer, vor 1825.

ben. Schicht (10) schliesslich hat mit dem Mauerbau nichts mehr zu tun, sondern stammt vom Bau des bestehenden klassizistischen Gebäudes. Aus den Aufzeichnungen des Bauherrn geht hervor, dass 1826 für den Bau der Liegenschaft die rund 3 Meter hohe Wallhinterschüttung abgebaut und auch der Hofbereich abgesenkt wurde. Streifen wir nun noch kurz die Geschichte der alten Dompropstei.

sollempnis curtis prepositure Basiliensis – der Basler Dompropsteihof

Am 4. August des Jahres 1825 besiegelte die öffentliche Versteigerung des Areales der Dompropstei das Ende einer damals rund 700jährigen Ära, während der die Geschicke der Haushaltung des Basler Domstiftes von hier aus gelenkt worden waren[10]. Der Käufer, der Bandfabrikant Johann Jakob Bachofen-Merian – der Vater des berühmten ‹Mutterrechtlers› und Historikers –, vereinbarte noch im selben Monat den Verkauf der westlichen Hälfte des Areals am St. Alban-Graben mitsamt den darauf befindlichen Gebäuden an den Bankier Isaak Iselin-Roulet. Dieser wollte sich hier, aus New York zurückgekehrt, niederlassen. Bachofen, der da-

263

Abb. 8. Die Dompropstei von Nordosten her gesehen. Links
die ‹leimene Stiege›. In der Nordmauer des angrenzenden
Hauptgebäudes deutet eine senkrechte Baufuge auf einen
ursprünglich vielleicht turmartigen Grundriss hin. Gemälde
von Friedrich Meyer, vor 1825.

mals im angrenzenden hinteren Ritterhof
wohnte, hatte anfänglich nicht die Absicht, das
ihm verbliebene Gelände zu überbauen. Beim
Verkauf an Iselin war auch noch nicht die Rede
vom Abbruch der alten Gebäude. Iselin liess
nun den auf seinem Gelände stehenden Dompropsteihof mit dem angebauten Nordflügel sowie die übrigen Nebengebäude abbrechen, um
sich an ihrer Statt einen repräsentativen Sitz erstellen zu lassen. Nun ergriff auch Bachofen die
Lust am Bauen. Die beiden Herren wandten sich
an den zu Studienzwecken in Paris weilenden
jungen Architekten Melchior Berri, der in Basel
kurz zuvor mit dem Bau des Casinos Furore gemacht hatte. Iselin nahm schon im September

1825 persönlichen Kontakt mit Berri in Paris
auf und konnte diesen für den doppelten Auftrag gewinnen. Im Dezember lagen bereits die
ersten Pläne auf dem Tisch. Iselin stellte der
Kreativität Berris offenbar nichts in den Weg;
Bachofen jedoch wollte zweifelsfrei seine Vorstellungen in der Planung berücksichtigt und
verwirklicht sehen; Berri «brauchte eine Hiobs-
geduld, um allen diesen Launen zu entsprechen». Um sich den nicht enden wollenden

Wünschen Bachofens entziehen zu können, quittierte Berri nach rund sechsmonatiger Tätigkeit bei Bachofen seinen Dienst. Bachofen jedoch übertrug die Bauleitung dem Zimmermeister und späteren Bürgermeister Johann Jakob Stehlin-Hagenbach, den er schon zuvor, und nicht zur Freude Berris, hinter dessen Rücken verschiedentlich konsultiert hatte. So entstanden am St. Alban-Graben jene beiden klassizistischen Häuser, die nun – unter einem Dach vereinigt – das Antikenmuseum und Sammlung Ludwig beherbergen.

Durch glückliche Umstände sind neben alten Plänen (Abb. 9) und den Aufzeichnungen Bachofens auch die beiden Gemälde Friedrich Meyers mit unterschiedlichen Ansichten des ehemaligen Dompropsteihofes erhalten geblieben (Abb. 7 und 8)[11]. Sie widerspiegeln den Baubestand vor 1826. Das zuletzt im Jahre 1515 unter dem Dompropst Werner von Mörsberg «erbesserte», d.h. renovierte Hauptgebäude war in die Wallhinterschüttung der Stadtbefestigung aus dem 12. Jahrhundert gebaut worden (Abb. 6 und 7). Zum eigentlichen Wohngeschoss auf der Wallkrone führte eine breite, überdachte Treppe, die sogenannte ‹leimene Stiege› (Abb. 8). An ihrem oberen Abschluss befand sich ursprünglich das 1515 errichtete gotische Portal Werners von Mörsberg. Eine der von Berri empfundenen Launen Bachofens dürfte dessen Vorliebe für alte Architekturelemente der abgebrochenen Dompropstei gewesen sein. Bachofen hatte nicht nur das Mörsberg-Portal beim Niederlegen der auf seinem Terrain befindlichen Gebäudeteile sichergestellt, sondern auch andere Architekturteile in schwärmerischem ‹Bewusstsein› um deren historische Aussagekraft vor der Zerstörung gerettet. Das Portal liess er anstelle der ursprünglich projektierten neugotischen Torvariante am Treppenturm wiedereinfügen (Abb. 10). Neuangefertigte Statuen des legendären Dompropstes Ezzelinus

und des vermeintlichen Erbauers der Dompropstei, Thürings (VI) von Ramstein, flankierten den Eingang[12]. Andere alte Bauteile liess er an den neuen Stallungen anbringen. So stammen das Rundbogenfenster und die Blendarkade (Abb. 11), die heute als wertvolle Zeugnisse romanischer Baukunst im Stadt- und Münstermuseum ausgestellt sind, ehemals aus der Dompropstei[13]! Ihre einstige Lage ist rekonstruierbar: sie waren in der Ostmauer des Hauptgebäudes seitlich des Hauseinganges oberhalb der ‹leimenen Stiege› anlässlich eines Umbaues (1515?) zugemauert worden und sind offenbar erst beim Abbruch dieser Mauer wieder zum Vorschein gekommen. Nach stilistischen Kriterien beurteilt, stammen sie aus dem ausgehenden 12. Jahrhundert[14]. Der beiläufige Hinweis Bachofens auf einen «unter dem Dachgesims» vorhandenen Würfelfries scheint ebenfalls darauf hinzudeuten, dass noch 1825 zumindest Teile des 1237 erstmals urkundlich erwähnten Dompropsteihofes[15] erhalten gewesen und somit auch nicht der «Erbesserung» der Gebäude unter Werner von Mörsberg zum Opfer gefallen waren.

Diese Tatsache liefert uns einen weiteren willkommenen Hinweis auf die Datierung sowohl der Dompropstei als auch der Stadtmauer am St. Alban-Graben. Der Bau des Stadtmauerabschnittes konnte aufgrund keramischer Funde im 12. Jahrhundert ermittelt werden. Der Text einer Urkunde besagt nun, dass die Grundherrschaft des Klosters St. Alban und die damit zusammenhängende Rechtssprechung «a muro civitatis», also von einer bestehenden Stadtmauer ausgehend, ihren Anfang nehme[16]. Diese Urkunde, die zwar auf die Jahre 1102/03 datiert ist, könnte aber auch erst in der Mitte des 12. Jahrhunderts, vielleicht als Neuausfertigung, ausgestellt worden sein[17]. Jedenfalls muss der Terminus ‹murus civitatis› nicht zwingend auf die unter Bischof Burkhard erstellte Stadt-

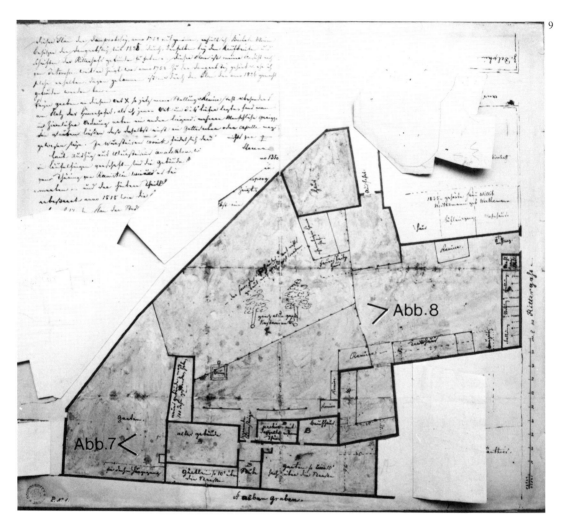

> Abb.8

Abb.7 <

mauer übertragen werden, sondern bezeichnet wohl eher den Mauerabschnitt am St. Alban-Graben, der eine der ersten fassbaren Stadter-weiterungen darstellen dürfte. Die Burkhard-sche Mauer dürfte wohl nach wie vor im Bereich der schon in der Antike gewählten Befestigungs-linie, parallel zum Wehrgraben an der Bäum-leingasse, verlaufen sein. Somit besteht die ge-meinhin als Innere Stadtmauer bezeichnete

Stadtbefestigung aus zwei Teilen: einer älteren, bereits im 12. Jahrhundert erfolgten Erweite-rung im Vorgelände südöstlich des Münsterhü-gels mit einem Mauerzug, der sich bis zum Bar-füsserplatz erstreckte, und einer jüngeren Phase des frühen 13. Jahrhunderts, welche die Burk-hardsche Stadtmauer links des Birsigs ersetzte und den heutigen Barfüsserplatz ohne nennens-werten Gebietsgewinn miteinbezog[18].

◁ Abb. 9. Übersichtsplan (1758) des ehemaligen Dompropstei-Areales und der zugehörigen Bauten, mit zahlreichen Einträgen von der Hand J.J. Bachofen-Merians. Das Areal umfasste wohl ursprünglich den gesamten Bereich zwischen Luftgässlein – St. Alban-Graben – Rittergasse – Bäumleingasse.

△
Abb. 10. Portal des Dompropstes J. Werner von Mörsberg-Beffort aus dem Jahre 1515. Links: Entwurf für eine erweiterte Fassung mit Bischofstatuen, wohl 1826; Mitte: Zustand am Treppenturm bis 1945; rechts: heutiger Zustand. Die Statuen des Ezzelinus und Thürings von Ramstein befinden sich heute seitlich der Gedenktafel bei der Kutschendurchfahrt.

Abb. 11. Romanisches Rundbogenfenster und Blendbogenfenster um 1200 aus dem ehemaligen Dompropsteihof. Heute: Stadt- und Münstermuseum. Mstb. 1:10. ▷

Anmerkungen:

1 Ernst Berger, Zur Eröffnung des erweiterten Antikenmuseums in Basel am 3. Mai 1988. Antike Kunst, 31. Jg. 1988, Heft 1, 29–44.

2 Guido Helmig, Vorbericht über die Ausgrabungen im Areal der ehemaligen Dompropstei – Antikenmuseum, St. Alban-Graben 5–7 (1983/38). Basler Zeitschrift für Geschichte und Altertumskunde (BZ) 86/2, 1986, 220–231.

3 Guido Helmig, Zum Forschungsstand im römischen Vicus südöstlich des Münsterhügels. BZ 87, 1987, 224–233.

4 Für nähere Angaben zu den einzelnen Fundstellen vgl. Guido Helmig (Anm. 3).

5 Rudolf Moosbrugger-Leu, Die Grabung Rittergasse 16. BZ 73, 1973, 250–264.

6 Im Oktober 1988 konnte am St. Alban-Graben die Stadtmauer in einem Arbeitsschacht für neue Kanalisations-Anschlüsse bis zur Unterkante beobachtet werden. Diese liegt fünf Meter unter dem aktuellen Strassenniveau. Der Befund ist in Abb. 6 bereits miteinbezogen.

7 Bei der Mündung des Luftgässleins in den St. Alban-Graben ist der Wehrgraben 14,8 Meter breit, gemessen auf dem aktuellen Strassenniveau. – Siehe dazu auch St. Alban-Graben (A), 1986/10. BZ 88, 1988 (im Druck).

8 Vgl. dazu Rolf d'Aujourd'hui, Zur Entwicklung der hochmittelalterlichen Stadtbefestigung östlich des Birsigs, zwischen Barfüsserplatz und Rittergasse. BZ 87, 1987, 234–265, besonders 244 f. und Abb. 22.

9 Der erste Absatz von MR 1 könnte unbesehen auch auf eine jüngere Vorblendung und Unterfangung mit einer deshalb schräg anziehenden Front schliessen lassen. Verschiedene Aufschlüsse weisen jedoch klar darauf hin, dass die Mauer in einem Zug erstellt wurde.

10 Die folgenden Ausführungen basieren hauptsächlich auf Nachforschungen im Staatsarchiv (P.-A. 201, P.-A. 562).

11 Von diesen Gemälden Friedrich Meyers, insbesondere von Abb. 8, existieren mehrere Kopien des Kleinmeisters Peter Toussaint, die nicht authentisch sind (StAB, Bildersammlung Falk. C 15 und 16 sowie Wack. D 75).

12 Die Statuen der beiden Dompröpste liess Bachofen zur Erinnerung an die vermeintlichen Erbauer und Förderer der Dompropstei herstellen. Er stützte sich dabei auf die Angaben in der ‹Münsterbeschreibung› Christian Wurstisens, die ihm der Pfarrer Markus Lutz aus Läufelfingen verschafft hatte.

13 Für die Erlaubnis der fotografischen Wiedergabe der beiden Spolien sei der Konservatorin des Stadt- und Münstermuseums, Frau Dr. B. Meles, herzlich gedankt.

14 Als Parallele sei hier auf die ähnlich ausgestalteten Speichen des romanischen Glücksrades am nördlichen Querhaus des Basler Münsters verwiesen.

15 Erste urkundliche Nennung des Dompropsteihofes 1237; Urkundenbuch der Stadt Basel 1, Nr. 146, 101 f.: «sollempnis curtis prepositure Basiliensis».

16 Urkundenbuch der Stadt Basel 1, Nr. 15, 11 ff.

17 Siehe dazu Peter Rück, Die Urkunden der Bischöfe von Basel bis 1213. Quellen und Forschungen zur Basler Geschichte 1, Basel 1966, 52 f.

18 Zu der von Dorothee Rippmann, Basel Barfüsserkirche, Grabungen 1975–1977, Olten 1987, 125 ff. formulierten Hypothese des Verlaufes der Burkhardschen Stadtmauer im Bereich Aeschenschwibbogen/Luftgässlein vgl. Rolf d'Aujourd'hui, Anm. 8, 250 ff.

CHRONIK 1988

zusammengestellt von Hans Peter Muster

Januar 1988

1. Asylanten Das am St. Johann-Steiger liegende, zum schwimmenden Asylantenheim umfunktionierte Hotelschiff MS ‹Ursula› nimmt seinen Betrieb auf und ist schon nach drei Tagen überbelegt.

2. Schällemätteli Gegen die geplante 6 Mio. Franken teure Sanierung des Schällemätteli wird ein von rund 3000 Unterschriften getragenes Referendum eingereicht.

5. Räumung 72 Polizeileute räumen die seit dem 1. September 1986 von 19 Personen besetzten Liegenschaften Kleinhüningerstrasse 177–181.

Demonstration Als Kundgebung gegen die Häuserräumung versammeln sich in der Innerstadt rund 50 Demonstranten zu einem Protestmarsch, der unter massivem Polizeieinsatz mit Tränengas aufgelöst wird.

Chemie-Initiative Auf der Staatskanzlei wird mit 4600 Unterschriften die ‹Initiative zur Entschärfung und Entgiftung der chemischen Industrie› eingereicht.

Gewerbeverband Am traditionellen Neujahrsempfang fordert Gewerbepräsident Werner Oser verstärkte Hinwendung des Gewerbemuseums zu seiner gewerblichen Bestimmung.

† † *Eduard Bienz-Stricker* (89), gew. Lehrer an der Knabenrealschule Basel.

7. Grosser Rat Der Grosse Rat heisst das nach zehnjähriger Vorarbeit zustandegekommene neue ‹Gesetz über das Gastgewerbe› mit grossem Mehr gegen eine Stimme gut und

Ombudsman wählt den bisherigen Vorsteher des Zivilstandsamtes, *lic. iur. Andreas Nabholz,* mit allen gültigen Stimmen zu Basels erstem Ombudsman für das Beschwerdewesen.

† † (in Bern) *Dr. phil. Rolf Zehnder-Kraus* (42), Privatdozent für Statistik an der Universität Basel.

9. Basler AZ Nach 18jährigem Unterbruch erscheint erstmals wieder eine Samstagsausgabe der Basler AZ.

Demonstration Mit einer Demonstration in der Innerstadt solidarisieren sich rund 500 Teilnehmer mit den exmittierten Besetzern der Häuser Kleinhüningerstrasse 177–181. Im Anschluss an die Kundgebung wird mit der leerstehenden Liegenschaft Mörsbergerstrasse 42 erneut ein Haus besetzt.

† † *Gustav Brändlin-Brunner* (97), Inhaber der 1886 gegründeten letzten Mälzerei der Schweiz, Förderer des schweizerischen Tennissports, Zentralkomiteemitglied des Tennisverbandes.

Januar

11. †

† Georges Meyer-Kaufmann (83), Gärtnermeister, Strafrichter, ehem. Geschäftsleiter der Radikalen Partei.

12. Regierungsrat

Der Regierungsrat beschliesst eine Dienstvorschrift, wonach bei Auftreten von Wintersmog-Lagen mit Tagesmittelwerten von über 200 μg SO_2/m^3 Luft auf aufschiebbare Motorfahrzeug-Dienstfahrten zu verzichten ist.

13. Literaturpreis 1987

Regierungsrat Hans-Rudolf Striebel übergibt den Preis der Staatlichen Literaturkreditkommission an den Schriftsteller *Jürg Laederach.*

Asylanten

An einer FDP-Podiumsdiskussion zum Thema Asylproblematik wird *Peter Arbenz,* Flüchtlingsdelegierter des Bundes, in der Muba durch rund 50 Demonstranten am Sprechen gehindert und kann sich erst nach einem Polizeieinsatz zum Thema äussern.

14. Grosser Rat

Der Grosse Rat bewilligt der Regierung einen Finanzrahmen von einer Milliarde Franken zur bedarfsweisen Aufnahme von Darlehen und Anleihen, befürwortet die acht Jahre alte POB-Initiative für Gesundheitszentren in Quartieren und bewilligt einen Projektierungskredit von 710 000 Franken für bauliche Massnahmen am BVB-Netz 1990. In einer Nachtsitzung behandelt der Rat 16 neue Anzüge und mehr als 20 anhängige Interpellationen.

†

† Anni Weber (89), Opernsängerin am Basler Stadttheater, Witwe des Basler Schauspielers Hermann Gallinger.

15. Ehrung

Der Basler Ehrendozent *Dr. med. et phil. René Bernoulli* wird in Paris von Bürgermeister Jacques Chirac mit der ‹Médaille de la Ville de Paris› ausgezeichnet.

16. Demonstration

Mit einer symbolischen Besetzung des Badischen Bahnhofes protestieren rund 2000 Demonstranten gegen die ‹Das Boot ist voll›-Politik der Bundesbehörden.

†

† Dr. phil. Alwin Héritier-Ehrsam (89), Vizedirektor, Leiter der Pharma-Registrierung bei Ciba-Geigy, Delegierter der UN-Conference for Sciences and Development.

17. Regierungsratswahlen

Bei den Regierungsratswahlen werden die bisherigen Räte *Facklam, Feldges, Gysin, Jenny, Keller* und *Schnyder* wiedergewählt, ihr Kollege *Hans-Rudolf Striebel* hat sich gegen die SP-Kandidatin *Beatrice Alder* einem zweiten Wahlgang zu stellen.

Grossratswahlen

Die Grossratswahlen ergeben folgende neue Sitzverteilung im Kantonsparlament: SP 27 (+1), FDP 19 (–2), CVP 15 (15), LDP 15 (15), POB 12 (–3), NA 10 (+3), DSP 9 (–2), LdU 8 (+3), VEW 7 (–3), GAB 3 (+3), PdA 2 (–1), Grüne Liste 2 (+2), VA 1 (+1).

18. Nobelpreisträger

Der für seine Arbeiten am Basler Institut für Immunologie mit dem Nobelpreis 1987 ausgezeichnete japanische *Professor Susumo Tonegawa* wird anlässlich einer

		Feier von *Regierungsrat Hans-Rudolf Striebel* im Namen der Stadt beglückwünscht.
	Kino Union	Mit einer Petition an die Basler Kantonalbank als Hauseigentümerin setzen sich rund 700 Unterzeichner für die Erhaltung des auf Ende März zum Abbruch bestimmten letzten Basler Quartierkinos ‹Union› an der Klybeckstrasse ein.
	Spalencasino	Das bisherige Quartierzentrum Spalencasino, Ecke Allschwilerstrasse/Birkenstrasse, wird nach langem Ringen um seine Erhaltung abgebrochen.
19.	Elisabethenkirche	Auf Antrag des Denkmalrates beschliesst der Regierungsrat, das Gotteshaus St. Elisabethen, Grabkirche des Stifterehepaares *Christoph* und *Margaretha Merian-Burckhardt,* unter Denkmalschutz zu stellen.
	†	*† Gertrud Isolani* (88), international angesehene Schriftstellerin, Autorin von Romanen, Biographien, Kurzgeschichten, Novellen und Theaterstücken.
20.	Vogel Gryff	Bei frühlingshafter Witterung und entsprechendem Publikumsandrang feiert Kleinbasels Bevölkerung den im Zeichen der Häre stehenden Ehrentag des Vogel Gryff.
	Wahl	Der Bundesrat wählt den Basler Juristen *Dr. iur. et lic. oec. Heinrich Koller* zum neuen Direktor des Bundesamtes für Justiz.
21.	Modellgemeinde Basel	Vom Trägerverein ‹Kommunikations-Modellgemeinden der Schweiz› wird Basel zu einer der zwölf schweizerischen Modellgemeinden bestimmt.
	Cogene-Symposium '88	In der Mustermesse diskutieren anlässlich eines internationalen Genetik-Kongresses 400 in- und ausländische Biologen über Mach- und Wünschbares in ihrer Fachrichtung.
22.	9. Basler Jazzwochen	Mit einem breitgefächerten Angebot namhafter Jazzformationen aus dem In- und Ausland beginnen im ‹Atlantis› die 9. Basler Jazzwochen.
	4. Basler Medientage	Im Missionshaus zeigt der Arbeitskreis ‹Basler Medientage› didaktische Filme, Videos und Tonbildreihen aus vier Kontinenten.
25.	‹Stiftung Basler Orchester›	Vertreter des Kantons, der Schweizerischen Radio- und Fernsehgesellschaft (SRG), der Allgemeinen Musikgesellschaft (AMG) und der Basler Theater unterzeichnen mit der ‹Stiftung Basler Orchester› eine neue Trägerschaft für das Basler Sinfonieorchester und das Radio-Sinfonieorchester Basel.
26.	Regierungsrat	Der Regierungsrat bestimmt das Amt für Kantons- und Stadtplanung (AKS) zur kantonalen Fachstelle für Fuss- und Wanderwege.
	Wahl	Der Regierungsrat wählt *Dr. phil. Josef Zwicker* zu einem Archivar im Basler Staatsarchiv.

Januar

27.   Grosser Rat   In nur einer Sitzung verabschiedet der Grosse Rat das Staatsbudget 1988. Bei Ausgaben von 2,4 Mrd. Franken sieht der Voranschlag einen Einnahmenüberschuss von 30,5 Mio. Franken vor.

28.   Grosser Rat   Der Grosse Rat erledigt zahlreiche, teils in die frühen siebziger Jahre zurückgehende persönliche Vorstösse und debattiert den Anzug ‹Freiwillige staatliche Tagesschulen ohne Zulassungsbeschränkung›.

         †   *† Dr. iur. Erich Auckenthaler-Wolff-Röder* (87), Verleger.

29.   Internationale Münzenmesse   In der Muba wird die in den Rang einer internationalen Veranstaltung aufgewertete ‹1. Internationale Münzenmesse› abgehalten.

         Asylgesuch   Der extremistische Basler Grossrat *Eric Weber,* Gründer der ‹Volksaktion gegen zuviele Ausländer und Asylanten›, ersucht in der BRD um politisches Asyl.

         Ehrungen   Der Basler *Theologie-Professor Dr. theol. et Dr. h.c. Jan Milič Lochmann* und der Metallplastiker *Jean Tinguely* werden in der Universität mit dem Jacob-Burckhardt-Preis 1987 und 1988 der Basler Johann-Wolfgang-von-Goethe-Stiftung ausgezeichnet.

30.   Demonstration   Rund 500 Personen der verschiedensten Gruppierungen demonstrieren vor dem Rathaus für eine bessere Luft.

         Brysdrummlen und -pfyffe   Neue Trommelkönige sind *Peter Stalder* bei den alten, *Fabio Gallachi* bei den jungen Tambouren; bei den Pfeifern holen sich *Urs Stebler* bei den alten, *Beatrice Schmid* bei den jungen den Titel.

         ATV Basel und HC Basilisk   Der Handballclub ‹Basilisk› beschliesst die Integration mit dem ‹ATV Basel-Stadt 1862›.

31.   †   *† Edy Humbel-Angst* (81), Papeterist, seit 1958 Mitglied des Fasnachts-Comités, während zwei Jahrzehnten Teil des Duos ‹Haimlifaiss/Dipflischysser› am Monstre-Trommelkonzert.

         †   *† Dr. ing. chem. Salomon Max Pestalozzi-Iselin* (80), Chemiker bei Sandoz, ehem. Präsident der Armee-Meteorologen und des Basler Ruderclubs.

Februar 1988

1.   Bäumlihofgut   Die 250jährige, überalterte Kastanienallee des Inneren Bäumlihofgutes muss durch eine Neupflanzung ersetzt werden.

2.   Didacta 88   Bis zum 6. Februar veranstaltete die Muba die von rund 600 Ausstellern aus 28 Ländern beschickte, von Fachtagungen und einer umstrittenen Armee-Sonderschau begleitete 6. Internationale Lehrmittel- und Bildungsmesse ‹Didacta 88›.

Februar

	Wahlen	Der Regierungsrat wählt *Dr. Theodor Schroeder* zu einem akademischen Mitarbeiter beim Gewässerschutzamt und *lic. iur. Yvonne Bollag* zu einer Adjunktin des Leiters der Öffentlichen Krankenkasse.
3.	Schenkung	Der Basler Philatelist *Ernst Müller,* ‹Marken-Müller›, schenkt dem Historischen Museum seine kostbare, alle 1040 Varianten der ersten eidgenössischen Briefmarken umfassende ‹Rayon II›-Sammlung.
	Polizei	Als Folge der Ausschreitungen vom 16. Januar erlässt *Polizeidirektor Karl Schnyder* ein Vermummungsverbot für Demonstranten.
4.	Studentenschaft	In einer dreitägigen Urabstimmung beschliessen Basels Studierende mit einer Mehrheit von 57,1% die Wiedereinführung der 1974 aufgehobenen Gesamtstudentenschaft.
	Asylanten	Im Jahre 1987 wurden im Kanton Basel-Stadt 1153 Asylgesuche gestellt, weitere 183 Personen wurden in andere Kantone verwiesen.
5.	Tagung der Grenzkantone	Entscheidungsträger fast aller Grenzkantone sprechen sich anlässlich einer Tagung in der Muba für eine föderalistische Ausgestaltung der Grenzgängerstrukturen aus.
	Wetter	Mit einem Monatsmittel von 5,2°C verzeichnet Basel den wärmsten Januar seit mehr als 150 Jahren.
	Tennis	Die dreitägige Davis-Cup-Begegnung im Tennis zwischen Frankreich und der Schweiz in der Sporthalle St. Jakob endet mit einem 4:1-Sieg der französischen Mannschaft.
6.	Europarat	Im Rahmen der ‹Didacta 88› tagt der Europarat zum Thema ‹Interaktives Lernen› erstmals in Basel.
	Demonstration	Mit einem friedlich verlaufenen Demonstrationsmarsch vom Markt- zum Claraplatz manifestieren rund 1000 Teilnehmer für das Selbstbestimmungsrecht des palästinensischen Volkes und gegen die harte Besatzungspolitik der Israelis.
	100 Jahre Basler Blaukreuzmusik	Mit der Uraufführung eines Jubiläumsmarsches anlässlich der 100-Jahr-Feier im Gemeindesaal St. Matthäus beginnen verschiedene Jubiläumsanlässe der 100jährigen Basler Blaukreuzmusik.
9.	Regierungsrat	Der Regierungsrat ersucht den Grossen Rat um die Bewilligung eines Kredites von 900 000 Franken zur Ausarbeitung eines umweltfreundlichen Projektes für die Nordtangente.
	Militär	Am traditionellen Empfang im Rathaus verabschiedet der Regierungsrat abtretende und begrüsst neue höhere Truppenkommandanten.
	†	† *Walter Saladin* (91), Komponist der beliebten Basler Trommelmärsche ‹Rhywälle›, ‹Bajass›, ‹Lällekeenig›, ‹Baaslerdyybli› u.v.a.

Februar

10. Verkabelung Basels
Mit der Unterzeichnung der Stiftungsurkunde in der Mustermesse beginnt Basels Ausstattung mit Europas modernstem Kabelnetz und seine Entwicklung zur Medienstadt.

Parkhaus Badischer Bahnhof
Das 334 m lange und 626 Autos fassende Parkhaus beim Badischen Bahnhof entlang der Schwarzwaldstrasse wird offiziell seiner Bestimmung übergeben.

Ehrung
Der Dirigent *Dr. h.c. Paul Sacher* wird in Wien von der Bundesministerin für Unterricht mit der Ehrenprofessur ausgezeichnet.

Bluthochdruck-Symposium
Am ‹25. Anniversary International Symposium› im Muba-Kongresszentrum befassen sich rund 1500 Ärzte aus 45 Nationen mit dem Thema ‹Calcium Antagonists in Hypertension›.

11. Grosser Rat
Der Grosse Rat bewilligt einen Kredit von 1,75 Mio. Franken zum Bau einer Anlegestelle für Kabinenschiffe am Elsässerrheinweg, bestätigt die bisherige Kulturpauschale von 400 000 Franken und überweist mehrere Budgetpostulate an die Regierung.

12. Petite Camargue Alsacienne
Das Basler ‹Comité pro Petite Camargue Alsacienne› erhält dank einem 129 000-Franken-Check von Sandoz die Möglichkeit, das elsässische Naturschutzgebiet samt historischer Fischzuchtanstalt auf 99 Jahre zu pachten.

14. Regierungsrats-Nachwahl
Die im Vorfeld der Nachwahl massiv verunglimpfte SP-Kandidatin *Beatrice Alder* unterliegt im 2. Wahlgang gegen den bisherigen *Regierungsrat Hans-Rudolf Striebel* mit 46 zu 53% der abgegebenen Stimmen.

Volleyball
Die Volleyballerinnen von Uni Basel sichern sich mit einem Sieg über BTV Luzern den 22. Schweizermeisterinnen-Titel.

15. ‹Futterkrippe›
Unter dem Namen ‹Futterkrippe› beginnt während der Winterzeit an der Webergasse Europas erste ‹Kotelett-Gassenküche› mit der unentgeltlichen Abgabe warmer Mahlzeiten an Nichtsesshafte und Bedürftige.

†
† *Dr. iur. Hans Winter-Müller* (82), Meteorologe auf den Flugplätzen Basel-Sternenfeld, Genève-Cointrin, Zürich-Kloten und Basel-Mulhouse, während 23 Jahren ‹Wetterfrosch› am Radio-Studio Basel.

†
† *Gustav Laeuchli-Berger* (95), Reallehrer.

16. Regierungsrat
Der Regierungsrat bewilligt einen einmaligen Investitionsbeitrag von 365 000 Franken an den Umbau und die Renovation des Kinderheimes ‹Verenahof›.

Wahl
Der Regierungsrat wählt *Dr. chem. Christopher Hohl* zu einem Hochschulchemiker beim Sanitätsdepartement.

Bürgergemeinde
Der Bürgergemeinderat bewilligt einen Planungskredit von 250 000 Franken zum Ausbau des Landwirtschaftsbetriebes ‹Spittelhof› in Biel-Benken und weitere

Februar

		100 000 Franken als Projektierungsbeitrag zur Innenrenovation der Kartäuser-(Waisenhaus-)kirche.
	Universität	Ein neugegründeter, aus rund 80 Firmen bestehender Förderverein der Wirtschaft beschliesst die finanzielle Unterstützung des Wirtschaftswissenschaftlichen Instituts der Universität im neuerstellten ‹Rosshof›.
17.	Chemie-Risiko	Eine vom Regierungsrat vorgestellte ‹Umfassende Risiko-Grobanalyse› kommt zum Schluss, dass die grössten regionalen Gefahrenpotentiale im Bereich der Chemietransporte auf Strasse, Schiene und Wasserweg liegen.
18.	Grosser Rat	Mit einem Stimmenverhältnis von 82 zu 22 spricht sich der Grosse Rat klar für die neue Schulreform aus, unterstellt sie jedoch dem obligatorischen Referendum.
19.	Internationale Kommunikation	Der französische *Umweltminister Alain Carrignon* nimmt mit einem persönlichen Gespräch das direkte Polizei-Telefon St. Louis–Basel in Betrieb.
	†	*† Fritz Lauber-Maier* (71), Architekt, von 1961 bis 1977 Denkmalpfleger und Direktor des Stadt- und Münstermuseums im Kleinen Klingenthal, seit 1964 Vizepräsident der Eidgenössischen Kommission für Denkmalpflege, Unesco-Experte, Träger des deutschen Bundesverdienstkreuzes.
22.	Fasnacht	Bei Temperaturen um 0°C und bei heiterem Himmel nimmt die Basler Fasnacht mit einem prächtigen Morgestraich ihren Anfang.
27.	Ändstraich	Im Muba-Kongresszentrum endet mit dem rege besuchten Ändstraich und der Maskenprämierung die diesjährige Fasnacht.
	†	*† Paul Rey-Eichholzer* (91), Gründer und Verwaltungsratspräsident der Elektrizitäts-Aktiengesellschaft Basel.
28.	106. Geburtstag	Im israelitischen Altersheim ‹La Charmille› in Riehen feiert Basels älteste Einwohnerin, Frau *Rosa Rosenberg-Ginsberg,* ihren 106. Geburtstag.

März 1988

1.	Tarifverbund Nordwestschweiz	In den ersten sieben Monaten des Tarifverbundes registrieren BVB und BLT eine weit über alle Prognosen hinausgehende Zunahme der verkauften U-Abonnemente. So entfallen in Basel-Stadt auf 1000 Einwohner bereits 345 U-Abos (gegenüber 310 Personenwagenhaltern).
2.	AKW Kaiseraugst	Atomkraftbefürworter dreier bürgerlicher Bundesratsparteien fordern Stände- und Nationalrat in zwei Motionen zum Verzicht auf den Bau des AKW Kaiseraugst auf. Dieser überraschende, in der Region als sensationell gewertete und mit grosser Erleichterung aufgenommene Vorstoss bildet für die Basler Zeitung den Anlass zur Edition eines Extrablattes.

März

†		† *Dr. nat. oec. Ernst Weisskopf-Schlumpf* (73), Direktor und Verwaltungsrat der Regiobank beider Basel, Stiftungsrat der Ulrich-Stamm-Stiftung, von 1945 bis 1950 Sekretär des Basler Gewerbeverbandes, Verwaltungsrat der Schweizerischen Bankiervereinigung.
3.	100. Geburtstag	Frau *Louise Baur-Neumann* nimmt an ihrem 100. Geburtstag die Glückwünsche von *Regierungspräsident Mathias Feldges* entgegen.
4.	Nierenstein-zertrümmerer	Die beiden Sanitätsdirektoren, *Remo Gysin,* BS, und *Werner Spitteler,* BL, übergeben den seit dem 26. Januar im Basler Kantonsspital partnerschaftlich installierten Nierensteinzertrümmerer offiziell dem Betrieb.
†		† *Walter Wirz* (93), Mitgründer der Gebr. Wirz Elektro AG.
5.	Schweizer Mustermesse	Unter dem Motto ‹Marktplatz für die Welt› beginnt die von 14 Handelspartnerländern beschickte 72. Schweizer Mustermesse und die 9. Gesundheitsmesse ‹Natura›. Dank rund 550 000 verkauften Eintrittskarten schliesst die Veranstaltung mit neuem Besucherrekord.
	Tag der Medien/ Journalistenpreise	Nach einer programmatischen Abschiedsrede des scheidenden *Muba-Generaldirektors Frédéric Walthard* vor versammelten Medienvertretern übergibt *alt Staatssekretär Paul R. Jolles* die diesjährigen Muba-Journalistenpreise an den Luzerner Zeitungsreporter *Stefan Barmettler* und an *Hans-Peter Peschke* vom ‹Bayerischen Rundfunk›.
7.	Regierungsrat	Der Regierungsrat beantragt für die Jahre 1989 bis 1992 die Ausrichtung eines indexierten Betriebsbeitrages von 346 000 Franken p.a. an das von der Heilsarmee geführte Mädchenwohnheim ‹Schlössli› an der Eichhornstrasse.
	Ehrung	*Regierungsrat Hans-Rudolf Striebel* beglückwünscht im Rathaus den Basler Olympiasieger *Werner Stocker,* Bremser im Goldmedaillen-Viererbob, und überreicht ihm eine Nachprägung eines Basler Doppeltalers.
8.	Offizieller Tag	*Bundesrat Arnold Koller,* Vorsteher des EMD, stellt am Offiziellen Tag der Muba das Thema ‹Die Schweiz ist auf die Völkergemeinschaft angewiesen› in den Mittelpunkt seiner Festansprache.
10.	Basel in New York	Unter dem Slogan ‹Basel – Cultural Heart of Switzerland› präsentiert sich unsere Stadt im New Yorker Swiss Institute während 14 Tagen mit ausgesuchten Werken aus der ‹Sammlung Karikaturen & Cartoons›, mit Exponaten aus dem Sportmuseum und mit Referaten über Basels Kulturleben. Parallel dazu zeigt das Museum of Modern Art 114 Zeichnungen von Paul Cézanne aus den Beständen der Öffentlichen Kunstsammlung.
	Kirche	Nach einem ersten offiziellen, als kirchenhistorisch bedeutsam gewerteten Dialog zwischen Vertretern fast aller Ost- und Westkirchen auf dem Leuenberg werden die

März

Delegierten von Regierungsvertretern beider Basel im Konzilssaal des Münsters empfangen.

Grosser Rat — Der Grosse Rat befürwortet die Anschaffung von 28 Tram-Motorwagen einer älteren Baugeneration und beschliesst Nichteintreten auf die DSP-Initiative zur Wiedereinführung der Wohnsitzpflicht für Staatsbedienstete.

Umwelt — Auf der Autopendler-Hauptachse St. Jakobsstrasse wenden sich Mitglieder von ‹Greenpeace› mit der Verteilung einer ‹Stau-Zeitung› gegen die Luftverschmutzung durch den privaten Pendlerverkehr.

12. Vesperblasen — Der Stadtposaunenchor Basel lässt vom Georgsturm des Basler Münsters sein 1500. Vesperblasen erklingen.

13. Kino Union — Basels letztes Quartierkino, das Kino ‹Union› an der Feldbergstrasse, wird zu Gunsten eines Bankneubaus endgültig geschlossen.

14. Erdwärme — Auf der Suche nach erneuerbarer Alternativenergie wird am Bachtelenweg in Riehen die erste geothermische Bohrung der Schweiz aufgenommen.

Energiesparen — Mit der Erstellung eines beispielhaften erdgasbetriebenen Blockheizkraftwerkes durch die der CMS nahestehende Jakobsberg AG wird die Siedlung ‹Jakobsberg› zum umweltfreundlichen Energie-‹Selbstversorger›.

Amtszeit-beschränkung — Das Büro des Grossen Rates stellt den Antrag, die Amtszeitbeschränkung von bisher drei auf vier Amtsperioden auszudehnen.

15. Staatsrechnung 1987 — Bei Einnahmen von 2410,5 Mio. Franken und Ausgaben in der Höhe von 2250,7 Mio. Franken weist die Staatsrechnung 1987 erneut einen Einnahmenüberschuss von 159,9 Mio. Franken aus.

Wahlen — Der Regierungsrat wählt *lic. iur. Manuela Brüstlein* zu einer akademischen Mitarbeiterin bei der Steuerverwaltung und *PD Dr. med. Dragoslav Stula* zu einem Abteilungsleiter der Neurotraumatologie an der neurochirurgischen Klinik.

Rosshof — Die Neubauten im Rosshofareal mit den Instituten, der Bibliothek und den Seminarräumen des Wirtschaftswissenschaftlichen Zentrums (WWZ) der Universität werden offiziell ihrer Bestimmung übergeben.

17. Ehrung — *Grossratspräsident Adolf Bucher* würdigt vor Sitzungsbeginn das 17jährige Wirken des scheidenden *Muba-Generaldirektors Frédéric Walthard* und überreicht dem Geehrten ein Rathaus-Aquarell mit den Unterschriften aller Ratspräsidenten seit 1971.

Grosser Rat — Anschliessend bewilligt der Rat ohne Gegenstimme 75,6 Mio. Franken zur Sanierung des Kantonsspital-Ostflügels (Klinikum I) und einen Projektierungskredit von 1,5 Mio. Franken für jene des Westflügels. Er beschliesst weiter eine Verdrei-

März

<table>
<tr><td></td><td></td><td>fachung der bisherigen Beiträge an Energiesparmassnahmen und bewilligt Staatsbeiträge an zwei Altenpflegeheime im Hirzbrunnenquartier.</td></tr>
<tr><td></td><td>Gerontologie-Symposium</td><td>Im Rahmen der ‹3. Sandoz Lectures in Gerontology› hören über 300 Wissenschaftler aus aller Welt die Vorlesungen zu aktuellen Fragen der Geriatrie und der Gerontologie.</td></tr>
<tr><td></td><td>Gewerbeschule</td><td>Die Basler Hochbau-Technikerschule vergibt nach dem Abschluss ihres gesamtschweizerisch ersten Lehrganges die ersten Diplome an 16 erfolgreiche Absolventen.</td></tr>
<tr><td></td><td>Corps Consulaire</td><td>Der Bundesrat erteilt Michel Gastaud das Exequatur als Berufsgeneralkonsul von Frankreich mit Sitz in Basel.</td></tr>
<tr><td>18.</td><td>Wettsteinbrücke</td><td>Regierungsrat Eugen Keller orientiert die Öffentlichkeit über das Bauprojekt für eine 37 Mio. Franken teure, dem Erscheinungsbild der alten angeglichene neue Wettsteinbrücke.</td></tr>
<tr><td></td><td>Neue Partei</td><td>In Grellingen wird eine rund 500 Mitglieder umfassende Sektion beider Basel der ‹Autopartei› gegründet.</td></tr>
<tr><td>19.</td><td>Volleyball</td><td>Mit einem Sieg über BTV Luzern erringen die Volleyballerinnen von Uni Basel nach dem Schweizermeisterinnen-Titel auch den Cupsieg und damit erstmals das Double.</td></tr>
<tr><td></td><td>Medizinische Gesellschaft Basel</td><td>Die Medizinische Gesellschaft Basel bezeichnet an ihrer Generalversammlung den Handel mit Plazenten und Föten als grundsätzlich standesunwürdig.</td></tr>
<tr><td>20.</td><td>†</td><td>† Renato Cibolini (53), Regisseur, Schauspieler, seit 1961 Mitarbeiter der ‹Komödie›, ab 1966 Leiter einer Theaterschule, 1974 Gründer des ‹Theater Vis-à-Vis›, später der Kleintheater ‹Piccolo›, ‹Piccolissimo› und ‹Vis-à-Vis II›.</td></tr>
<tr><td>21.</td><td>Sondermüllofen</td><td>Nach Ablauf der Einsprachefrist gegen den von Ciba-Geigy geplanten Sondermüllofen liegen dem Basler Bauinspektorat 375 Einsprachen aus den beiden Basel, 64 aus der BRD und 11 aus dem benachbarten Elsass vor.</td></tr>
<tr><td></td><td>Bautätigkeit 1987</td><td>In Basel-Stadt wurden 1987 Bauvorhaben in der Kostenhöhe von 852,5 Mio. Franken ausgeführt. Dies entspricht einer Zunahme von 48,3 Mio. Franken oder 6% gegenüber dem Vorjahr.</td></tr>
<tr><td></td><td>†</td><td>† Siegfrit Albert Steiner (81), Bühnen- und Filmschauspieler, Regisseur, Drehbuchautor, bekannter Charakterdarsteller.</td></tr>
<tr><td>22.</td><td>Neue Dozenten</td><td>Der Regierungsrat wählt PD Dr. med. et Dr. of p.h. Rudolf Bruppacher, PD Dr. med. Peter Dalquen, Prof. Dr. med. Asmus Finzen und PD Dr. med. Ulrich O. Keller zu a.o. Professoren an der Medizinischen, PD Dr. phil. Ursula Hackl an der Philosophisch-Historischen Fakultät.</td></tr>
</table>

März

	Wahlen	Der Regierungsrat wählt *lic. iur. Dorothea Hengge* zu einer akademischen Mitarbeiterin beim Justizdepartement, *lic. iur. Liselotte Henz* zu einer Staatsanwältin, *lic. iur. David Schweizer* zum Sekretär der Kantonalen Rekurskommission für die Ausgleichskassen und *Liselotte Kurth* zu einer Rektorin der Schulen von Riehen und Bettingen.
	†	*† Werner Wirth-Grisard* (91), Kaufmann, Direktor, Verwaltungsrat und Vorstandsmitglied der Avia AG, Ehrenpräsident der Grisard Holding AG und der Vaparoid AG, Turtmann/VS.
24.	Grosser Rat	Der Grosse Rat überweist die Initiative ‹Zur Entgiftung und Entschärfung der chemischen Industrie› an die Regierung und beschliesst in einer Teilrevision seiner Geschäftsordnung die Beschränkung der Redezeit für Fraktionssprecher auf zehn, für Einzelredner auf fünf Minuten. Ausserdem bewilligt er einen Kredit von 358 000 Franken zur Einrichtung der Primar-Tagesschule im Insel-Schulhaus.
	Marktplatzbrunnen	Die Firma Sandoz widerruft ihre anlässlich ihres 100-Jahr-Jubiläums der Stadt Basel gemachte Schenkung eines Marktplatzbrunnens und den entsprechenden Auftrag an die Bildhauerin *Bettina Eichin*.
25.	Stadttheater	*Frank Baumbauer,* neugewählter Theaterdirektor, stellt der Öffentlichkeit seine Kolleginnen und Kollegen in der neuen Theaterleitung vor.
26.	Pastoralbesuch	Der traditionalistische *Erzbischof Marcel Lefebvre* spendet im Kleinbasler Priorat ‹Sancta Teresia vom Kinde Jesu› 28 Kindern das Sakrament der Firmung.
	†	*† Dr. iur. Walter Staehelin* (80), Journalist, Redaktor der Basler Woche, Auslandredaktor der Tat, später der Basler Nachrichten, Autor einer umfassenden Darstellung der GGG, Mitglied E.E. Zunft zu Rebleuten.
29.	Regierungsrat	Der Regierungsrat beschliesst die Einführung des Nulltarifs für den auf dem Friedhof Hörnli zirkulierenden Zubringerbus und bewilligt insgesamt 600 000 Franken für Entwicklungshilfeprojekte im In- und Ausland.
30.	‹Happy Night›	Der Dancing-Club ‹Happy Night› auf dem Areal der ehemaligen Brauerei Cardinal an der Viaduktstrasse weicht einer Neuüberbauung.

April 1988

1.	Flughafen	Die Turkish Airlines Türk Hava Yollari (T.H.Y.) nimmt die Linienverbindung Basel–Istanbul auf.
	AIDS	AIDS-Hilfe und AIDS-Pfarramt beziehen am Claragraben 160 eine gemeinsame Kontaktstelle.

April

4.	Ostermarsch	Auf ihrem traditionellen Ostermarsch durchs Dreyeckland marschieren rund 1500 Teilnehmer vom Rathaus Lörrach zu einer von Ansprachen, Volkstänzen und einem Kulturprogramm begleiteten Kundgebung auf dem Basler Kasernenareal.
	Musik-Akademie	Das 54köpfige Blasorchester der Musikschule der Musikakademie begibt sich auf eine zehntägige USA-Reise mit Gastkonzerten in Cincinnati und Washington D.C.
6.	Regierungsrat	Der Regierungsrat ersucht den Grossen Rat um Kredite von 1,8 Mio. Franken zur Erweiterung der Universitätsbibliothek-Magazine, von 920 000 Franken zum Umbau der Lastwagenwerkstatt des Tiefbauamtes und um eine von 1989–1992 jährlich wiederkehrende Subvention von 143 000 Franken p.a. an das Tagesheim Egliseeholz der GGG.
	Wahlen	Der Regierungsrat wählt den Diplombiologen *Dominik Keller* zum stellvertretenden Leiter der Koordinationsstelle Umweltschutz (KUS) beim Baudepartement und *lic. phil. Bruno Halder* zum Leiter des Gewerbemuseums beim Erziehungsdepartement.
	Besuchsprofessur	Im Rahmen der zehn 1985 von der Freiwilligen Akademischen Gesellschaft initiierten ‹Besuchsprofessuren› liest der Politologe *Prof. Iring Fetscher* erstmals öffentlich zum Thema ‹Modelle der Friedenssicherung›.
	Kunsthalle	Der Basler Kunstverein wählt den bisherigen Konservator der Staatsgalerie Stuttgart, *Dr. phil. Thomas Kellein,* zum neuen Direktor der Basler Kunsthalle.
	City-Information	Im Bahnhof SBB wird die ‹City-Information›, eine Zusammenfassung der bisher dezentral angesiedelten Dienstleistungsbetriebe Bank, Logierdienst, BVB, BLT und Verkehrsbüro, eröffnet.
	†	*† Dr. rer. pol. Wilhelm Haitz-Steiert* (72), Staatskassier, ab 1955 Chef der Kantonalen Finanzverwaltung.
7.	Wettsteinbrücke	Das von einem privaten Initiativkomitee vorgestellte Alternativprojekt für eine neue Wettsteinbrücke des spanisch-zürcherischen Architekten und Ingenieurs *Dr. Santiago Calatrava* löst seiner eleganten, filigranen Bauweise wegen spontane Begeisterung aus.
	†	*† Prof. Dr. phil. Joseph Gantner-Dreyfus* (92), Ordinarius em. für Kunstgeschichte, 1954 als erster Kunsthistoriker Rector magnificus der Universität Basel, 1923–1927 Redaktor der Zeitschrift ‹Das Werk›, Autor einer mehrbändigen ‹Kunstgeschichte der Schweiz› und weiterer architektonischer, biographischer und mediävistischer Fachbücher.
9.	KAM 88	In der Mustermesse wird die weiterhin am Standort Basel gesicherte, bis zum 17. April dauernde 29. Schweizerische Kunst- und Antiquitätenmesse (KAM 88) abgehalten.

April

11.   Empfang   Auf einer Informationsreise durch Europa befindliche Angehörige mehrerer Urvölker werden im Rathaus von der Basler Regierung empfangen und sprechen anschliessend im Bernoullianum zum Thema ‹Lasst ab von der Atomkraft! Lasst das Uran, wo es ist – in der Erde›.

12.   Ehrung   Der Basler Cartoonist *Jürg Spahr,* ‹JÜSP›, Kurator der ‹Sammlung Karikaturen & Cartoons Basel›, wird zum ‹Ehrespalebärglemer› ernannt.

13.   †   *† Eduard Hauri-Junghäni* (77), Grafiker, als Plakatmaler Teil der ‹Basler Schule›, Gestalter von Schweizer Briefmarken.

14.   Europäische Uhren- und Schmuckmesse   An der bis zum 21. April dauernden 16. Europäischen Uhren- und Schmuckmesse (EUSM) präsentieren 1829 Aussteller aus 22 Ländern auf 47 500 m^2 Ausstellfläche einem interessierten Fachpublikum neue und bewährte Produkte.

     Finanzplatz Basel   Die Basler Bankenvereinigung fordert in ihrer Studie ‹Die Attraktivität Basels als Finanzplatz› unverzügliche Massnahmen zur Steigerung der Attraktivität und des Wirtschaftspotentials von Stadt und Region.

     †   *† Hans Eppens* (83), Kunstmaler, engagiertes Mitglied des Basler Heimatschutzes, Autor des Werkes ‹Baukultur im alten Basel›.

     †   *† Maurice Goldberg-Wiener* (84), Direktor des Warenhauses Knopf, später der Rheinbrücke AG.

17.   Zedern aus Israel   Trotz Einwänden und Protesten des Neutralen Quartiervereins, der SP, POB, PdA, SAP, Ofra und mehrerer Drittwelt- und Ausländergruppierungen werden in Anwesenheit der *Regierungsräte Jenny, Keller* und *Striebel* und des israelischen Botschafters unweit des Wasserturmes 40 von Israel geschenkte Atlaszedern gepflanzt.

     Gratisvelos   Aus Anlass seines 100-Jahr-Jubiläums stellt der Schweizerische Coiffeurmeisterverband der regionalen Bevölkerung 200 rote Gratisvelos zur freien Verfügung.

18.   Kulturwoche   Mit einem 25 Veranstaltungen umfassenden Programm klassischer Konzerte, Jazz-, Rock- und Tanzvorführungen werben die Initianten während einer Woche für ihren ‹Kulturpark Alte Stadtgärtnerei›.

19.   Regierungsrat   Der Regierungsrat verabschiedet ein Subventionsbegehren von 11,593 Mio. Franken p.a. für die neugegründete ‹Stiftung Basler Orchester›.

     Schloss Angenstein   Nach 24jähriger Planung bewilligt der Regierungsrat einen Kredit von 6,9 Mio. Franken zur Sanierung des brandgeschädigten Schlosses Angenstein.

     Empfang   Der in seiner Eigenschaft als Vice Chairman of the British Overseas Trade Board an der Uhren- und Schmuckmesse weilende *Herzog von Kent* wird im Rathaus von den *Regierungsräten Jenny* und *Keller* zu einem Besuch empfangen.

April

	Entschädigungen ‹Schweizerhalle›	In Erledigung von 85% der als Folge des Chemiebrandes bei Sandoz ‹Schweizerhalle› gestellten Schadenersatzansprüche hat Sandoz bisher rund 35 Mio. Franken an Entschädigungen ausbezahlt.
	†	† *Prof. Dr. iur. Max Staehelin-Dietschy* (80), Rechtskonsulent, Verwaltungsratspräsident des Schweizerischen Bankvereins, Verwaltungsrat der Ciba-Geigy, der Basler Baugesellschaft BBG und der Montedison Suisse AG, Präsident der Kuratel der Universität Basel, 1939–1952 Zivilgerichtspräsident, seit 1937 Dozent an der Universität Basel.
20.	Grosser Rat	In seiner zweitletzten Sitzung der alten Legislaturperiode validiert der Grosse Rat die Regierungsratswahlen, behandelt drei Begnadigungen, überweist die Initiative ‹für eine wirksame Erhaltung schützenswerter Bauten› und die Zonenplaninitiative an die Regierung und bewilligt Kredite an das Altersheim ‹Wesleyhaus› und an das Heilsarmee-Wohnheim ‹Schlössli›.
	Kinderklinik beider Basel	Der Baselbieter *Sanitätsdirektor Werner Spitteler* erläutert das Konzept einer vom Kanton Baselland geführten Kinderklinik für die Nordwestschweiz.
	Schiffstaufe	Das erstmals in seinen Heimathafen Basel einlaufende neue Hotelschiff MS ‹Switzerland› wird an der Schifflände von der Bundesratsgattin *Erika Koller* getauft.
	†	† *Jacques Suter* (91), Pfarrer am Kantonsspital.
21.	Grosser Rat	Der Grosse Rat heisst das Gesetz über die Versorgung des Kantons Basel-Stadt mit Energie und Trinkwasser durch die IWB gut, bewilligt 2,42 Mio. Franken zum Einbau einer Wärmerückgewinnungsanlage im Biozentrum der Universität und zusätzliche 25 Mio. Franken zur Förderung des Veloverkehrs.
	Wettsteinbrücke	Beeindruckt von der ‹gestalterischen Eleganz› des auch von Fachverbänden gelobten Calatrava-Wettsteinbrückenprojektes weist ein geradezu euphorisch gestimmter Grosser Rat sowohl dieses als auch den offiziellen Projektvorschlag zur paritätischen Weiterbehandlung an die Regierung zurück.
	Volksbegehren	Die von 6253 Unterschriften getragene Volksinitiative ‹Rettet die Luft: Moratorium für Autobahnen› wird auf der Staatskanzlei deponiert.
24.	†	† *Dr. med. Dieter Schwob-Heim* (52), Internist, Stiftungsrat der Therapeutischen Gemeinschaft ‹Chratten› und der Stiftung für Sucht- und Jugendprobleme.
25.	Schulbeginn	Mit dem Langschuljahr 1988/1989 beginnt heute zum letzten Mal ein Basler Schuljahr im Frühling.
	Tagesschule	Gleichzeitig nimmt im Inselschulhaus Basels erste, didaktisch der Regelschule entsprechende, Primar-Tagesschule den Unterricht auf.
26.	Regierungsrat	Der Regierungsrat nimmt mit Befriedigung Kenntnis von der basellandschaftlichen Grundsatzerklärung zur Führung einer gemeinsamen Universitätskinderkli-

		nik auf dem Bruderholz und gewährt der Basler Blaukreuzjugend bis und mit 1992 eine Bargeldsubvention von 45 000 Franken p.a. zur Weiterführung ihres Kindertreffpunktes ‹Spiilruum St. Johann›.
	Nitoba-Preise	Die erstmals verliehenen Preise der Nietenlosen Tombola Basel, Nitoba, gehen an den Journalisten *Hanns U. Christen,* den Filmschaffenden *Bernhard Raith,* das *Basler Marionettentheater,* den Bildhauer *Peter Moilliet,* die *Basler Papiermühle,* die drei Initianten der ‹*Art Session*› und an das Zweimann-Cabaret ‹*Sauce Claire*›.
	Öko-Beratung	An der Steinenvorstadt 14 wird der Schweiz erstes ‹Zentrum für Umweltberatung› (ZUB) mit eigenem Öko-Telefon eröffnet.
	Basler Firma baut in Moskau	Die – um zusätzliche Aktionäre erweiterte – Basler Firma Hopf AG erstellt in Moskau das erste sowjetische Einkaufszentrum westlichen Zuschnitts.
	†	*† Kurt Dillier-von Rohr* (68), Coiffeurmeister, als Schausteller Betreiber der letzten Schifflischaukel an der Basler Herbstmesse.
27.	Hirzbrunnen-quartier	Rund 50 Anwohner gründen eine das Wohnviertel 15 umfassende ‹Quartierversammlung zur Erhaltung und Förderung der Wohn- und Lebensqualität im Hirzbrunnen›.
	†	*† Reinhold Georg Eidenbenz-Tschudin* (81), bekannter Industrie-, Werbe-, Architektur- und Kunstphotograph.
28.	Riehener Kulturpreis	Im Rahmen einer öffentlichen Preisverleihung im Cinema ‹Rex› wird dem Filmschaffenden *Bernhard Raith,* u.a. Schöpfer eines Arnold-Böcklin-Filmes, der Riehener Kulturpreis verliehen.
29.	Claraspital	Mit einem Festakt in der Muba feiern Behörden, Verwaltung und Spitalkader das 60jährige Bestehen und das Ende einer jahrelangen Sanierung des Claraspitals.
	Regio-Tagung	Die von zahlreichen Regierungsvertretern und regionalen Entscheidungsträgern besuchte Tagung des Regio-Forschungsinstitutes Wenkenhof steht unter dem Thema ‹Der Handlungsspielraum der Regio-Partner im Rahmen ihrer nationalstaatlichen Systeme›.
	†	*† Madeleine Fix* (88), Kunstmalerin, u.a. Schöpferin mehrerer Kunstwerke in Basler Schulhäusern.

Mai 1988

1.	Maifeier	An der von rund 3000 Teilnehmern besuchten 1. Mai-Kundgebung auf dem Marktplatz stellt Hauptrednerin *Beatrice Alder* die konfliktträchtigen Gegensätze Mensch/Natur, Inländer/Ausländer, Nord/Südgefälle Mann/Frau, Arbeitgeber/Arbeitnehmer in den Mittelpunkt ihrer Ansprache.

Mai

2. Aeschenvorstadt | Mit dem Abbruch der Liegenschaften 56–66 verschwindet die letzte im Kern spätmittelalterliche Häuserzeile, samt traditionsreichem Restaurant ‹Aeschentörli›, aus der Aeschenvorstadt.

Flughafen Basel-Mulhouse | Ab heute ist die Freiburger City durch eine Zubringer-Buslinie zehnmal täglich mit dem Flughafen Basel-Mulhouse verbunden.

Schiessstand Allschwilerweiher | Vier Regierungsräte beider Basel besprechen in Bern mit dem Chef des EMD, *Bundesrat Arnold Koller,* die Finanzierung der gedeckten Pilot-Schiessanlage Allschwilerweiher.

† | *† Wilfried Scheitlin* (77), von 1927–1943 Schauspieler, Opern- und Schauspielregisseur am Basler Stadttheater, später Schauspieler in der BRD und in Österreich.

3. Antikenmuseum und Sammlung Ludwig | Mit einem Festakt in der Barfüsserkirche wird das ‹Antikenmuseum Basel und Sammlung Ludwig› nach vierjährigen Umbau- und Erweiterungsarbeiten der Öffentlichkeit übergeben.

Regierungsrat | Der Regierungsrat bewilligt einen dringlichen Kredit von 850 000 Franken zur Ausarbeitung des Calatrava- und zur Überarbeitung des Bischoff + Rüegg-Projektes für eine neue Wettsteinbrücke. Er bewilligt einen weiteren Kredit von rund 3 Mio.

Wahlen | Franken zur Sanierung der Kommunalbauten Efringerstrasse 98–104 und wählt *dipl. Masch. Ing. Ernst Stocker* zu einem akademischen Mitarbeiter beim Baudepartement und *Dr. med. Barbara Rost* zu einer Stellvertreterin des Leitenden Arztes an der Psychiatrischen Universitätsklinik für Kinder und Jugendliche.

Ehrung | Der Basler Filmschaffende *August Kern,* 1932 Realisator des ersten Schweizer Tonfilms, wird in Liestal mit dem Baselbieter Kulturpreis ausgezeichnet.

5. Grosser Rat | In seiner konstituierenden Eröffnungssitzung zur 36. Legislaturperiode wählt der Grosse Rat *Dr. Walter Zähner* (DSP) zum Präsidenten, *Dr. Ulrich Vischer* (LDP) zum Statthalter des Grossen Rates, *Regierungsrat Remo Gysin* zum Präsidenten und *Regierungsrat Peter Facklam* zum Vizepräsidenten des Regierungsrates. Nach weiteren Wahlgeschäften bewilligt der Rat 920 000 Franken zur Erweiterung der alten Lastwagenwerkstatt des Tiefbauamtes und verlängert das vor einem Jahr erlassene Verbot von Brutalo-Videos.

Corps Consulaire | Der Bundesrat erteilt *Jacques Grumbacher* das Exequatur als Honorarkonsul von Uruguay mit Sitz in Basel und Amtsbefugnis für beide Halbkantone.

Mediziner-Tagung | Aus Anlass ihrer 56. Jahresversammlung orientieren sich rund 800 Ärzte der Schweizerischen Gesellschaften für Innere Medizin, für Kardiologie und für Hämatologie sowie die Sektion für Klinische Pharmakologie und Toxikologie im Muba-Kongresszentrum drei Tage lang über neue Erkenntnisse auf ihren Fachgebieten.

Mai

	Ballonfahrt	Zum Gedenken an die erste schweizerische Ballonfahrt vor 200 Jahren startet im Garten des Markgräflerhofes, am selben Ort, zur gleichen Zeit und bei ähnlichen Wetterbedingungen wie damals, ein Gasballon.
6.	Öko-Forum	Bis Ende September antworten Biologen und Ökologen des ‹Öko-Forums› in einem Zelt auf dem Barfüsserplatz auf Fragen zum Umweltschutz im Alltag.
7.	100 Jahre Basler Künstlergesellschaft	Aus Anlass ihres 100jährigen Bestehens zeigt die Basler Künstlergesellschaft im Holzsaal Brüglingen bis zum 29. Mai 140 Arbeiten von 35 regionalen Künstlerinnen und Künstlern.
	75 Jahre Freiwillige Denkmalpflege	Im historischen Münstersaal des Bischofshofes feiert die Freiwillige Denkmalpflege ihr 75jähriges Bemühen um Basels Stadtbild.
	Auszeichnung	Der Riehener Kaufmann *Johannes Wenk-Madörin* wird in Hausen mit der J.P. Hebel-Plakette ausgezeichnet.
8.	Abstimmungen und Wahlen	Noch vor Ablauf der 18monatigen Testphase lehnt das Basler Stimmvolk den Abendverkauf mit 55% Nein-Stimmen ab, stimmt einer 5,7 Mio. Franken teuren Sanierung des ‹Schällemätteli›-Gefängnisses zu und verwirft mit 56% Nein-Stimmen den Kultur- und Naturpark ‹Alte Stadtgärtnerei›. Bei den Ersatzwahlen für zwei Strafgerichtspräsidenten erhält kein(e) Kandidat(in) das erforderliche Mehr.
	Witterung	Ein ungewöhnlich heftiges Gewitter mit bis zu 30 cm Hagel verursacht in der Nacht in der Region südlich Basels Kulturenschäden in Millionenhöhe.
10.	Regierungsrat	Der Regierungsrat beantragt, den jährlichen Kredit für Künstlerstipendien von 80 000 auf 120 000 Franken und den Literaturkredit um 20 000 auf 70 000 Franken zu erhöhen. In Erweiterung der bisherigen Ferienregelung gewährt der Regierungsrat allen Lehrlingen, rückwirkend ab 1. Januar 1988, fünf Wochen Ferien.
	†	*† Dr. phil. et Dr. phil. h.c. Max Moor-Minder* (77), Lehrer am Mädchengymnasium am Kohlenberg.
12.	Gasballon-Wettfahrt	Im Zeichen des Jubiläums ‹200 Jahre Schweizer Luftfahrt› starten im Rahmen der IV. Internationalen Basler Gasballon-Wettfahrt auf dem Schänzli 22 bunte Aerostaten zu einer im Elsass endenden ‹Fuchsjagd›.
13.	Basler-Schule in Bali	In der ostbalinesischen Ortschaft Sidemen erfolgt im Beisein von *Regierungspräsident Remo Gysin* die Grundsteinlegung zu einer von der Stiftung ‹Basel dankt Bali› initiierten, der einheimischen Kultur und Tradition verpflichteten Basler-Schule.
	Neue Zeitung	Mit einer Nullnummer und dem Anspruch ‹Floh im Medienpelz› stellt sich die neue Basler Wochenzeitung ‹Dementi› vor.
14.	Alte Stadtgärtnerei	Mit einem bunten, unter dem Motto ‹Fantasie, Rhythmus, Kunst› stehenden Demonstrationszug durch die Innerstadt bekunden rund 2000 Sympathisanten ihr Engagement für den vom Souverän abgelehnten ‹Kulturpark Alte Stadtgärtnerei›.

Mai

	Pastoralbesuch	Der evangelische *Bischof Ting Guan-Xu* aus Nanjing stellt sich mit seiner Delegation einem offenen Gespräch zum Thema ‹Kirche in China kennenlernen› und nimmt anderntags an einem Festgottesdienst im Münster teil.
	FC Basel	Eine Niederlage gegen den FC Wettingen besiegelt den Abstieg des FC Basel in die Nationalliga B.
16.	Rheinschiffahrt	Angesichts zunehmender Verluste fordert die unter Wettbewerbsverzerrungen und Überkapazitäten leidende Schweizerische Reederei und Neptun AG eine unverzügliche Intervention der Bundesbehörden.
17.	Regierungsrat	Der Regierungsrat beschliesst, die zur Aufhebung vorgesehene staatliche Eheberatungsstelle weiterzuführen und schlägt dem Grossen Rat vor, den Staatsbeitrag an das Pflegekinderwesen (PKW) des Basler Frauenvereins per 1988 auf maximal 247 000 Franken zu erhöhen.
	Asylanten	Im Hinblick auf 3056 hängige Asylgesuch-Pendenzen in Basel-Stadt macht der Regierungsrat die eidgenössischen Behörden auf die immer prekärer werdenden Unterbringungsprobleme aufmerksam.
	125 Jahre Basler Handelsbank	Mit einer festlichen Generalversammlung, einer Jubiläumsbroschüre und der Stiftung eines mit 20 000 Franken dotierten Preises für wissenschaftliche Arbeiten an der Universität Basel feiert die Basler Handelsbank ihr 125-Jahr-Jubiläum.
	100 Jahre Cratander AG	An der Feier zum 100jährigen Bestehen der Druckerei Cratander AG hält der Ehrengast, *Bundesrat Flavio Cotti,* im Kongresszentrum vor 400 Gästen eine stark beachtete Geburtstagsrede.
18.	Universität	Als Folge vergeblichen Bemühens um eine vollamtliche Dozentenstelle beantragt *Prof. Hartmut Leser,* Vorsteher des Instituts für Geographie, beim Rektor magnificus die Streichung des Faches Meteorologie/Klimatologie und den Austritt aus dem Dreiländer-Klimaprojekt ‹Reklip›.
	Wirtschaftsberater	Vier Wochen nach seinem Amtsantritt stellt der Basler Wirtschaftsberater *Richard Peter* sein Grobkonzept für Wirtschafts- und Innovationsberatung vor.
	Meinungsumfrage	Einer repräsentativen, im Auftrag des Regionaljournals Basel erstellten Umfrage zufolge bekennen sich in den beiden Halbkantonen 38% der Stadtbasler zur Wiedervereinigung, 39% der Landschäftler zu einer Aufwertung des Baselbiets zum Vollkanton.
	†	*† Alice Friedrich* (83), Gewerbelehrerin an der Diplom-Mittelschule.
19.	Grosser Rat	Nach einer Grundsatzdebatte zum Thema ‹Alte Stadtgärtnerei/Altes Schlachthofareal› fordert der Grosse Rat die Exekutive mit 68 gegen 54 Stimmen auf, den Volksentscheid in die Tat umzusetzen, lässt jedoch dem von der Räumung bedrohten Kulturpark noch eine kleine Galgenfrist.

Mai

	Jäggi-Preis	Für sein weltweit beachtetes Buch ‹Perestroika› wird der sowjetische *Generalsekretär Michail Gorbatschow* mit dem Jäggi-Buchpreis 1988 ausgezeichnet.
20.	BVB	Den BVB-Geschäftsbericht erläuternd, stellt *Regierungsrat Mathias Feldges* ein stark reduziertes Defizit von 6 Mio. Franken fest und meldet als weitere erfreuliche Folge des Tarifverbundes mehr Benützer öffentlicher Verkehrsmittel als Autobesitzer.
	Jugendtreffpunkt	Im ehemaligen Portal- und Kontorhaus der Basler Stückfärberei an der Badenstrasse eröffnet die Basler Freizeitaktion (BFA) den Jugendtreffpunkt ‹Stücki-Villa›.
	Luftbelastung	Das Lufthygieneamt beider Basel verzeichnet für 1987 massive Überschreitungen des Jahresgrenzwertes bei Stickoxid und eine an 46 Tagen über den Tagesgrenzwert hinausgehende Belastung mit Stickstoffdioxid bei der Messstelle St. Johann.
21.	†	*† Frithjof R. Fehse-Spoerri* (80), Kunsthändler, Inhaber der Galerie ‹Münsterberg›.
22.	†	*† Hermann Jungk-Burckhardt* (84), Verleger.
24.	Stiftung Basler Orchester	Der Regierungsrat beantragt dem Grossen Rat eine jährliche Subventionszahlung von 11,5 Mio. Franken an die zu Jahresbeginn gegründete Stiftung Basler Orchester.
	350 Jahre Goldene Apotheke	Die auf den Tag 350 Jahre alt gewordene ‹Goldene Apotheke›, Ecke Rüdengasse/Freie Strasse, feiert diesen seltenen Anlass mit einem Umtrunk und einer Schaufenster-Ausstellung von Memorabilien.
25.	100. Geburtstag	Die 100jährig gewordene Frau *Camilla Mazzotti-Gatti* nimmt in der Leimenklinik die Glückwünsche des *Regierungspräsidenten Remo Gysin* entgegen.
26.	Repro-Medizin	Vor der 2. Lesung eines entsprechenden Gesetzes lassen sich die von *Sanitätsdirektor* und *Regierungspräsident Remo Gysin* eingeladenen Grossräte im Ratsaal von verschiedenen Fachleuten über die ethischen, medizinischen und juristischen Aspekte der Reproduktions-Medizin informieren.
	Fonds Basel 1996	Der Stiftungsrat orientiert in einem Zwischenbericht über die 43 bisher unterstützten Kulturprojekte.
	Vorlesungsboykott	Rund 300 Studierende der Basler Universität beschliessen an einer Open-Air-Vollversammlung vor dem Kollegiengebäude einen Solidaritätsstreik für den Kulturpark ‹Alte Stadtgärtnerei›.
	Schülerstreik	Rund 150 streikende Schülerinnen und Schüler der Kunstgewerbeschule versammeln sich an einem Aktionstag mit Happenings zu Gunsten der ‹Alten Stadtgärtnerei› auf dem Claraplatz.
	†	*† Esther Holzherr-Schmid* (56), Lehrerin an den Kleinklassen Basel-Stadt.

Mai

27.	†	*† Alexander Eglin-Fäsi* (90), Dipl. Ing. ETH/SIA, ab 1928 Projektingenieur am Baudepartement, Bauleiter von Brücken und Gartenbädern, Förderer der ersten Fernheizung, 1948 Gründer der Eglin Ristic Ingenieurbüro AG. Realisator von Hochkaminen und Werkgebäuden der Ciba-Geigy, der Unterführungen Bahnhof und St. Jakobs-Strasse, des Felix-Platter-Spitals und des Realgymnasiums.
28.	100 Jahre SRK, Sektion Basel	In Gegenwart von *Bundesrat Arnold Koller,* den *alt Bundesräten Hürlimann* und *Tschudi* und weiterer Prominenz feiert in der Muba anlässlich der Tagung des Schweizerischen Roten Kreuzes auch dessen Basler Sektion.
	75 Jahre Kantonalverband baselstädtischer Gesangvereine	Mit einem Konzert im Stadtcasino feiert der Kantonalverband sein 75jähriges Bestehen. Zur Aufführung gelangen Werke von elf Basler Komponisten, vorgetragen von mehreren Gesangvereinen aller drei Chorgattungen.
29.	PTT	In der Nacht zum Montag erhalten rund 50 000 Telefonabonnenten im Kleinbasel und in umliegenden Gemeinden siebenstellige Rufnummern.
30.	Schülerstreik	Wiederum demonstrieren mehrere hundert Studenten und Gymnasiasten, an einer Pressekonferenz unterstützt von Stadtplaner *Prof. Dr. Lucius Burckhardt,* mit Aktionen in der ganzen Stadt für eine Beibehaltung des Kulturparkes ‹Alte Stadtgärtnerei›.
	Hotel ‹Le Plaza›	Trotz eines aufgelaufenen Verlustsaldos von rund 5 Mio. Franken will die Geschäftsleitung das Basler Messe- und Kongress-Hotel ‹Le Plaza› mit einem neuen Finanzplan weiterführen.
31.	Regierungsrat	Der Regierungsrat, ausgenommen die opponierenden SP-Räte *Remo Gysin* und *Mathias Feldges,* bestimmt in einem Communiqué den 6. Juni als definitiven Räumungstermin für die ‹Alte Stadtgärtnerei›.
	Wahlen	Der Regierungsrat wählt *dipl. El.-Ing. ETH Robert Ziegler* zu einem Vizedirektor der IWB, *Emil Alber* zu einem Rektor des MNG und *lic. iur. Monique Saudan* zu einer Staatsanwältin.
	Jura-Gespräche	Ein Treffen der Basler Regierung mit dem Regierungskollegium des Kantons Jura dient der Erörterung gemeinsamer Probleme und der Vertiefung der traditionell guten Beziehungen.
	Bevölkerung	Mit einem Anteil von 20,2% per Ende April ist seit 1928 erstmals wieder jeder fünfte Einwohner Basels ein Ausländer.
	Erlenverein	Der Erlenverein registriert und beschenkt sein 6000. Mitglied.
	1000. Baum	Innerhalb des Ciba-Geigy-Werkareals wird als 1000. Baum eine stattliche Eiche gepflanzt.

Juni 1988

1. | Alte Stadtgärtnerei | In einem Communiqué distanzieren sich die beiden *SP-Regierungsräte Remo Gysin* und *Mathias Feldges* von der unnachgiebigen Haltung der Regierungsmehrheit und erläutern ihren nicht akzeptierten Kompromissvorschlag für einen reduzierten ‹Kulturpark Alte Stadtgärtnerei›.
Die Regierungsparteien CVP, DSP, FDP und LDP reagieren mit einer gemeinsamen Erklärung, stellen sich vorbehaltlos hinter den Mehrheitsbeschluss der Regierung und fordern die «Nachachtung des Volkswillens ohne weiteren Verzug».

Neues Magazin — Mit der ersten Nummer des Magazins ‹Punkto› erscheint ein neues Printmedium auf der Basler Presseszene.

3. AKW Kaiseraugst — In einer energiepolitischen Klausur nimmt der Bundesrat zwei vorliegende Verzichtsmotionen aus entschädigungsrechtlichen Überlegungen als Postulate entgegen und erklärt sich zu einem Verzicht auf die AKWs Kaiseraugst, Graben und Verbois bereit, wenn wirksame Energiesparmassnahmen getroffen werden.

Kulturboykott — Aus Solidarität mit den Initianten des Kulturparkes ‹Alte Stadtgärtnerei› verabreden 40 kulturelle Institutionen für den Fall polizeilicher Räumung einen Kulturboykott.

4. Basler Velotag — Bei trüber Witterung fahren rund 200 Velofahrerinnen und Velofahrer auf drei verschiedenen Routen vom Münsterplatz zum Sarasin-Park in Riehen.

5. Jugendfest Kleinbasel — Im Horburgpark feiern Kleinbasels Kinder die 126. Auflage ihres traditionellen Jugendfestes.

6. Alte Stadtgärtnerei — Das Regierungs-Ultimatum zur Räumung der Alten Stadtgärtnerei läuft folgenlos ab.

100 Jahre Konditor-Confiseurmeister-Verein Basel und Umgebung — Mit der Durchführung der Generalversammlung des Zentralverbandes feiern die Basler Zuckerbäcker im Kongresszentrum das 100jährige Bestehen ihrer Berufsorganisation.

Chemie-Brand Schweizerhalle — Eine von der deutsch-französisch-schweizerischen Regierungskommission für die Dreiländerregion am Oberrhein eingesetzte Expertengruppe bestätigt die weitgehende Gesundung des Rheins und verneint eine längerfristige schwere Schädigung.

Corps diplomatique — Der Bundesrat ernennt den Basler *Peter Troendle,* derzeit *Botschafter* in Harare, zum ausserordentlichen und bevollmächtigten Botschafter in Pakistan.

7. Regierungsrat — Der Regierungsrat bewilligt einen Kredit von 50 000 Franken zum Ausbau eines Aufführungsraumes des Vereins ‹Theater- und Aktionshaus Stückfärberei› und einen Zusatzkredit von 960 000 Franken für dringliche Reparaturarbeiten an der Dreirosenbrücke.

Juni

	Neue Dozentin	Der Regierungsrat wählt *PD Dr. phil. Christine Burckhardt-Seebass* zu einer beamteten Extraordinaria für Volkskunde und zur Vorsteherin des Seminars für Volkskunde.
	†	*† Dr. iur. Friedrich Weber* (76), Lehrer an der Primarschule Grossbasel-Ost.
8.	Kirche	Der Basler *Weihbischof Joseph Gandolfi* wird in Einsiedeln zum Präsidenten der Schweizer Bischofskonferenz gewählt.
	†	*† Prof. Dr. med. Walter Edhem Schweizer-Egger* (70), seit 1957 Dozent an der Universität Basel, als Kardiologe seit 1976 medizinischer Direktor am Kantonsspital Basel, Mitinitiant und Gründungsmitglied der Schweizerischen Stiftung für Kardiologie, führendes Mitglied des Schweizerischen Nationalfonds und der International Cardiology Federation.
9.	Grosser Rat	In einer nicht abgeschlossenen Debatte befasst sich der Grosse Rat mit der Neustrukturierung der Trägerschaft der Basler Orchester, überweist die Moratoriumsinitiative für die Autobahn an die Umweltschutzkommission und berät die Geschäfte: Tramvorlage, Stadtgärtnerei, Luft-Initiative und Neugestaltung der Steinenvorstadt.
10.	Schweizerischer Anwaltstag	Am Schweizerischen Anwaltstag stellt *Bundesrätin Elisabeth Kopp* die Rolle des Bundes als Hüter der Verfassungsmässigkeit der Rechtssetzung in den Mittelpunkt ihres Gastreferates.
11.	Holbein-Ausstellung	Auch die diesjährige, bis zum 4. September dauernde Sommerausstellung des Kunstmuseums wird mit 97 199 Eintritten zum Publikumserfolg.
	†	*† Robert Dexter* (79), Schriftsteller, Autor von Theaterstücken, Spionage- und Kriminalgeschichten, Verfasser des auf Basel bezogenen Kriminalromans ‹Eine Stadt hat Angst›.
12.	Abstimmungen	Die Basler Stimmbürger stimmen der gesamtschweizerisch abgelehnten Verkehrspolitik des Bundesrates zu, beschliessen mit deutlichem Mehr die Anschaffung von 28 BVB-Gelenkmotorwagen, verwerfen die Herabsetzung des AHV-Alters und befürworten die Senkung des Stimm- und Wahlrechtsalters auf 18 Jahre.
	Wahlen	Im zweiten Wahlgang der Ersatzwahlen werden *Felicitas Lenzlinger* (SP) und *Marie-Louise Stamm* (LDP) zu Strafgerichtspräsidentinnen gewählt.
	Vollkanton Basel-Landschaft	Mit 60,5% Ja-Stimmen votiert der Kanton Basel-Landschaft für eine Aufwertung zu einem Vollkanton.
13.	Sommersmog	Die Regierungen beider Basel erarbeiten an einer gemeinsamen Sitzung ein Konzept gegen Sommersmog. Dieses sieht für Tage mit kritischen Ozonwerten ein Verbot des privaten Autoverkehrs und Produktionseinschränkungen für Betriebe vor.

Juni

	Alte Stadtgärtnerei	Das Baudepartement beauftragt das Polizeikommando mit der Räumung der Alten Stadtgärtnerei.
	Angio-Kardio-Zentrum	An der Clarastrasse 13 wird der Öffentlichkeit das erste ‹Angio-Kardio›-Präventions- und Rehabilitationszentrum der Schweiz vorgestellt.
14.	Regierungsrat	Der Regierungsrat stimmt einem Rahmenkredit zu von 325 000 Franken aus dem Anteil der Einwohnergemeinde am Ertrag der Christoph Merian Stiftung für die Durchführung eines kulturellen Begleitprogrammes zur Europäischen Ökumenischen Versammlung ‹Frieden in Gerechtigkeit› im kommenden Jahr.
	Wahl	Der Regierungsrat wählt *Dr. chem. Charles Simon* zu einem Hochschulchemiker und zum Stellvertreter des Leiters für Chemiesicherheit, Gift und Umwelt am kantonalen Laboratorium.
15.	ART 19'88	Die von 318 Galerien aus 27 Ländern beschickte, bis zum 20. Juni dauernde Internationale Kunstmesse ART 19'88 in der Mustermesse schliesst mit einer erneuten Bestätigung ihrer führenden Rolle auf dem internationalen Kunstmarkt.
	†	*† Dr. iur. Marcus Löw-Suter* (89), Advokat und Notar, Mitarbeiter im Komitee der Basler Mission, im Bund der Armenier-Freunde und im Vorstand der Freien Evangelischen Schule, Präsident der Blindenfürsorge beider Basel und weiterer humanitärer Institutionen.
16.	Grosser Rat	Mit 72 gegen 6 Stimmen bei 29 Enthaltungen bewilligt der Grosse Rat eine jährliche Grundsubvention von 11,593 Mio. Franken an die Stiftung Basler Orchester. In einer Abendsitzung befasst sich der Rat mit den Problemkreisen Krebsstation, Psychiatriefragen, Rega-Basis Kantonsspital und Parkhaus auf dem ehemaligen Cardinal-Areal.
	Open-Air-Konzert	Im Stadion St. Jakob verfolgen zwischen 50 000 und 60 000 in- und ausländische Fans ein Rock-Konzert ihres Idols und ‹Megastars› *Michael Jackson*.
17.	Kultur in Brüglingen	Bis zum 8. Juli veranstaltet der Verein ‹Kultur in Brüglingen› vielfältige Sommerkurse.
18.	Jungbürgerfescht 1988	Auf Einladung der Basler Zünfte und Gesellschaften beteiligen sich 367 auf acht attraktiven Routen anmarschierte Zwanzigjährige an der Feier in der Martinskirche und am gemütlichen Beisammensein.
	Jazzkonzert	An zwei Konzerten in der Sporthalle St. Jakob begeistert die farbige Amerikanerin *Whitney Houston* über 14 000 Fans mit ihrer ‹Black Music›.
	Wahl	Der Basler *Ronald E. Grisard* wird zum Zentralpräsidenten des Schweizerischen Heimatschutzes gewählt.
	†	*† Dr. phil. Fritz Blumer-Marcus* (84), Gymnasiallehrer und Lektor.

19.	Jugendfest St. Alban-Breite	Bei schönster Witterung vergnügen sich zahlreiche Kinder der Quartiere St. Alban und Breite an ihrem Jugendfest.
21.	Alte Stadtgärtnerei	Um 04.30 Uhr wird die Alte Stadtgärtnerei von der Polizei widerstandslos geräumt und danach mit dem Abbruch der Glashäuser begonnen.
	Demonstration	Vom St. Johanntor ausgehend, protestieren am Abend rund 2500 Personen mit einem Marsch durch die Innerstadt gegen die Räumung. Vor der Alten Stadtgärtnerei kommt es im Verlaufe der Nacht zu schweren Ausschreitungen, Sachbeschädigungen und Tramblockaden. Dies führt zu Tränen- und Reizgaseinsätzen, zur Anwendung von Gummischrotgeschossen und zu 23 Festnahmen durch die Polizei.
	Demonstrations-verbot	Im Anschluss an die Krawallnacht erlässt das Polizei-Departement ein vorläufiges Demonstrationsverbot.
	Regierungsrat Neue Fähre	Der Regierungsrat bewilligt Kredite von 810 000 Franken zur Sanierung der Asphof-Gebäude in Münchenstein, gewährt dem Verein für Kinderbetreuung eine jährliche Subvention von 223 000 Franken, erteilt der ‹Stiftung Basler Fähren Klingenthal und St. Alban› die Bewilligung zum Betrieb einer neuen Dreirosenfähre und stellt dem Grossen Rat den Antrag, der ‹IG Kultur› eine jährliche Subvention von 200 000 Franken zu bewilligen.
	Neuer Dozent	Der Regierungsrat wählt *PD Dr. Lukas Landmann* zu einem Dozenten am Anatomischen Institut der Medizinischen Fakultät der Universität Basel.
	Wahl	Der Regierungsrat wählt *Dr. iur. Felix Hafner* zu einem akademischen Adjunkten beim Justizdepartement.
	Sommersmog	Die Regierungen beider Basel empfehlen der Bevölkerung bei dreifacher Überschreitung des Ozon-Grenzwertes, zwischen 13 und 19 Uhr auf anstrengende Arbeit und sportliche Betätigung im Freien zu verzichten.
	Münster	Am Georgsturm des Basler Münsters wird die in jahrelanger Arbeit geschaffene Kopie des ‹Grossen Königs› wieder angebracht.
	†	*† Alex Reinhard-Wenger* (42), Rektor und Lehrer am Freien Gymnasium Basel.
22.	Strafgericht	Im Spalenschulhaus nimmt das während des «Bäumli»-Umbaus hierher dislozierte Strafgericht seine Tätigkeit auf.
25.	Demonstration	Zwischen 5000 und 6000 Aktive und Sympathisanten der Alten Stadtgärtnerei demonstrieren unter Zuzug auswärtiger Demo-Touristen mit einem Protestmarsch durch die Innerstadt friedlich gegen die stattgefundene Räumung.
26.	Airbus-Absturz	Der Absturz eines auf dem Flughafen Basel-Mulhouse gestarteten Airbus A 320 bei Habsheim führt zur Auslösung des Katastrophenalarmes im Kantonsspital und zur Abkommandierung dreier Rettungshubschrauber und mehrerer Notarztequipen aus Basel und Lörrach an die Unfallstelle.

Juni

	Jugendfest ‹Gundeli›	Strahlend schönes Wetter begleitet das Jugendfest Aeschen-Gundeldingen im Margarethenpark.
	†	† *Prof. Dr. phil. Dr. h.c. mult. Hans Urs von Balthasar* (82), zwei Tage vor seiner Konsekration zum Kardinal. Theologe, Philosoph, Autor und Interpret von über 80 Werken der Gebiete Patristik, Mystik, Philosophie, Theologie und Kirchengeschichte. Als universalster katholischer Theologe unserer Zeit Inhaber päpstlicher Orden und anderer Ehrungen.
27.	Grüne Partei	Die Grüne Partei Basel-Stadt/Baselland spaltet sich an ihrer Generalversammlung in zwei kantonale Sektionen auf, behält jedoch die gemeinsamen Sitzungen bei.
28.	Regierungsrat	Der Regierungsrat ersucht den Grossen Rat um einen Kredit von 900 000 Franken zur Organisation des internationalen ökumenischen ‹Friedenskonzils› 1989.
	Neue Dozenten	Der Regierungsrat wählt *Prof. Dr. med. Fritz Bühler* zum neuen Leiter des Departementes Forschung am Kantonsspital unter gleichzeitiger Ernennung zum Ordinarius ad personam für Pathophysiologie an der Medizinischen Fakultät. Gleichzeitig ernennt er *Prof. Dr. med. Cordula Nitsch* zur Prosektorin/Abteilungsleiterin und zur Extraordinaria an der Medizinischen Fakultät der Universität Basel.
29.	Grosser Rat	Der Grosse Rat verschiebt die zweite Lesung des Gesetzes über die Reproduktionsmedizin und setzt das Traktandum ‹Alte Stadtgärtnerei› auf die Tagesordnung seiner Sitzung vom folgenden Tag.
30.	Grosser Rat	Die ausschliesslich den Ereignissen um die Alte Stadtgärtnerei gewidmete Sonderdebatte der Bündelitagssitzung zeigt wenig Dialogbereitschaft, endet mit gegenseitigen Schuldzuweisungen und drei abgelehnten Resolutionen. Ausserdem bewilligt der Rat Staatsbeiträge von 15,3 Mio. Franken an die Musikakademie und stimmt der Erstellung der Dreifachturnhalle auf dem Sportplatz Schützenmatte zu.
	Chemie-Brand Schweizerhalle	Als Folge verweigerter Akteneinsicht legen die Anwälte der Zivilkläger ihre Mandate nieder.
	Informatik-Institut	Das von Sponsoren aus der Basler Wirtschaft getragene ‹Institut für angewandte Informationswissenschaften› (IAI) stellt nach dreijährigem Bestehen seine Tätigkeit ein.
	Rheinschiffahrt	Die Schweizerische Reederei und Neptun AG orientiert ihre Mitarbeiter über den geplanten Verkauf von 27 Rheinschiffen und den Abbau von 150 Stellen beim Personal.

Juli 1988

1.	Tarifverbund mit BRD	Die Umweltpunktekarten des Landkreises Lörrach sind künftig auch auf den BVB-Linien, die in Basel gelösten Verbundfahrausweise für Bus und Bahn im deutschen Grenzgebiet gültig.

Juli

2.	Alte Stadtgärtnerei	Aktivisten der Alten Stadtgärtnerei besetzen während eineinhalb Tagen den eingerüsteten Turm der Peterskirche.
3.	3. Internationales Polizeimusik-Festival	Sechs Musikkorps aus vier Ländern bieten rund 10 000 Zuhörern im Stadion St. Jakob eine Blasmusik-Supershow.
4.	Freie Volksschule Basel	Wegen Abbruchs der GGG-Liegenschaft Claragraben 123 sind 50 Schüler und der Lehrkörper der Freien Volksschule ab heute ohne Domizil.
5.	Regierungsrat	Der Regierungsrat beantragt dem Grossen Rat, die Initiative ‹Für die Eindämmung der Autopendler-Flut› wegen Unzulässigkeit für ungültig zu erklären.
	Wahl	Der Regierungsrat wählt *Oswald Inglin* zu einem Konrektor des Holbein-Gymnasiums.
6.	†	*† Dr. phil. Hans Gutzwiller-Kätterer* (76), von 1946 bis 1973 Rektor des Humanistischen Gymnasiums, Verfassungsrat, Präsident der Allgemeinen Lesegesellschaft, Mitglied der Maturitätskommission, Autor des zweibändigen Latein-Lehrwerkes ‹Gymnasium Latinum›.
8.	Grundsteinlegung	An der Giornicostrasse 144 wird im Beisein von *Regierungsrat Remo Gysin* der Grundstein für das Betagten- und Pflegeheim ‹Zum Wasserturm› gelegt.
9.	†	*† Prof. Dr. iur. Ernst Wolf-Weber* (86), Anwalt und Notar, 1931–1935 Vorsteher des Betreibungs- und Konkursamtes, 1942–1946 Dozent an der Universität von Caracas, später venezolanischer Konsul in Basel, seit 1953 Hochschullehrer für öffentliches Recht an der Universität Basel, Verfasser wichtiger Publikationen auf den Gebieten Staats-, Völker- und Kartellrecht.
11.	†	*† Dr. phil. Heinz Schweizer-Dubois-dit-du-Terreaux* (61), Gymnasiallehrer.
12.	Regierungsrat	Der Regierungsrat legt dem Grossen Rat einen Vertrag für die Miete eines Zivilschutz-Ausbildungszentrums im ehemaligen Verwaltungsgebäude der Pneufabrik Firestone in Pratteln vor. Gleichzeitig stellt er dem Grossen Rat ein Kreditbegehren von 225 000 Franken zur Umgestaltung der Fatiostrasse in eine Wohnstrasse.
	Wahlen	Der Regierungsrat wählt *PD Dr. med. Ursula Ackermann-Liebrich* zu einer Leiterin des Bereiches Sozial- und Präventivmedizin beim Sanitätsdepartement und *Leo Gärtner, dipl. El. Ing. ETH,* zu einem Chef des Direktionsstabes bei den IWB.
14.	Open-Air-Konzert	Rund 46 000 mitsingende Zuhörer verfolgen im Stadion St. Jakob ein vierstündiges Konzert des Jugendidols *Bruce Springsteen,* Star des amerikanischen Mainstream-Rock.

Juli

†		*† Dr. iur. Dr. h.c. mult. Victor H. Umbricht-Frésard* (73), Diplomat und Wirtschaftsexperte, seit 1953 Vizedirektor der Weltbank für Europa, Afrika und Australasien, seit 1957 Chef der Eidgenössischen Finanzdirektion, Experte und Vermittler im Range eines Vize-Generalsekretärs der UNO, Leiter internationaler Hilfsorganisationen, seit 1961 Verwaltungsratspräsident der US-Ciba Corporation, 1965–1985 Verwaltungsrat der Ciba-Geigy Basel, Vizepräsident und Ehrenmitglied des IKRK, Mitgründer der Bilderberg-Treffen, Friedensstifter von hoher internationaler Reputation.
15.	Sommersmog	Auf Empfehlung von *Bundesrat Flavio Cotti* verzichten die Regierungen beider Basel auf den Vollzug ihres Interventionskonzeptes bei Sommersmog.
18.	Sondermüll	*Regierungsrat Eugen Keller* verzichtet auf die Geheimhaltung der ‹Abfallerhebung› zum Projekt eines Ciba-Geigy-Sondermüllofens und verfügt deren öffentliche Auflage.
26.	Open-Air-Konzert	Rund 50 000 Zuhörer verfolgen im Stadion St. Jakob das Rock-Konzert der englischen Supergruppe ‹Pink Floyd›.
	†	*† Alois Glarner-Ledermann* (78), als Förderer des genossenschaftlichen Wohnungsbaus Gründer und Initiant der Wohngenossenschaften ‹Soca›, ‹Dreiländerblick›, ‹Hörnli› und ‹Paradieshof›.
27.	†	*† Ernest Albert Christen* (74), Architekt, Gartengestalter, Kunstmaler, Erbauer zahlreicher Landhäuser in Basler Landgemeinden.
30.	Bohrung nach Erdwärme	Die seit dem 8. März in Riehen abgeteufte Probebohrung nach nutzbarer Erdwärme wird in 1547 m Tiefe fündig.
	Referendum	Das von 3000 Unterschriften getragene Referendum gegen den Beitrag an die ‹Stiftung Basler Orchester› wird auf der Staatskanzlei eingereicht.
31.	Claramattefescht	Am dreitägigen ‹Claramattefescht› verlustieren sich zahlreiche Daheimgebliebene für einen guten Zweck.

August 1988

1.	Nationalfeiertag	An der offiziellen Bundesfeier auf dem Bruderholz stellt *Regierungspräsident Remo Gysin* die Begriffe ‹Heimat› und ‹Heimatlose› in den Mittelpunkt seiner Festansprache. Gleichzeitig wird am Rhein vor stimmungsvoller Kulisse die traditionelle Bundesfeier mit Attraktionen und einem Brillantfeuerwerk als Volksfest abgehalten.

August

†		*† Lux Dieterle-Beutler* (71), Kaufmann, Conférencier, Schnitzelbänkler und stadtbekannter Drummeli-Schauspieler.
4.		*† Rudolf Schmid-Waechter* (77), 1953–1975 Gemeindeverwalter und Bürgerratsschreiber von Riehen.
8.	8.8.88	Der 8.8.1988 bringt dem Zivilstandsamt 27 Trauungen und den Postämtern Hochbetrieb durch Philatelisten. In der Stadt verabfolgen 8 Restaurants Tagesmenüs zu Fr. 8.88, in Wettbewerben sind Sparhefte à Fr. 888.88 zu gewinnen.
9.	Regierungsrat	Der Regierungsrat befürwortet die Anschaffung einer EDV-Anlage für die GGG-Bibliotheken und ersucht deshalb den Grossen Rat um einen Anschaffungsbeitrag von 900 000 Franken und Betriebsbeiträge von 450 000 Franken für die Jahre 1989/90.
10.	†	*† Hartmann F. Ammann-Dixon* (64), Direktor des Schweizerischen Bankvereins, Verwaltungsrat der Robapharm AG, 1967–1976 LDP-Grossrat, 1974/75 Grossratspräsident, Vorstandsmitglied des Basler Volkswirtschaftsbundes, Quästor der Kunststiftung der Schweizer Wirtschaft.
11.	†	*† Albert Abt-Weis* (79), BVB-Angestellter, Präsident der SP Basel-Stadt, 1940–1951 Mitglied des Weiteren Gemeinderates, anschliessend Gemeinderat, später Vizepräsident des Bürgerrates Riehen, 1949–1952 Grossrat.
	†	*† Gertrud Pfisterer* (79), Seminarlehrerin.
12.	†	*† Beatrice Gürtler-Mauthe* (47), Lehrerin an der Mädchen-Realschule Basel.
15.	†	*†* (in Luzern) *Josef Alois Müller* (68), 1946–1955 Vikar an der Pfarrei St. Clara, 1955–1986 erster Seelsorger an der Schifferkirche St. Christophorus in Kleinhüningen.
16.	Wahlen	Der Regierungsrat wählt *lic. iur. Alexander Egli* zum Vorsteher des Zivilstandsamtes und *lic. iur. Bernhard Fischer* zu einem akademischen Mitarbeiter beim Justizdepartement.
17.	Wahl	Der Bundesrat wählt die Basler Juristin *Claudia Kaufmann* zur Sektions-Chefin im Bundesamt für Kulturpflege (BAK) und zur Leiterin des neugeschaffenen Büros für die Gleichstellung von Mann und Frau.
18.	Ozon-Warnung	In Erwartung einer bedenklichen Überschreitung des Ozon-Grenzwertes veröffentlicht das Lufthygieneamt beider Basel erstmals Verhaltens-Empfehlungen für gefährdete Bevölkerungsgruppen.

August

20.	Demonstration und Haus-besetzung	Nach einem Demonstrationsmarsch von rund 300 Aktivisten und Sympathisanten der Alten Stadtgärtnerei durch die Innerstadt wird das zum Abbruch bestimmte Cinema Union an der Klybeckstrasse besetzt.
	Demonstration	Mit einer bewilligten, von rund 1000 Teilnehmern besuchten Kundgebung auf dem Marktplatz fordert der ‹Arbeitskreis Luft› behördliche Massnahmen gegen die Luftverschmutzung.
	Jugendfest Steinen-Bachletten-Neubad	Die Kinder der Quartiere Steinen, Bachletten und Neubad feiern auf der Schützenmatte trotz regnerischem Wetter gutgelaunt ihr Jugendfest.
22.	Corps diplomatique	Der Bundesrat erteilt *Antonio Ortiz Garcia* das Exequatur als *Berufsgeneralkonsul* von Spanien mit Sitz in Basel und Amtsbefugnis für beide Basel, Solothurn und Jura.
	†	† *Jürg Weis* (42), Theologe, Entwicklungshelfer, Sekretär des Schweizer Zentralkomitees für Südamerika, Verantwortlicher für die Solidaritätsarbeit in El Salvador.
23.	Regierungsrat	Der Regierungsrat bewilligt Staatsbeiträge an das Kinderheim ‹Auf dem Gellert›, an das Heilsarmee-Kinderheim ‹Holeestrasse› und an den Verein Drogen-Nachsorge ‹Die Kette›. Er bestätigt die stille Wahl von vier Präsidenten des Zivil- und von vier Präsidenten des Strafgerichts, überweist 100 000 Franken zu Gunsten der Überschwemmungsopfer im Sudan und beschliesst die Aufnahme der ‹Hirzbrunnen-Villa› in das Denkmalverzeichnis.
	Wahl	Der Regierungsrat wählt *Dr. med. Kurt Jäger* zu einem Leiter der Abteilung für Angiologie am Kantonsspital.
24.	Regierungsbesuch	Die Regierung des Standes Solothurn erwidert den vorjährigen Besuch der Basler Exekutive.
25.	Gratistag	Zum Gedenken an den 100. Geburtstag des Migros-Gründers *Gottlieb Duttweiler* kann auf allen Verkehrsmitteln des Tarifverbundes Nordwestschweiz für einen Tag gratis gefahren werden.
26.	Historisches Museum	Eröffnung der international bedeutenden, bis 28. November dauernden Ausstellung ‹Phönix aus Sand und Asche – Glas des Mittelalters›.
	Waldpavillon	Die Bürgergemeinde Basel macht der Bevölkerung in den Langen Erlen einen Waldpavillon mit didaktischem Waldgarten zum Geschenk.
	Em Bebbi sy Jazz	Rund um den Rümelinsplatz wird der von 24 Amateurbands mit rund 200 Musikern vorgetragene Open-Air-Jazz-Abend zu einem Volksfest flanierender Menschenmassen.
27.	Festwochenende	Hochsommerliches Wetter verhilft dem ‹Erlefescht 88›, dem Klosterbergfest, dem ‹Bachlätte-Fescht-Märt›, dem Margarethenparkfest, dem Kantonaltag von 1000

Pfadfindern, dem Jugendfest St. Johann und dem Pfarreifest St. Marien zu einem Grossaufmarsch von Festfreudigen.

29.	Gerichte	Wegen Umbaus des ‹Bäumli›-Gebäudes dislozieren das Appellations-, das Zivilgericht und das Konkursamt in das Provisorium im ehemaligen Gas- und Wasserwerk an der Heuwaage.
	Peterskirche	In die Turmkugel der derzeit in Renovation befindlichen Peterskirche werden Bau- und Zeitdokumente eingelötet und das bisher stumme Vesperglöcklein wieder läutbar gemacht.
	Patriarchen-besuch	Das Oberhaupt der Georgisch-Orthodoxen Kirche, *Patriarch Ilia II.*, wird während seines zweitägigen Baselbesuches vom Evangelischen Kirchenrat offiziell empfangen.
30.	Regierungsrat	Der Regierungsrat erhöht die bisherige Subvention an die AIDS-Hilfe beider Basel (AHbB) für 1989 von 93 000 auf 140 000 Franken.
	Wahl	Der Regierungsrat wählt *lic. iur. Dorothea Hengge* zu einer a.o. Staatsanwältin.

September 1988

1.	Grosser Rat	Trotz Beizug von fünf Experten wird die von 52 Mitgliedern linker und grüner Fraktionen verlangte Sondersitzung zum Thema Luftverschmutzung zur Farce. Da eine knappe bürgerliche Mehrheit die Traktanden ‹Diskussion› und ‹Beschlussfassung› mit 51 zu 49 Stimmen verhindert, verlässt die POB-Fraktion aus Protest gegen die Abwertung des Instrumentes ‹Sondersitzung› den Ratssaal.
	Ombudsmann	Basels erster ‹*Bürgeranwalt*›, *Andreas Nabholz,* nimmt an der Freien Strasse 52 offiziell seine Tätigkeit auf.
	Judentum in Basel	Im Kleinen Klingenthal wird die Ausstellung ‹Synagoge und Juden in Basel› des Stadt- und Münstermuseums eröffnet.
	Moschee	Das Bauinspektorat verweigert der Islamischen Stiftung den Umbau der Liegenschaft Friedensgasse 18 zu einer Moschee.
	Bodenforschung	Die Archäologische Bodenforschung Basel-Stadt legt auf dem Areal der ehemaligen Stadtgärtnerei rund 800 Gräber des Spitalfriedhofes von 1844 bis 1868 frei.
2.	‹Basler Blick›	Mit einer Startauflage von 75 000 Exemplaren erscheint die schweizerische Boulevardzeitung ‹Blick› erstmals mit einem Basler Regionalteil.
	Schülerschwund	In nur 9 Schulklassen wird das gesetzliche Schüler-Maximum überschritten, in 46 Klassen wird die Limite erreicht und in 761 Klassen unterschritten.

September

3.	Interferex	In der Muba wird die von 278 Ausstellern aus acht Ländern beschickte 15. ‹Interferex›, Internationale Fachmesse für Eisenwaren, Werkzeuge und Haushaltartikel, und die begleitende 3. ‹intertable›, Fachmesse für Tischkultur, eröffnet.
5.	Bürgergemeinde	Der Bürgerrat beschliesst den Ankauf der beiden Liegenschaften Lehenmattstrasse 140 und 142 zum Preis von 4 Mio. Franken.
	†	*† Hanna Maria Engler-Hofmann* (73), 1940–1975 Hausmutter des Basler Altersasyls ‹zum Lamm›.
6.	Regierungsrat	Der Regierungsrat unterbreitet dem Grossen Rat einen Ausgabenbericht in der Höhe von 275 000 Franken zur Verlegung des 100jährigen Kindergartens an der Farnsburgerstrasse in die ehemalige Waschanstalt Breite und stellt das markante ‹Bauernhaus Schweizer› in Riehen unter Schutz.
	Wahl	Der Regierungsrat wählt *PD Dr. med. Markus Rist* zu einem Stellvertreter des Chefarztes der Urologischen Klinik am Kantonsspital.
	Höflichkeits-besuch	*Regierungspräsident Remo Gysin* empfängt den Vertreter der Republik Burundi in der Schweiz, *Botschafter Balthazar Nahimana,* zu einem Höflichkeitsbesuch und bringt bei dieser Gelegenheit seine tiefe Besorgnis über die blutigen Stammesunruhen und Massaker mit Tausenden von Toten in diesem Staat zum Ausdruck.
	Bürgergemeinderat	Der Bürgergemeinderat beschliesst eine jährliche Defizitgarantie von 60 000 Franken an das Begegnungs- und Freizeitzentrum ‹Burgfelderhof› und bewilligt jährliche Beiträge von 100 000 Franken zur Pflege des Erholungswaldes, 25 000 Franken an das Alterszentrum ‹Dalbehof› und 60 000 Franken an das Alterszentrum ‹Wiesendamm›.
	Swissdata 88 und Fabritec 88	Die von 669 Ausstellern aus 28 Ländern beschickte ‹Swissdata 88›, Schweizerische Fachmesse für Informationsverarbeitung, und die gleichzeitig stattfindende ‹Fabritec 88›, Internationale Fachmesse für Fabrikationseinrichtungen in der Elektronik und Mikrotechnik, führen zu einer Belegung aller verfügbaren Unterkünfte im Umkreis von 40 km.
8.	Novum bei Ciba-Geigy	Auf ihrem Werkgelände Kleinhüningen präsentiert die Ciba-Geigy ihre Weltneuheit einer Waschanlage für chemie-kontaminierten Bauschutt.
9.	‹Basel tanzt›	Auf Tribünen am Barfüsserplatz und in der Muba findet bis zum 17. September das 2. ‹Basel tanzt›-Open-Air-Festival statt.
	‹Vogel Gryff›	Mit einer Jubiläumsnummer feiert die Kleinbasler Zeitung ‹Vogel Gryff› ihr 30jähriges Erscheinen.
	Arbeitsmarkt	Mit derzeit 1712 Arbeitslosen und einer kantonalen Quote von 1,7% erreicht die Arbeitslosigkeit in Basel den tiefsten Stand seit 1982.

September

10.	AKW Kaiseraugst	Nach einer repräsentativen Meinungsumfrage der Basler Zeitung sind drei von vier Schweizern gegen den Bau des AKW Kaiseraugst, 62,7% gegen den weiteren Ausbau der Kernenergie, eine Mehrheit gegen eine Entschädigung des Bauverzichts mit Steuergeldern oder eine Strompreiserhöhung und 71,7% für eine Kostentragung durch den verzichtenden Bauherrn.
12.	Asylanten	In den ersten acht Monaten 1988 ersuchten in der am meisten belasteten Empfangsstelle Basel 2400 Bewerber, vor allem Türken, um Asyl.
13.	Regierungsrat	Der Regierungsrat ersucht um einen Kredit von 2,5 Mio. Franken zur Automatisierung des Informationsflusses bei den Basler Gerichten, stellt die Dächer, Fassaden und Perronhallen des Bahnhofes Basel SBB/SNCF unter Schutz und beschliesst einen Beitrag von 100 000 Franken zu Gunsten der Katastrophenopfer in Bangladesh.
	Rheinschiffahrt	In einem gemeinsamen Appell fordern die Regierungen beider Basel von *Bundesrat Jean-Pascal Delamuraz* die Sicherung des Flottenbestandes und der über 100 bedrohten Arbeitsplätze in der Rheinschiffahrt.
14.	AKW Kaiseraugst	Der Bundesrat erklärt sich bereit, den Bauverzicht für das AKW Kaiseraugst mit 350 Mio. Franken aus der Staatskasse zu entschädigen.
	Höflichkeitsbesuch	*Regierungspräsident Remo Gysin* empfängt eine von *He Zhiquiang, Gouverneur* der chinesischen Provinz Yünnan, angeführte Wirtschaftsdelegation anlässlich ihres Informationsbesuches in Basel.
	†	† *Claude Richard Stange-Bittmann* (75), Journalist, Film- und Theaterkritiker der Basler Nachrichten, später der Basler Zeitung, Schriftsteller, Rezensent, Novellist und Autor von Theaterstücken.
15.	Grosser Rat	Nach der missratenen Sondersitzung vom 1. September fordert der Grosse Rat in einer mit unerwartetem Konsens und mit nur einer Gegenstimme gefassten Resolution die Durchführung eines regionalen Grossversuches zur Entwicklung wirksamer Antismog-Massnahmen. Eine Gruppierung von 70 Grossräten fordert eine regierungsrätliche Standesinitiative zur Verhinderung der geplanten Zollfreistrasse in Riehen.
	Asylanten	Zur Unterbringung eines eigentlichen Schubes von rund 200 türkischen Asylbewerbern muss die Zivilschutzanlage ‹Bäumlihof› geöffnet werden.
	Kaminbau	In der weltrekordverdächtigen Zeitspanne von nur 90 Tagen ist das 110 m hohe Kamin für die Rauchgaswäsche der Basler Kehrichtverbrennungsanlage (KVA) hochgezogen worden.
16.	Sandoz AG	Mit dem Bauvorhaben einer 170 Mio. Franken teuren Produktionsanlage für Pharmazeutika bekennt sich die Sandoz AG weiterhin zum Standort Basel.

September

18.	Bettag	Mit einem Strassengottesdienst und kulturellen Veranstaltungen in der für den Verkehr gesperrten Dufourstrasse wird dieser Ort während des Eidg. Dank-, Buss- und Bettages für Hunderte von Baslern zur Besinnungs- und Begegnungsstätte.
	PdA Basel	Das Zentralkomitee der Partei der Arbeit der Schweiz (PdA) beschliesst mit 37 zu 6 Stimmen den Ausschluss seiner Basler Sektion.
19.	†	*† Werner Deiss-Ullmann* (74), Präsident des Verwaltungsrates der Deiss AG, Schuhhaus am Marktplatz, Obmann und Tambourmajor der Märtplatz-Clique.
21.	Brauerei Warteck	Die Aktionäre der traditionsreichen letzten Basler Grossbrauerei ‹Warteck› sanktionieren den Verkauf des Getränkesektors an die Rheinfelder Brauerei ‹Feldschlösschen›.
	Zollfreistrasse	Der Gemeinderat von Riehen legt ein alternatives Tunnelprojekt für die umstrittene Zollfreistrasse vor.
22.	Grosser Rat	Der Grosse Rat befürwortet ein Kreditbegehren von 4,3 Mio. Franken zur Erneuerung des Mittleren Ringes zwischen Birsigviadukt und Kannenfeldplatz und debattiert mehrere Strassenverbesserungen, Verkehrsberuhigungen, die Innenraumgestaltung im Hörnli, die Einrichtung eines Kompaktmagazins für die Universitätsbibliothek und die Anschaffung eines Massenspektrometers für die Lebensmittelkontrolle.
23.	PROGNOS-Forum	Im Kongresszentrum nehmen über 500 Personen am diesjährigen PROGNOS-Forum teil, das im Zeichen der West-Ost-Entspannung steht und Fragen der wirtschaftlichen Chancen im Osten erörtert.
	100 Jahre Schulhaus St. Johann	Ein offizieller Akt bildet den Auftakt zu den dreitägigen Festlichkeiten im 100jährigen St. Johann-Schulhaus.
24.	Abstimmungen	Der Basler Souverän stimmt der Orchesterstiftung knapp, der Wiedereinführung der Wohnsitzpflicht für höhere Staatsangestellte massiv zu und lehnt sowohl die Dreifachturnhalle mit dem Verwaltungsschutzraum unter der Schützenmatte als auch die Amtszeitverlängerung auf 16 Jahre für Grossratsmitglieder ab.
	St. Alban-Tal	Zum Abschluss der grössten Stadtteilsanierung der Schweiz lädt die Bürgergemeinde und die CMS ‹tout Bâle› zu einer begutachtenden Dalbeloch-Visite ein.
25.	†	*† Otto Müller-Wunderlin* (91), Staatsangestellter, Schauspieler, Regisseur und Dialektautor, Schöpfer des ‹Basler Pygmalion› und der Komödie ‹Krach im Stägehuus›, Leiter der Schauspielschule des ‹Quodlibet›, Initiant der Münsterplatzspiele 1945 und 1947.
26.	Schweizerischer Bankverein	Nach siebenjähriger Bauzeit kann der Schweizerische Bankverein seinen 240 Mio. Franken teuren Neubau der Generaldirektion am Aeschenplatz einweihen.

September

27. Budget 1989   Das Staatsbudget 1989 des Kantons Basel-Stadt sieht bei Einnahmen von rund 2,508 Mrd. Franken und Ausgaben von 2,476 Mrd. Franken einen Überschuss von 32,1 Mio. Franken vor.

Wahlen   Der Regierungsrat wählt *Prof. Dr. rer. nat. Bernd Giese* zum Inhaber des gesetzlichen Lehrstuhls für Organische Chemie unter gleichzeitiger Ernennung zu einem Vorsteher des Instituts für Organische Chemie und der Verleihung von Titel und Rechten eines ordentlichen Professors an der Philosophisch-Naturwissenschaftlichen Fakultät der Universität Basel. Gleichzeitig wählt er *Dr. des. phil. Daniel Reicke* zum Leiter der baugeschichtlichen Untersuchungen bei der Basler Denkmalpflege.

Ernennungen   Der Regierungsrat ernennt *PD Dr. med. Wolfgang Arnold, PD Dr. med. Ralph Kocher* und *PD Dr. med. Emilio del Pozo* zu a.o. Professoren an der Medizinischen, *PD Dr. phil. Peter Blome* an der Philosophisch-Historischen und *PD Dr. phil. Niklaus Weiss* an der Philosophisch-Naturwissenschaftlichen Fakultät der Universität Basel.

28. AKW Kaiseraugst   Mit 161 Ja- und 17 Nein-Stimmen bei 14 Enthaltungen stimmt der Nationalrat einer Liquidierung des Atomkraftwerkprojektes Kaiseraugst zu.

PdA Basel   Die vom Zentralkomitee ausgeschlossene PdA Basel wird unter dem bisherigen Namen weitergeführt.

29. Vereinigung Basler Ökonomen   Mit einem Bankett, einer Grussadresse des *Bundespräsidenten Otto Stich* und einer wissenschaftlichen Tagung feiert die ‹Vereinigung Basler Ökonomen› ihre Konstituierung.

Höflichkeitsbesuch   S.E. *Somboon Sangiambut, Botschafter* des Königreiches Thailand, wird von *Regierungspräsident Remo Gysin* im Rathaus zu einem Höflichkeitsbesuch empfangen.

Informationsbesuch   Eine sowjetische Ärztedelegation besucht nach einem Empfang durch *Regierungspräsident Remo Gysin* die Universitätskliniken des Kantonsspitals.

Billard-Europameisterschaft   In der Mustermesse wird über das Wochenende die Billard-Europameisterschaft ‹Cinque Birilli› ausgetragen.

†   *† Walter Probst-Känzig* (73), Reallehrer, Kabarett-Texter und Musical-Autor des Theaters ‹Fauteuil›, Kolumnist der ‹Nordschweiz› und des ‹Baslerstab›.

30. Festa Italiana   In der Rundhofhalle der Muba beginnt das dreitägige, von rund 100 italienischen und schweizerischen Vereinen getragene kulturell-gastronomisch-touristische Volksfest ‹Festa italiana per e con i basilesi›.

†   *† Dr. iur. Jacques Apotheker-Riggenbach* (90), 1930–1964 Präsident am Zivilgericht Basel-Stadt.

Oktober 1988

1.	Neuer Uni-Rektor	*Prof. Dr. med. Carl Rudolf Pfaltz* übernimmt von *Prof. Dr. ès sc. biol. Werner Arber* das Amt des Rektors der Universität Basel.
	Veteranentreffen	In Anwesenheit von *Regierungsrat Karl Schnyder, Dr. med. Dr. h.c. Oberst Georg Constam* und den Meistern der Drei Ehrengesellschaften Kleinbasels treffen sich im Kongresszentrum gegen 500 ehemalige Angehörige der legendären Gotthard-Mitrailleure.
	Meistertitel	Mit einem Sieg über Rotweiss Wettingen sichert sich der Basler HC den Titel eines Landhockey-Schweizermeisters.
4.	Zoologischer Garten	Im Zolli kommt das 21. Panzernashorn der Basler Zucht zur Welt.
6.	AKW Kaiseraugst	Mit 29 gegen 3 Stimmen verzichtet auch der Ständerat auf den Bau des AKW Kaiseraugst.
	Hausbesetzung	Nach Ablauf der auf 5.10. festgesetzten Räumungsfrist erstattet die Kantonalbank gegen die Besetzer des Cinema ‹Union› Strafanzeige wegen Hausfriedensbruchs.
	†	† *Adolf Zogg-Vaterhaus* (65), 1952–1982 kaufmännischer, in den Spielzeiten 1960/61 und 1961/62 interimistischer Direktor der Basler Theater, 1957–1982 Vorstandsmitglied des Schweizerischen Bühnenverbandes.
7.	PdA Basel	In Konkurrenz zur noch bestehenden, vom Zentralkomitee ausgeschlossenen alten Sektion Basel der PdA wird die ‹Neue Partei der Arbeit Basel-Stadt und Basel-Land› gegründet.
	Fitness-Messe	Vom 7. bis 9. Oktober findet in der Mustermesse, als erste Messe zu dieser Thematik in der Schweiz, die ‹Interfitness 88›, Internationale Messe für Fitness, Sport und Freizeit, statt.
8.	100. Geburtstag	*Frau Karolina Schwarzbeck* nimmt in der Alterssiedlung Dalbehof an der Kapellenstrasse die Glückwünsche von *Regierungsrat Hans-Rudolf Striebel* und von *Bürgerratspräsident Walter Zeugin* entgegen.
9.	Swiss-Indoors	Die seit dem 1. Oktober ausgetragenen Internationalen Hallentennis-Meisterschaften Swiss-Indoors enden mit dem dritten Erfolg des schwedischen Wimbledon-Siegers *Stefan Edberg* und neuem Zuschauerrekord.
10.	Prüfungs-kommission	Die grossrätliche Prüfungskommission erklärt sich in ihrem Jahresbericht besorgt über das «Treten an Ort der Regierung» und das Fehlen eines klaren Konzeptes in der Partnerschaft mit Baselland und in der Drogenpolitik.
11.	Papstbesuch	Nach seiner Elsass-Visite fliegt *Papst Johannes Paul II.* vom Flughafen Basel-Mulhouse aus nach Rom zurück.

Oktober

	Sondermüllofen	Mängel im Umweltverträglichkeitsbericht zum projektierten Ciba-Geigy-Sondermüllofen veranlassen die eidgenössischen und kantonalen Behörden zu dessen Zurückweisung und zur Forderung nach ergänzenden Abklärungen in zahlreichen Teilbereichen.
12.	Kooperation	Der in Basel domizilierte Milchverband der Nordwestschweiz, Miba, beschliesst im Produktionsbereich eine Kooperation mit dem Milchverband Toni, Winterthur.
13.	50 Jahre Sport-Toto	Über 100 in- und ausländische Gäste aus Politik und Sport feiern im Grossratssaal, später im Wenkenhof, das 50jährige Bestehen der in Basel gegründeten Schweizerischen Sport-Toto-Gesellschaft.
14.	Ärzte-Symposium	Im Stadtcasino wird das von *Regierungsrat Hans-Rudolf Striebel* eröffnete 4. Europäische Symposium der ‹Internationalen Ärzte zur Verhütung eines Atomkrieges› (IPPNW) abgehalten.
15.	†	*† Alfred Scherrer-Bourqui* (61), Lehrer am Kohlenberg-Gymnasium.
16.	13. Basler Marathon	Der parallel zur Schweizerischen Marathonmeisterschaft ausgetragene 13. Basler Marathon verzeichnet mit 670 Läufern einen neuen Teilnehmerrekord.
17.	Ehrung	Der Wissenschaftspreis 1988 der Stadt Basel geht an den *Theologen Dr. Hinrich Stoevesandt,* Nachlassverwalter und Herausgeber der Werke von Karl Barth.
18.	Swisstech 88	Die von der Muba organisierte, bis zum 22. Oktober dauernde, von 832 Ausstellern aus neun Ländern beschickte ‹Swisstech 88›, Fachmesse der Zulieferindustrie und des Industriebedarfs, endet mit einem Besucherzuwachs von 13%.
	Führungswechsel	*Dr. med. Guido A. Zäch, Chefarzt* und Leiter des Schweizerischen Paraplegikerzentrums Basel, wechselt auf Ende 1989 zum Schweizerischen Paraplegikerzentrum Nottwil.
	Neuer Dozent	Der Regierungsrat ernennt *Dr. med. Jürgen Roth* zu einem a.o. Professor der Philosophisch-Naturwissenschaftlichen Fakultät der Universität Basel.
	†	*† Prof. Dr. med. Robert Nicole* (86), früherer Chefarzt für Chirurgie am Kinderspital Basel, Verfasser zahlreicher Publikationen auf dem Gebiet Kinderchirurgie.
19.	Swiss-American-Society Basel	Anlässlich seines Besuches bei der Swiss-American-Society Basel spricht sich *Philip D. Wynn,* neuer *Botschafter* der USA in der Schweiz, für einen weltweiten, unter den Auspizien der UNO stehenden Umweltschutz aus.
20.	Offizieller Besuch	Der spanische Ministerpräsident *Felipe Gonzales Marquez* und sein Begleiter, *Bundespräsident Otto Stich,* werden von *Regierungspräsident Remo Gysin* und Ratskollegen beider Basel im Rathaus empfangen.

Oktober

	Saalbau ‹Rhyblick›	In Anwesenheit der *Regierungsräte Eugen Keller, Karl Schnyder* und *Hans-Rudolf Striebel* wird der Saalbau ‹Rhyblick›, Restaurant, Begegnungsstätte und Heim mehrerer Vereine des St. Johann-Quartiers, offiziell seiner Bestimmung übergeben.
	†	*† Dr. iur. Ulrich Zimmermann-Spitz* (64), Advokat, Gründungsmitglied des Kiwanis-Club Basel.
22.	125 Jahre SAC-Sektion Basel	Im grossen Festsaal des Stadtcasinos feiert die Basler Sektion des Schweizerischen Alpenclubs in Gegenwart zahlreicher Prominenz ihr 125-Jahr-Jubiläum.
	16. Internationaler Feuerwehr-Marsch	2500 Feuerwehrleute aus der Region beteiligen sich am diesjährigen, von der Werkfeuerwehr Sandoz organisierten, Feuerwehrmarsch durch die Dreiländerecke.
24.	Bankwesen	Die Privatbank Sarasin & Cie. übernimmt die ebenfalls in Basel domizilierte Bank Jenni & Cie. AG.
25.	Milchsuppe	*Bürgerrätin Marie-Agnes Massini, Spitaldirektor Alfred Zeugin, Abteilungsleiter Ruedi Propst, Architekt Walter Wurster* und *Kommissionspräsident Willy Pfund* vollziehen die ersten Spatenstiche zum Werkstättenneubau des Werkstätten- und Wohnzentrums Basel (WWB) in der Milchsuppe.
	Suspendierung	Als Konsequenz einer seit Jahren schwelenden Führungskrise im Frauenspital beschliesst der Regierungsrat einstimmig die sofortige vorläufige, alle Funktionen betreffende Suspendierung des derzeit an einem Gynäkologenkongress in Rio de Janeiro weilenden *Chefarztes Prof. Dr. med. Hans Ludwig.*
	Basler Gewerbetag	Angesichts zahlreicher politischer, wirtschaftlicher und gesellschaftlicher Prominenz, darunter die *Regierungsräte Kurt Jenny, Eugen Keller, Karl Schnyder* und *Hans-Rudolf Striebel,* wird der im Hotel Hilton abgehaltene Basler Gewerbetag zum Grossereignis.
	Neuer Dozent	Der Regierungsrat wählt *PD Dr. phil. Andreas Wetzel* zu einem Dozenten für Sedimentologie unter gleichzeitiger Ernennung zum a.o. Professor an der Philosophisch-Naturwissenschaftlichen Fakultät der Universität Basel.
26.	Grosser Rat	Der Grosse Rat diskutiert den kritischen Bericht der Prüfungskommission und heisst einen Kredit von 1,6 Mio. Franken für bauliche Massnahmen zur Verkehrsberuhigung in vier Quartieren gut.
	Umweltschutz	Die Verkehrsbetriebe BVB, BLT und PTT beschliessen die weltweit erste, versuchsweise Anschaffung methanolbetriebener, schadstoffarmer Autobusse.
27.	Grosser Rat	In der Vormittagssitzung repliziert die Regierung mit einer positiven Standortbestimmung erfolgreich auf die Mängelrügen der Geschäftsprüfungskommission. Nach der Genehmigung des Prüfungsberichtes bewilligt der Rat Kredite für die Baumbeobachtung und die Einrichtung des Kindergartens Breite.

Oktober

29.	518. Basler Herbstmesse	Schlag 12 Uhr wird vom Turm der Martinskirche die erstmals um das Kasernenareal erweiterte Basler Herbstmesse, die Herbstwarenmesse, die «Snow 88», die 15. Basler «Wyymäss» und die Begleitveranstaltung der Sammlerbörse eingeläutet.
	Bio-Zentrum	Rund 1600 Besucher orientieren sich an einem Tag der Offenen Tür über die laufenden Arbeiten und die Forschungsziele des Basler Bio-Zentrums.
	Referendum	Auf der Staatskanzlei wird das von rund 2600 Unterschriften getragene Doppelreferendum gegen das baselstädtische Zivilschutz-Ausbildungszentrum Pratteln und dessen Trümmerpiste bei Hölstein eingereicht.
	100 Jahre Bündnerverein	Der Basler Bündnerverein feiert sein 100jähriges Bestehen mit einem festlichen Anlass im Stadtcasino.

November 1988

1.	Regierungsrat	Als Folge der von der EG-Kommission entzogenen Exporterlaubnis soll der Basler Schlachthof nach dem Willen des Regierungsrates mit 1,358 Mio. Franken saniert werden. Weitere 3,1 Mio. Franken bewilligt die Exekutive zur Modernisierung der Motorfahrzeug-Prüfstation beider Basel in Münchenstein.
	Neuer Ordinarius	Der Regierungsrat wählt *Prof. Dr. med. Maximilian Reiser* zu einem Ordinarius für medizinische Radiologie und zum Chefarzt des Instituts für radiologische Diagnostik am Kantonsspital.
	Wahlen	Gleichzeitig wählt er *Dr. med. Dieter Baumgartner* zum Leitenden Zahnarzt im Zahnärztlichen Institut, *Dr. med. Volker Dittmann* zum Leiter des Forensisch-Psychiatrischen Dienstes der Psychiatrischen Universitätsklinik und *Dr. phil. II Elisabeth Grimm* zu einer Apothekerin am Kantonsspital.
	Universität	Im Rahmen des von der jubilierenden Freiwilligen Basler Denkmalpflege gestifteten Lehrstuhls hält *Prof. Dr. phil. Georg Mörsch* seine erste Vorlesung in Denkmalpflege.
2.	Regierungsrat	Der Regierungsrat hebt die Vorlesungs- und Forschungssperre gegen den suspendierten Klinikleiter *Prof. Dr. med. Hans Ludwig* auf und leitet gleichzeitig ein Administrativverfahren auf Entlassung ein.
3.	Fall Ludwig	Die Medizinische Gesellschaft Basel zeigt sich verwundert und besorgt «über die Art und Weise, wie mit dem Arzt und Hochschullehrer *Prof. Dr. med. Hans Ludwig* von politischer Seite umgegangen wird.»
	Umwelt-Telefon	Die Koordinationsstelle für Umweltschutz des Baudepartementes stellt der Bevölkerung ab heute eine Umwelt-Telefonnummer für sachbezogene Auskünfte zur Verfügung.

November

4.	3. Rheinknie Jazz-Session	Im Festsaal der Muba endet die seit dem 28. Oktober veranstaltete 3. Rheinknie Jazz-Session nach den Höhepunkten mit dem 81jährigen Jazzviolonisten *Stéphane Grappelli,* dem Mundharmonika-Virtuosen *Toots Thielemans* und dem legendären Startrompeter *Miles Davis* mit einer prominent besetzten ‹Geschichte des Blues› der Luther Allison Band.
	Kinderbuch-Sammlung	*Regierungsrat Hans-Rudolf Striebel* nimmt zu Handen des Schweizerischen Museums für Volkskunde die bedeutende, von der verstorbenen Sammlerin *Elisabeth-Brigitte Schindler-Holzapfel* vermachte und 4800 Bände umfassende Kinderbuchsammlung entgegen.
	100. Geburtstag	Im Pflegeheim des Augenspitals wird Frau *Elisabeth Pletscher-Oberer* von *Regierungspräsident Remo Gysin* zu ihrem 100. Geburtstag beglückwünscht.
5.	Basler Appell	Rund 600 Mitglieder verschiedener kritischer Gruppierungen diskutieren unter Beizug namhafter Fachleute an einem Kongress in der Uni-Mensa während zwei Tagen öffentlich die negativen Aspekte der Gentechnologie.
	Fall Ludwig	Die Schweizerische Gynäkologische Chefärztekonferenz äussert ihr Erstaunen über den «eiligen Entscheid» der Basler Regierung und ihr Befremden über die Art und Weise seines Zustandekommens.
	†	*† Rudolf Wirz* (71), Nationalspieler, langjähriger Coach und Ehrenmitglied des FC Basel.
6.	Russisch-orthodoxe Kirche Basel	Aus Anlass des 1000-Jahr-Jubiläums der Russisch-orthodoxen Kirche feiert die Evangelisch-reformierte Kirche Basel-Stadt mit der russischen Gemeinde Basel eine Russland-Kirchenwoche. *Erzbischof Georg* aus Paris hält im Kollegiengebäude der Universität den abschliessenden Fest-Vortrag.
7.	Neues Altersheim	In Riehen nimmt das neue Alters- und Pflegeheim ‹Haus zum Wendelin› seinen Betrieb auf.
	Chemie-Brand Schweizerhalle	Das Statthalteramt Arlesheim überweist das 15 000 Seiten starke Untersuchungsdossier an die Staatsanwaltschaft.
8.	Regierungsrat	Der Regierungsrat setzt das revidierte Wirtschaftsgesetz per 1. Januar 1989 in Wirksamkeit, ersucht um einen Kredit von 515 000 Franken p.a. für die Betreuung von Kindern durch die Pflegeeltern und beschliesst, einen Abschnitt des Bässlergutes einer geeigneten Trägerschaft als Jugendtreffpunkt zur Verfügung zu stellen.
	Neue Dozenten	Der Regierungsrat ernennt *PD Dr. med. Faruk Hadziselimovic, PD Dr. med. Reto Gaudenz* und *PD Dr. med. Mario Litschgi* zu a.o. Professoren an der Medizinischen Fakultät der Universität Basel und *Prof. Dr. med. Asmus Finzen* zum vollumfänglichen Stellvertreter des Direktors der Psychiatrischen Universitätsklinik.
9.	Rector designatus	Die Regenz der Universität Basel wählt *Prof. Dr. phil. Karl Pestalozzi* zum Rector designatus.

November

	Rheinschiffahrt	Der Bundesrat lehnt sowohl eine Subventionierung als auch eine Übernahme des Flottenbestandes der Rheinschiffahrt aus prinzipiellen Erwägungen ab.
	Neues Bootshaus	*Regierungsrat Mathias Feldges* weiht das neue Bootshaus der Rheinschiffahrts-direktion bei der Signalstation des Rheinhafens Kleinhüningen ein.
	†	† *Bettie Thommen* (94), Kunsthändlerin, 1930 Gründerin der ersten Basler Privat-galerie.
10.	Grosser Rat	Der Grosse Rat billigt mit grossem Mehr die Staatsrechung und die Rechnung der Kantonalbank.
	Sitzungsverbot	Der Grosse Rat beschliesst gegen den VA-Grossrat *Eric Weber* ein Sitzungsverbot bis Ende Jahr.
	Basler Psi-Tage	Bis zum 13. November befassen sich rund 1500 Teilnehmer am 6. Internationalen Kongress für interdisziplinäre Grenzfragen der Wissenschaft, kurz: Psi-Tage, mit dem Thema ‹Reinkarnation›.
12.	Gedenkfeier	Im Münstersaal gedenken Christen und Juden gemeinsam des 50. Jahrestages der ‹Reichskristallnacht›.
	Regio-Kulturpreise	Nach einem Festvortrag des Theologen *Prof. Dr. Jan Milič Lochman* vergibt die ‹Fördergemeinschaft der Wirtschaft› die Regio-Kulturpreise an den Ökonomen *Prof. Dr. Gerold Bäumle* und an den Musiker/Komponisten *Thomas Kessler*. Neun Förderpreise gehen an *Chantal Bäumler, Attilio Cremonesi, Bernhard Härtter, Annemarie Kappus, Barbara Oetterli, Henriette Scheydt, Bernd Schnabel, Carole Schoeni* und *Marek Toporowski*.
	Zunft zu Safran	Als erste Schweizer Delegation nimmt die Basler Zunft zu Safran mit ihrem Spiel an der Inaugurations-Parade des Lord Mayor of the City of London teil.
15.	Regierungsrat	Der Regierungsrat ersucht um einen einmaligen Starthilfekredit von 100 000 Fran-ken für das Präventionsprogramm ‹Gsünder Basel› und um zweimal je 100 000 Franken zur wissenschaftlichen Untersuchung über Ausmass und Ursachen von Armut im Kanton Basel-Stadt.
	Wahl	Der Regierungsrat wählt *Prof. Dr. med. Christian Reimer* zu einem Leitenden Arzt für Psychotherapie und Psychohygiene an der Psychiatrischen Universitätsklinik.
16.	Historisches Basel	Ausgrabungen auf dem Areal der Alten Stadtgärtnerei fördern mit den Grund-mauern zweier Steinbauten aus dem 13. Jahrhundert erstmals Behausungen aus-serhalb des mittelalterlichen Mauerringes zutage.
	Universität	Die Rektoren der vier oberrheinischen Universitäten Basel, Freiburg, Karlsruhe und Strassburg beschliessen für 1989 einen gemeinsamen Studiengang in Biotech-nologie an der Universität Strassburg.

November

	Kunstpreis der Stadt Basel	Der 86jährige Filmpionier *August Kern,* 1932 Schöpfer des frühen Tonfilmes ‹Herrgottsgrenadiere›, des Spielfilmes ‹S Margritli und d Soldate› und zahlreicher Dokumentar- und Mikroskopfilme, wird im Museum für Gegenwartskunst von *Regierungspräsident Remo Gysin* mit dem Kunstpreis 1988 der Stadt Basel ausgezeichnet.
	†	*† Dr. iur. Hans Hodel-Lüttin* (66), Polizeihauptmann, Chef des Spezialdienstes des Polizei-Departementes.
17.	Grosser Rat	Der Grosse Rat erteilt der Regierung ohne Gegenstimme den Auftrag, mit einer baselstädtischen Standesinitiative beim Bund Verhandlungen zum Verzicht auf die umstrittene Zollfreistrasse Weil-Lörrach von 1853 zu initiieren. Mit nur 15 Gegenstimmen bewilligt er einen Betrag von 2,1 Mio. Franken zur Ausarbeitung einer umfassenden Risikoanalyse und fordert energisch eine weitere Leistungsverbesserung bei den Basler Kläranlagen.
18.	Wettsteinbrücke	In den Nächten 18./19. und 19./20. November wird die betagte Wettsteinbrücke mit der Maximallast von 112 t einer akribischen Belastungsprobe unterzogen und erweist sich als zwar rostig, aber immer noch elastisch und sicher.
	4. Film- und Videotage der Region Basel	Im Sommercasino werden über das Wochenende 21 Filme und Videos regionaler Künstler vorgeführt und fünf Förderpreise vergeben.
20.	†	*† Phyllis Heymans* (71), Jazz-Vocalistin des Basler Orchesters ‹Lanigiros› und der Big-Band ‹Original Teddies›, später Steptänzerin und Akteurin im ‹Cabaret Cornichon›.
22.	IFM 88	In der Mustermesse wird die bis zum 30. November dauernde, mit 272 Repräsentanten von 574 Lieferwerken aus 20 Ländern beschickte IFM 88, Internationale Fachmesse für Materialfluss, eröffnet.
23.	Küchlin-Theater	Der Basler Denkmalrat stellt der Regierung den Antrag, die vom Abbruch bedrohte Jugendstil-Liegenschaft ‹Küchlin's Variété-Theater› an der Steinenvorstadt unter Denkmalschutz zu stellen.
	†	*† Prof. Dr. med. Franz Anton Aurelio Cerletti-Studer* (71), seit 1956 oberster Leiter der medizinisch-biologischen Forschung bei Sandoz, seit 1969 a.o. Professor für Pharmakologie an der Universität Basel, 1981–1983 vollamtlicher Forschungsgruppenleiter am Biozentrum, Mitglied des Schweizerischen Wissenschaftsrates und des Forschungsrates des Nationalfonds.
25.	Dies academicus	Anlässlich der Feierstunde in der Martinskirche beschäftigt sich der *Rector magnificus Prof. Dr. Carl Rudolf Pfaltz* in seiner Festrede zum Thema ‹Sprache und Musik› mit dem musikalischen Empfinden und Erleben und den Aspekten der nur teilweise erklärbaren, durch die Musik ausgelösten Bewusstseinsphänomene.
	Ehrendoktorate	Zu Ehrendoktoren werden ernannt: von der Philosophisch-Naturwissenschaftlichen Fakultät *Prof. Dr. Edmond H. Fischer,* USA, von der Medizinischen Fakultät

November

der Winterthurer Giesserei-Technologe *Otto Frey* und der Genfer Biochemiker *François Duckert,* von der Juristischen Fakultät der vormalige Liechtensteiner Regierungschef *Dr. Gerard Batliner* und von der Philosophisch-Naturwissenschaftlichen Fakultät der Basler Paläontologe *Dr. Hans Hess.*

26.	500 Jahre Verlagshaus Schwabe	Mit einer Ausstellung in der Universitätsbibliothek und einem Festakt in der Theodorskirche feiert das jubilierende Verlagshaus Schwabe & Co. AG die 500. Wiederkehr seiner Gründung durch den Drucker Johannes Petri.
	Basler Stadtlauf	Der 6. Basler Stadtlauf endet mit neuem Teilnehmer- und Streckenrekord.
	25 Jahre Regio Basiliensis	Mit einem Internationalen Chorkonzert mehrerer regionaler Chöre im Festsaal der Muba erinnert die Regio Basiliensis an ihr 25jähriges Bestehen.
	†	*† Philipp Heinrich Fürstenberger* (75), Direktor der Basler Transportversicherungs-Gesellschaft, Verwaltungsrat des Flughafens Basel-Mulhouse und der Allgemeinen Niederländischen Bank, Ehrenobmann des Fasnachtscomités, Ehrenstubengeselle E.E. Gesellschaft zum Rebhaus.
29.	Fall Ludwig	In einer siebenseitigen, publizierten Interpellationsbeantwortung erläutert die Regierung ihren Suspendierungsentscheid.
	Wahlen	Der Regierungsrat wählt *PD Dr. med. Alois Gratwohl* zu einem stellvertretenden Leiter der Hämatologie und *PD Dr. med. Matthias Pfisterer* zu einem Leiter der interventionell-herzchirurgischen Kardiologie am Kantonsspital.

Dezember 1988

1.	†	*† Hans Hohl-Hager* (76), Lehrer an der Allgemeinen Gewerbeschule.
4.	Abstimmungen	Das Basler Stimmvolk verwirft die eidgenössischen Vorlagen ‹Stadt-Land-Initiative gegen Bodenspekulation›, ‹Initiative zur Herabsetzung der Arbeitszeit (40 Stunden-Woche)› und ‹Initiative zur Begrenzung der Einwanderung›. Auf kantonaler Ebene wird die Schulreform-Vorlage mit einer Ja-Mehrheit von 5312 Stimmen, die ‹Holdenweid›-Trümmerpiste mit 52% Ja-Stimmen angenommen, das Zivilschutzzentrum in Pratteln dagegen mit einer Nein-Mehrheit von 52% abgelehnt.
	St. Josephs-Kirche	Nach einer 2,4 Mio. Franken teuren Innenrenovation wird die St. Josephs-Kirche von *Weihbischof Martin Gächter* neu konsekriert.
5	†	*† Dr. phil. Karl Menzi-Stohrer* (68), Colorist, später Direktor der Werbe- und Publizitätsabteilung der Ciba-Geigy AG.
6.	Regierungsrat	Der Regierungsrat ersucht um einen Kredit von 820 000 Franken zur Erneuerung und Gestaltung der St. Johanns-Vorstadt, zwischen dem Faule-Magd-Brunnen und der Rheinschanze beim St. Johanns-Tor.

Dezember

7.	Chemie-Brand Schweizerhalle	Die Firma Sandoz überweist der Staatsanwaltschaft Basel-Land zwei Gegenexpertisen mit der Schlussfolgerung, dass Brandstiftung als Ursache der Katastrophe vom 1. November 1986 nicht auszuschliessen sei.
8.	Grosser Rat	Der Grosse Rat beschliesst die Einführung einer geschlechterneutralen Präambel zur ausschliesslich männerbezogenen Kantonsverfassung, bewilligt einen Betriebskostenbeitrag von 93 500 Franken an den Tagesmütterverein Basel-Stadt und fordert den Bundesrat auf, an den derzeit geltenden Tempolimiten 80/120 km/h festzuhalten.
	AKW Kaiseraugst	Der Ständerat genehmigt ohne Gegenstimme die Verzichtsvereinbarung und damit die Entschädigungszahlung von 350 Mio. Franken für das AKW Kaiseraugst.
9.	Handelskammer	Die Basler Handelskammer nimmt mit der Studie ‹Der EG-Binnenmarkt 1992; seine Auswirkungen auf den Wirtschaftsraum Basel› Stellung zu den Problemen, Aussichten und Chancen des Sonderfalles Basel.
13.	Regierungsrat Kunstmuseum	Der Regierungsrat ersucht um einen Kredit von 60 Mio. Franken für einen Neubau Staatsanwaltschaft/Untersuchungsgefängnis an der Binningerstrasse und stellt ein weiteres Kreditbegehren von 26,85 Mio. Franken für den Ausbau und die Modernisierung des Fernheizwerkes Bahnhof. Zudem bewilligt er einen dringlichen Kredit von 950 000 Franken zum Ankauf des Werkes ‹Dame mit dem Möwenhütchen› von *Pierre-Auguste Renoir*.
	Wahlen Ernennungen	Der Regierungsrat wählt *Dr. phil. II Simon Geiger* zu einem Bibliothekar der Universitätsbibliothek und *PD Dr. med. German Marbet* zu einem Leiter des Gerinnungs- und Fibrinolyselabors am Kantonsspital. Zu a.o. Professoren ernennt er: *PD Dr. phil. Walter Perrig* an der Philosophisch-Historischen, *PD Dr. phil. Lienhard Lötscher* und *PD Dr. phil. Dirk Trautmann* an der Philosophisch-Naturwissenschaftlichen Fakultät der Universität.
	Bürgergemeinde	Der Bürgergemeinderat bewilligt 100 000 Franken aus dem Anteil der Bürgergemeinde am Ertrag der CMS als Starthilfebeitrag an das gesamtschweizerische Pilotprojekt ‹Basel Lighthouse›, Pflegeheim für AIDS-Kranke.
14.	Basler Sportler des Jahres	Der Regierungsrat ehrt im ‹Rhypark› rund 30 verdiente Basler Sportlerinnen, Sportler und Vereine des Jahres 1988.
15.	Grosser Rat	Der Grosse Rat verdoppelt die Entwicklungshilfegelder von 650 000 auf 1,3 Mio. Franken und bewilligt einen Beitrag von 200 000 Franken p.a. an die von der IG Kultur geführte kulturelle Animations- und Koordinationsstelle.
16.	‹Prix de Bâle›	Der erstmals verliehene ‹Prix de la Ville de Bâle› der Schweizerischen Radio- und Fernsehgesellschaft (SRG) wird einem Bildungsbeitrag der französischen Fernsehanstalt ‹Antenne 2› zugesprochen.

Dezember

	Kopp-Ermittlung	*Dr. iur. Hans Hungerbühler, Erster Staatsanwalt* des Kantons Basel-Stadt, wird vom Bundesrat mit der Untersuchung der bundeshausinternen Indiskretionen im Falle der zurückgetretenen *Bundesrätin Elisabeth Kopp* beauftragt.
20.	Regierungsrat	Der Regierungsrat leitet die grossrätliche Standesinitiative betreffend Verzichtsverhandlungen über die Zollfreistrasse an den Bundesrat weiter.
	Wahlen	Der Regierungsrat wählt *PD Dr. phil. Helmut Mäcke* zu einem Leiter der nuklearmedizinischen Laboratorien am Kantonsspital, *lic. iur. Dorothea Hengge* zu einer Staatsanwältin und *Werner Sitzler* zu einem Leiter des Submissions- und Tarifwesens beim Bau-Departement.
	Rettungssanität	*Regierungspräsident Remo Gysin* brevetiert im Grossratssaal Basels erste 60 Rettungssanitäter.
	Kabel-TV Basel	Auf dem Muba-Direktionsgebäude wird ein 51 m hoher Fernseh-Sendemast montiert.
	†	*† Helene Widmer* (87), Hauswirtschaftslehrerin an der Frauenarbeitsschule.
	†	*† Fritz (Fred) Neukomm* (83), Werbefachmann, weltbekannter Plakat- und Ausstellungsgestalter, Schöpfer der Weihnachtsbeleuchtung in der Freien Strasse, Obmann der Künstlergesellschaft ‹Schlaraffia›.
24.	†	*† Fritz Huber-Busslinger* (92), Lehrer an den Primarschulen Basel-Ost.
25.	Kundenweihnacht	An der 92. Kundenweihnacht der Nichtsesshaften, Alleinstehenden und Einsamen im ‹Wettsteinhof› am Claragraben nehmen heuer erstmals auch einige Frauen teil.
27.	†	*† Walter Spengler-Aegler* (72), Kaufmann, 1942 Gründer des 1959 in ein Versandhaus umgewandelten Modehauses Spengler AG. Führte 1973 als erster schweizerischer Unternehmer die 40-Stunden-Woche für das Verkaufspersonal ein. Bekannter Kunstmäzen.
29.	Explo 88	Bis zum 2. Januar findet im Kongresszentrum der von gegen 5000 Personen verschiedener Konfessionen aus aller Welt besuchte christliche Grossanlass der Explo 88 statt.
30.	Demonstrationen	Die insgesamt 41 bewilligten und unbewilligten Demonstrationen des vergangenen Jahres erforderten 45 000 Überstunden und 1,5 Mio. Franken Zusatzkosten für Polizei-Einsätze.
31.	Jahreswechsel	Vor dem Münster versammeln sich gegen Mitternacht Hunderte von Baslern bei Posaunenschall, Choralgesang und Glockenklang zu einem besinnlich-fröhlichen Jahreswechsel.

Überblick Wohnbevölkerung

	Kantons-bürger	Übrige Schweizer	Aus-länder	Stadt Basel	Riehen	Bettin-gen	Männ-lich	Weib-lich	Zu-sammen
Mittlere Wohnbevölkerung									
1982	85 300	79 951	35 909	179 520	20 516	1124	93 820	107 340	201 160
1983	84 310	79 244	35 871	177 928	20 376	1121	92 882	106 543	199 425
1984	83 422	78 679	36 445	177 267	20 161	1118	92 692	105 854	198 546
1985	82 410	78 140	37 383	176 656	20 182	1095	92 902	105 031	197 933
1986	81 352	77 596	37 736	175 360	20 205	1119	92 249	104 435	196 684
1987	79 991	76 884	37 911	173 647	20 011	1128	91 208	103 578	194 786
1988*	78 756	75 613	38 871	172 300	19 834	1106	90 448	102 792	193 240
Wohnbevölkerung am Jahresende									
1982	84 874	79 580	34 225	177 157	20 399	1123	91 824	106 855	198 679
1983	83 852	78 996	35 116	176 563	20 269	1132	91 736	106 228	197 964
1984	83 001	78 280	35 867	175 893	20 149	1106	91 800	105 348	197 148
1985	81 883	77 899	36 981	175 480	20 192	1091	92 109	104 654	196 763
1986	80 704	77 243	36 461	173 175	20 108	1125	90 427	103 981	194 408
1987	79 189	76 539	37 336	172 033	19 904	1127	89 921	103 143	193 064
1988*	78 402	74 785	37 989	170 335	19 740	1101	88 642	102 534	191 176

* provisorische Zahlen

Index der Konsumentenpreise

Der vom Statistischen Amt des Kantons Basel-Stadt ermittelte Basler Index der Konsumentenpreise hat sich innerhalb des Jahres 1988 um 2,1 Prozent auf 112,8 Punkte (Dezember 1982 = 100) erhöht.

Rheinhafen-Umschlag

Im Jahr 1988 sind in den Rheinhäfen beider Basel insgesamt 8 452 792 Tonnen Güter umgeschlagen worden. Gegenüber dem Vorjahr ist eine Zunahme von 244 860 Tonnen oder 2,98% zu verzeichnen. An diesem Ergebnis partizipierten die baselstädtischen Hafenanlagen mit 3 423 581 Tonnen = 40,50% (Vorjahr 45,08%).

Monats- und Jahresmittelwerte der meteorologischen Elemente

	Januar	Februar	März	April	Mai	Juni	Juli
Temperatur in °C	+ 5,1	+ 3,2	+ 5,2	10,2	15,0	16,6	18
Monatsminimum	− 1,8	− 3,7	− 5,7	− 1,0	+ 2,9	8,0	9
Monatsmaximum	16,9	13,5	16,3	25,5	27,2	26,5	33
Anzahl Frosttage	5	18	9	2	0		
Anzahl Eistage	0	0	0	0			
Anzahl Sommertage				1	4	11	14
Anzahl Hitzetage				0	0	0	3
Luftdruck, mm Hg 700 +	31,9	33,5	32,5	32,7	31,9	33,3	34
Luftdruck, tiefster	13,0	20,8	18,9	26,8	24,6	28,9	25
Luftdruck, höchster	43,9	44,8	43,2	40,8	41,4	39,2	40
Niederschlag in mm	57,5	65,7	107,9	31,3	58,3	83,8	92
Anzahl Tage ≥ 0,1 mm	18	17	26	12	20	15	17
Anzahl Tage ≥ 0,3 mm	17	14	21	11	17	15	15
Anzahl Tage ≥ 1,0 mm	14	13	18	8	13	11	12
Maximale Tagesmengen mm	11,1	11,0	15,2	6,8	10,3	19,2	28
Tage mit Schneefall	4	10	8	0	0		
Tage mit Schneedecke	0	5	2	0	0		
Tage mit Reif	5	10	6	5	0		
Tage mit Hagel	0	1	0	0	0	0	0
Tage mit Nahgewitter	0	2	1	1	3	5	3
Tage mit Gewitter, alle	1	2	3	2	12	10	9
Bewölkung in %	73	68	91	67	76	68	55
Helle Tage	2	6	0	3	2	1	5
Trübe Tage	16	15	26	14	17	13	4
Tage mit Nebel	3	1	0	1	0	0	0
Sonnenscheindauer/Std.	60,7	83,2	61	172,2	174,3	208,5	264
Zirkumglobalstrahlung cal/cm^2	56,8	87,8	91,3	171,1	184,9	216,1	210
Maximum Tag	127	190	187	292	304	308	300
Relative Feuchte %	80	77	77	71	76	75	7
Dampfdruck mm/Hg	5,2	4,4	5,1	6,7	9,7	10,4	1
Schwüle Tage					0	1	
Windgeschwindigkeit m/sec, mittl.	3,94	4,03	4,16	2,31	2,10	2,12	2
Windmaximum	28,0	27,1	33,0	13,1	17,1	14,0	20
aus Richtung	W	WNW	W	W	SSW	W	W

im Jahre 1988

August	Sept.	Okt.	Nov.	Dez.	Summe	Mittel-werte	Extrem-werte	Abw. v. Mittel	Mittel-wert
19,1	15,1	11,5	3,9	+ 4,2		+10,66		+ 1,21	+ 9,45
8,5	+ 6,1	− 0,6	− 9,8	− 5,6			− 9,8	+ 4,6	− 14,4
32,7	27,7	25,4	18,5	14,0			33,9	− 1,1	35,0
	0	1	14	8	57			− 26	83
	0	3	0	3				− 14	17
18	8	1			57			+ 6	51
5	0	0			8			− 3	11
34,2	36,9	35,7	38,8	40,5		734,7		+ 0,1	734,6
26,7	24,5	26,4	23,2	19,6			713,0		
38,2	44,4	43,2	45,0	49,2			749,2		
92,9	74,3	92,1	39,1	72,7	867,9			+ 83	785
15	11	15	11	15	192			+ 30	162
11	9	13	9	14	166			+ 20	146
10	9	12	7	10	137			+ 20	117
24,4	28,0	21,1	18,9	17,6			28,3		
		0	4	4	30			+ 6	24
		0	7	1	15			− 15	30
	0	0	9	7	42			+ 7	35
1	0	0	0	0	2				2
2	1	0	0	0	18				18
13	2	1	0	1	56			+ 26	30
55	70	72	70	83		71		+ 6	65
5	3	0	1	1	29			− 20	49
7	13	14	15	21	175			+ 20	155
0	1	6	4	2	18			− 23	41
253,3	140,9	106,2	90,5	50,4	1666			− 11	1677
204,6	147,2	93,8	73,1	44,7		132		− 9	141
283	253	185	157	124			308		0
73	79	86	85	85		78			78
12,3	10,1	8,9	5,4	5,4		7,9		+ 0,4	7,5
15	1	0			20			− 5	25
2,10	2,34	2,14	2,26	2,78		2,73		+ 0,74	1,99
15,3	16,5	23,4	13,4	29,9			33,0		0
WNW	W	WSW	E	W			W		0

Premieren am Theater Basel im Kalenderjahr 1988

St	= Stadttheater	U	= Uraufführung	I	= Inszenierung
	Grosse Bühne	SE	= Schweizer Erstaufführung	BB	= Bühnenbild
K	= Komödie	DEA	= Deutschsprachige	K	= Kostüme
KB	= Kleine Bühne		Erstaufführung	Ch	= Choreographie
A	= andere Spielorte	ML	= Musikalische Leitung	Chor	= Chorleitung

18. 1.	St	*Falstaff* von Giuseppe Verdi ML: Armin Jordan, I: Jean-Claude Auvray, BB: Mario Garbuglia K: Jost Jakob, Chor: Werner Nitzer
30. 1.	K	*Die Unvernünftigen sterben aus* von Peter Handke I: Jürgen Kruse, BB: Bernd Damovsky, K: Caritas de Wit
13. 2.	St-Foyer	*Pollicino* von Hans Werner Henze ML: Thüring Bräm, I: Günter H. Loscher, K: Dörte Lührs (Co-Produktion mit der Musikschule der Musik-Akademie der Stadt Basel)
17. 2.	KB	*Die Mutter* von Ingomar Grünauer (U) ML: Jürg Henneberger, I: Erich Holliger, BB: Andreas Tschui, K: Heinz Berner (In Zusammenarbeit mit dem Opernstudio der Musik-Akademie der Stadt Basel)
20. 2.	K	*Land in Sicht* von Stephen Poliakoff I: Anna Badora, BB: Erich Fischer, K: Heidelinde Bruss
2. 3.	St	*Ariadne auf Naxos* von Richard Strauss ML: Harri Rodman, I: Wolfgang Quetes, BB: Klaus Teepe, K: Heinz Berner
11. 3.	K	*Die schmutzigen Hände* von Jean-Paul Sartre I: Heinz Trixner, BB: Erich Fischer, K: Heidelinde Bruss
16. 3.	St	*Sophokles: Oedipus, Tyrann* von Heiner Müller I: Dimiter Gotscheff, BB und K: Svetlana Zwetkova, Masken: Elke Ullerich
20. 4.	K	*Die Heimkehr* von Harold Pinter I: Jürgen Kruse, BB: Bernd Damovsky, K: Caritas de Wit
21. 4.	St	*Augustin* von Jost Meier (U) ML: Hans Urbanek, I: Martin Markun, BB: Walter Perdacher, K: Heinz Berner, Chor: Werner Nitzer
4. 5.	St	*Zweiter Ballettabend* ‹Who cares?›, Musik von George Gershwin Ch: George Balanchine, Einstudierung: Patricia Neary, BB: Bernd Damovsky, K: Max Helfer

‹Lieder eines fahrenden Gesellen› (SE), Musik von Gustav Mahler
Ch: Maurice Béjart, Einstudierung: Jorge Donn, Jean-Marie Limon
‹Patently unclear› (U), Musik von Philip Glass
Ch: Heinz Spoerli, BB und K: Heinz Spoerli

20. 5.	K	*Hamlet* von William Shakespeare I: Mark Zurmühle, BB: Bernd Damovsky, K: Heinz Berner, Musik: Hanspeter Dommann
6. 6.	St	*Idomeneo* von Wolfgang Amadeus Mozart ML: Armin Jordan, I: Jean-Claude Auvray, K: Rosalie Varda, BB: Jean-Claude Auvray, Andreas Tschui, Chor: Werner Nitzer
18. 6.	KB	*Le Pauvre Matelot* von Darius Milhaud/Jean Cocteau *Angelique* von Jacques Ibert ML: Harri Rodmann, I: Martin Markun, Erich Holliger, BB: Koni Müller, Andreas Tschui, K: Heinz Berner (In Zusammenarbeit mit dem Opernstudio der Musik-Akademie der Stadt Basel)
25. 9.	St	*Otello* von Giuseppe Verdi ML: Armin Jordan, I: Hans Hollmann, BB: Hans Hoffer, K: Gera Graf, Chor: Werner Nitzer
26. 9.	K	*Die Räuber* von Friedrich Schiller I. Antje Lenkeit, BB und K: Peter Brower, Musik: Franz Wittenbrink
27. 9.	St-Foyer	*They Shoot Horses, Don't They?* von Horace McCoy/Andres Müry (U) I: Jossi Wieler, BB und K: Anna Viebrock, Musik: Susanne Hinkelbein
28. 9.	KB	*Die Theaterfalle* von Hansjörg Schneider (U) I: Hartmut Wickert, BB: Thomas Dreissigacker, K: Bettina Walter
29. 9.	St	*Orpheus,* Ballett von Heinz Spoerli (SE) Musik von Hans Werner Henze, Libretto von Edward Bond ML: Andres Joho, Ch und I: Heinz Spoerli, BB: Ernst Peter Hebeisen, K: Randi Bubat
30. 9.	K	*Das Ende vom Anfang* von Sean O'Casey I, BB und K: B.K. Tragelehn
1. 10.	St	*Wiener Blut* von Johann Strauss Ein Stück über die Operette von Curt Gold und Herbert Wernicke ML: Curt Gold, I, BB und K: Herbert Wernicke
5. 10.	KB	*Kiebich und Dutz* von Friedrich Karl Waechter I, BB und K: Friedrich Karl Waechter, Musik: Heiner Goebbels

12. 10.	K	*Liebe und Magie in Mammas Küche* von Lina Wertmüller (SE) I: Barbara Bilabel, BB und K: Gisela Köster, Musik: Ernst Bechert
2. 11.	K	*Endspiel* von Samuel Beckett I: Niels-Peter Rudolph, BB und K: Lilot Hegi
5. 11.	A	*Bad. Bhf.* (in den Räumen des Badischen Bahnhofs) I: Christoph Marthaler, K: Anja Kathmann, Bettina Walter
6. 11.	St	*Parisina d'Este* von Gaetano Donizetti (SE) ML: Baldo Podic, I: Werner Schroeter, BB und K: Alberte Barsaq, Chor: Werner Nitzer
30. 11.	St	*Das Käthchen von Heilbronn* von Heinrich von Kleist I: Cesare Lievi, BB: Daniele Lievi, K: Mario Braghieri
2. 12.	KB	*Jakob von Gunten* nach Robert Walser von Hajo Kurzenberger und Stephan Müller (U) I: Stephan Müller, BB: Lukas Dietschy, K: Bettina Walter, Musik: Wolfgang Löffler
3. 12.	K	*Der Messias* von Patrick Barlow I: Nikola Weisse, BB: Andreas Tschui, K: Kathrin Gurth, Musik: Christoph Marthaler
17. 12.	St	*Tanz-Wege,* Ballettabend ‹*Agon*›, Musik von Igor Strawinsky Ch: George Balanchine ‹*Jardi Tancat*›, Musik von Maria del Mar Bonet Ch und Ausstattung: Nacho Duato, Einstudierung: Jim Vincent ‹*About waiting*›, Musik von Willem Breuker (U) Ch: Shonach Mirk, BB: Andreas Tschui, K: Heinz Berner ‹*Einhundertdreiundzwanzig+2*› (U), Musik für zwei Schlagzeuger und Zuspielband von Sylwia Zytynska und Wolfgang Heiniger Ch und Ausstattung: Heinz Spoerli
31. 12.	K	*Laura und Lotte* (Lettice and Lovage) von Peter Shaffer (DEA) I: Hans Hollmann, BB: Wolfgang Mai, K: Franziska Loring, Musikcollage: Mat O. Jauleph

Ausstellungen in den Basler Museen

Antikenmuseum	Maske, Ziegenbock und Satyr. Ursprung und Wesen der griechischen Maske
Architekturmuseum	Architektur aus Papier Gunnar Asplund Rem Kolhaas und OMA Die Räume des Antikenmuseums Raum und Farbe – Robert Slutzky Steinke + Baruth Aktuelles Ereignis Eisenbahnhaus in Davos, 1934, von Rudolf Gaberel Jacques Herzog und Pierre de Meuron Carl May: Zuckerbäcker und Archäologe
Barfüsserkirche/ Historisches Museum	Johann Jakob Bachofen (1815–1887) Der aktuelle Fund: Ausgrabungen in der Deutschritterkapelle Ausgrabungen im Rosshof Basler Münzensammler heute Fotoausstellung Hans Hinz Phönix aus Sand und Asche – Glas des Mittelalters John Ruskin (1819–1900)
Berowergut, Riehen	Retrospektive Georg Matt, Glasmaler Gustav Stettler, Ölbilder Berger, Calatrava, Leus Aenis, Frey, Handschin, Schaubacher, Schude
Museum für Gegenwartskunst	Leiko Ikemura Marie-Jo Lafontaine, Video-Installation Anselm Stalder, Zeichnungen und Aquarelle seit 1977 ‹Farbe bekennen›: Zeitgenössische Kunst aus Basler Privatbesitz Martin Disler: Neuerwerbungen und Geschenke A. und Chr. Wittwer
Gewerbemuseum	Schock und Schöpfung 3 Plakatausstellungen: Otto Baumberger/‹Wider besseres Wissen›/ ‹Werbung mit Kopf› Exotische Welten – Europäische Phantasien
Sammlung Karikaturen & Cartoons	Tier & Mensch Parodies & Pastiches Spanien

Kaserne, Ausstellungsraum	Weihnachtsausstellung 1987
	Berührung Mann/Mann
	8 Unterwaldner Künstler
	M. Braun, U. L. Grob, K. Ruepp
	‹Annäherungen›: Bildende Kunst und Musik
	GSMBA Sektion Luzern: ‹Als wärs ein Stück Menhir›
	H. Schaffner, M. Frey
	B. Cotton, E. Münch, M. Burckhardt
	Ausstellung der Basler Künstler 1988
Haus zum Kirschgarten	Geschenke und Erwerbungen 1987
	Schirme und Stöcke
	Venezianische Glaskunst
Kunsthalle	Rémy Zaugg
	Richard Serra
	Anselm Stalder
	Katharina Fritsche, Rosemarie Trockel, Anna Winteler
	Stephan Balkenhol, Marika Mäkelä, Dennis Hopper
	Ausstellung der Basler Künstler 1988
Kunstmuseum	Douglas Cooper und die Meister des Kubismus
	Friedrich Salathé (1793–1858), ein Zeichner der Romantik
	‹Fortuna›, Studienausstellung des Kupferstichkabinetts
	Neuhängung der Gemälde des 19. Jahrhunderts und der Impressionisten
	Das Bildnis
	Hans Holbein d.J.: Zeichnungen aus dem Windsor Castle und dem Kunstmuseum Basel
	Oskar Schlemmer: Fensterbilder
	Zeichnungen von Klimt, Schiele, Kokoschka, Hodler
	‹Skizzen›, 15.–20. Jahrhundert
Sammlung alter Musikinstrumente	Schweizer Trommeln aus vier Jahrhunderten
	Trompete und Saxophon
Naturhistorisches Museum	Dinosaurier
	Mammut
	Käfer für Basel
	Die Elephantensammlung von Ruth Heid, Riehen
	Diagnose am Skelett
	Der Borkenkäfer
	Dem Einhorn auf der Spur
	Fische der Schweiz
Basler Papiermühle	Fred Siegenthaler: Strange Papers

Pharmazie-Historisches Museum	Italienische Apothekenkeramik
Skulpturhalle	Im Schaufenster: ‹Die Geneleos-Gruppe› (anlässlich des 100-Jahr-Jubiläums)
Spielzeug- und Dorfmuseum Riehen	Europäisches Schattentheater ‹Jeder bau' nach seinem Sinn, aber Regel sei darin›, Baukästen aus zwei Jahrhunderten
Sportmuseum	Umweltfreundliche Räder Tischtennis Bademode im Wandel der Zeit Hornussen Curling Vom Laufrad zum modernen Rennvelo Wintersport auf Schnee und Eis Nationale Spiele der Schweiz
Stadt- und Münstermuseum	Synagogen und Juden in Basel
Universitätsbibliothek	1488 Petri – Schwabe 1988
Museum für Völkerkunde	Bauen und Wohnen: für Menschen, Ahnen und Götter Stickereien aus Banjara Götter, Tiere, Blumen: Gelbfluss und Stickereien aus Indien Altindische Terrakotten Mali, Land im Sahel Textiles aus Afrika Indisches Volksleben: Modellfiguren und Albumbilder der Basler Mission Reis ist Leben. Agrarkultur und Landwirtschaft in Indonesien
Schweizerisches Museum für Volkskunde	Jugendvereine, Bünde, Scharen, Korps, Bewegungen: 75 Jahre Pfadfinder in der Schweiz Pietra ollare. Specksteinverarbeitung im Tessin Krippen Lampen, Laternen und Licht

Besucherzahlen der Basler Museen

	1988	(1987)
Anatomische Sammlung (A)	19 876	19 761
Antikenmuseum und Sammlung Ludwig (ab Mai)	28 684	—
Architekturmuseum in Basel	9 100	9 850
Römermuseum Augst bei Basel	63 834	55 532
Barfüsserkirche/Historisches Museum	69 241	60 301
Ausstellung der Basler Mission (F)	2 053	3 700
Berowergut Riehen (Wechselausst. der Gemeinde) (D)	5 072	6 478
Feuerwehrmuseum (A)	3 223	3 536
Museum für Gegenwartskunst	37 763	33 723
Gewerbemuseum/Museum für Gestaltung (April–August geschlossen)	18 830	23 088
Jüdisches Museum der Schweiz (B)	4 696	4 824
Sammlung Karikaturen & Cartoons (D)	4 499	3 531
Ausstellungsraum Kaserne	7 138	6 640
Katzenmuseum Riehen (A)	8 236	8 126
Haus zum Kirschgarten	23 475	32 407
Kunsthalle	35 924	31 755
Kunstmuseum	256 126	217 088
Kupferstichkabinett	9 253	9 435
Kutschen- und Schlittensammlung (D)	21 807	15 023
Sammlung alter Musikinstrumente (C)	2 970	2 806
Naturhistorisches Museum Museum für Völkerkunde Schweizerisches Museum für Volkskunde	127 425	138 760
Basler Papiermühle	28 564	24 563
Schweizer Pharmazie-Historisches Museum (F)	6 120	4 260
Schweizerisches Schiffahrtsmuseum (E)	16 413	18 270
Skulpturhalle	12 440	11 256
Spielzeug- und Dorfmuseum Riehen (D)	21 576	23 870
Schweizerisches Sportmuseum	8 947	9 261
Stadt- und Münstermuseum	15 996	14 726
Total	869 263	792 570
Zahl der Schulklassen	9 477	8 715
Sonstige Gruppenbesuche	2 682	2 164
Führungen durch museumseigene Mitarbeiter	1 647	1 615
Wechselausstellungen	84	94
Sonstige Veranstaltungen (Vorträge, Konzerte u.a.)	442	331

Museen mit begrenzter Öffnungszeit: (A) nur Sonntag, (B) Montag/Mittwoch/Sonntag, (C) Mittwoch/Freitag/Sonntag, (D) Mittwoch/Samstag/Sonntag, (E) Dienstag/Samstag/Sonntag, (F) Montag bis Freitag

EuroAirport Basel-Mulhouse-Freiburg

Das Jahr 1988 hat die erfreuliche Entwicklung des Luftverkehrs auf dem Flughafen Basel-Mulhouse erneut bestätigt und einen ‹beschleunigten› Fortschritt aufgezeigt.

Mit beinahe 1,4 Mio. Fluggästen konnte ein Wachstum des Passagierverkehrs von über 9% verzeichnet werden. Davon waren 1 043 157 Linienpassagiere (+11%), 293 976 Charterpassagiere (+6%) und 55 116 Geschäfts- und Privatflugreisegäste (+8%). Die kommerziellen Flugbewegungen erhöhten sich um 5% auf 44 257.

Im direkten Linienverkehr wurden im Berichtsjahr 29 Destinationen bedient, wobei Florenz, Istanbul und Hamburg neu dazu kamen. Für 20 dieser Destinationen bestehen von Montag bis Freitag gute Tagesrandverbindungen, d.h. sie werden täglich mindestens zweimal bis maximal siebenmal angeflogen. Zwei schweizerische (Swissair und Crossair), vier französische (Air France, Air Inter, TAT und neu Jet Alsace) sowie sieben ausländische Gesellschaften (darunter neu Cubana de Aviacion) teilen sich in diesen Verkehr.

Im direkten Charterverkehr wurden 23 Destinationen angeboten, darunter neu Banjul, Catania, Dubrovnik, Ibiza, Malaga und Teneriffa. 1988 haben 54 Reiseveranstalter aus Frankreich, der Schweiz und Deutschland Ferien- und City-Flüge ab EuroAirport aufgelegt, was beinahe einer Verdoppelung gegenüber dem Vorjahr entspricht. Erwähnenswert ist eine bemerkenswerte Neuerung im Charterprogramm ab EuroAirport: Die Schweizer Tour Operators M-Travel und Esco (beide gehören zum Migros-Konzern) haben zusammen mit dem grossen deutschen Veranstalter Hetzel Reisen eine gemeinsame Charterkette nach den Kanarischen Inseln aufgezogen, wobei sie das Unternehmerrisiko gemeinsam tragen.

Auch im Frachtverkehr hat sich das Wachstum beschleunigt. Erfreulich ist vor allem, dass sich die geflogene Luftfracht wesentlich schneller entwickelt als die per LKW auf einen anderen Flughafen überführte Luftfracht. Seit dem 2. Oktober 1988 betreibt Air France sogar eine wöchentliche Nur-Fracht-Linie EuroAirport-New York nonstop mit einem B-747F ‹Jumbo›. Speziell zu erwähnen sind auch die Express- und Kurierdienste, die ihre Aktivitäten im vergangenen Jahr gut verdoppelt haben und zunehmend auch grösseres Fluggerät einsetzen.

Das stetige Wachstum des Flughafens manifestierte sich auch in zahlreichen Baustellen: Fingerdock West (Ausbau des Flughofes), Catering- und Bürogebäude, Werkstattgebäude, Paletten-Halle, Ausbau der Frachthalle, Parking für Kurierflugzeuge. Ende des Berichtsjahres waren etwa 115 Firmen mit insgesamt ca. 2000 Arbeitsplätzen auf dem Flughafen tätig. Ferner erlebte der EuroAirport den Besuch oder die Durchreise zahlreicher Persönlichkeiten, so z.B. von Papst Paul II. und Ministerpräsident Rocard, von Valentin Falin und Bundeskanzler Franz Vranitzky oder von Premierminister Felipe Gonzales. Erfolgversprechend entwickelt hat sich auch die im April 1988 aufgenommene direkte Busverbindung mit der Stadt Freiburg zur besseren Erschliessung des deutschen Einzugsgebietes.

Basler Börse

Das Jahr 1988 war für die Basler Börse insgesamt ein erfreuliches Börsenjahr. An Hand der Entwicklung der wichtigsten schweizerischen Börsen-Indices, stellvertretend sei hier der Swiss Performance Index (SPI) genannt, lässt sich eine Verbesserung der Schweizer Aktienkurse im Jahr 1988 von rund 20% erkennen. Damit wurde ein gewichtiger Teil der Verluste, die sich im Anschluss an die Ereignisse vom 19. Oktober 1987 ergaben, wieder wettgemacht.

Dieses gute Ergebnis bewirkten vor allem die Namenaktien, welche Kursavancen von über 40% verzeichneten, während die Inhaberaktien und Partizipationsscheine nur unterdurchschnittlich zulegen konnten. Im internationalen Vergleich steht die Schweiz mit ihrer Veränderungsrate von rund 20% gegenüber Ende 1987 im Mittelfeld. Die realistische Bewertung der Schweizer Aktien eröffnete der Basler Börse auch wiederum gute Chancen, welche im Verlaufe des Jahres wahrgenommen werden konnten.

Im November haben wir, in Absprache mit den anderen beiden grossen Schweizer Börsen von Genf und Zürich, die Kapazität mit der Ausdehnung der Handelszeiten um mehr als eine Stunde erhöht und damit auch für hohe Volumina ausgerichtet. Zudem wurde auch die Eröffnung der Schweizer Aktienvorbörse inkl. der Stillhalteroptionen vorverlegt und mit zwei Reprisen ergänzt. Trotz der Ausweitung obiger Marktsegmente konnte der offizielle Handel der Aktien Kanadas und der Vereinigten Staaten weiterhin um 10.00 Uhr erfolgen.

Im technischen Bereich wurde im Monat Mai das Abschlussverarbeitungssystem (AV) in Betrieb genommen. Damit entfiel der traditionelle Austausch der Schlussnoten unter den Ringbanken, der bis anhin in einem Nebenzimmer der Börse stattfand. Bereits im Monat Juli konnte der interbörsliche Verkehr unter den Börsen von Basel, Genf und Zürich eingeführt werden. Alle getätigten Abschlüsse werden nun EDV-mässig unter den angeschlossenen Marktteilnehmern punktiert.

Im Bereich der Ausbildung konnten wir per Mitte Jahr erstmals den Börsenhändlerkurs erfolgreich beenden. 24 Damen und Herren haben ihr Wissen in den Gebieten allgemeine Wertschriftenkunde, Emissionen, Devisen, Wertschriftenverwaltung, Kapitalanlagen, Gesetze, Schweizer Börsen, Auslandbörsen, Euromarkt, Optionen und praktischer Börsenhandel erfolgreich unter Beweis gestellt. Bereits Ende Oktober wurde in Zusammenarbeit mit der Fachschule für Bankwirtschaft der zweite Börsenhändlerkurs aufgelegt. Zudem haben sich zahlreiche Anlageberater, Vermögensverwalter und Mitarbeiter der Wertschriftenabteilungen zusätzliches Wissen in verschiedenen Spezialkursen angeeignet.

Selbstverständlich steht die Börse allen interessierten Besuchern täglich von 09.30 Uhr bis 12.00 Uhr zur Verfügung. Dabei haben sie Gelegenheit, den Handel 1:1 zu verfolgen und an Hand einer instruktiven Tonbildschau einen Überblick über das Wertschriftengeschäft zu erhalten.

Autoren in diesem Buch

Hans Christoph Ackermann	1942 in Basel geboren, Bürger von Basel und Hendschiken (AG). Primarschule und Humanistisches Gymnasium in Basel. Daselbst Studium der klassischen Archäologie, Kunstgeschichte und Sanskrit, mit Auslandaufenthalten in Heidelberg und London. 1969 Doktorat über ‹Erzählerische Gandhâra-Steinreliefs im Victoria and Albert Museum, London›. 1970–73 Konservator der kunsthistorischen Abteilungen am Historischen Museum Basel. 1973–79 erster Redaktor des ‹Lexicon Iconographicum Mythologiae Classicae (LIMC)› in Basel. Seit 1980 Vizedirektor und seit 1984 Direktor des Historischen Museums Basel.
Urs Allemann	1948 in Zürich geboren; Primarschule und Humanistisches Gymnasium in Bonn (BRD) und Westberlin. Studium der Soziologie und Sozialpsychologie in Hannover. 1975 Magister-Examen. Redaktor der Zeitschrift ‹Theater heute›. Seit 1986 Feuilleton-Redaktor der Basler Zeitung. 1988: ‹Fuzzhase. Gedichte› im Amman Verlag, Zürich.
Hans Heini Baseler (Pseudonym für F. K. Mathys)	geboren 1910 in Basel, während dreissig Jahren Feuilletonmitarbeiter der Basler Nachrichten und vieler schweizerischer, deutscher und französischer Zeitungen und Zeitschriften. Schrieb 1944 für den Schweizerischen Feuilletondienst den Roman ‹Wenn Uebersax noch reden könnte›. Gründete 1945 das Schweizerische Sportmuseum und war bis 1979 dessen Leiter.
Peter Berkes	1947 in Castagnola/Tessin geboren. Kunstlyzeum Brera in Mailand. 1968–1971 Ausbildung zum Gemälderestaurator am Doerner-Institut, München. 1972 Restaurator an der ‹Dokumenta 5› in Kassel. 1973 Stipendium der Fritz-Thyssen-Stiftung. Mitarbeit am Katalog ‹Deutsche Malerei des 19. Jahrhunderts›. 1974–1985 Anstellung als Restaurator an der Bayerischen Staatsgemäldesammlung, München. Seit 1985 Chefrestaurator der Öffentlichen Kunstsammlung Basel.
Peter Beuret	geboren 1950 in Basel. Primarschule Sevogelschulhaus, Realschule Rittergasse, Neue Sprach- und Handelsschule. Lehre im väterlichen Geschäft als Herrencoiffeur, 1977 Meisterdiplom, seit 1978 Prüfungsexperte. 1985 Eintritt in den Vorstand des Basler Coiffeurmeister-Verbandes, seit 1988 Präsident des Schweizerischen Coiffeurmeister-Verbandes Sektion Basel.
Peter Blome	als Basler 1948 in seiner Heimatstadt geboren. 1967 Matur an der Freien Evangelischen Schule Basel. Studium der Klassischen Archäologie an den Universitäten Basel und Bonn. 1975 Promotion mit einer Dissertation über die figürliche Bildwelt Kretas in frühgriechischer Zeit. 1975–1978 Mitglied des Schweizer Institutes in Rom. 1978–1985 Assistent am Archäologischen Seminar der Universität Basel. 1982 Habilitation mit einer Studie zur Römischen Grabkunst. Seit 1986 Konservator am Antikenmuseum Basel und Sammlung Ludwig. 1988 Ernennung zum ausserordentlichen Professor an der Universität Basel.

Gottfried Bombach	in Kamenz (Sachsen) geboren. Schulabschluss in Dresden. Studium der National-ökonomie in Dresden, Kiel und Cambridge/England. Promotion und Habilitation in Kiel. 1952–1954 Mitarbeiter der OEEC (jetzt OECD) in Paris. Extraordinarius in Saarbrücken, seit 1957 o. Prof. für Nationalökonomie an der Universität Basel, 1972–1974 deren Rektor. Schweizer Staatsbürger seit 1972, seit 1987 emeritiert. Eh-rendoktorate der Universitäten Fribourg, Tübingen, Mannheim, Linz und Zürich. Gründer und langjähriger Vorsteher des Instituts für angewandte Wirtschaftsfor-schung in Basel.
Rudolf W. Boos	geboren 1937, Bürger von Binningen BL, Dr. rer. pol. Nach Absolvierung des Wirt-schaftsgymnasiums in Konstanz Studium der Nationalökonomie an den Universi-täten Bonn, Genf, Freiburg und Basel. Tätigkeit seit dem Jahre 1965 in der Pro-gnos AG, Europäisches Zentrum für angewandte Wirtschaftsforschung, auf dem Spezialgebiet der Marketingforschung und -beratung und seit 1971 Mitglied der Direktion der Prognos AG. Ebenfalls Mitglied des Vorstandes der IG Basler Luft-verkehr, des Vorstandsausschusses des Fördervereins Satelliten-Rundfunk sowie weiterer nationaler und internationaler Vereinigungen.
Hans J. Briner	Primarschule und Mathematisch-Naturwissenschaftliches Gymnasium in Basel. Studium der Nationalökonomie in Basel, Paris und Bern. 1951 Promotion zum Dr. rer. pol. 1950–1953 Redaktor Basler National-Zeitung, 1953–1956 Mitglied der Waffenstillstandskommission in Korea, 1957–1963 Sekretär der Lateinamerikani-schen Handelskammer in der Schweiz, seit 1963 Geschäftsleiter der Regio Basilien-sis. Ab 1960 periodisch Mitglied des Grossen Rates und Ausschuss-Mitglied ver-schiedener eidgenössischer und internationaler Kommissionen für Fragen der Re-gionalentwicklung und des Föderalismus. 1984 Oberrheinischer Kulturpreis der Johann Wolfgang von Goethe-Stiftung.
Bernhard Christ	geboren 1942 in seiner Heimatstadt Basel. Schulen und Rechtsstudium in Basel; doktoriert 1968 mit einer rechtsgeschichtlichen Dissertation. Anwaltspatent 1970, einjährige Praxis in Genf (1971), seit 1973 praktizierender Anwalt und Notar. 1979–1988 Mitglied des Grossen Rates; dessen Präsident im Amtsjahr 1984–85. Meister E.E. Zunft zum Schlüssel, Präsident der Kommission zum Historischen Museum, Statthalter der Freiwilligen Basler Denkmalpflege, Mitglied des Erzie-hungsrates.
Dorothea Christ	geboren 1921 in Basel. Schulen und Studium der Kunstgeschichte in Basel. Mono-grafien, Aufsätze und Ausstellungen vorwiegend zu Schweizer Künstlern des 19. und 20. Jahrhunderts. Dozentin an den Volkshochschulen Basel und Zürich seit 1977. Kunsthistorische Beratung und Text zum Film ‹Arnold Böcklin› von Bern-hard Raith, 1988.
Jürg Erni	1941 in Basel geboren. Maturität am Humanistischen Gymnasium. Studium am Konservatorium der Musik-Akademie und an der Universität Basel. Orgel-Lehrdi-plom bei Eduard Müller. Tonmeisterdiplom bei Max Adam. 1968–1971 Tonmeister

am Schweizer Fernsehen in Zürich. 1971–1988 Musikredaktor der National-Zeitung/Basler Zeitung. Seit Juni 1988 Musikredaktor und Produzent im 2. Programm von Radio DRS, Studio Basel.

Carl Fingerhuth	geboren 1936 in Zürich. Architekturstudium an der Eidg. Technischen Hochschule in Zürich. 1960/61 beim Schweizerischen Institut für ägyptische Bauforschung in Kairo. 1961–1963 als Architekt in Zürich. 1963/64 Aufbau eines kantonalen Raumplanungsamtes für den Kanton Wallis. 1964–1979 eigenes Büro für Raumplanung in Zürich. Seit 1979 Kantonsbaumeister Kanton Basel-Stadt.
Hans Rudolf Fischer	geboren 1938 in Basel, Schulen in Basel, Studium von Mathematik, Physik und Astronomie an den Universitäten Basel und Hamburg. Berufliche Praxis in betriebswirtschaftlicher Planung und elektronischer Datenverarbeitung und zusätzliche Ausbildung (u.a. MBA Harvard) 1963–1977. 1977–1982 Mitarbeiter SRG (zuletzt Chef der Unternehmensplanung). 1982 Mitbegründer der IBFG Interdisziplinäre Berater- und Forschungsgruppe AG Basel, Beratungsschwerpunkt: Medien, Informations- und Kommunikationstechnologien und strategische Unternehmensberatung. Mitglied der Projektkommission ⟨Verkabelung der Stadt Basel⟩.
Eduard Frei	geboren 1917, Bürger von Basel und Bubendorf. Dr. rer. pol. 1950–1984 Direktor des Gewerbeverbandes Basel-Stadt. 1956–1984 Mitglied des Grossen Rates, mit Unterbruch 1968–1972 wegen Amtszeitbeschränkung. 1972–1988 Verwaltungsrat der Schweizer Mustermesse. Verfasser zahlreicher Publikationen über Handwerk, Gewerbe und Detailhandel.
Fritz Friedmann	geboren 1914, von Basel und Landschlacht TG. Journalist BR, dipl. Kaufmann des Detailhandels, 46 Jahre Detailhandelspraxis in der Schweiz und im Ausland. Zahlreiche Publikationen in Büchern, Zeitschriften und Zeitungen zu Problemen des Detailhandels.
Rainer Füeg	geboren 1951, aufgewachsen im Kanton Baselland. Studium der Wirtschaftswissenschaften in Basel. 1980 Doktorat mit einer Dissertation über ⟨Die Gestaltung von Ausbildungsprozessen⟩. Seit 1981 freiberuflicher Unternehmungs- und Wirtschaftsberater. Seit 1987 Dozent für Organisationsberatung an der Universität Basel.
Charlotte Gutscher-Schmid	geboren 1956 in Basel, Primarschule und Gymnasium ebenfalls in Basel, Matura 1975. Studium der Kunstgeschichte in Basel und Zürich, 1981 Lizentiat zum Thema ⟨Bemalte spätmittelalterliche Repräsentationsräume in Zürich⟩. Seit 1984 in Bern wohnhaft. Neben Beruf als Mutter und Hausfrau Verfasserin von kleineren kunstgeschichtlichen Arbeiten und Aufsätzen in verschiedenen Zeitschriften.
Peter Hagmann	1950 in Basel geboren. Maturität am Humanistischen Gymnasium. Studium an der Universität Basel in den Fächern Musikwissenschaft, Germanistik und Romanistik, Promotion 1982. Ausbildung zum Organisten; Lehrdiplom 1978. 1982–1988 als wissenschaftlicher Bibliothekar Leiter der Musiksammlung an der Universi-

tätsbibliothek Basel. 1972–1987 nebenamtlich Musikkritiker der National-Zeitung und später der Basler Zeitung; ab 1986 in gleicher Funktion bei der Neuen Zürcher Zeitung. Seit 1989 vollamtlich als Musikkritiker in der Redaktion der NZZ.

Lukas Hauber	1931 als Basler zur Welt gekommen. Primarschule in Muttenz und Realgymnasium in Basel. Studium der Geologie-Paläontologie an der Universität Basel; Dissertation über die ‹Geologie des Tafel- und Faltenjuras zwischen Reigoldswil und Eptingen›; Doktorat 1958. Anschliessend Prospektionsgeologe in Grönland. 1960–1973 Assistent und Abteilungsvorsteher für praktische Geologie am Geologischen Institut der Universität. 1973–1979 Betriebsgeologe der Vereinigten Schweizerischen Rheinsalinen. Seit 1980 Kantonsgeologe Basel-Stadt.
Guido Helmig	geboren 1951, Bürger von Basel. Besuch der Schulen in Riehen und Basel. Nach der Maturität Studium an der Universität Basel in den Fächern Ur- und Frühgeschichte, Ethnologie und Anthropologie. 1978 Lizentiat über die Ausgrabungen im Reischacherhof am Basler Münsterplatz. Seit 1979 wissenschaftlicher Mitarbeiter der Archäologischen Bodenforschung und örtlicher Leiter der Ausgrabungen auf dem Münsterhügel. 1983 Wahl zum Adjunkten des Kantonsarchäologen.
Rolf Hochhuth	geboren 1.4.1931 in Eschwege/Hessen. Blieb 1963 in Basel, nach der Aufführung des ‹Stellvertreters›. Schrieb seither 11 Dramen, 12 Erzählungen, 100 Gedichte. Zahlreiche Zeitungsartikel. Erhielt 1976 als erster Ausländer den Kunstpreis der Stadt Basel.
Bruno Jaeggi	geboren 1942 in Solothurn. Matura am Wirtschaftsgymnasium in Solothurn, 1964/66 und 1968/69 Universität Basel, 1966–68 in Paris (phil. I). Ab 1965 Journalist bei den ‹Basler Nachrichten›; seit 1969 vollberuflich Filmpublizist. Seither immer wieder für nicht-kommerzielle Filmorganisationen tätig (Le Bon Film, Ciné-libre, Programmkommission Festival Locarno und Nyon, Gründergemeinschaft Studiokino Camera). Langjähriger Dozent an der Volkshochschule Basel (Filmforum). Redaktionsarbeit für Filmpublikationen. Seit 1972 regelmässige Reisen und Aufenthalte in Afrika. Initiant und Präsident des Fördervereins Filmverleih Dritte Welt/Trigon-Film; Geschäftsleiter der Stiftung Trigon-Film.
Rolf Jucker	geboren 1946. Studium der Rechte in Basel, Dr. iur., Advokat. Seit 1975 in Basel als selbständiger Advokat tätig. Mitglied der Projektkommission ‹Verkabelung der Stadt Basel›.
Rudolf L. Marr	geboren 1939 in Basel. Matura am MNG. Studium der Geographie, Botanik, Ethnologie und Meteorologie in Basel, Zürich und Bern. 1968 Doktorat und Gymnasiallehrerexamen. Jetzt Konrektor der Diplommittelschule und Privatdozent an der Universität Basel mit einem Lehrauftrag für Entwicklungsländer. Forschungsaufenthalte in Südostasien, Lateinamerika und im pazifischen Raum. Mitglied der Staatlichen Kommission für Entwicklungshilfe.

Hans Meier	geboren 1916 in Basel. Nach Schulen und Studium in Basel Promotion zum Doktor beider Rechte. 1952–1980 Direktor der Christoph Merian Stiftung. In diese Zeit fällt seine Initiative zur Gründung des Christoph Merian Verlags und zur Herausgabe des Basler Stadtbuches durch diesen Verlag.
Hans Mohler	Mein Lebenslauf enthält nichts Aufregendes, bis in die letzte Zeit: Am 25. Oktober 1919 in Thusis geboren. Lehrerseminar in Chur, später Studium an den Universitäten Zürich und Bern, Abschluss als Sekundarlehrer, Unterricht in Thusis, 1954 bis zur Pensionierung 1984 in Basel. Schriftstellerische Tätigkeit: Verschiedene Romane, Kurzgeschichten, Hörspiele. Letzte Veröffentlichung: ‹Georg Jenatsch›, Roman, 1988. Seit Mitte 1988 wohnhaft in Masein/GR.
Annemarie Monteil	Schulen und Matura in Solothurn. Kunstgeschichtliche Studien in Paris. Zwei Töchter. Seit 1960 Kunstkritikerin bei verschiedenen Tages- und Wochenzeitungen und bei Kunstzeitschriften in der Schweiz und in Deutschland. Mitarbeiterin bei Radio DRS, Ressort Kultur. Tätigkeit in Kunstkommissionen und als Stiftungsrätin der Kulturstiftung Pro Helvetia. Lebt seit 1975 in Basel.
Christian Müller	1952 in Leipzig geboren. 1957 Übersiedlung in die Bundesrepublik Deutschland. Schulbesuche in Hannover und Tübingen; dort 1970 Abitur. 1972–1981 Studium der Kunstgeschichte, Klassischen Archäologie, der Landesgeschichte und Historischen Hilfswissenschaften in Tübingen und Wien; Promotion im Fach Kunstgeschichte in Tübingen. 1981–1983 wissenschaftlicher Volontär an der Staatlichen Kunsthalle Karlsruhe. 1984/85 hauptamtlicher Mitarbeiter am Museumspädagogischen Zentrum der Bayerischen Staatsgemäldesammlungen in München. Seit April 1985 am Kupferstichkabinett der Öffentlichen Kunstsammlung Basel als wissenschaftlicher Bearbeiter der Altmeisterzeichnungen.
Hans Peter Muster	geboren 1927 in Basel als Bürger von Basel und Lützelflüh. Nach dem Realschulbesuch 1943–1949 Laborant bei Roche, anschliessend Angehöriger des Basler Polizeikorps, zuletzt als Unteroffizier und Leiter der Radarkontrolle der Verkehrsaufsicht. Ab 1961 fondé de pouvoir des ersten Duty Free Shops auf dem Flughafen Basel-Mulhouse, seit 1965 selbständiger Antiquitätenhändler in Riehen. Verschiedene eigene Sachbuch-Veröffentlichungen und Mitarbeit an lexikographischen Werken.
Paul Neidhart-Honegger	geboren 1920; Bürger von Basel und Ramsen (SH). Schulen in Basel, 1938 Maturität am Realgymnasium. Studium an der Universität Basel, 1943 Mittellehrerdiplom phil. II. Nach Vikariaten 1945–1947 Lehrer an der Knabensekundarschule (Pestalozzischulhaus). 1947–1984 Lehrer am MNG, ab 1953 auch Lehrer für Methodik des Mathematikunterrichts am Kantonalen Lehrerseminar. 1951–1966 Mitglied des Weitern Bürgerrats; 1966–1976 Mitglied des Grossen Rats (VEW); 1972–1976 Präsident der Begnadigungskommission. 1978–1984 Mitglied des Erziehungsrats. Als Vertreter des Blauen Kreuzes Vorstandsmitglied des Basler Abstinentenverbands.

Elmar Osswald	Schulen in Gossau, Wil und Rorschach. Zunächst tätig als Primarlehrer in Fontnas, Gemeinde Wartau, SG. Ab 1960 Primarlehrer, dann Sekundarlehrer in Muttenz. 1966 Lehrauftrag für die Methodik der Oberstufe am Lehrerseminar Liestal. Daselbst ab 1971 Hauptlehrer für Allgemeine Didaktik. 1981 Vorsteher des ULEF (Institut für Unterrichtsfragen und Lehrerfortbildung) Basel-Stadt.
Daniel Reicke	geboren 1953 in Uppsala (Schweden); Bürger von Basel. Besuch des Humanistischen Gymnasiums und Studium der Kunstgeschichte in Basel, Abschluss mit Doktorat 1988 in Zürich. Nach Mitarbeit an Ausgrabungen in Müstair und Disentis seit 1982 wissenschaftlicher Leiter der baugeschichtlichen Untersuchungen bei der Basler Denkmalpflege.
Dennis L. Rhein	geboren 1944 in Basel, verheiratet, zwei Töchter. Besuch der Primar- und Realschule in Basel. Ausbildung als Hotelier und Restaurateur in der Westschweiz und im Ausland. Nach der Rückkehr nach Basel Verkaufschef eines Grossunternehmens. 1970 Eröffnung des eigenen Betriebes ‹Au Gourmet› mit Bankett-Organisation. 1981 zum Vizedirektor des Basler Verkehrsvereins berufen. Mitglied des Grossen Rates seit 1988.
Francis Rossé	1961 in Basel geboren und dort aufgewachsen. Besuch des Holbeingymnasiums und anschliessendes Geographiestudium an der Universität Basel. Seit 1987 Assistent am Geographischen Institut der Universität Basel.
Alexander Ruch	geboren 1944 in seiner Heimatstadt Basel. Dr. iur., Advokat. Nach einer mehrjährigen Assistenz am Lehrstuhl für öffentliches Recht von Prof. Dr. Kurt Eichenberger akademischer Adjunkt bei der Justizdirektion des Kantons Basel-Landschaft und seit 1979 Chef der Rechtsabteilung des Baudepartementes Basel-Stadt. Lehrbeauftragter für öffentliches Recht an der Universität Zürich. Mitglied der Projektkommission ‹Verkabelung der Stadt Basel›. Verheiratet, zwei Kinder.
Felix Rudolf von Rohr	geboren 1944, Bürger von Basel und Egerkingen SO. Schulen und kaufmännische Lehre in Basel. Beruflich in der Öffentlichkeitsarbeit im Bankwesen tätig. Mitglied des Grossen Rates seit 1980, 1986/87 als dessen Präsident. Vorgesetzter E.E. Zunft zum Schlüssel. Seit 1987 Mitglied des Fasnachts-Comités.
Siegfried Scheuring	1936 in Basel geboren. Primarschule, Real- und Humanistisches Gymnasium in Basel. Studium der Rechte. 1961 Doktorat, 1963 baselstädtisches Anwaltspatent. Auslandaufenthalte während zweier Jahre in Afghanistan, Paris, Oxford und Korea. Zahlreiche Reisen in Asien, Nord- und Südamerika. Seit 1966 Mitarbeiter der Staatskanzlei. Präsident der staatlichen Kommission für Entwicklungshilfe.
Arnold Schneider	geboren 1920 in Basel. Schulen und Maturität in Basel, anschliessend Mittellehrerstudium an den Universitäten Basel und Genf. 1946–1966 Waisenvater in Basel. 1948–1960 Mitglied der Ev.-ref. Kirchen-Synode Basel-Stadt, 1956–1960 ihr Präsident. 1953–1966 Mitglied des Grossen Rates. 1967–1971 Nationalrat. 1966–1984 als

Regierungsrat Vorsteher des Erziehungsdepartementes. 1984 Ernennung zum Dr. iur. h.c. der Universität Basel.

Willi Schneider	geboren 1934 in Winterthur; Besuch der dortigen Schulen, anschliessend Studium der Verwaltungswissenschaft in St. Gallen. 1957 Lizentiat der Hochschule St. Gallen. Tätigkeit als Journalist und Redaktor. 1960–1964 Studium von Wirtschaftswissenschaften und Soziologie an der Universität Basel, Dissertation über ‹Die Ungleichheit der Bildungschancen›. Seit 1963 im Erziehungsdepartement Basel-Stadt tätig, seit 1981 Departementssekretär.
Paul Schorno	geboren 1930 in Seewen SZ. Schulen bis zum Primarlehrerpatent. Tätigkeit als Lehrer, Organist, Bibliothekar, Heimerzieher. Musikstudien an den Konservatorien von Zürich und Luzern. Seit 1959 Lehrer an den Sekundarschulen Basel-Stadt. Mitverfasser eines vierbändigen Lesewerks für Mittelstufen. Verfasser von Manuskripten für ‹Montagabende› der Basler Theater und Radio DRS. Buchrezensent und Theaterkritiker an der Nordschweiz. Mitglied der Baselbieter Literaturkreditkommission und der Kommission für ‹Musik und Theater›. Redaktionsmitglied des GS-Verlages. Mitredaktor des Basler Schulblattes. Herausgeber des Theaterhandbuches ‹Theaterwerkstatt für Jugendliche und Kinder› im Lenos Verlag. Eigene Texte in Anthologien und Zeitschriften.
Rudolf Suter	geboren 1920. Bürger von Basel. Dissertation über frühe Basler Mundartdichtung 1949. 1945–1955 Mitarbeiter von Radio Basel. 1956–1971 Redaktor bei den Basler Nachrichten. 1972–1977 Dozent an der Ingenieurschule beider Basel. 1978–1988 Mitarbeiter der Christoph Merian Stiftung und Redaktor des Basler Stadtbuchs. – Publikationen zur Basler Geschichte, Kultur und Sprache, u.a. Basel und das Erdbeben von 1356, 1956; Basel – Mosaik einer Stadt 1957; Festspiel zur 2000-Jahr-Feier 1957; Baseldeutsch-Grammatik 1976; Baseldeutsch-Wörterbuch 1984; Die Christoph Merian Stiftung 1886–1986, 1985; Unser Baseldeutsch 1987; Uff baaseldytsch (Dialektanthologie) 1988. Mitautor von: Der Reformation verpflichtet 1979; Basilea botanica 1979; Die Basler Fasnacht 1985. – Obmann des Schnitzelbank-Comités 1970–1985.
Hans Martin Tschudi	geboren 1951. Bürger von Schwanden (GL) und Basel. Verheiratet. Primarschule und Humanistisches Gymnasium in Basel. Studium der Jurisprudenz an der Universität Basel. 1979 Doktorat mit einer Dissertation über ‹Die Gestaltung der Arbeitsverhältnisse durch die Sozialpartner des schweizerischen Baugewerbes›. 1980 Studiensemester an der Harvard-Universität (MA, USA). Vier Jahre akademischer Mitarbeiter, seit 1981 Departementssekretär des Wirtschafts- und Sozialdepartementes des Kantons Basel-Stadt. 1980/81 Mitglied des Grossen Rates. Seit 1984 Mitglied der Synode der ev.-ref. Kirche Basel-Stadt, seit 1987 deren Statthalter. Präsident der Projektkommission ‹Verkabelung der Stadt Basel›.
Markus Vogt	geboren am 27.11.1953 in Basel, Bürger von Lauwil/BL, aufgewachsen in Muttenz/BL und Biel-Benken/BL. Journalist BR, 1979–1988 Redaktor in verschiede-

nen Ressorts am Basler Volksblatt und der Nordschweiz. Seit August 1988 Redaktor am ‹BLICK Basel›.

Hedy Weber-Dühring	geboren 1900, Bürgerin von Basel. Nach Besuch der Töchter- und der Handelsschule Ausbildung zur Schauspielerin in Berlin und Stettin. Schriftstellerische Tätigkeit, Veröffentlichung diverser Erzählungen, Novellen und Romane: ‹Die Rute›, ‹Matschuba›, ‹Der Sieger›, ‹Torsten›, ‹Die Strasse mit den Vogelbeerbäumen›, ‹Immer sind andere Täler grüner›, ‹Der Kastanienbaum›, ‹Gesammelte Erzählungen›, ‹Der fremde Gast›, ‹Das Gut im Norden›, ‹Ein Monat im Sommer›, ‹Und keiner weiss, was morgen ist›. Preise des Schweiz. Lyceumsclubs 1943, Schweizer Spiegel 1957, Staatlicher Literaturkredit Basel 1960, Expo-Wettbewerb der Schweiz. Landessender 1960. Mitglied des BaSV, SSV, PEN.
Dominik Wunderlin	geboren 1953 in Liestal. Bürger von Zeiningen AG und von Liestal. Schulen in Liestal und Basel. Studium der Volkskunde, Geschichte und Humangeographie. 1982 Lizentiat. Seither Arbeit an einer Dissertation zum Thema ‹Kirchweih – Kilbi›. In den Jahren bis 1986 tätig als Journalist und Redaktor an der ‹Volksstimme von Baselland› (Sissach). Seither Konservator am Schweizerischen Museums für Volkskunde. Zahlreiche Veröffentlichungen. Präsident der Museumsgesellschaft Basel-Landschaft. Co-Redaktor der ‹Baselbieter Heimatblätter› und des ‹Baselbieter Heimatbuches›. Mitglied der Wissenschaftlichen Kommission der Schweizerischen Gesellschaft für Volkskunde, der Kommission ‹Quellen und Forschungen› und der Aufsichtskommission ‹Neue Baselbieter Geschichte›. Dennoch wohnhaft in Basel.
Alfred Wyss	geboren 1929 in Basel. Besuch des Mathematisch-Naturwissenschaftlichen Gymnasiums in Basel, Studium der Kunstgeschichte in Basel und Paris. Dr. phil. Seit 1960 Denkmalpfleger des Kantons Graubünden, seit Mai 1978 Denkmalpfleger in Basel. Mitglied der Eidgenössischen Kommission für Denkmalpflege.
Barbara und Kurt Wyss-Suter	geboren 1943 und 1936 in Basel, sind nicht nur eine Lebens-, sondern auch eine Arbeitsgemeinschaft als Journalistin und Photograph.
Edmund Wyss	geboren 1916 in Basel. Maturität an der Kantonalen Handelsschule. Studium der Nationalökonomie an der Universität Basel. 1945 Doktorat. 1946–1960 Sekretär und volkswirtschaftlicher Mitarbeiter des Schweiz. Gewerkschaftsbundes Bern. 1947–1960 Mitglied des Grossen Rates des Kantons Basel-Stadt. 1959–1971 Mitglied des Nationalrates. 1960–1968 Mitglied des gemeinsamen Verfassungsrates beider Basel. 1960–1984 Mitglied des Regierungsrates des Kantons Basel-Stadt, Vorsteher des Wirtschafts- und Sozialdepartementes und der Basler Verkehrsbetriebe. 1970–1986 Präsident der Schweizer Mustermesse. 1978–1986 Präsident des Bankrates der Schweiz. Nationalbank. Langjährige Mitarbeit in einigen Gremien, die in den Bereichen Rheinschiffahrt und Luftverkehr tätig sind. Publikation verschiedener wirtschafts- und sozialpolitischer Vorträge und Schriften.

Bildernachweis

Ebenfalls im Christoph Merian Verlag:

Baseldeutsch-Grammatik
von Dr. Rudolf Suter, 2. Auflage.
256 Seiten, gebunden. Fr. 29.–

Baseldeutsch-Wörterbuch
von Dr. Rudolf Suter
368 Seiten, gebunden. Fr. 39.–

Sammlung Karikaturen & Cartoons
von Jürg Spahr. 168 Seiten,
reich illustriert, geheftet. Fr. 25.–

Trommeln und Pfeifen in Basel
von Dr. h.c. Georg Duthaler
(mit Beitrag von Dr. Veronika Gutmann
über die Instrumente). 188 Seiten,
illustriert, gebunden. Fr. 37.–

Die Christoph Merian Stiftung 1886–1986
von Dr. Rudolf Suter. 224 Seiten,
reich illustriert, gebunden. Fr. 18.–

Basler Geschichte
von Dr. René Teuteberg, 2. Auflage. 452 Seiten,
illustriert, gebunden. Fr. 49.–

Maskenspiele aus Basler Tradition
von Dr. Karl Gotthilf Kachler.
224 Seiten, reich bebildert, gebunden. Fr. 49.–

Basler Stadtbuch, frühere Jahrgänge
Auskunft über Lieferungsmöglichkeit
und Preis auf Anfrage.

Führer durch das Historische Museum Basel
Alle bebildert und gebunden.

Das keltische Basel
von Dr. Andres Furger-Gunti. 48 Seiten. Fr. 8.–

Das römische Basel
von Prof. Dr. Rudolf Fellmann. 58 Seiten. Fr. 8.–

Die frühmittelalterlichen Gräberfelder von Basel
von Dr. Rudolf Moosbrugger-Leu. 48 Seiten. Fr. 8.–

Schriften des Historischen Museums Basel
Alle bebildert und gebunden.

Band 6: Kutschen und Schlitten aus dem altem Basel
von Dr. Andres Furger-Gunti. 72 Seiten. Fr. 15.–

Band 7: Seidenband in Basel
von Dr. Irmgard Peter-Müller. 68 Seiten. Fr. 15.–

Band 8: Kabinettstücke der Amerbach
von Dr. Elisabeth Landolt. 96 Seiten. Fr. 18.–

Band 9: Die alten Bildteppiche
von Dr. Hans Lanz. 80 Seiten. Fr. 18.–

Band 10: Uhrmacher im alten Basel
von Dr. Hans Christoph Ackermann.
128 Seiten. Fr. 18.–

In Vorbereitung:

Welche Zukunft wollen wir?

Drei Scenarien im Gespräch /
Ein Beitrag des ‹Basler Regio Forum›
von Hartmut E. Arras/Willy Bierter
Um 250 Seiten, broschiert. Fr. 22.–